REINER PREUL

REFORMATORISCHE PREDIGT IN DER GEGENWART

SCHWIERIGKEITEN UND MÖGLICHKEITEN

MARBURGER THEOLOGISCHE STUDIEN

140

begründet von

Hans Graß und Werner Georg Kümmel

herausgegeben von

Friedhelm Hartenstein und Michael Moxter

REINER PREUL

REFORMATORISCHE PREDIGT IN DER GEGENWART

SCHWIERIGKEITEN UND MÖGLICHKEITEN

EVANGELISCHE VERLAGSANSTALT
Leipzig 2022

Bibliografische Information Der Deutschen Bibliothek

Die Deutsche Bibliothek verzeichnet diese Publikation in der Deutschen Nationalbibliografie; detaillierte bibliografische Daten sind im Internet über http://dnb.ddb.de abrufbar.

ISBN: 978-3-374-06997-2

Printed in Germany

Meinen Enkelkindern

Charlotte, Johann und Luise

INHALT

VORWORT

Das vorliegende Buch ist auch ein nachgereichter Beitrag zum Reformationsjubiläum. Die Reformation verbreitete sich ja außer durch Schriften, die sich an ein gelehrtes Publikum und an Personen in besonderer Verantwortung wandten, in der Bevölkerung vor allem durch zahlreiche Prediger, die sich auf die Seite der Reformatoren, vorab Luthers, stellten. Und so stehen wir denn heute nach 500 Jahren vor der Frage, ob und wenn hoffentlich ja unter welchen Bedingungen und mit welchen zeitgemäßen Akzentsetzungen wir das fortsetzen wollen und können, worum es den Reformatoren und ihren Predigern damals *in der Sache* ging. Die Fragen, die im Titel meiner Abhandlung enthalten sind, hätten eigentlich, jedenfalls aus kirchlicher Sicht, im Zentrum der Jubiläumsveranstaltungen stehen müssen. Unter denen, die sich 2017 aufmachten, um an Ort und Stelle mitzufeiern, die Ausstellungen zu besuchen, an Diskussionen teilzunehmen oder jedenfalls dabei zu sein, wie auch unter denen, welche das Ereignis über die Medien verfolgt haben, gab es gewiss nicht wenige mit entsprechenden Erwartungen; und sie werden auch hier und da einige zutreffende Antworten und Einsichten mitgenommen haben. In der öffentlichen Wahrnehmung und Berichterstattung musste jedoch fast zwangsläufig die theologische Kernfrage als die Frage nach der bleibenden Bedeutung der Reformation für die Kommunikation des Evangeliums in der Gegenwart hinter anderen Interessen und Aspekten zurücktreten. Der Fokus lag neben den politischen und kulturellen Auswirkungen der Wittenberger Reformation besonders auf dem ökumenischen Akzent in der Ausrichtung und konkreten Organisation der Veranstaltungen. Außerdem kann die Kernfrage zwar durch einzelne Vorträge, Diskussionen, Dokumentationen und Events angesprochen, aber nicht schon hinreichend aufgegriffen und beantwortet werden. Sie verlangt nach einer systematisch verfahrenden monographischen Behandlung.

Mein Versuch in dieser Sache wendet sich an alle, die sich ebenfalls darüber Gedanken machen, wie es weitergehen soll mit dem theologischen Erbe der Reformation, besonders aber an die Schwestern und Brüder im Predigtamt, denen es obliegt, die biblische Botschaft auf der Grundlage reformatorischer Einsichten und im Blick auf die Lebensprobleme heutiger Menschen auszurichten. Ihnen, wie natürlich auch denen, die sich auf das Predigtamt noch vorbereiten, möchte ich, soweit es mir möglich ist, Orientierungshilfe zukommen lassen; mit ihnen möchte ich mich austauschen, denn ich habe Anlass zu der Vermutung, dass sie in ihrer homiletischen Praxis auf die gleichen oder ähnlichen Grundfragen stoßen, die auch mich in meiner langen Zeit als Universitätsprediger bewegt haben und nun als gelegentlicher Prediger im Ruhestand weiter beschäftigen.

Die Gedanken, die ich dazu entwickelt habe und im Folgenden vorstelle, sind mir abgesehen von all dem, was ich in meiner langen theologischen Bildungsgeschichte gelesen habe, aus drei Quellen entstanden: Erstens aus der Vorbereitung eigener Predigten im Nachdenken über den jeweiligen Text und über die Hörerinnen und Hörer, mit denen ich zu rechnen hatte. Es gab kaum eine Predigt, durch die ich nicht auch selbst theologisch etwas gelernt habe. Dazu kommen die zahlreichen homiletischen Seminare, stets über zwei Semester als Pro- und Hauptseminar, die ich in Marburg und in Kiel gehalten habe, wobei im jeweils zweiten Semester die von den Studierenden angefertigten Predigten in von ihnen selbst gestalteten öffentlichen Gottesdiensten in der Universitätskirche, jeweils am Montagabend, gehalten und gemeinsam besprochen wurden. Und drittens fußen meine Überlegungen auf der nachgängigen Reflexion von zahlreichen Gesprächen, oft auch Streitgesprächen, mit diversen einzelnen Personen von ganz unterschiedlicher individueller Prägung und weltanschaulicher Ausrichtung. Ich beziehe mich ja bei den Schwierigkeiten der reformatorischen Predigt in der Gegenwart in erster Linie nicht auf religions- und kirchenkritische Theorien, die mir auch bekannt sind, sondern auf das, was die Leute heutzutage über Religion, Gott und Kirche denken und sagen.

Es liegt an diesen besonderen Quellen bzw. Entstehungsorten meiner Überlegungen, dass ich mich in diesem Buch oft sehr persönlich äußere und ungewöhnlich viel von mir selber preisgebe, indem ich mich darauf beziehe, wie ich etwas erlebt habe, was mir hier und da aufgefallen ist, welche Gefühle und gedanklichen Abläufe sich mir in bestimmten Situationen und unter dem Eindruck bestimmter Ereignisse aufgedrängt haben, welche theologischen Einsichten und welche biblischen Texte ich als persönlich hilfreich erfahren habe und welchen besonderen Zuschnitt meine eigene Theologie dabei erhalten hat, ohne diese in allen Einzelheiten auszubreiten.

Der allgemeine und einheitliche Gegenstand meiner Überlegungen ist das christliche Leben in seiner Ganzheit und mit seinen wesentlichen Dimensionen und Erscheinungsformen, wie es von der Kanzel aus in den Blick zu nehmen, abzubilden und durch die Predigt des Evangeliums wie auch des Gesetzes zu fördern ist. In Anbetracht der Weite, strukturellen Binnendifferenzierung und situativen Vielfalt dieses Gegenstandsfeldes konnte es nicht ausbleiben, dass ich einerseits etliches nicht aufgreifen konnte oder auch schlicht übersehen habe, was der Leser auf dem Hintergrund seiner eigenen Bildungs- und Berufsgeschichte vielleicht gern auch noch behandelt sähe, und dass ich mich andererseits auch auf Probleme – insbesondere gesellschaftstheoretischer, politischer, ökonomischer und ökologischer Art – einlassen musste, für die ich kein ausgewiesener Experte bin, zu denen wir aber doch, weil sie auch eine Herausforderung an Theologie und kirchliche Kommunikation sind, etwas sagen können müssen, zumal sie ja auch im öffentlichen Diskurs beständig thematisiert werden. Ich hätte also noch lange an dem Buch weiterarbeiten können – mit der Gefahr, nie fertig zu werden; denn der Gegenstand vita christiana ist unerschöpflich und ich selbst gehöre inzwischen zu den Hochbetagten. So habe ich mich denn auf diejenigen Fragen konzentriert, welche mir im Blick auf die religiösen Probleme der Zeitgenossen und -genossinnen als vordringlich erscheinen, und mich entschlossen, meine diesbezüglichen Überlegungen zu veröffentlichen – womit dem Leser aber auch reichlich Gelegenheit zum Weiterdenken, zur gedanklichen Ergänzung sowie zu eventuellem Widerspruch gegeben ist.

Wie schon ein Blick auf das Inhaltsverzeichnis erkennen lässt, ist mein Buch formal keine Predigtlehre im herkömmlichen Sinn, weshalb ich z.B. auch keine homiletischen Konzeptionen aus Geschichte und Gegenwart zu referieren und kritisch zu kommentieren brauchte, um mich in diesem Kontext zu positionieren. Es ist eine homiletische Monographie, in der es nach der Frage, *wie* sich die Predigt als ein kommunikationstheoretisches und -praktisches Format in der Mediengesellschaft behaupten kann, zentral darum geht, *was* wir in Kontinuität zur reformatorischen Theologie den heutigen Menschen mit ihren Zweifeln, zeitbedingten Denkgewohnheiten, inneren Einstellungen und Vorbehalten gegenüber der christlichen Lehre und Verkündigung auf der Kanzel sagen können und sollten.

Da man vielleicht wissen möchte, ob ich mich selber an meine rhetorischen und stilistischen Empfehlungen zur Predigt halte und ob bzw. wie sich das theoretisch Erörterte auch auf der Kanzel sagen lässt, habe ich anhangsweise einige Predigten hinzugefügt, die ich nach meinem Ausscheiden aus dem Amt des Universitätspredigers gehalten habe. Die Redundanz, die sich daraus ergibt, ist nicht nur unvermeidlich, sondern beabsichtigt, zumal die Predigten auch als eine Art Zusammenfassung des im theoretischen Teil Erörterten und Begründeten gelesen werden können, wobei freilich auch noch einige weiterführende Gedanken hinzukommen.

Herzlich danke ich meinem ehemaligen Fakultätskollegen Reinhard Schmidt-Rost, der freundlicherweise die Mühe einer kritischen Durchsicht des Manuskripts auf sich genommen hat. Zu danken habe ich ebenso den vom Kollegen Michael Moxter bereitgestellten studentischen Hilfskräften: Nils Timm für die endgültige Erstellung der Druckvorlage am Computer und Tom Sprenger für die Begleitung des ganzen redaktionellen Prozesses. Für die Förderung meines Projektes durch Druckkostenzuschüsse danke ich der Vereinigten Evangelische-Lutherischen Kirche Deutschlands und der Evangelisch-Lutherischen Kirche in Norddeutschland.

Ich widme das Buch meinen drei Enkelkindern, die zwar noch im zarten Alter sind, aber trotz christlicher Erziehung in nicht allzu ferner Zeit anfangen werden, diejenigen Fragen zu stellen, auf die ich nach Antworten gesucht habe.

Melsdorf bei Kiel, Adventszeit 2021 Reiner Preul

1. EINFÜHRUNG

Die Predigt hat in unserer Zeit mit ihrer durch die modernen Medien beherrschten Kommunikationskultur keinen leichten Stand. Das gilt sowohl in *inhaltlicher* Hinsicht, also bezüglich dessen, was sie zu sagen hat in Treue zu der Tradition, in der sie steht, als auch hinsichtlich ihrer Gestalt als einer bestimmten *Kommunikationsform* bzw. rhetorisch-literarischen Gattung.

Was das Erste – den Inhalt – betrifft, so fällt es offenbar den Predigern und Predigerinnen der aus der Reformation hervorgegangenen Kirchen heute nicht leicht, so zu predigen, dass die Grundeinsichten und präzisen Anliegen reformatorischer Theologie hinreichend zum Zuge kommen, so nämlich, dass sie auch zur Hauptaussage der Predigt werden und vom gegenwärtigen Hörer als wesentlich verstanden werden. Da ist es dann oft naheliegend, auf das Gebiet der Ethik, speziell der „Werte", an denen man sein Streben und Handeln orientieren soll, auszuweichen und nur anzudeuten, dass diese humanen Werte, die wir in der Regel schon bejahen, historisch mit dem Christentum zusammenhängen; sofern man über diese Anklänge hinausgeht, reduziert man das spezifisch Theologische nicht selten auf gängige Formeln und Gemeinplätze wie etwa die Rede vom „Angenommensein wie man ist".

Als Kommunikationsform hat die Predigt vielfältige Konkurrenz durch die von modernen Medien präsentierten Formen bzw. „Formate" bekommen, welche ein geringeres Maß an Aufmerksamkeit, Konzentration und eigenständigem Mitdenken verlangen als eine Rede, insbesondere eine solche, die keine bloße Aneinanderreihung von einzelnen Beobachtungen, Einfällen und Bemerkungen oder auch Anekdoten und Witzen ist, sondern einen zusammenhängenden Gedankengang vorträgt. Hier ist es nun naheliegend, die Anforderungen an die Predigt zu senken und die Hörer von gedanklichen Anstrengungen zu entlasten, was in gewisser Weise sogar unvermeidlich ist, oder gar die Predigt zu marginalisieren: sie sei im Kontext des Gottesdienstes nicht so entscheidend wie etwa das Gemeinschaftserlebnis oder die Stimmung bzw. Atmosphäre, die der Gottesdienst durch andere für ihn konstitutive Elemente herstellen könne.

Zu beiden Punkten, die hier nur angedeutet werden konnten, ist in späteren Kapiteln erheblich mehr zu sagen. Trotz der genannten Schwierigkeiten ist die Lage andererseits aber keineswegs aussichtslos. Denn es gibt auch genügend Beispiele des Gelingens, formal und inhaltlich. Nach Auskunft der letzten EKD-Erhebungen über Kirchenmitgliedschaft wird durchaus auf eine „gute Predigt" Wert gelegt, d.h. auf eine Predigt, der man gut zuhören kann und die aufgrund ihres theologischen Gehalts geschätzt wird. Die Beispiele des Gelingens zeigen, dass die Schwierigkeiten jedenfalls nicht unüberwindbar sind. So wird in unserer Erörterung auch nach den Bedingungen des Gelingens in beiderlei Hinsicht, der inhaltlichen Vermittelbarkeit und der Kommunikationsform Predigt, zu fragen sein.

Was über die Predigt als Kommunikationsform zu sagen sein wird, hat an sich mit ihrer inhaltlichen Ausrichtung als *reformatorischer* Predigt wenig zu tun. Die reformatorische Predigt ist von den Schwierigkeiten der Gattung Predigt ebenso betroffen wie anders ausgerichtete Predigten auch. Dennoch wäre es nicht ratsam, die kommunikationstheoretische Perspektive auszuklammern, um sich allein auf die inhaltlichen Probleme und Möglichkeiten der reformatorischen Predigt zu konzentrieren. Denn das Phänomen reformatorische Predigt wäre unterbestimmt, wenn man nur sein inhaltliches Spezifikum in den Blick nähme, wie es überhaupt ein Fehler der Aufmerksamkeit und des Denkens ist, irgendein Phänomen auf sein Spezifikum zu reduzieren.

Hier fällt nun aber auch ins Gewicht, dass die Reformatoren der Kommunikationsform Predigt einen besonderen Stellenwert im Kommunikationssystem Kirche zugesprochen haben. Das Pfarramt ist „Predigtamt". Da dieses Amt in der Papstkirche schweren Schaden genommen hat[1], ist es ein zentrales Reformanliegen Luthers, dass das „Wort" durch die Predigt wieder „ym schwang gehe".[2] Freilich ist die Predigt nicht das einzige Medium des Evangeliums, aber es wird von Luther in Art. 4 des dritten Teils der Schmalkaldischen Artikel doch an die Spitze der von ihm aufgezählten „Weisen", in denen Gott uns „Rat und Hilfe wider die Sünde" zukommen lässt, gestellt: „Erstlich durchs mündliche Wort, darin gepredigt wird Vergebung der Sünde in aller Welt, welches ist das eigentliche Amt des Evangelii. Zum andern durch die Taufe. Zum dritten durchs heilige Sakrament des Altars. Zum vierten durch die Kraft der Schlüssel und auch per mutuum colloquium et consolationem fratrum, Matth. 18: 'Ubi duo fuerint congregati etc.' "[3] Das führt zu der Frage, die wir später zu beantworten haben, worin die besondere Eignung der Kommunikationsform Predigt für die Aufgabe der Kirche in der Welt und für die spezifisch evangelische Art des Christseins besteht.

[1] Vgl. dazu Luthers Schrift von 1523 „Von Ordnung Gottesdiensts in der Gemeine", WA 12, 35–37.

[2] AaO. 37.

[3] BSLK 449. Dass das Evangelium auch durch Gespräch und gegenseitige Tröstung unter Brüdern zum Ziel kommt, weil Christus nach Mt 18,20 gegenwärtig ist, wo zwei oder drei versammelt sind in seinem Namen, wurde oft als Begründung der Seelsorge in Anspruch genommen. Vgl. zu dieser Wirkungsgeschichte J. Henkys, Seelsorge und Bruderschaft. Luthers Formel „per mutuum colloquium et consolationem fratrum" in ihrer gegenwärtigen Verwendung und ursprünglichen Bedeutung, Berlin 1970.

Da wir bei der Erörterung der inhaltlichen theologischen Vermittlungsprobleme auch beständig auf die Kommunikationsform Predigt mit ihren Erschwernissen und Möglichkeiten Bezug nehmen müssen, empfiehlt es sich, mit der Behandlung des formal-homiletischen Aspekts zu beginnen (Kap. 2). Nach einer kurzen Darstellung der zentralen Aussagen der reformatorischen Predigt als Predigt des Evangeliums und des Gesetzes, wie sie vor allem aus Luthers Theologie[4] zu erheben sind (Kap. 3), liegt dann das Hauptgewicht unserer Monographie auf den Fragen nach den derzeit besonders virulenten und gravierenden Rezeptionshindernissen in Bezug auf die Botschaft der reformatorischen Predigt sowie nach Möglichkeiten für deren Überwindung, soweit das in der Macht der Prediger und Predigerinnen steht, alsdann auch auf dem Problem, wie die reformatorische Predigt von den guten Werken unter gegenwärtigen Bedingungen fortgesetzt werden kann (Kap. 4). Im abschließenden Teil werden die gewonnenen Einsichten im Blick auf prinzipielle und zeitgemäße Zielsetzungen, Möglichkeiten und Stärken reformatorischer Predigt in der Gegenwart gebündelt und weiterführende Überlegungen zu ihrer theologischen Profilierung entwickelt (Kap.5).

Vor Eintritt in die eigentliche Erörterung ist noch eine Frage von ökumenischem Belang zu klären. Weshalb fokussieren wir auf die *reformatorische* Predigt in der Gegenwart und reden nicht einfach von der Predigt unter heutigen Bedingungen? Keineswegs soll damit einer antikatholischen Polemik auf unseren evangelischen Kanzeln Vorschub geleistet werden. Solche Polemik ist zwar in den Predigten der Reformationszeit, vorab in den Predigten Luthers, sowie im sogenannten konfessionellen Zeitalter regelmäßig anzutreffen, sie ist aber kein typisches Kennzeichen gegenwärtiger evangelischer Predigten mehr, mag auch eine sachlich-deskriptive Thematisierung der konfessionellen Differenzen gelegentlich, etwa in Predigten zum Reformationstag, erforderlich werden; da dürfen wir dann z.B. auch sagen, weshalb wir es vorziehen, der Jurisdiktion des Papstes und des mit ihm einigen Bischofskollegiums[5] nicht unterworfen zu sein. Die Identität evangelischer und somit reformatorischer Predigt konstituiert sich aber

[4] Leser, die reformierten Bekenntnisses sind, bitte ich um Nachsicht, dass ich mich primär und immer wieder auf Luther und gelegentlich auch auf Melanchthon berufe, aber auf Zwingli und Calvin nicht ausdrücklich Bezug nehme. Sie sind zwar mit gemeint, wenn von der Theologie der Reformatoren die Rede ist, und bezüglich der Rechtfertigungslehre als dem theologischen Zentrum sind sich ja auch alle Reformatoren einig, ich hatte aber im Zusammenhang meiner Überlegungen keinen Anlass, auf spezifisch reformierte Lehrbildungen wie z.B. die calvinsche bzw. calvinistische Prädestinationslehre oder das sogenannte Extra calvinisticum einzugehen. Außerdem kenne ich mich bei Luther einfach viel besser aus als bei den Vätern der reformierten Kirchen.

[5] Vgl. Lumen gentium (Dogmatische Konstitution über die Kirche, Zweites vatikanisches Konzil), Ziff. 22 und 25.

nicht, jedenfalls nicht primär, und weder zu Luthers Zeiten noch heute, durch alternative Abgrenzung geschweige denn Polemik gegen andere theologische Richtungen und konfessionelle Besonderheiten, sondern vorab und prinzipiell durch ihre Schriftgemäßheit und Treue zum biblischen Zeugnis als dem Ursprung und der Grundlage aller christlichen Konfessionen.

In der am Reformationstag 1999 in Augsburg vom Lutherischen Weltbund und von der römisch-katholischen Kirche unterzeichneten „Gemeinsame(n) Erklärung zur Rechtfertigungslehre" – später traten der Erklärung auch der Weltbund methodistischer Kirchen (2006) und die Weltgemeinschaft der reformierten Kirchen (2017) bei – bekennen sich alle Unterzeichner zur Rechtfertigung sola gratia als entscheidendem Kriterium sachgemäßer Theologie und Verkündigung und stimmen damit de facto einem Prinzip der Reformation zu. Auf Unklarheiten und Mehrdeutigkeiten im Text, auf den Streit, der mit ihm wie auch mit seinen Begleitdokumenten verbunden war, sowie auf Vorbehalte auf römisch-katholischer Seite muss hier nicht näher eingegangen werden, auch nicht auf die Frage nach dem Stellenwert der Erklärung im ökumenischen Prozess. Aber vielleicht darf man darauf hinweisen, dass hier auch der katholischen Predigt ihr existenziell entscheidendes Grundthema zugewiesen wird, soweit sie sich ihm nicht schon ohnehin zu widmen genötigt war. Das Adjektiv „reformatorisch" ist also, unbeschadet seines primären historischen Bezuges zur Reformation, nicht exklusiv, sondern *inklusiv* zu verstehen. Wir sprechen also, die „Gemeinsame Erklärung" beim Wort nehmend, in allen folgenden Überlegungen neben allen, die den Dienst am Wort in den protestantischen Kirchentümern wahrnehmen, auch die katholische Homiletik und die katholischen Prediger an.

Dennoch sollte man aber auch nicht zu viel Gewicht auf das mit der „Gemeinsamen Erklärung" operierende Argument legen, zumal man sich, wie gerade die „Offizielle Antwort" der katholischen Kirche auf diese Erklärung feststellt, nicht nur nicht über weitere dogmatische Differenzen über die Rechtfertigungslehre hinaus geeinigt hat, sondern nicht einmal vollständig über diese selbst, so dass ein Teil der tridentinischen Anathematismen zum Thema der Rechtfertigung weiterhin gültig blieben. Man kann jedoch – auch in ökumenischer Absicht – als ein stärkeres Argument geltend machen, dass jede Predigt, gleich welcher Konfession, es heute mit den gleichen oder ähnlichen existenziellen Grundproblemen zu tun hat, sofern sie nicht nur zu glaubensmäßig krisenfesten Hörern spricht, sondern sich auf kritische, zweifelnde und angefochtene Zeitgenossen einstellen muss. Das fügt sich nun aber auch wieder gut zu der Akzentuierung, welche die reformatorische Lehre an der ganzen Theologie vornimmt, indem sie sich zentral der Soteriologie und der prekären Existenz des Menschen vor Gott zuwendet. Erinnert sei nur an Luthers berühmte Gegenstandsbestimmung der Theologie: „Denn der eigentliche Gegenstand der Theologie ist der wegen seiner Sünde angeklagte und verlorene Mensch und der den sündigen Menschen rechtfertigende und rettende Gott. Was auch immer außerhalb dieses Gegenstandes in der Theologie erforscht und verhandelt wird, das ist Irrtum und Gift."[6] Jede auf ihren Hörer und auf den Predigenden selbst eingestellte Predigt treibt, wenn man sich so ausdrücken darf, *Existenztheologie*, wie es schon die Reformatoren taten. Predigt bezieht sich überall auf die conditio humana unter den jeweils gegenwärtigen und individuell situativen Bedingungen. Dazu kommt noch in formaler Hinsicht, dass jede Predigt heute in der Regel die Auslegung eines biblischen Textes ist – auch das war ja eine Forderung der Reformation.[7]

Aus allen vorgebrachten Argumenten folgt, dass jedenfalls heutzutage homiletische Publikationen von nicht nur konfessionellem Belang sind, obwohl sie natürlich immer noch aus dem spezifischen Geist einer jeweils bestimmten theologischen und frömmigkeitsgeschichtlichen Tradition verfasst sind. Die für mich bestimmende Tradition kennzeichne ich durch das Adjektiv „reformatorisch" im Titel des Buches. Es ist aus meiner Sicht aber auch so etwas wie ein Gütesiegel; denn christliche Predigten in der Gegenwart sind umso besser, je mehr sie den der Reformation zu verdankenden theologischen Einsichten und Impulsen Rechnung tragen.

[6] Im Original: Nam Theologiae proprium subiectum est homo peccati reus ac perditus et Deus iustificans ac salvator hominis peccatoris. Quicquid extra hoc subiectum in Theologia quaeritur aut disputatur, est error et venenum." WA 40/II, 328.

[7] Vgl. etwa WA 12,10, wo Luther beklagt, dass anstelle des biblischen Wortes „unchristliche Fabeln und Lügen" in den Gottesdienst eingedrungen sind, wobei er u.a. wohl an die zahlreichen Heiligenlegenden denkt.

2. DIE PREDIGT ALS KOMMUNIKATIONSFORM

Glaube entsteht nur im Zusammenhang menschlicher Kommunikation, wie Entsprechendes für jede weltanschauliche oder religiöse Überzeugung gilt. Zwar ist er nicht die zwangsläufige Folge solcher Kommunikation, auch nicht, sofern diese optimal gestaltet wäre, aber der Geist Gottes, der den Glauben in einer Person hervorruft, wirkt nicht ohne menschliche Kommunikation. Der Glaube, der selbst Kommunikation mit Gott im Angesprochenwerden und Ergriffensein durch die biblische Botschaft, also durch das Lebenszeugnis Jesu von Nazareth, sowie im Gebet als Anrede Gottes durch den Menschen ist, ereignet sich „in, mit und unter" Formen menschlicher Kommunikation. Gleichsam vertikale Kommunikation zwischen Gott und Mensch setzt die horizontale, von Menschen zu vollziehende Kommunikation voraus und erfüllt deren Sinn. In diesem Kommunikationsgefüge entsteht der Glaube und hat er dann auch sein kontinuierliches Leben und seine besondere geistige Existenz. Ist er einmal da, dann wirkt er seinerseits auch auf die zwischenmenschliche Kommunikation zurück, indem er sich an ihr beteiligt und sie dadurch mitgestaltet. Diese Rückwirkung tritt natürlich am offenkundigsten bei denjenigen Gläubigen in Erscheinung, die sich die Pflege der Kommunikation des Evangeliums und des damit verbundenen ganzen christlichen Wirklichkeitsverständnisses zur Berufsaufgabe machen, den Pfarrern und Pfarrerinnen. Wohlgemerkt: nur am offenkundigsten; denn die Zeugnispflicht gilt für jeden Christenmenschen, wie es reformatorisch am klarsten in der Lehre vom allgemeinen Priestertum bzw. Priestertum aller Getauften verankert und verbrieft ist.[1] In der Gesamtheit der Kommunikationsformen, deren man sich in der Praxis des christlichen Zeugnisses bedient, tritt das kirchlich verfasste und geordnete christliche Gesamtleben in Erscheinung.

Die Kirche – hier nicht als Gegenstand der Dogmatik, sondern als soziologisch-institutionstheoretisch beschreibbares soziales Phänomen – ist ein *Kommunikationssystem* mit verschiedenen Kommunikations*situationen*, Kommunikations*positionen,* Kommunikations*formen* und Kommunikations*medien*. Veranschaulicht man sich das mit diesen Begriffen Bezeichnete, dann erhält man das konkrete Er-

[1] Vgl. dazu bes. Luthers Schrift von 1523: Dass eine christliche Versammlung oder Gemeine Recht und Macht habe, alle Lehre zu urteilen und Lehrer zu berufen, ein- und abzusetzen, Grund und Ursache aus der Schrift. WA 11, 402–416. Bezüglich der Sekundärliteratur sei besonders verwiesen auf H. Goertz, Allgemeines Priestertum und ordiniertes Amt bei Luther (MThSt 136), Leipzig 2020.

scheinungsbild, die Morphologie der Kirche.[2] Zu den Situationen gehören Gottesdienst, Seelsorge, Konfirmandenunterricht, Jugendarbeit, Gemeindekreise sowie weitere reguläre Praxisfelder kirchlichen Handelns, aber auch organisierte oder spontan entstehende Diskussionen wie z.B. auf Kirchentagen. Zu den Positionen zählen alle in den Kirchenverfassungen vorgesehenen Ämter und Organe, aber auch die Ehrenämter sowie das Elternamt. Im Zusammenhang unserer Untersuchung sind der dritte und vierte Aspekt, die Kommunikationsformen und -medien, von vorrangigem Interesse. Dem gehen wir jetzt nach.

2.1 Die Predigt im Kontext der kirchlichen Kommunikationsformen

Christlich-frommes Bewusstsein bzw. Glaube kann weder entstehen noch bestehen ohne vier Grundformen von Kommunikation: *Gespräch, Unterricht, Liturgie* und *Predigt*. Diese sind folglich im Kommunikationssystem Kirche anzubieten und sorgsam zu pflegen.[3] Diese Formen bedienen sich jeweils bestimmter Medien als Hilfsmitteln der Kommunikation wie mündliche Rede, Schrift, elektronische Übermittlung, Gesten, Mimik, Bilder, Töne etc. Das ist auch der Grund, weshalb wir oben zwischen Formen und Medien unterschieden haben, obwohl sie eigentlich in die gleiche Rubrik gehören, nämlich die der konkreten Vollzugsweise von Kommunikation zwischen Individuen. Indem bei jeder der vier Grundformen kirchlicher Kommunikation die Wahl zwischen verschiedenen Medien zu treffen ist und ferner die Kommunikationsformen sich mit unterschiedlichen Kommunikationssituationen und -positionen verbinden, diversifiziert sich das Gesamtgeschehen kirchlicher religiöser Kommunikation zu einem reich differenzierten Gefüge verbalen und nonverbalen Austausches.

Dass das *Gespräch* wesentlich ist, betonte schon Luther mit dem Ausdruck „per mutuum colloquium et consulationem fratrum".[4] Gespräch nach professionellen Regeln konstituiert das Praxisfeld der Seelsorge.[5] Zu nennen sind die Gemeinde als Ort kirchlicher Gesprächskultur, Gespräche mit Freunden und besonders geschätzten Personen und nicht zuletzt die Familie. Entscheidend ist überall, ob man sich frei und offenherzig über religiöse Fragen äußern kann. Dass die frühen Gespräche in der Familie, die ja im Zusammenhang mit tiefgreifenden Erfahrungen des Umgangs miteinander erlebt werden, eine nachhaltig prägende

[2] Ausführlich dazu: R. Preul, Kirchentheorie. Wesen, Gestalt und Funktionen der Evangelischen Kirche, Berlin/New York 1997, 155ff.

[3] Detailliert hierzu: R. Preul, Evangelische Bildungstheorie, Leipzig 2013, 301-311.

[4] BSLK 449.

[5] Seinerzeit bahnbrechend: J. Scharfenberg, Seelsorge als Gespräch. Zur Theorie und Praxis der seelsorgerlichen Gesprächsführung, Göttingen 1972, 5. Aufl. 1991.

Bedeutung haben, ist bekannt; das ist leider auch dann der Fall, wenn die Eltern sich abfällig äußern oder allen religiösen Fragen ausweichen.[6]

Gezielte Unterweisung im christlichen Glauben und methodisches Lernen, also *Unterricht*, hat es wohl schon von Anfang an gegeben.[7] Nachdem, wie es heute der Fall ist, die Familie als Instanz bewusster und expliziter religiöser Sozialisation weitgehend ausfällt, kommt dem didaktisch reflektierten Unterricht in Schule und Kirche erhöhte Bedeutung zu. Die besondere Stärke des Unterrichts besteht in der Vermittlung sachlich korrekter Informationen und Einsichten zum christlichen Glauben, in der Korrektur von Missverständnissen, Kurzschlüssen und auf Vorurteil beruhenden Meinungen sowie in der methodisch zuverlässigen Klärung von wichtigen und auf das persönliche Interesse der Lernenden bezogenen Einzelfragen. Ein nach Möglichkeit positives Gesamturteil über den christlichen Glauben soll so zwar ermöglicht werden, muss aber dem Lernenden, der sich Zeit nehmen darf, ohne jede Nötigung überlassen werden.

Man muss aber nicht nur *über* Gott im Sinne des christlichen Glaubens reden können, sondern auch *zu* ihm. Man benötigt *Liturgie*. Mit diesem Terminus sind hier alle Formen von praxis pietatis gemeint, in denen sich der Glaube als Glaube ausdrückt bzw. darstellt. Die Kirche muss solche Formen bereitstellen, für den privaten wie für den öffentlichen Kultus[8]: Gebete, Lieder, Riten, Segensformeln, Doxologien etc. Und natürlich kommen hier auch die Sakramente ins Spiel. In der Liturgie geht es auch nicht allein um verbale Sprache, sondern auch um Gesten, Bewegungen, mit allen Sinnen Wahrnehmbares, um den Ausdruck von Gefühlen in Lob, Dank und Klage. Bei Phänomenen der Liturgie, insbesondere in der gottesdienstlichen Liturgie ist der allergrößte Medienreichtum anzutreffen. Man kann auch sagen: Der Gottesdienst in seiner Vollgestalt als Abendmahlsgottesdienst ist ein geordneter Kosmos von Zeichen aller Art.

Die *Predigt* hat etliches mit den drei anderen Kommunikationsformen gemeinsam. Indem sie Fragen der Hörer aufgreift oder auch ihre möglichen Einwände und Zweifel, wird sie zu einem Spezialfall des Gesprächs, obwohl sie in ihrer äußerlichen Gestalt ein Monolog bleibt.[9] Und wo sie so ins Gespräch kommt mit

[6] Vgl. dazu R. Preul, Das Verhältnis von Elternhaus und Schule in der religiösen Erziehung, in: WPKG (Pastoraltheologie) 69/1980, 428–442; ders., Wurzel und Wachstum christlicher Freiheit, in: ZThK 92/1995, 251–277.

[7] Apg 8,26–40 kann, unbeschadet der Frage nach der Historizität des Berichteten, als Beleg dafür genommen werden. Philippus unterrichtet den äthiopischen Kämmerer, nachdem dieser die Frage „Verstehst du auch, was du liest?" verneinte.

[8] Vgl. dazu E. Herms, „Cultus Deorum"/"Cultus Dei veri" – aus christlicher Perspektive, in: MJTh XXX/2018 (Gottesdienst), 23–67.

[9] Man erinnere sich an Ernst Langes Definition der Predigt als ein Reden mit dem Hörer über sein Leben im Lichte des Evangeliums. E. Lange, Predigen als Beruf, hg. von R. Schloz, Stuttgart/Berlin 1976, bes. 58.

dem Hörer und seiner Lebenswelt, muss sie sich natürlich frei, wenn auch immer rücksichtsvoll äußern dürfen. Ferner darf die Predigt sich nicht scheuen, den Hörer gelegentlich gezielt zu belehren, indem sie etwa im Text angesprochene Sachverhalte klärt oder gängige Missverständnisse der Zeitgenossen mit Gründen aus dem Wege räumt. Predigt ist immer auch *Lehre* in Bezug auf Einzelnes, aber auch auf das systemische Ganze des christlichen Wirklichkeitsverständnisses. Auf Liturgie ist die Predigt schon insofern bezogen, als sie ja im Rahmen einer gemeinsamen Feier stattfindet und als ein im gottesdienstlichen Ritual selbst verankertes rhetorisches Element dessen gemeinsamen Vollzug vor ritueller Erstarrung und Dumpfheit bewahrt, indem es reflex werden lässt, was sich z.B. im Abendmahl, aber auch in der ganzen Feier vollzieht und erlebt wird bzw. erlebt werden kann und soll. Ferner geschieht es nicht selten, dass eine Predigt das Ziel verfolgt, den behandelten biblischen Text zu einer prägnanten Ausdrucksform gegenwärtigen Glaubens, seine Sprache zu einem Gehäuse, in welchem er wohnen kann, werden zu lassen. Und schließlich ist das Predigen, sofern es Zeugnis des Glaubens des Predigers oder der Predigerin sein will, selbst eine Gestalt von praxis pietatis.

Worin besteht aber – über diese Überschneidungen hinaus – die *Eigenart der Predigt* als kirchlicher Kommunikationsform, in der dann auch ihre Unverzichtbarkeit im Ensemble der Grundformen begründet wäre? Dieses Besondere besteht darin, dass jede Predigt, jedenfalls jede gute, auf einem Gesamtkonzept des christlichen Glaubens bezüglich seines Ursprungs und Zustandekommens, seines Wesens und seiner Funktionen im Leben des Einzelnen und der menschlichen Gemeinschaft beruht, also auf einem das christliche Wirklichkeitsverständnis als ein zusammenhängendes Ganzes in den Blick fassenden Konzept, das der Prediger sich durch sein Studium sowie durch seinen gesamten Bildungsprozess erarbeitet und angeeignet hat und das er nun an seine Hörer zu vermitteln und als Anwalt des Christentums in und gegenüber der modernen Welt zu vertreten hat. Das bedeutet für die Predigt, dass sie das christliche Wirklichkeitsverständnis als ein systemisches Ganzes aus Gottes-, Welt-, Menschen- und Geschichtsverständnis immer wieder mehr oder weniger explizit zu verdeutlichen oder wenigstens in knapper Form und andeutungsweise aufscheinen lassen muss. Natürlich geschieht das nicht immer auf die gleiche Weise und auch nicht nur in begrifflicher Diktion; das würde die Hörer teils ermüden, teils überanstrengen und die Predigt zu einem „abstract" aus Dogmatik und Ethik werden lassen. Vielmehr kann und soll das Ganze des christlichen Wirklichkeitsverständnisses jeweils schwerpunktmäßig vom jeweiligen Text und einem dazu passenden Thema aus in den Blick genommen und erschlossen werden.

Unter den christlichen Festen nötigt besonders das Weihnachtsfest zu einem direkten Ausgriff auf das Ganze – auf die christliche Position, auf das christliche

Lebenskonzept –; denn wenn man fragt, was durch die Geburt Christi eigentlich in die Welt gekommen ist, dann muss man den christlichen Glauben in seiner Ganzheit, eben als Wirklichkeitsverständnis und als eine spezifische Existenzweise erklären, was freilich nicht heißt, ihn ganz zu erklären.[10] Eine ähnliche Aufgabe stellt auch Trinitatis, wo es darum ginge, die Ganzheit Gottes und seines Handelns als Dreieinigkeit zu erklären – nur dass man sich dieser Aufgabe nach meiner Beobachtung leider meistens entzieht.[11]

Dass die Predigt immer wieder mehr oder weniger explizit auf das systemische Ganze des christlichen Wirklichkeitsverständnisses ausgreifen muss und das jeweils im Fokus stehende Thema, welches durch den Text und die Lebenswirklichkeit der Zeitgenossen nahegelegt wird, in diesem Gesamthorizont verorten muss, hängt zutiefst damit zusammen, dass jedenfalls die reformatorische Predigt als solche der menschlichen Existenz mit ihren Grundproblemen zugewandt ist.

Die Predigt hat es mit den fundamentalen und überall im Bereich der conditio humana vorauszusetzenden Grundpolaritäten und großen Alternativen des menschlichen Lebens zu tun. Das bedeutet aber, dass man in der Predigt immer wieder bei der Betrachtung eines Pols oder einer Alternative alsbald und notwendigerweise auf den zugehörigen anderen Pol bzw. auf sich anbietende andere Alternativen zu sprechen kommen muss. So kann man beispielsweise über Schuld, Sünde und Entzweiung mit Gott nicht reden, ohne zumindest andeutungsweise auf die Möglichkeit und Wirklichkeit von Vergebung und Versöhnung mit Gott zu verweisen. Entsprechend verhält es sich bei der Behandlung des Leidens des Menschen und der gesamten Schöpfung: Man muss damit den Ausblick nach einer Erlösung und Vollendung verbinden als einen Zustand, in welchem „alle Tränen abgewischt" sein werden (Off 21,4). Oder, behandle ich in der Predigt die Vergänglichkeit und Hinfälligkeit des Menschen wie alles Irdischen, so stellt sich zugleich die Frage nach dem, was ewig und unvergänglich ist. Ich könnte weitere Beispiele nennen. Ferner verweisen die Polaritäten ihrer-

[10] Letzteres dürfte nicht nur in einer einzelnen Predigt, sondern grundsätzlich nicht möglich sein. Aber wer über die Weihnachtsgeschichte so predigt, dass er die Inkarnation – ob er dieses Wort gebraucht oder nicht – übergeht und stattdessen etwa den Sachverhalt, dass Maria und Joseph sich in fremder Umgebung befinden, was die Geburtsgeschichte übrigens nicht einmal hervorhebt, zum Anlass nimmt, allein über unser Verhältnis zu Fremden und Flüchtlingen zu reden und mehr Solidarität mit ihnen und anderen Minderheiten zu fordern, der wird, obschon diese Forderung durchaus berechtigt ist, weder dem Text, noch dem Fest, noch der Erwartung der Hörer, noch seiner theologischen Aufgabe gerecht.

[11] Eine erfreuliche Ausnahme war die Predigt, die der Musikwissenschaftler Siegfried Oechsle am 14. Juni 2020 als Gastprediger in der Kieler Universitätskirche über Num 6,22–27 hielt. Er interpretierte den Aaronitischen Segen im Gefolge Luthers trinitarisch als eine Formel, die zum Ausdruck bringt, wie die Zuwendung und das Nahesein des dreieinigen Gottes gedacht und erlebt werden kann, differenziert und zusammenwirkend wie ein Dreiklang.

seits aus sachlogischen Gründen noch einmal aufeinander. So gibt es Verbindungen zwischen den soeben jeweils erstgenannten und den zweitgenannten Polen. Durch diese vielfältigen Links besteht die grundsätzliche Möglichkeit, das in Rede stehende Ganze Schritt für Schritt zu erschließen, aber andererseits auch die Gefahr einer gedanklichen Überladung der Predigt. Ein Mittel dagegen ist die Textbindung - es sei denn, dass der Text selbst überladen ist - sowie die Beschränkung auf *ein* dem Text entsprechendes Thema. Man springe also nicht in ein und derselben Predigt von einer Polarität zur anderen.

Dieser Verfahrenslogik einer der Dynamik und Dramatik des menschlichen Lebens zugewandten Predigt korrespondiert der stringente Systemcharakter der christlichen Lehre, die den christlichen Glauben hinsichtlich seiner Erlebnisdimensionen und seiner Vorstellungen von Gott, Natur und Geschichte sowie von der Bestimmung des Menschen in Zeit und Ewigkeit ausformuliert[12], gegen andere Gestaltungen des Daseinsverständnisses - religiöse wie säkulare - abgrenzt und auch gegen zeitgenössische Einwände als ohne sacrificium intellectus mögliche und sinnstiftende Position in Schutz nimmt. In der Predigt steht der Sinn des christlichen Lebens - des privat-persönlichen wie des gemeinschaftlichen - und der christlichen Lehre als einer Daseinsgesamtinterpretation jeweils implizit und oft auch explizit auf dem Spiel. Das gilt grundsätzlich, aber besonders in der pluralistischen Situation der Gegenwart mit ihren Orientierungsproblemen.

Es bedarf also im Ensemble der unter Christenmenschen gepflegten Kommunikationsformen auch einer solchen, die das Ganze bzw. die Ganzheit des christlichen Wirklichkeitsverständnisses von immer neuen Ausgangspunkten her vorstellig und verständlich macht. Dass und wie sie das in Kontinuität mit den wesentlichen Einsichten gerade der Reformation tun kann, ist später zu erörtern. Wichtig ist im jetzigen Zusammenhang noch die Feststellung, dass dieses Vorstellig- und Verständlichmachen auf der persönlichen Überzeugung des Predigers oder der Predigerin von der Wahrheit - da „Wahrheit" vielleicht nach Richtigkeit in allem Einzelnen klingt, könnte man auch „Wahrheitsangemessenheit" sagen - des christlichen Wirklichkeitsverständnisses und der Relevanz der Botschaft des Evangeliums für alle Menschen beruht. Predigerinnen und Prediger sind *Zeugen*, wie es auch von den Gottesdienstbesuchern vorausgesetzt wird, die die Rede eines Christenmenschen hören wollen. Sie, die ministri verbi divini, reden sowohl sachgemäß als auch authentisch, indem sie *das für sie selber als wahr und hilfreich Erfahrene* zur Sprache bringen, und zwar so, dass es auch von der Hörerschaft als wahr und hilfreich übernommen werden kann, wenn auch nicht

12 Mehr dazu: R. Preul, „Bestimmung des Menschen" - wie lässt sich heute darüber reden?, in: Chr. Polke u.a. (Hg.), Niemand ist eine Insel. Menschsein im Schnittpunkt von Anthropologie, Theologie und Ethik. FS Wilfried Härle, Berlin/Boston 2010, 587–608.

muss. Das bedeutet natürlich nicht, dass Schwierigkeiten mit dem Glauben und Anfälle von Zweifel, die aus keinem Christenleben wegzudenken sind, auf jeden Fall zu verschweigen wären, wenn man auch aus Rücksicht auf die Zuhörer damit nicht gerade um sich werfen sollte. Aber Prediger sind christliche Zeugen nicht abgesehen von, sondern mitsamt ihren Anfechtungen.[13] Sie könnten auch die aufseiten der Hörer zu vermutenden Zweifel weder verstehen noch etwas Hilfreiches dazu sagen, wenn ihnen jeder Zweifel selbst fremd wäre.

Dass die Prediger als Zeugen in Anspruch genommen werden, wirft noch einmal ein Licht auf Nähe und Distanz zu den anderen Kommunikationsformen. Authentizität bzw. persönliche Verbindlichkeit ist ein Merkmal, das auch für die liturgische Praxis mit all ihren Elementen (Bekenntnis, Gebet, Gesang, Kommunion) gilt. Hingegen können Gespräche auch dann förderlich für die religiöse Bildung sein, wenn einer der Gesprächspartner oder sogar beide sich nicht oder noch nicht oder nicht mehr als Christ verstehen. Nicht jedes religiöse Fragen betreffende Gespräch muss schon „mutuum colloquium et consolatio fratrum“ sein. In der Seelsorge allerdings dürfte in aller Regel unterstellt werden, dass jedenfalls der Seelsorger auf der Grundlage eines christlich-religiösen Selbstverständnisses tätig wird. Was das methodisch reflektierte Lehren und Lernen betrifft, so enthält die „vocatio“, auf katholischer Seite die „missio canonica“ die Erwartung, dass die Religionslehrkräfte ihr Amt im Sinne der Kirche, also ebenfalls als Zeugenschaft ausüben, wie es auch für diejenigen im kirchlichen Dienst stehenden Personen gilt, die auch ohne ein Pfarramt zu bekleiden etwa Konfirmandenunterricht erteilen und sich in der Jugendarbeit engagieren. Aber es gibt auch im Raum der Kirche organisierte Veranstaltungen – beispielsweise Seminare, Workshops, Tagungen in kirchlichen Akademien –, bei denen es offenbleiben kann, wie es die Durchführenden bzw. Referenten persönlich mit dem Glauben halten. Bei Vortrags- und Diskussionsveranstaltungen sollen sogar auch die Gegner des christlichen Glaubens, die Andersdenkenden und die Agnostiker zu Worte kommen, weil die Auseinandersetzung mit kritischen Stimmen und Argumenten unabdingbar zur religiösen Bildung gehört.

Am Ende unserer Ausführungen zur Eigenart und Unverzichtbarkeit der Predigt im Kontext der kirchlichen Kommunikationsformen muss ich noch einmal auf das Stichwort „Medien“ zurückkommen. So wie wir den Ausdruck bestimmt haben, nämlich als Inbegriff aller in den Kommunikationsformen benutzten Zeichen und Hilfsmittel, ergab sich schon, dass es neben und in Verbindung mit der Sprache der Wörter und Sätze in der Kommunikation des Glaubens auch die

[13] Leser, die hier weitere Fragen zum Verhältnis von Glaube, Zweifel und Anfechtung haben, werden „vertröstet“ auf Kap. 4, in welchem die typischen Schwierigkeiten der Zeitgenossen mit dem christlichen Glauben behandelt werden.

Sprache der Bilder, der Musik, der Räume und Steine, der Gebärden und Mimik gibt. Wie aber, ist noch zu fragen, steht es mit den spezifisch *modernen Medien* bzw. Massenmedien, an die man etwa beim Ausdruck „Mediengesellschaft" denkt, also Funk, Fernsehen, Internet, Presse und vielleicht auch die Literatur, Medien, in denen auch gelegentlich von Religion, Kirche und Christentum die Rede ist? Brauchen wir das nicht auch? Für die Präsenz der Kirche in der breiten Öffentlichkeit und für ihre Teilnahme an gesellschaftlich relevanten Diskursen sind sie gewiss unverzichtbar.[14] Die Kirche ist auf diesem Gebiet ja auch selbst „unternehmerisch" tätig, etwa durch eigenen Pressedienst, eigene Veröffentlichungsorgane, Sender und Kanäle wie z.B. Bibel TV, zu deren Gesellschaftern auch die beiden großen Kirchen und freikirchliche Organisationen gehören. Aber was die kommunikativen Bedingungen für das Entstehen und Bestehen des Glaubens betrifft, so kommen die Medien nur als willkommene Ergänzung in Betracht, sofern sie durch bestimmte Beiträge - etwa durch Übertragungen vom Kirchentag, „Wort zum Sonntag", Berichterstattung aus Kirche und Gesellschaft, Kolumnen etc. - auf die religiöse Bildung Einfluss nehmen. Sie sind aber nicht unverzichtbar, sofern wir nicht bestreiten können, dass auch schriftunkundige sowie blinde und gehörlose Menschen Christen werden und bleiben und am Ende selig werden können, wie sie es auch schon immer konnten. Unabdingbar erforderlich und konstitutiv für das Glaubensleben sind nur unsere vier Grundformen, die dann freilich auch in den modernen Massenmedien gelegentlich, sofern deren Programmgestaltung an Religion und Kirche nicht vorbeigehen kann, in Erscheinung treten. Und unter diesen Grundformen ist und bleibt die Predigt im Verbund mit dem ganzen Gottesdienst die wichtigste kirchliche Begleitung und das wirkmächtigste Bildungsmittel, das dem Christenmenschen durch sein Erwachsenenleben hindurch zuteilwird.[15]

2.2 Probleme der Kommunikationsform Predigt in der Gegenwart

Jahrhundertelang war die Predigt sogar noch mehr als das wichtigste Bildungsmittel für die spezifisch religiöse Bildung der Erwachsenen. Vor der Entstehung und Verbreitung des Zeitungswesens als Vermittler dessen, was die Bürger bzw. Untertanen wissen mussten, besaß der Ortspfarrer, besonders auf dem Lande, so etwas wie ein Bildungsmonopol für alle, die nicht mehr zur Schu-

[14] Vgl. dazu R. Preul, Das Sinnangebot der Medien und die kirchliche Verkündigung, in: ders., Die soziale Gestalt des Glaubens. Aufsätze zur Kirchentheorie, Leipzig 2008, 104–116.

[15] Das gilt schon für die bloße Kenntnis biblischer Geschichten, Personen und sprachlicher Wendungen, wie es sich am deutlichsten in den Quizsendungen, sofern sie auch das Gebiet von Religion und Glaube berühren, offenbart. Wer darüber nur gelegentlich durch die öffentlichen Medien etwas erfährt, weiß sehr wenig.

le gingen oder sogar, vor der nur langsam sich durchsetzenden allgemeinen Schulpflicht, gar keine schulische Vorbereitung auf das Leben erfahren hatten, zu weiten Teilen auch des Lesens und Schreibens unkundig waren. Die dieser Situation entsprechende Bildungszuständigkeit der Pfarrer führte dazu, dass gelegentlich auch profane Aspekte der Lebensführung - etwa hinsichtlich Gesundheit, Hygiene, Haushalt, Landwirtschaft oder auch Politik - in den Predigten behandelt wurden, was natürlich auch die Gefahr mit sich brachte, sich lächerlich zu machen. Schleiermacher, der als Beispiel die „Kuhpockenimpfung" nennt, fordert, dass alles, was der Geistliche anspricht, unter „religiösem Gesichtspunkt" zu behandeln sei, was wohl heißt: unter dem Gesichtspunkt christlicher Verantwortung und christlicher Sitte.[16] Der Prediger darf sich nicht in eine vom religiösen Blickwinkel losgelöste detaillierte Erklärung der angesprochenen Sachverhalte verlieren, und sofern er Politisches berührt, darf er sich nicht von den Wünschen der Staatsmacht leiten lassen.[17] Schleiermacher gesteht aber zu, dass die Grenze zwischen religiöser und nicht religiöser Betrachtung oft schwer zu bestimmen ist.[18] Die Predigt darf sich also zu *allen* das Leben der Menschen betreffenden Fragen äußern - eine Eingrenzung ihres Gegenstandsbereichs ist nicht zulässig -, nur dass alles mit der religiösen Betrachtung des Daseins zu verbinden ist, und in dieser Weise trägt die Predigt auch zur *gesamten* Bildung des Menschen bei.[19]

Die institutionelle Zentralstellung der Predigt in puncto Bildung, die bei Schleiermacher immerhin noch durchschien, ist inzwischen ganz verloren gegangen. Das heißt jedoch nicht, dass der Gegenstandsbereich der Predigt schmaler geworden wäre; ihr Gegenstand ist nach wie vor das christliche Leben in all seinen Dimensionen und Verflechtungen.[20] Und da dieses Leben komplizierter

[16] F. D. E. Schleiermacher, Die praktische Theologie nach den Grundsäzen der evangelischen Kirche im Zusammenhange dargestellt, hg. von Jacob Frerichs. Friedrich Schleiermacher's sämmtliche Werke. Erste Abtheilung. Zur Theologie, Bd. 13, Berlin 1850, 206.

[17] Ebd. 209ff.

[18] Ebd. 206.

[19] Dabei darf natürlich die bildende Bedeutung der Bibel als Quelle der christlichen Lehre, des Katechismus als deren Zusammenfassung und der geistlichen Lieder als deren poetischer Ausdruck nicht außer Acht bleiben; aber in allen drei Fällen muss die situationsbezogene Auslegung und Anwendung auf das je gegenwärtige Leben, wie sie exemplarisch von der Predigt geleistet wird, noch eigens hinzutreten.

[20] Wenn immer wieder einmal gefordert wird, besonders von Leuten, die sich kritisiert fühlen, die Kirche solle sich in außerkirchliche Belange „nicht einmischen", der Pfarrer solle wie der Schuster „bei seinem Leisten bleiben", will sagen: sich um die Seele und das Gemüt der Leute kümmern, dann ist zu erwidern, dass der homiletische Leisten schon immer größer war, schon deshalb, weil man nicht einmal konkret vom menschlichen Gemüt reden kann, ohne auch all das einzubeziehen, was diesem Gemüt in Gesellschaft, Politik und Wirtschaft zu schaffen macht.

und auch krisenanfälliger geworden ist, zumal es von anderen Lebenskonzeptionen in einem früher nicht gekannten Ausmaß in seiner Gültigkeit bestritten wird, ist die Fülle der vom Prediger ansprechbaren Sachverhalte und Probleme sogar noch beträchtlich gewachsen.[21] Aber die christliche Predigt hat Konkurrenz bekommen, und zwar in doppelter Hinsicht: inhaltlich, bezüglich der Position, die sie vertritt, wie eben schon bemerkt, und als Kommunikationsform. Uns interessiert hier zunächst nur das Letztere.

Wie groß die Konkurrenz zur Kommunikationsform Predigt ist, ergibt sich aus der Gesamtheit der Medien, die hierzulande inzwischen von fast allen Zeitgenossen genutzt werden: Printmedien (Zeitungen, Zeitschriften, Bücher), Funk, Fernsehen und Internet einschließlich der sogenannten social media. Diese Fülle an Informationsmöglichkeiten, Anregungen und Bildungsangeboten lässt bei Personen, die nicht oder nur selten wie etwa am Heiligen Abend zur Kirche gehen, sehr leicht die Meinung aufkommen, man benötige heutzutage die Predigt gar nicht mehr, sondern könne sich auch anders bedienen, sofern man ein religiöses Interesse entwickelt. Das dokumentiert sich exemplarisch in den Selbstaussagen vieler Intellektueller oder Prominenter, die sich nicht gleich für „religiös unmusikalisch" erklären: sie seien zwar spirituell empfänglich, vielleicht sogar im christlichen Sinne - aber nicht so, wie die Kirche es gern hätte. Was von uns oben über die Unverzichtbarkeit und Unersetzbarkeit der Predigt ausgeführt wurde, erreicht das Bewusstsein der Menschen in der Regel nicht.

Die medialen Angebote, insbesondere im Fernsehen, sind größtenteils erheblich leichter zu konsumieren als eine Predigt, welche nahezu zwangsläufig die Aufmerksamkeit, Konzentrationsfähigkeit und Vorstellungskraft ihrer Hörer in vergleichsweise höherem Maße in Anspruch nimmt. Dem Prediger steht im Prinzip nur das Mittel des Wortes zur Verfügung, mag es auch lebendig und engagiert vorgetragen werden, während Film und Fernsehen mit einer Kombination aus Wort, Bild, Story und Begleitmusik, welche die entsprechende Stimmung erzeugt, arbeiten; der Empfänger ist erlebnismäßig sozusagen rundum in Beschlag genommen, kann alles relativ mühelos und entspannt „konsumieren" und mag nebenbei noch ein Bierchen zu sich nehmen.[22] Zeitungsartikel, Pressemel-

[21] Speziell die Predigt des Gesetzes - natürlich im Zusammenhang mit der des Evangeliums - erfährt einen enormen Themenzuwachs schon allein durch den Sachverhalt, dass in demokratischen Verhältnissen jedem Einzelnen politische Verantwortung für das ganze Gemeinwesen übertragen ist.

[22] Ein Sonderfall sind Kriminalfilme, etwa aus der Reihe „Tatort", die das Kombinations- und Imaginationsvermögen der Zuschauer fast regelmäßig überfordern, so dass viele bald nicht mehr durchschauen. Dafür werden sie durch grelle Effekte und Nervenkitzel erzeugende Szenen notdürftig entschädigt. Ich gestehe, seit etwa zwanzig Jahren kaum noch einen „Tatort" vollständig verstanden zu haben. Die Schauspieler nuscheln oft (anders ist es bei den Synchronsprechern in ausländischen Filmen), der Szenenwechsel ist zu abrupt, die Be-

dungen und Kommentare sind meistens ohnehin kurz, und die Lektüre eines längeren Textes aus dem belletristischen Bereich kann man jederzeit unterbrechen und später wieder aufnehmen. Steigt man dagegen als Predigthörer zwischendurch mal kurz aus, was beständig vorkommt, so hat man es schwer, wieder hineinzufinden – es sei denn, dass der Prediger über rhetorische Mittel verfügt, die das erleichtern, was aber selten vorkommt.

Die Predigt hat es also wahrlich nicht leicht, sich in der Polyphonie der Medien zu behaupten und Erfolge zu erzielen. Wie reagiert sie auf diese Situation, in der sie, kommunikationstheoretisch beurteilt, je länger je mehr ins Hintertreffen zu geraten droht? Sie tat und tut es auf mehrfache Weise.

a) Die Predigten wurden mit der Zeit immer kürzer. Schleiermachers Predigten dürften, obwohl Schleiermacher ziemlich schnell sprach, kaum einmal unter vierzig Minuten gedauert haben.[23] Das je nach Fassungsvermögen der Gemeinde und nach Ausgewogenheit im Verhältnis zu den anderen Elementen des Gottesdienstes, besonders dem Gesang[24], optimale Zeitmaß der Predigt wird von ihm im Anschluss an die allgemeine Meinung bestimmt: „... eine Stunde wird schon für zu lang erkannt, eine halbe Stunde aber ist zu wenig und fällt auf Rechnung des Geistlichen."[25] Nicht anders äußert sich der Kieler Genius Loci Claus Harms: „Dreyviertel Stunden und lieber darüber hinaus bis an eine volle Stunde, als da runter bis zu einer halben Stunde ... Von einer halbstündigen Predigt und einer noch kürzeren wird gesagt, daß es sich der Mühe nicht verlohne, ihrethalben sich anzuziehen und hinzugehen, unter der Anschuldigung: der Prediger sey geistesschwach, dem ein Anderer widerspricht und sagt: Nein, er ist träge."[26] Der ehemalige Bundespräsident Roman Herzog erklärte in einer Ansprache anlässlich eines kirchlichen Festaktes, er halte jeden, der länger als eine Viertelstunde redet, für seinen persönlichen Feind und stieß damit auf Zustimmung aus dem Auditorium.[27] Und die „Evangelische Zeitung für Schleswig-Holstein" berichtete kürzlich unter dem Titel „Lange Predigten ermüden", dass evangelische Fachleute inzwischen „bei zwölf Minuten angekommen" sind und berufen sich auf den Papst, der höchstens zehn Minuten zulassen wolle. Man hat den Eindruck: Die eigentliche Meinung – wo nicht des Papstes, so doch der Kirchenzeitung – ist of-

gleitmusik ist so laut, dass man das Gesprochene nicht mehr versteht, als Untertitel eingeblendete Sätze verschwinden vom Bildschirm, bevor man sie ganz lesen konnte. Es ist eine Zumutung, besonders für alte Menschen!

[23] Schleiermachers gesamtes Predigtwerk, soweit erhalten, ist in Abteilung III der Kritischen Gesamtausgabe in 14 Bänden dokumentiert. Vgl. auch meinen Artikel „Predigten" in: Schleiermacher Handbuch, hg. von M. Ohst, Tübingen 2017, 411–425.

[24] Man sang damals in den Kirchen sehr viel langsamer als heute.

[25] Praktische Theologie (S. Anm. 16), 214.

[26] C. Harms, Pastoraltheologie / Erstes Buch: der Prediger, Kiel 1837, 63.

[27] Ich selbst predige in der Regel 20 bis 25 Minuten.

fenbar: Die Predigt als solche ist langweilig und eine Zumutung und sollte deshalb so kurz wie möglich sein.

b) Zur Reduktion des Zeitmaßes der Predigt und damit auch der in Anspruch genommenen Aufmerksamkeit der Hörer passen Zugeständnisse an deren mutmaßliche Konzentrationsfähigkeit. Längere Gedankengänge, Argumentationsketten und logische Schlussfolgerungen werden weitgehend vermieden; es darf nicht „schwierig" werden oder „kompliziert". Die häufige Stilempfehlung für angehende Prediger, sie sollten sich nur in kurzen Sätzen ausdrücken, richtet sich de facto gegen die Anstrengung des Denkvermögens und der Kombinationsfähigkeit. Kurze Sätze mit der Abfolge Subjekt - Prädikat - Objekt können aber als solche nur einzelne Feststellungen treffen, von ganz banalen bis zu inhaltsschweren; Gedankengänge, die zu Ergebnissen in Gestalt von begründeten Einsichten führen sollen, arbeiten aber mit Konjunktionen wie „weil - deshalb", „einerseits - andererseits", „je - desto" und zahlreichen weiteren Verknüpfungen von Sätzen und Satzteilen. Natürlich lauern hier auch Gefahren. Ein Redner, der durchgängig ein Höchstmaß an Präzision anstrebt, müsste jeden nahe liegenden Einwand, jede Einschränkung, jede Ausnahme, jedes mögliche Missverständnis gleich mit artikulieren, was zu einer mit Parenthesen überladenen Diktion führt, die jeden Hörer ermüdet. Komplexitätsreduktion als Zugeständnis an das normale Fassungsvermögen ist also nicht gänzlich zu vermeiden.

c) Man übernimmt Stilmittel und Präsentationsweisen aus den öffentlichen Medien, die sich dort als kommunikationsförderlich, rezeptionserleichternd, unterhaltsam, anregend und meinungsbildend bewährt haben. Freilich ist jeder Predigende auch inhaltlich auf die üblichen Medien angewiesen, weil er oder sie sonst nicht zeitgemäß predigen könnte. Darüber wird später noch einiges zu sagen sein; im jetzigen Zusammenhang geht es nur um Stilistisches. Szenen, Dialoge (auch fingierte), signifikante Beispiele und kurze einprägsame Storys werden in die Predigt eingefügt. Das ist durchaus zu befürworten. Sofern es immer auch noch nötig ist, Gesetz zu predigen, so sind zwar bestimmte Denkweisen, Haltungen und Prinzipien, die mit christlichen Überzeugungen nicht vereinbar sind, als solche klar zu benennen und zu verurteilen. Aber sofern ich als Prediger auch den vor mir sitzenden Gottesdienstbesuchern die Meinung sagen will, so wäre ich schlecht beraten, sie, wie man es auch in den Medien erleben kann, mit Appellen, Imperativen und Geboten - vielleicht noch verbunden mit Drohungen - zu bombardieren; eine solche Predigt nach evangelikaler Manier käme bei den Hörern in der Regel nicht gut an. Vielmehr kann man sich hier auch an Stilmitteln der Satire und des Kabaretts orientieren, die durch Pointierung und bewusste Übertreibung alltäglicher Verrücktheiten dem Zeitgenossen den Spiegel vorhalten. Er fühlt sich dann auf humoristische Weise ertappt und kann solche Kritik aushalten und gegebenenfalls Konsequenzen ziehen, ganz abgesehen davon, dass sie sich auch besser behalten lässt.

Misslungene Formen der Angleichung an mediale Stilelemente und Formate übergehe ich hier. Sie sind immer dann anzutreffen, wenn man bei deren Übernahme den geistlichen Zweck der Predigt aus dem Auge verliert und nur das Bedürfnis nach Entertainment bedienen will.[28] Das schließt nicht aus, dass die Predigt auch einen Unterhaltungswert haben darf, nur darf er nicht vorrangig angestrebt werden.

2.3 Einige Empfehlungen zur homiletischen Rhetorik und Stilistik

Es gibt immer noch Prediger und Predigerinnen, denen es gelingt, die Menschen zu erreichen, ihnen Lebenssinn, geistige Orientierung in ihrer Zeit und Lage, Trost, Hoffnung und „Mut zum Sein" (P. Tillich) zu vermitteln und denen man deshalb gern und aufmerksam zuhört. Zwar erreicht die Predigt ihr geistliches Ziel nicht allein aus eigener Kraft.[29] Glaube, Religiosität im christlichen Sinne ist nicht zielsicher herstellbar, allenfalls eine bessere Meinung darüber, was freilich auch schon etwas ist. Die Freiheit des Adressaten, der sich der Botschaft auch verschließen kann, und zwar nicht nur aus Eigensinn, sondern oft auch aus verstehbaren Gründen, ist zu achten, und der ebenfalls freien und geheimnisvollen Wirksamkeit des göttlichen Geistes ist nicht vorzugreifen. Der Geist kann nicht reglementiert werden; aber die Predigt kann ihm, sofern sie ihr Bestes gibt, dennoch dienlich sein.

Das Beste zu geben, heißt hier zunächst einmal, keine schweren rhetorischen Fehler zu begehen.

a) *Ein* solcher Fehler hängt mit der Gattung Rede unmittelbar zusammen. Eine öffentliche Rede wie z.B. eine Wahlrede will ihre Zuhörer in der Regel zu etwas veranlassen: Sie sollen eine bestimmte Entscheidung treffen und entsprechend handeln. Das wird in Appellen, Imperativen, dringlichen Bitten, vielleicht sogar durch Nötigungen zum Ausdruck gebracht.[30] In der Predigt, die ebenfalls öf-

[28] Hier sind Schleiermachers homiletische Stilkriterien der „Keuschheit" und der „Simplizität" in Erinnerung zu rufen. Alles bloß „Ornamentale", alles „Pathematische", alles, „was nur Darstellungsmittel sein kann und nicht Element der Darstellung selber", muss unterbleiben. Praktische Theologie (S. Anm. 16), 298ff.

[29] Zu den Möglichkeiten und Grenzen der Predigt vgl. R. Preul, „Du sollst Evangelium predigen" / „nihil nisi Christus praedicandus" – Gesetz und Evangelium in der Predigt, in: Luther heute. Ausstrahlungen der Wittenberger Reformation, hg. von U. Heckel, J. Kampmann, V. Leppin und Chr. Schwöbel, Tübingen 2017 (UTB 4792), 211–229.

[30] Anders verhält es sich etwa bei Ansprachen auf einem Familienfest, also einer Rede im privaten Rahmen, bei der auch einfach nur begrüßt, gedankt, gelobt und gewürdigt werden kann.

fentliche Rede ist, mag diese Redeweise zwar gelegentlich auch angebracht sein, sie darf aber niemals zum dominanten modus loquendi werden. Vielmehr gilt als Grundregel: *Predige im Wesentlichen nicht appellativ sondern deskriptiv!*[31] Das christliche Leben – die vita christiana mit all ihren Möglichkeiten, ihren Höhen und Tiefen, mit ihren beglückenden Momenten, aber auch mit ihren Anfechtungen und Zweifeln – das ist primärer und unerschöpflicher Gegenstand der Beschreibung, und zwar sowohl in begrifflicher als auch in konkret-anschaulicher Darstellung.[32] Das bei diesem Gegenstand Wesentliche und Grundlegende, das die Predigt stärken, neu beleben oder auch erstmalig hervorrufen möchte, nämlich Glaube, Liebe und Hoffnung, kann aber nicht durch Appelle und Imperative bewirkt werden, weil es der freiwillentlichen Entscheidung des Menschen entzogen ist. Wird es dennoch, wie nicht selten zu beobachten, zum Gegenstand von Appellen und Imperativen gemacht – etwa in der Figur „Gott bietet dir seine Gnade an in Jesus Christus. Du musst dieses Geschenk nur annehmen, indem du glaubst. Also entscheide dich!" – dann führt das zu erheblichen Irritationen. Woher weiß der Prediger denn, ob eine solche Entscheidung in meinem Leben nicht schon längst gefallen ist? So mag sich ein Hörer fragen. Außerdem rückt man mit solchen Forderungen, und seien es freundliche Aufforderungen, den Glauben in die Nähe von „Werken des Gesetzes", zu denen man sich in der Tat aufraffen kann. Nein hier, wo es um das für alles Leben und Handeln Grundlegende geht, ist nur Deskription am Platz, indem das „Bild des Erlösers", mit Schleiermacher zu sprechen, „frischweg vor Augen gemalt"[33] und die Seligkeit des Glaubens, wie Christenmenschen sie immer wieder unter dem bewegenden Eindruck dieses Bildes erleben, anschaulich beschrieben wird.[34]

Dem Ersten Gebot, das nach Luthers Auslegung im Großen Katechismus durch den Glauben als Vertrauen auf Gott erfüllt wird, ist nicht durch Appelle und Imperative oder Forderungen Geltung und Anerkennung zu verschaffen. Anders verhält es sich mit den folgenden neun Geboten, welche sich auf das Tun

31 Hierzu ausführlich: R. Preul, Deskriptiv predigen! Predigt als Vergegenwärtigung erlebter Wirklichkeit, in: ders., Luther und die Praktische Theologie. Beiträge zum kirchlichen Handeln in der Gegenwart, Marburg 1989, 84–112.

32 Auch Schleiermacher, der oft den Ausdruck „Betrachtung" als Synonym für „Predigt" verwendet, predigt prinzipiell deskriptiv, aber doch überwiegend in begrifflicher Form als präzise Nachzeichnung der in ihm und in seinen „andächtigen Zuhörern" ablaufenden Gedankenfolgen, weshalb man seinen Predigten trotz aller Bewunderung eine „gewisse spröde Reflektiertheit" (H. M. Müller) vorgeworfen hat.

33 Vgl. Schleiermachers neunte Augustana-Predigt „Dass wir nichts vom Zorne Gottes zu lehren haben", KGA III/2, 388–400, dort 398.

34 Vgl. dazu als biblisches Beispiel den Schluss der Perikope von der Bekehrung des Kerkermeisters von Philippi: Er „führte sie (sc. Paulus und Silas) in sein Haus und deckte ihnen den Tisch und freute sich mit seinem ganzen Hause, dass er zum Glauben an Gott gekommen war." (Apg 16, 34).

und Lassen des Christenmenschen richten, also auf ein Verhalten, zu dem man sich durchaus entschließen kann und soll. Hier wie auf dem ganzen Gebiet des usus legis civilis sind auch Imperative, Appelle, Vorhaltungen und Mahnungen angebracht. Aber man sollte sparsam damit umgehen, wie schon zuvor bemerkt. Denn ein Übermaß an Appellativen und Imperativen belastet das Verhältnis zwischen Prediger und Gemeinde, so als sei der oder die Geistliche die Person, die am besten weiß und sagt, wo es langgeht und der die Hörer zu folgen hätten.

Es muss also klar unterschieden werden, was Gegenstand von Imperativen sein kann, weil man sich dazu entschließen kann, und was nicht. Was nur mit dem Herzen getan werden kann, entzieht sich jeder Nötigung vonseiten anderer Personen. Das gilt par excellence für Glauben, Lieben und Hoffen.[35] Hier greift Luthers Lehre vom unfreien Willen (servum arbitrium). Die tiefste psychische Schicht, die der Gefühle oder des inneren Gestimmtseins, ist vom Willen nicht zu gestalten, sondern bestimmt ihrerseits den Umkreis dessen, was eine Person überhaupt wollen und anstreben kann. Das heißt allerdings nicht, dass sich auf der Ebene der Gefühle nichts ändern könne – doch, nur eben nicht auf Befehl. Melanchthon hat dafür die schöne Formulierung gefunden, dass ein Gefühl nur durch ein anderes Gefühl überwunden werden kann: „affectus affectu vincitur".[36] So können auch Glaube, Liebe und Hoffnung nur entstehen, indem sich Glaubwürdiges, Liebenswertes und Hoffnung Gewährendes uns zeigt und sich uns erschließt, indem es unser Herz gewinnt und die jeweils widerstrebenden Gefühle daraus vertreibt. Und das geschieht durch die Macht, die das Bild Christi – sein Reden, Handeln und Leiden –, so Gott will und seinen Geist gibt, über unser Gemüt gewinnt. Ferner ist präzisierend, nicht einschränkend, hinzuzufügen, dass man, nachdem man Dei gratia zum Glauben gefunden und seine Seligkeit geschmeckt hat, doch immerhin sich vornehmen kann, beim Glauben zu bleiben[37]; und dazu kann dann auch ermahnt und eingeladen werden: Lasst euch nicht beirren, sondern erinnert euch an das, was ihr schon erfahren und erkannt habt, und nehmt das ernst! Gehorsam aus Einsicht ist etwas ganz anderes als Gehorsam auf Befehl.[38]

Gegen die hier angemahnte Unterscheidung könnte eingewendet werden, dass doch in der Bibel die Heilsnotwendigkeit des Glaubens des Öfteren in der Form

[35] „Par excellence", weil es auch auf unmittelbare ästhetische Urteile bzw. Geschmacksurteile zutrifft. Man kann nicht fordern, dies oder das muss dir „gefallen" oder „schmecken". Ich kann auch nicht irgendetwas willkürlich für wahr halten; Wahrheit wird gefunden, indem sie sich erschließt.

[36] Philipp Melanchthon, Loci communes (1521). Lateinisch-Deutsch, übersetzt von H. G. Pöhlmann, Gütersloh 2. Aufl. 1997, 36/37.

[37] Ohne solchen Vorsatz könnte auch niemand sich für den Pfarrberuf entscheiden.

[38] Theologisch spricht man hier auch vom donum perseverantiae, der Gabe der Beständigkeit.

von Imperativen artikuliert wird. So wird z.B. dem Kerkermeister von Philippi, der Paulus und Silas fragt „Liebe Herren, was muss ich tun, dass ich gerettet werde?“ die Antwort gegeben: „Glaube an den Herrn Jesus, so wirst du und dein Haus selig!“ (Apg 16,30f) Aber hier handelt es sich nur der Form nach, bedingt durch die Frage nach einem Tun, um einen Imperativ, der Sache nach jedoch um einen Indikativ, nämlich: Der Glaube macht selig, er ist die Rettung. Bezeichnenderweise fährt der Text fort: „Und sie sagten ihm das Wort des Herrn ...“ Und *daraufhin,* also aufgrund der Verkündigung des Evangeliums, glaubt der Kerkermeister und lässt sich taufen. Man übersetze daher, wo immer es geht, solche Imperative in den entsprechenden Indikativ! In analoger Weise verfahre man homiletisch mit dem Aufruf zur Nächstenliebe oder sogar Feindesliebe oder mit dem häufigen Aufruf „Fürchtet euch nicht!“ In aller Regel wird schon im biblischen Text der Sachgrund bzw. Grund der Möglichkeit des Liebens indikativisch hinzugefügt; und der „Engel des Herrn“ in der Weihnachtsgeschichte macht sofort klar, weshalb die Hirten keinen Grund zur Furcht haben: „Siehe, ich verkündige euch große Freude, die allem Volk widerfahren wird, denn euch ist heute der Heiland geboren, welcher ist Christus, der Herr, in der Stadt Davids.“ (Lk 2,10ff.) Die in Rede stehenden biblischen Imperative verweisen schon auf Deskription.

b) Mit der Verkürzung des Zeitmaßes der Predigt auf eine Viertelstunde oder noch weniger verabschiedet man sich zumeist auch von etlichen Regeln der klassischen Rhetorik, trotz aller Literatur zur Predigt als Rede.[39] Zwar sollte auch eine ganz kurze Predigt klar und für den Hörer erkennbar strukturiert sein; eine längere Predigt aber bedarf unbedingt einer *Gliederung* in Teile oder Abschnitte, in Gedankenschritte oder in eine Abfolge von Szenen, die dem Hörer nach einer knappen Einleitung, die zur Bezeichnung des Themas führt, eigens bekannt gemacht werden sollte. Predigthörer beklagen sich oft darüber, dass sie keinen „roten Faden“ in der Predigt entdecken konnten. Es sollte also relativ früh ausgesprochen werden, was wir zunächst tun, was danach und was am Schluss. Das ermöglicht dem Hörer auch den Wiedereinstieg in den Gedankengang, wenn er einmal abgeschweift ist. Es empfiehlt sich auch, die Gliederung im Verlauf der Predigt, z.B. durch Stichworte, zu wiederholen und dabei auch festzuhalten, was sich bisher ergeben hat. Die Bekanntgabe der Gliederung, man kann auch sagen

[39] Wie die Anwendung der klassischen, auf Quintilian zurückgehenden Rhetorik auf die Predigt aussah, kann man am besten studieren an der repräsentativen Predigtlehre der lutherischen Orthodoxie: Johann Benedikt Carpzov, Hodegeticum brevibus aphorismis pro collegio concionatorio conceptum / ein Wegweiser für Prediger in Leitsätzen. Lateinisch-Deutsch, eingeleitet, übersetzt und herausgegeben von R. Preul, Leipzig 2014. Den Anstoß zur neueren Debatte zum Thema Predigt und Rhetorik gab die Forderung von Walter Jens nach einer evangelischen nova rhetorica; s. W. Jens, Die christliche Predigt: Manipulation oder Verkündigung?, in: ders., Republikanische Reden, Frankfurt a. M. 1979, 13–32.

des „Fahrplans" oder „Programms" der Predigt, kann gelegentlich zwar etwas pedantisch wirken, weil es vielleicht an akademische Vorträge erinnert, aber das ist weniger schlimm als das Fehlen jeglicher Transparenz bezüglich dessen, welche Schritte der Prediger geht und worauf er hinauswill. Nichts ist für die Zuhörer unerquicklicher und ermüdender als ein unstrukturierter Besinnungsaufsatz als Kanzelrede.

Während eine klare Gliederung bei Themenpredigten unverzichtbar ist, wird die nötige Transparenz im Falle des Vorgehens nach dem Muster der Homilie schon durch die Abfolge der Verse oder Worte, an denen man entlang geht, hergestellt. Aber auch hier sollte man dem Hörer sagen, *dass* man so verfahren wird. Die beiden Predigtformen wurden schon von Carpzov[40] als „synthetische" und „analytische" Methode idealtypisch unterschieden, normalerweise empfiehlt sich aber eine Kombination von beidem: Der Text sollte ausgeschöpft werden im Zusammenhang mit einem von ihm selbst angesprochenen oder nahe gelegten Thema, das aber zugleich für das gegenwärtige Leben der Hörerinnen und Hörer relevant sein muss.[41] In diesem Sinne plädiere ich - auch auf den Spuren Schleiermachers, der es hier zur Meisterschaft gebracht hat - für eine *Wiederbelebung der Themenpredigt*. Sie kommt dem Orientierungsbedürfnis der in vielfacher Hinsicht verunsicherten Zeitgenossen unmittelbar entgegen.

Die Gliederung oder Disposition, deren eine solche Predigt bedarf, kann natürlich ganz verschieden ausfallen. Formal muss man sich keineswegs vornehmlich oder überhaupt am klassischen Redeschema mit Exordium (Einleitung), Propositio (Benennung des Themas), Partitio (Entwicklung der Disposition), Tractatio (Erörterung) und Epilogus (abschließende oder zusammenfassende Bemerkungen) orientieren. Ich selbst „komponiere" gelegentlich meine Predigt nach dem Schema eines Sonatensatzes mit Exposition (Vorstellung und Präzisierung des Themas), Durchführung (Entfaltung des Themas), Reprise (Zusammenfassung des Ertrags) und Coda (Schlusspointe). Auch das Schema Thema mit Variationen habe ich schon ausprobiert. Aber wichtiger als solche formalen Einteilungen sind inhaltliche bzw. materiale Dispositionen. Sie benennen kurze Fragen und ihre Abfolge oder Stichworte bzw. tragende Begriffe, mit denen man sich befassen will, oder Bilderfolgen bzw. Szenen, die durchgespielt werden sollen, oder vielleicht Personen, die im Text vorkommen und denen man sich nacheinander zuwenden will, etc. Die Gliederung muss in jedem Fall grobmaschig bleiben, nicht ins Detail gehen, wie bei manchen wissenschaftlichen Abhandlungen mit Dezimalbezifferung. Vor allem aber: Sie muss sich ergeben aus dem jeweiligen und

[40] S. Anm. 39.

[41] In der alten synthetischen Predigt wurde das Thema dagegen aus der Berührung des Textes mit einem Topos der Dogmatik gewonnen. Das dürfte heute nur ausnahmsweise angebracht sein.

aus dem Leben genommenen Thema, aus dessen Logik bzw. Dynamik. Gewinnt man den Aufriss der Predigt auf diese Weise aus einem Thema, das alle angeht und interessiert[42], dann kommt auch kein Eindruck von Pedanterie auf, vielmehr wird Spannung auf Seiten der Hörer erzeugt.

c) Es dient ferner der Transparenz und auch Behaltbarkeit der Predigt, wenn man *zentrale Aussagen* oder „Spitzensätze" auch als solche kenntlich macht. In vielen Predigten reiht sich einfach Satz an Satz, wodurch Wesentliches und Nebensächliches für den Hörer schwer unterscheidbar nebeneinander zu stehen kommt. Es nützt dem Hörer nichts, wenn der Predigende das Wichtige in seinem Manuskript unterstrichen oder farbig markiert hat. Er muss schon sagen: „Das ist mir wichtig"; „Das ist meine Meinung"; „Das ist die These, die ich vertrete" o.ä. Auch Redundanz durch Wiederholung von Kernaussagen kann geboten sein.

Der Predigtschluss sollte dann nach Möglichkeit so gestaltet sein, dass er die zentrale Aussage noch einmal aufnimmt und mit einer originellen Formulierung oder Pointe oder auch mit einer Illustration verbindet, woran sich die Erinnerung festmachen kann. Das ist freilich nicht leicht und gelingt nicht immer. Aber jedenfalls ist der sogenannte Kanzelsegen („Und der Friede Gottes, welcher höher ist als alle Vernunft ...") nicht schon der für jede Predigt geeignete Schluss, auch wenn das in einigen Predigerseminaren gelehrt wird.

d) An die *Interpretation von Texten* außerhalb des Gottesdienstes sind die Hörerinnen und Hörer in aller Regel nicht gewöhnt - abgesehen vielleicht vom Deutschunterricht in der Schule, aber der liegt weit zurück und man hat daran nur schwache und manchmal auch unerfreuliche Erinnerungen. Immerhin hatte man damals wenigstens den Text vor Augen. Es ist daher sinnvoll, vorausgesetzt man hat dazu die büromäßige Möglichkeit, wenn man den Gottesdienstbesuchern einen Zettel in die Hand gibt, auf dem nicht nur die Lieder und liturgischen Stücke aufgeführt sind, sondern auch der Predigttext in seinem vollen Wortlaut.[43]

e) Bei jeder homiletischen Textauslegung sind auch die jeweils einschlägigen *Ergebnisse der historisch-kritischen Forschung* zu beachten. Nicht, dass wir aus der Predigt eine exegetische Abhandlung machen sollten, aber den Predigenden wie auch ihren Zuhörern stellen sich gelegentlich auch Fragen, die Historisches betreffen: Hat Jesus das wirklich gesagt, oder ist es ihm von der frühchristlichen Gemeinde in den Mund gelegt worden? Ist dieses oder jenes Wunder tatsächlich so passiert? Was für eine Art von Text haben wir hier vor uns, wie wurde er verwendet, und was bedeutet das für unseren Umgang mit ihm? Welche Situati-

[42] Das wäre Partitio in aktualisierter Form.
[43] In der Kieler Citykirche St. Nikolai ist das üblich.

on hatte der Verfasser des Textes vor Augen, und was wollte er erreichen? Und etliches mehr.

Als ich studierte, wurde viel darüber diskutiert, ob und wie man auf der Grundlage historisch-kritischer Bibelwissenschaft so predigen kann, dass die Gemeinde nicht in ihrem Glauben tief verunsichert wird. Darf man z.B. offen aussprechen, dass man die Jungfrauengeburt nicht für ein historisches bzw. empirisches Faktum hält? Stürzt damit nicht für manchen am Wunder hängenden schlichten Glauben alles zusammen? Dieses Problem der Differenz zwischen Forschung und Gemeindefrömmigkeit ist inzwischen völlig in den Hintergrund getreten, und mit Protesten gegen die sogenannte moderne Theologie, die alles bezweifelt, obwohl doch bei Gott alle Dinge möglich sind, ist kaum noch zu rechnen. Umso mehr wundert es mich, wenn etwa in manchen Predigten Texte legendären Charakters wie beispielsweise die Weihnachtsgeschichte, die eine wunderbare und vollkommene Erzählung und gerade als solche theologisch von unschätzbarem Wert ist, weil sie dem Geschehen der Inkarnation sehr gut entspricht, so behandelt werden, als handle es sich um einen Tatsachenbericht und deshalb vielleicht auch noch durch Vermutungen - etwa zu einzelnen Personen, was sie sich alles gedacht haben mögen in ihrer Situation - weiter ausgeschmückt und realistisch ausgemalt werden, ohne dem Hörer zu sagen, dass man hier in den Bereich der Dichtung übergegangen ist. Oder man schildert ergreifend, in welcher desolaten Lage sich die schwangere und noch unverheiratete Maria befunden haben und was für eine Anfechtung das für den armen Josef gewesen sein müsse. Es ärgert mich auch, wenn ich immer wieder höre: „Paulus schreibt an Timotheus", wo doch die Unterscheidung der sieben vom Apostel selbst verfassten Briefe von den Deuteropaulinen und den Pastoralbriefen zu den Elementaria der Wissenschaft vom Neuen Testament gehört.[44]

Wir werden uns in Kap. 4.2.3 noch intensiv mit dem Thema „Wahrheit", und zwar der Wahrheit des christlichen Gottesglaubens selber, beschäftigen. Dem kann ich hier nur die dringende Empfehlung vorausschicken, es doch bitte auch bei bei minder gewichtigen Fragen mit der Wahrheit genau zu nehmen. Denn in der Predigt darf nicht geflunkert werden. Ich habe mich stets an diese Regel gehalten und meinen Hörerinnen und Hörern ebenso knapp wie, wenn nötig, schonend gesagt, was Sache ist nach Auskunft der Experten, auch was ich selber für richtig halte, und ich bin deshalb auch noch nie kritisiert worden.

f) Im Unterschied zu einer Büttenrede wird eine Predigt nicht zum Zwecke der Unterhaltung vorgetragen, aber sie darf, wie schon bemerkt, doch unterhaltsam

[44] Leider ist man auch in der Jubiläumsausgabe der Lutherbibel bei den alten Überschriften der Briefe geblieben, obwohl man laut Vorwort doch bei der Übersetzung „korrigiert" hat, „wo dies aus heutiger wissenschaftlicher Sicht dringend erforderlich war." Warum dann nicht auch bei den gar nicht zum ursprünglichen Text gehörenden Überschriften?

sein. Die deskriptive Predigt, die ich empfehle, ist dem *Realismus* verpflichtet. Im realen Leben von Christenmenschen wie auch anders gesinnter Zeitgenossen gibt es nicht nur Tragisches und schicksalsschwere Ereignisse, sondern immer wieder auch Komisches und Kurioses. Auch das sollte in der Predigt vorkommen. Es darf gelacht werden.[45] Es in angemessener Weise hervorzurufen ist vielleicht nicht jedem gegeben. Humor ist eine besondere Gabe, eine besondere intellektuelle Fähigkeit, die viel mit Assoziation und Imagination, aber auch mit einer durch den Glauben ermöglichten Gelassenheit und Scharfsichtigkeit in Bezug auf die menschlichen Verhältnisse zu tun hat.[46] Sprachlich ist auf der Kanzel (im Unterschied zur Liturgie) alles erlaubt, abgesehen von obszönen und grob vulgären Ausdrücken. Der Pastor / die Pastorin kommt ohnehin, vor allem durch seelsorgerliche Tätigkeit, mit Menschen aus ganz verschiedenen Milieus in Kontakt und muss deren entsprechend geprägte Sprache verstehen und sich gegebenenfalls auch selbst in ihr ausdrücken können.[47] Man kann auch auf Literarisches zurückgreifen, auf Prosa und unter Umständen auch auf Poesie. Ist die vita christiana in der Gegenwart der primäre homiletische Gegenstand und steht der Geistliche infolge seiner der Reformation zu verdankenden bürgerlichen Existenz voll und ganz in diesem gegenwärtigen Leben und predigt er oder sie dialogisch, indem die existenziellen Fragen der Hörer und Hörerinnen aufgegriffen und nach Möglichkeit aus christlich-biblischer Sicht beantwortet werden, dann kann es keinen sprachlich einheitlichen Kanzelstil oder gar das oft parodierte „Pfaffendeutsch" geben. Ein guter Prediger – und das heißt in unserem Zusammenhang nur erst: ein rhetorisch versierter Prediger – ist je länger je mehr ein Meister aller Sprachstile und -spiele.

Eine gute Predigt verdankt sich aber nicht allein der rhetorischen und kommunikativen Kunst des Predigers, sondern mindestens ebenso dessen theologischer Kompetenz, zu deren Entwicklung ich in den nachfolgenden Kapiteln meinen Beitrag leisten möchte. Hier ging es mir nur darum zu zeigen, dass man gegen die kommunikationstheoretischen Nachteile und Schwächen der Predigt in der medialen Kultur keineswegs machtlos ist. Es ist durchaus möglich, die Auf-

[45] Dass Schleiermacher jeden Scherz auf der Kanzel verbietet (SW I/13, 318), ist darin begründet, dass er deskriptiv allein auf gedanklicher und begrifflicher Ebene predigt; es gibt bei ihm auch so gut wie keine narrativen oder biographischen Passagen. Gedanken sind aber, sofern sie richtig sind, immer ernst, das Leben ist hingegen oft genug komisch. In Luthers Predigten kommt dieser Sachverhalt zum Zuge.

[46] Es sei daran erinnert, dass Kierkegaard in den „Philosophischen Brocken" tiefgründig über die Beziehungen des Glaubens zum Humor und zur Ironie reflektiert hat, was ihn zu Formulierungen gebracht hat wie Humor als „Inkognito des Glaubens".

[47] Ausführlicher hierzu: R. Preul, Pfarrerinnen und Pfarrer als eloquente und gebildete Zeitgenossen, in: Schwellenkunde – Einsichten und Aussichten für den Pfarrberuf im 21. Jahrhundert. FS Ulrike Wagner-Rau, hg. von J. Koll und R. Sommer, Stuttgart 2012, 104–116.

merksamkeit des Hörers, der an andere Kommunikations- und Rezeptionsweisen gewöhnt ist, zu gewinnen.

Zum Abschluss dieses Kapitels noch zwei Bemerkungen:

Erstens: Der Leser könnte den Eindruck haben, ich plädierte für lange, problembeladene und gedanklich sehr anspruchsvolle Predigten als das, was alle Prediger und Predigerinnen Sonntag für Sonntag sich abringen und ihren Gemeinden zumuten müssten. Ich bezweifle aber gar nicht, dass auch ganz kurze Predigten nach Maßgabe einiger evangelischer Fachleute und des derzeitigen Papstes und auch gedanklich weniger anspruchsvolle Predigten ihrem biblischen und kirchlichen Auftrag entsprechen können, den Hörer erreichen und ihre Aufgabe in dessen Bildungsprozess erfüllen können und manchmal sogar besonders angemessen sind. Ich möchte nur, dass auch längere Themenpredigten, die einer Frage auf den Grund gehen, ebenfalls noch angeboten werden, und zwar nicht nur als seltene Ausnahmen. Die vergleichsweise Ausführlichkeit und Länge solcher Predigten resultieren auch nicht aus ihrer Begrifflichkeit, sondern aus der damit verbundenen Anschaulichkeit und somit aus der Lebensnähe der deskriptiven Predigtweise, die mit verschiedenen Mitteln nachzeichnet, was der Fall ist, was erfahrbare und schon erlebte Wirklichkeit ist, was abläuft in der Vorstellung und in den Gemütern der Zeitgenossen, die sich z.B. in einer kritischen Lebensphase befinden. Wer als Prediger so aus dem vollen Leben schöpft, benötigt Zeit zur Betrachtung und zum Erzählen, zur Veranschaulichung und gedanklichen Auswertung und wird dabei auch nicht langweilig oder allzu anstrengend. Demgegenüber stehen ganz kurze Predigten in der Gefahr, wie ein „abstract" zu komprimieren und sich auf Begriffliches und auf konventionelle theologische Formulierungen zu beschränken oder auch, und das wäre die bessere Möglichkeit, nur einen Impuls zu setzen für ein Nachdenken und Imaginieren, das dann ganz dem Hörer überlassen bleibt.

Zweitens: Die gegebenen Empfehlungen und Anregungen entstammen meiner eigenen homiletischen Konzeption und Praxis. Ich bin dabei aber auch dem Beispiel anderer gefolgt, deren Predigten mich angesprochen und gefesselt haben. Dass man auch aus den modernen Medien für den Stil und die Rezipierbarkeit der Predigt etwas lernen kann, habe ich wenigstens angedeutet. Dass ich aber nicht den Ratschlägen derjenigen gefolgt bin, die aus diesem oder jenem Grund der Meinung sind, die herkömmliche Predigt sei ein auslaufendes Modell und sollte daher durch etwas ganz anderes ersetzt werden, dass jedenfalls kein Monolog[48] mehr wäre, versteht sich von selbst aus allem, was oben zur Besonderheit und Unverzichtbarkeit der Predigt im Kontext kirchlicher Kommunikationsfor-

[48] Es wird ja oft angeführt, die Predigt sei „Einbahnstraßenkommunikation". Aber Funk und Fernsehen sind das auch und dabei erfolgreich!

men gesagt wurde. Die Predigt kann nur ergänzt werden, verträgt auch ausnahmsweise einmal ein Experiment[49], ist und bleibt aber die Normalform, die es zu hegen und zu pflegen gilt.

[49] Dazu ein Beispiel. Ich habe einmal am Karfreitag (Andacht zur Sterbestunde Jesu) anstelle einer eigenen Predigt die Musik predigen lassen durch die Aufführung von Joseph Haydns Werk „Die sieben letzten Worte Jesu Christi" in der Fassung für Streichquartett. Nach Verlesung von Mk 15,20b–39 (Jesu Kreuzigung und Tod) habe ich nur eine kurze Einführung zu Haydns Opus gegeben, um das darin für Theologie und Frömmigkeit Bedeutsame hervorzuheben, wie es sich vor allem aus der vom Komponisten getroffenen Reihenfolge der Worte ergibt, so dass seine musikalische Predigt besser verstanden werden konnte. Außerdem habe ich vor jedem musikalischen Teilstück das jeweilige Wort Jesu in Latein (so steht es in der Partitur, und dem Rhythmus des lateinischen Wortes entspricht auch mehrmals die musikalische Figur, mit welcher der entsprechende Abschnitt beginnt) und in Deutsch. Die Sache erhielt einen solchen Zuspruch, dass sie in den darauffolgenden Jahren noch zweimal wiederholt wurde.

3. DER AUSSAGEGEHALT DER REFORMATORISCHEN PREDIGT BEI LUTHER

In diesem Kapitel wird reformatorische Theologie, insbesondere die Luthers, unter dem Gesichtspunkt ihrer Vermittlung durch die Predigt aber auch in Gestalt der an ein breites Publikum gerichteten deutschsprachigen Traktate, die Luther selbst oft als Predigt oder Sermon bezeichnet, erschlossen. Indem die reformatorische Predigt auf das Evangelium als Botschaft von der Rechtfertigung sola gratia und sola fide und auf das Gesetz, auf den Glauben und die ihm entsprechenden guten Werke fokussiert ist, kommt die Ganzheit der christlichen Existenz, ihre empfangende, passionale und ihre aktive, in Werken sich manifestierende Seite in ihrem dynamischen Zusammenhang in den Blick. Die Grundlinien reformatorischer Theologie können freilich auch auf andere Weise rekonstruiert und diskutiert werden. So etwa, wenn man sich an den sogenannten vier particulae exclusivae orientiert: sola scriptura (allein die Schrift), solus Christus (allein Jesus Christus), sola gratia (allein durch die Gnade) und sola fide (allein durch den Glauben). Dabei treten dann auch weitere, über die homiletische Perspektive hinausreichende Abgrenzungen gegen und Bezugnahmen auf damalige und vorreformatorische theologie- und frömmigkeitsgeschichtliche Positionen und Srömungen und damit auch weitere Akzente und Charakteristika der reformatorischen Theologie selbst in den Blick.[1]

Die reformatorische Predigt zur Zeit Luthers, der lutherischen Orthodoxie und auch noch des Pietismus richtete sich an Menschen, die vor allem anderen um ihr Seelenheil besorgt waren. Sie wollten ein Leben führen, das vor dem Urteil Gottes jetzt und im Jüngsten Gericht bestehen kann. Ihr Bewusstsein und ihr Interesse waren soteriologisch ausgerichtet. Die Existenz Gottes war für sie kein Thema, der normale Gottesdienstbesucher fragte nicht nach dem Realitätsbezug des Wortes „Gott". Nicht, ob es Gott „gibt" war das Problem, sondern wie ich mit ihm ins Reine komme. Dezidierte Gottesleugner gab es nur ganz wenige, und die hielten sich bedeckt, denn die Existenz Gottes öffentlich zu bestreiten hätte sie in Gefahr gebracht, sie zumindest sozial isoliert. Wohl aber gab es, jedenfalls aus der Sicht Luthers, eine praktisch ausgeübte Gottlosigkeit, dergestalt,

[1] So verfährt Hartmut Rosenau in seinem Traktat: Von der Freiheit eines Christenmenschen. Grundzüge und Aktualität reformatorischer Theologie, Berlin 2017. Rosenau nimmt mehr, als es mir möglich war, außer auf Luther und Melanchthon auch auf die Väter der reformierten Kirchen Zwingli und Calvin sowie auch auf Erasmus Bezug. Ich empfehle diesen kurzen, aber inhaltlich ergiebigen und in seiner Stoßrichtung mit meinen Überlegungen weitgehend übereinstimmenden Text, der auch für theologische Laien gut lesbar ist, als ergänzende Lektüre zu meiner folgenden Darstellung.

dass viele Menschen entweder sich nicht dem Evangelium gemäß verhielten, obwohl sie Christen sein wollten - so die „Papisten", welche in ihrer praxis pietatis so oder so nach einer Gerechtigkeit „aus Werken des Gesetzes" strebten - oder in ihrem Alltag so lebten, als gebe es den Willen Gottes und sein Urteil über die Sünde nicht, indem sie allein nach weltlichem Wohlergehen, nach Reichtum und Ansehen trachteten und auch ihre Kinder entsprechend erzogen. Luther kann die Letztgenannten auch als „Epikuräer" apostrophieren.[2]

„Papisten" und „Epikuräer" und gelegentlich auch noch die „Schwärmer" sind Adressaten theologischer und auch homiletischer Kritik und Polemik. Die normalen Gottesdienstbesucher in jener Zeit fragen im Prinzip so wie der Kerkermeister von Philippi: „Was muss ich tun, um gerettet zu werden?" und erhalten durch die Verkündigung des sola fide, sola gratia und solus Christus[3] auch die gleiche Antwort: „Glaube an den Herrn Jesus, so wirst du und dein Haus selig!" (Apg 16,30f) Dem vorausgesetzten Interesse der Hörer entsprechend ist die reformatorische Predigt auf die menschliche Existenz und deren Heil fokussiert, so wie es auch für die reformatorische Theologie insgesamt zutrifft.[4] Maßgeblich für diese Zuspitzung ist die Lehre von der Rechtfertigung, wie sie Luther erarbeitet und ausformuliert hat, und auf deren Grundlage dann auch Luthers Lehre von den guten Werken.

3.1 Gepredigte Rechtfertigung

Die Rechtfertigungslehre als Thema der Dogmatik ist natürlich mit allen Grundthemen und Topoi der Theologie als zusammenhängender Darstellung des christlichen Wirklichkeitsverständnisses verbunden[5]. Wer theologisch korrekt über Rechtfertigung reden will, muss zumindest reden über Gott und seinen Heilswillen, wie er schon in der Schöpfung sich manifestiert, über die Sünde, über den Menschen und seine Kräfte samt deren Grenzen, über die in Christus vollbrachte Erlösung, über den Heiligen Geist und über das Leben und Handeln im Lichte der Rechtfertigung sowie auch über die Kirche, der die Vermittlung der Rechtfertigungsbotschaft obliegt. Diese Beziehungen kommen auch in der

[2] Vgl. hierzu die Studie von G. Maron, Luther und Epikur. Ein Beitrag zum Verständnis des alten Luther (Berichte aus den Sitzungen der Joachim Jungius-Gesellschaft e.V., 6/1988, H. 1), Hamburg 1988.

[3] Dem sola scriptura wird durch die Eliminierung der Heiligenlegenden aus dem Gottesdienst Folge geleistet.

[4] Besonders klarer Beleg: Philipp Melanchthons Loci communes, 1521.

[5] Exemplarisch für diesen Zusammenhang: W. Härle/E. Herms, Rechtfertigung. Das Wirklichkeitsverständnis des christlichen Glaubens, Göttingen 1979. Das Buch handelt im Sinne der Reformation von der Rechtfertigung als Orientierungszentrum der ganzen christlichen Lehre.

homiletischen Rede über Rechtfertigung zum Vorschein und zur Geltung. Das geschieht aber in der reformatorischen Predigt vorwiegend im Rückgriff auf schon Bekanntes und als wahr Anerkanntes, weshalb es auch nicht für den Hörer beständig rekonstruiert und plausibilisiert werden musste. Das gilt, wie schon gesagt, für das Bewusstsein vom Dasein Gottes, das als Fixpunkt damaligen Welt- und Lebensverständnisses vorausgesetzt werden konnte, weshalb z.B. auch Beweise für das Dasein Gottes, wie sie besonders Thomas von Aquin vorgetragen hatte, in reformatorischer Theologie und Verkündigung kaum eine Rolle spielten. Es gilt aber auch von allem, was das apostolische Glaubensbekenntnis als Glaubensgegenstand (als fides quae creditur) benennt. Das alles gehörte gewissermaßen zum allgemeinen Bildungsgut. Es musste nur unter der Frage „Was ist das?" in den Katechismen wie dann auch in Katechismuspredigten und Katechismusliedern erläutert werden, und zwar nicht hinsichtlich seiner objektiven Gültigkeit, sondern unter dem Gesichtspunkt seiner Bedeutung für Glauben und Leben der Menschen. In diesem Sinne kann dann auch die Predigt auf die drei Artikel des Bekenntnisses zurückgreifen.

Dass ein solcher Rückgriff heute nicht mehr ohne weiteres möglich ist, weil sich die Bewusstseinslage des „modernen" Menschen, auch des Christenmenschen, geändert hat, wird der Ausgangspunkt unserer eigenen Überlegungen zu den inhaltlichen Problemen und Möglichkeiten reformatorischer Predigt in der Gegenwart (s. Kap. 4) sein.

Was Rechtfertigung ist und wie sie geschieht, definiert die Confessio Augustana in Art. 4:

„Item docent, quod homines non possint iustificari coram Deo propriis viribus, meritis aut operibus, sed gratis iustificentur propter Christum per fidem, cum credunt se in gratiam recipi et peccata remitti propter Christum, qui sua morte pro nostris peccatis satisfecit. Hanc fidem imputat Deus pro iustitia coram ipso, Rom. 3 et 4."

Dazu die deutsche Fassung:

„Weiter wird gelehrt, dass wir Vergebung der Sünde und Gerechtigkeit vor Gott nicht erlangen mögen durch unser Verdienst, Werk und Genugtuung, sondern dass wir Vergebung der Sünde bekommen und vor Gott gerecht werden aus Gnaden um Christi willen durch den Glauben, so wir glauben, dass Christus für uns gelitten habe und dass uns um seinetwillen die Sünde vergeben, Gerechtigkeit und ewiges Leben geschenkt wird. Denn diesen Glauben will Gott für Gerechtigkeit vor ihm halten und zurechnen, wie St. Paulus sagt. Röm. 3 und 4."[6]

Vergleicht man beide Fassungen, so fällt besonders auf, dass im deutschen Text zwei Hinweise fehlen: Es ist nicht von den Kräften des Menschen die Rede,

[6] BSLK, 56.

die für die Erlangung der Gerechtigkeit vor Gott nicht hinreichen; und die Satisfaktion durch den Tod Christi wird nicht erwähnt, sondern einfach durch „für uns gelitten" ersetzt. Damit wird die Begriffsbestimmung von möglichen theologischen Debatten, bei denen es um unterschiedliche theologische Positionen gehen müsste, entlastet. Bei „propriis viribus" darf man sich an Melanchthons „Loci" erinnern, die mit der Frage nach den menschlichen Kräften und dem freien Willen beginnen[7], ebenso an Luthers Auseinandersetzung mit Erasmus über den freien bzw. unfreien Willen in „De servo arbitrio" (1525). Das Stichwort „satisfactio" lässt an die Satisfaktionslehre Anselm von Canterburys denken, mit der man sich jedenfalls auseinandersetzen müsste.[8] Dank dieser Auslassungen ist die deutsche Fassung in ihrer sprachlichen Form und in ihrem Aussagegehalt näher an der berühmten Urformel zum Terminus Rechtfertigung in Röm 3,28: „So halten wir nun dafür, dass der Mensch gerecht wird ohne des Gesetzes Werke, allein durch den Glauben" sowie überhaupt an der Sprache des Apostels. Damit bietet sie sich auch besonders für die homiletische Bezugnahme auf die Rechtfertigungslehre an.

Man kann hier auch von Art. 7 her argumentieren. Dort werden zwei notae ecclesiae verae benannt, nämlich dass das Evangelium „pure docetur" und die Sakramente „recte administrantur", und deren Beachtung auch hinreichend sei für die Einheit christlicher Kirchen: „satis est consentire de doctrina evangelii et de administratione sacramentorum" (Es ist genug, übereinzustimmen in der Lehre des Evangeliums und in der Praxis der Sakramente). Diese Kriterien sind aber als Kriterien der Einheit nur brauchbar, soweit sie in sich semantisch klar sind. Der rechte Gebrauch der Sakramente bemisst sich daran, ob sie „dem göttlichen Wort gemäß gereicht werden".[9] Für die pura doctrina evangelii, die sachlich gleichbedeutend ist mit dem in Art. 4 Gesagten, muss, wenn sie kriteriologisch präzise sein soll, gelten, dass mit ihr nur gemeint sein darf, dass antimeri-

[7] Melanchthon weicht in seinem Aufriss der christlichen Lehre als erster von der üblichen Methode im akademischen Lehrbetrieb ab, die in der Kommentierung der Sentenzen des Petrus Lombardus bestand, und bietet eine neue, ganz eigene Einteilung des dogmatischen Stoffes, weshalb seinem Einsatz bei der Frage, was der Mensch von sich aus vermag, eine besondere Bedeutung zukommt. Vgl. hierzu Chr. Schwöbel, Melanchthons „Loci communes" von 1521. Die erste evangelische Dogmatik, in: J. Schilling (Hg.), Melanchthons bleibende Bedeutung. Ringvorlesung der Theologischen Fakultät der Christian-Albrechts-Universität zum Melanchthon-Jahr 1997, Kiel 1998, 57–82.

[8] Wie es ja dann auch Melanchthon in seiner Verteidigung des Artikels in der Apologia Confessionis tut, und zwar unter dem Gesichtspunkt, dass Christus, unser Mittler, den für uns unerschwinglichen Preis für die Sünde „bezahlt" hat.

[9] So in der deutschen Version der CA.

torisch gelehrt bzw. gepredigt wird[10] und dass auf die freie und zuvorkommende Gnade Gottes verwiesen wird. Der Begriff der pura doctrina darf nichts enthalten, was sie wiederum dem Streit theologischer Parteien oder Schulen ausliefern würde, denn damit würde sie ihre Funktion als Einheitskriterium nicht mehr erfüllen können.

Fundamental in diesen Artikeln ist die *existenztheologische Perspektive*, denn in der menschlichen Existenz stellt sich die alles entscheidende Alternative: Werke des Gesetzes als Weg zum Heil oder Gerechtwerden sola fide und sola gratia, wie sie ursprünglich und unübertrefflich klar in Röm 3,28 zum Ausdruck kommt. Alles Weitere sind - gewiss berechtigte und nötige - Überlegungen zu den Mitteln und Wegen, die Gott gewählt hat, um das Heil, die Versöhnung und Vergebung dem Menschen möglich zu machen; und darüber darf es theologischen Streit geben, der aber nicht erst zu einer Lösung geführt haben muss, ehe die Alternative klar und relevant wird.[11]

Rechtfertigung ist in den Artikeln der CA auf *Vergebung der Sünden* und die daran gebundene *Gabe des ewigen Lebens* fokussiert. Überlegungen, die sich hier anschließen können und die z.B. Schleiermacher anstellt, der die rein „forensische" oder, wie er sagt, „deklaratorische" Rechtfertigungslehre Melanchthons zugunsten einer „effektiven" Glaubensgerechtigkeit kritisiert und sich gegen die Reduktion von Rechtfertigung auf Sündenvergebung ausspricht, so in seiner Glaubenslehre und besonders in der achten Augustana-Predigt „Von der Gerechtigkeit aus dem Glauben"[12], tauchen in der CA selbst noch nicht auf. Die Frage, ob das Rechtfertigungsurteil Gottes ein analytisches Urteil ist (wonach der Glaube Gerechtigkeit *ist*) oder ein synthetisches Urteil (wonach Gott den Glaubenden für gerecht erachtet, obwohl er es in persona *nicht ist*), braucht die reformatorische Predigt nicht zu belasten.

Die die Rechtfertigungsbotschaft verkündigende Predigt ist Predigt des *Evangeliums*. Für sie gilt nach Luther: nihil nisi Christus praedicandus".[13] Denn Christus und nur ihn zu predigen heißt eben, ihn nicht als strengen Richter, der nach dem Gesetz urteilt bzw. verurteilt, zu verkündigen, sondern das ihm zu verdankende Evangelium als frohe Botschaft zu Wort kommen zu lassen. Zugleich gilt: Das Evangelium zu predigen erfordert, mehr als ein bloß verbales Kerygma oder

[10] Das Wort „lehren"/ „docere" bedeutet in den Bekenntnisschriften nicht nur die akademische Lehre, sie sei schriftlich oder mündlich, sondern immer auch die Predigt im Gottesdienst.

[11] Die Alternative zieht sich auch wie ein Cantus firmus durch Melanchthons einschlägige Ausführungen in der Apologie, wie sie auch in anderen Bekenntnisschriften immer wieder erscheint.

[12] KGA III/2, 319–331. Ich selbst favorisiere Schleiermachers Auffassung.

[13] WA 16,113.

einen Lehrbegriff vorzutragen, sondern es heißt, auf Christus als das in seiner Person Fleisch gewordene ewige Wort des Schöpfers zu verweisen.[14]

Das Evangelium zu predigen, bedeutet aber nicht auf die Predigt des Gesetzes verzichten zu können. Luther wandte sich entschieden gegen die sogenannten Antinomer, welche in den 1530er Jahren das Gesetz aus der Predigt eliminieren wollten. Das Evangelium bringt ja die Befreiung aus einem selbst verschuldeten Zustand des Sündigseins und damit verbundener Übel, der durch das Gesetz angezeigt wird – durch das Gesetz im usus civilis bzw. politicus, wodurch bestimmte Handlungen geboten und andere verboten werden, und im usus theologicus bzw. elenchticus, wodurch der Mensch als Sünder vor Gott identifiziert wird.

Das Evangelium kann also nach Luthers Auffassung nur zusammen mit dem Gesetz gepredigt werden. Evangelium zu predigen heißt, Gesetz und Evangelium in ihrer inneren Bezogenheit zur Darstellung zu bringen, zu zeigen, dass und wie das Evangelium vom Schuldspruch des Gesetzes befreit. So erhält die Predigt gleichsam ein inneres Gefälle, bei dem für Luther aber noch ein drittes Moment ins Spiel kommt: „Dreierlei ist zu predigen. Erstens ist das Gewissen niederzuwerfen, zweitens muss es wieder aufgerichtet werden, drittens muss man es frei machen und herauswinden aus dem, was ihm zweifelhaft ist. Das Erste geschieht durch das Gesetz, das Zweite durch das Evangelium, das Dritte durch Entfaltung dessen, was Sinn und Inhalt des gesamten Wortes Gottes ist, auch durch Beispiele und Gleichnisse verdeutlicht werden kann, wobei Ersteres (der Gesamtsinn; R. P.) aus der Schrift zu entnehmen ist, die beiden anderen Dinge (Beispiele und Vergleichbares; R. P.) aus dem, was wir selber gesehen oder erfahren haben."[15]

Diese Stelle aus den Tischreden ist für Luthers Predigtverständnis, das wir ja nur aus einzelnen verstreuten Äußerungen des Reformators erschließen können[16], in mehrfacher Hinsicht aufschlussreich.

Erstens: Adressat der reformatorischen Predigt ist das *Gewissen* des Menschen und damit sein Selbstbewusstsein bzw. sein innerer Selbstreflexionsprozess, denn das Gewissen ist – dem Wortsinn von conscientia entsprechend – ein Spe-

[14] Dem entsprechend überschreibt Isolde Karle, Praktische Theologie (Lehrwerk Evangelische Theologie, Bd. 7), Leipzig 2020 den Luthers Predigt gwidmeten Abschnitt (aaO. 171–177): „Predigt als Inkarnation Christi".

[15] Eigene Übersetzung von WAT 4, Nr. 4765. Im Original: „*Tria praedicanda.* Primo est deicienda conscientia, secundo erigenda, tertio resolvenda seu evolvenda ex his, quae ei dubia sunt, primo per legem, secundo per euangelium, tertio per expositionem illorum, quae est sententia et quid continetur in toto verbo Dei, etiam in exemplis, similitudinibus, primum ex scriptura, alia duo ex rebus, quas ipsi vidimus aut experti sumus.".

[16] Die Bonner Ausgabe „Luthers Werke in Auswahl" hat in Bd. 7, 20–38 die charakteristischsten Aussprüche aus den Tischreden zusammengestellt.

zialfall des Selbstbewusstseins.[17] Die genaue Kenntnis und Beachtung dieses Prozesses, in den die Predigt wie auch die Seelsorge eingreift, ist ein Kennzeichen der reformatorischen Theologie.

Zweitens: Wichtig sind für Luther die *Zweifel und Anfechtungen*, die in diesem Prozess auf Seiten des Hörers wie auch des Predigers selbst immer schon präsent und am Werke sind. Es ist daher nicht schon damit getan, wenn Gesetz und Evangelium schulmäßig und theologisch korrekt zu Worte kommen. Das Evangelium kommt nur richtig zum Zuge, wenn man sich auch der inneren Einwände und Zweifel annimmt und hier etwas bewegt, zurechtrückt, beantwortet, jedenfalls Erleichterung verschafft.

Drittens: Zur Beachtung der Prozesse, die im Inneren des Menschen, in dem permanenten Dialog, den er mit sich selber führt, ablaufen, sein Gemüt bewegen und seine Seele bedrücken, muss die seiner *äußeren Wahrnehmungen und realen Erlebnisse* treten, all dessen, „was wir selber gesehen und erfahren haben". Das wird homiletisch aktualisiert durch Beispiele und Vergleichspunkte, die aus diesem Bereich der Lebens- und Welterfahrung gewonnen werden. Die reformatorische Predigt bringt die inneren und äußeren Erfahrungen auf die Kanzel und verbindet sie miteinander. Damit ist sie dem größtmöglichen Realismus verpflichtet.[18] Über die zitierte Äußerung hinaus ist hinzuzufügen, dass der Zugriff auf konkret Biographisches mit Taktgefühl und seelsorgerlicher Rücksichtnahme auf An- und Abwesende zu geschehen hat und dass die Frage, wieweit der Prediger sich auf der Kanzel selbst „outen" soll, nur von Fall zu Fall von diesem selbst zu entscheiden ist.[19] Erfahrung einschließlich aller sinnlich-leibhaften Wahrnehmung ist also ein großes und wichtiges Reservoir, auf das man zurückgreifen muss, wenn man auf die Zweifel und Anfechtungen der Predigthörer zu

[17] Zu Luthers Verständnis des Gewissens vgl. R. Preul, Die Bedeutung des Gewissensbegriffs für die Seelsorge, in: ders., Luther und die Praktische Theologie. Beiträge zum kirchlichen Handeln in der Gegenwart, Marburg 1989, 71–83, bes. 77ff.

[18] Dazu passt auch, dass Luther für die Predigt empfiehlt, die sogenannte arbor porphyriana – ein semantisches Ordnungsschema, das von obersten Begriffen über Subordinationen und Klassifikationen bis zum ganz Speziellen reicht – auf den Kopf zu stellen: „incipiendum ab individuis", man muss mit den einzelnen Exemplaren anfangen, eine Devise, die der nominalistischen Position im Universalienstreit entspricht, die Luther während seines Studiums in Erfurt kennengelernt hat. Dabei weiß sich Luther auch mit der Predigtweise Jesu in Übereinstimmung, der das Reich Gottes in „Parabeln" verkündigt und von ganz konkreten Dingen wie Schafen, Hirten, Wölfen, Weinbergen, Feigenbäumen, Samenkörnern, Äckern und Pflügen redet. BoA 7, 24 (Nr. 1650); vgl. 29 (Nr. 3173b). Vgl. dazu E. Hirsch, Luthers Predigtweise, in: Luther. Mitteilungen der Luthergesellschaft, 1954, H. 1, 1–23.

[19] Nach E. Hirschs Beobachtung (aaO. 15) hat Luther sich seit den Wittenberger Unruhen von 1522 immer mehr gescheut, die ganze Tiefe seiner eigenen Erfahrung auf der Kanzel zur Sprache zu bringen, wohl um seine Zuhörer nicht zu verunsichern, vielleicht aber auch, um sich bei seinen Gegnern nicht unnötiger Weise angreifbar zu machen.

sprechen kommt, wie es unausweichlich ist. Seinen theologischen Gegnern, den Papisten einerseits und den Schwärmern andererseits wirft Luther vor: „Sie predigen nicht nur ohne die Schrift, sondern auch ohne Erfahrung."[20]

Viertens: Theologisch kann man den Zweifeln nur wirksam begegnen, wenn man auf den *Gesamtsinn und -inhalt des Wortes Gottes,* d.h. der Schrift, Bezug nimmt. Es genügt dann in der Regel nicht, bei dem jeweiligen Predigttext, dem man die Botschaft des Evangeliums in je spezifischer Zuspitzung oder auch Verkürzung entnimmt, stehen zu bleiben. Theologisch wird die Predigt - und das dürfte für nahezu alle Predigten damals wie heute zutreffen - nicht vom jeweils einzelnen Text getragen, sondern vom Gesamtsinn der Schrift („sententia scripturae") bzw. von der Gesamtheit und dem Miteinander der biblischen Texte („quid continetur in toto verbo Dei"). In gegenwärtiger theologischer Diktion ausgedrückt: Zurückzugreifen und homiletisch zu aktualisieren ist das systemische Ganze des biblisch fundierten christlichen Wirklichkeitsverständnisses als Gottes-, Welt- und Lebensverständnisses, wie es der Prediger sich in seiner eigenen Bildungsgeschichte erarbeitet und zu eigen gemacht hat. Dieses systemische Ganze scheint auf in zwei komplementären Perspektiven: einmal, indem sich der Blick richtet auf das ganze und in sich zusammenhängende zielstrebige *Handeln des dreieinigen Gottes* - von der Schöpfung über die Erlösung im Christusgeschehen bis zur ewigen Vollendung im Reiche Gottes - und zum anderen im Blick auf die menschliche Existenz, als die vision of life, wie sie von der Rechtfertigungsbotschaft und -erfahrung qualifiziert und zentriert wird.

3.2 Die Predigt von den guten Werken

„Das Wort Gottes ist von allem das Erste, dem folgt der Glaube, dem Glauben die Liebe, die Liebe alsdann tut jedes gute Werk."[21] Wir wenden uns jetzt den beiden letzten Gliedern in dieser Sequenz zu. Reformatorisch-evangelische Predigt ist auch *ethische Predigt*, d.h. sie ist die einladende Darstellung und Exemplifikation eines das Tun und Verhalten des Menschen bestimmenden Ethos. Sie redet von den „guten Werken"; sie sagt, worin das Gutsein der guten Werke besteht, wozu sie dienen und wozu nicht, wie sie sich von den vermeintlich guten und angeblich besonders „verdienstlichen" Werken unterscheiden und wie sich die vielen guten Werke gegenseitig ergänzen im Dienste am Nächsten und am

[20] WA 36, 506.

[21] „Verbum dei omnium primum est quod sequitur fides, fidem charitas, charitas deinde facit omne bonum opus." So Luther in „De captivitate Babylonica ecclesiae praeludium"; WA 6, 514. Luther hat den hier formulierten Zusammenhang dann wenig später in der Schrift „Von der Freiheit eines Christenmenschen" systematisch entfaltet.

bonum commune.[22] Mit dem Thema der guten Werke befinden wir uns im Bereich der Predigt des Gesetzes, wie sie mit der des Evangeliums verbunden, besser noch: in sie eingebunden ist. Und zwar geht es besonders um das Gesetz im usus civilis, wonach es bestimmte Handlungen fordert und andere verbietet.[23]

Die Kette Wort Gottes – Glaube – Liebe – gutes Werk meint eine notwendige und nicht nur mögliche Folge. Wo der Glaube als Annahme des Evangeliums ist, da ist auch zugleich die Liebe zu Gott und den Menschen, und wo diese ist, da geschehen auch gute Werke aller Art. Dieser Zusammenhang ist in der ethischen Predigt, man nennt sie auch Paränese, möglichst anschaulich zur Darstellung zu bringen. Doch zunächst eine hier nötige Zwischenbemerkung: Ein glatter Umkehrschluss ist nicht möglich. Denn man kann nicht behaupten, wo kein Glaube an das Evangelium sei, da könne auch gar keine Liebe mit entsprechenden Werken sein, und wo keine Liebe sei, da seien überhaupt keine Werke möglich, die man in irgendeinem Sinne gut nennen kann. Allerdings ist jeweils mit Einschränkungen zu rechnen. In Wegfall käme einmal die Liebe zu Gott; denn wo ein Mensch gar nichts von Gott weiß oder wissen will, da sind ihm auch keine positiven Gefühle bezüglich dieser Instanz möglich, wenn er aber nur in der Weise an Gott glaubt, dass er ihn allein als Gesetzgeber sich gegenüber weiß, dann ist nur Furcht zu erwarten. Und zum anderen fielen jedenfalls alle Handlungen bzw. Werke aus, die ohne das Motiv der Liebe nicht zu erwarten sind. Es bleiben jedoch solche, die aus anderen Gründen – etwa aus Gewohnheit oder „der Not gehorchend, nicht dem eigenen Triebe" oder aus Pflichtbewusstsein – geschehen, aber gleichwohl richtig und gut sein können. Diese Zwischenbemerkung war nötig, um nicht den falschen Eindruck strenger Exklusivität aufkommen zu lassen und auch weil wir später noch auf die hier angedeuteten Möglichkeiten extra fidem zurückgreifen müssen.

Die Bedingungskette in ihrem inneren Zusammenhang und mit ihrem Gefälle auf das gute Werk ist in der homiletischen Praxis zu anschaulicher Darstellung zu bringen, weil in ihr sich die Ganzheit der christlichen Existenz, ihr Sein aus einem Guss, abzeichnet. Das gute Werk gehört wesentlich dazu, es ist Integral

[22] Einschlägig ist hier neben den Ausführungen des Großen und des Kleinen Katechismus zum Dekalog Luthers „Sermon von den guten Werken" von 1520 (WA 6, 202–276), in welchem er die Anschuldigung, er vernachlässige die guten Werke, gründlich widerlegt. Zu Luthers Ethik vgl. jetzt besonders E. Herms, „Der Glaube ist ein schäftig, tätig Ding". Luthers „Ethik": sein Bild vom christlichen Leben, in: Luther heute. Ausstrahlungen der Wittenberger Reformation, hg. von U. Heckel, J. Kampmann, V. Leppin und Chr. Schwöbel, Tübingen 2017 (UTB 4792), 90–126.

[23] Es ist beachtenswert, dass Luther alle mit „Du sollst nicht" beginnenden Gebote in den Katechismen so auslegt, dass das Gewicht auf das fällt, was wir anstelle des Verbotenen tun sollen. Nur so ist ja auch eine Anbindung an das Gebot der Liebe bzw. an die Liebe als den letzten Beweggrund des Handelns zu erreichen.

der persönlichen christlichen Identität. Es ist zwar nicht Mittel der Gewinnung solcher Identität - hier gilt das sola gratia und das sola fide -, aber es ist Mittel der Identitäts*darstellung*. In ihm, in der konkreten Lebenspraxis des Christenmenschen, tritt seine Identität *sichtbar* in Erscheinung, *erfahrbar* auch für seine Mitwelt, insbesondere sofern sie in der Lage ist, die Begriffskette rückwärts zu lesen. Und wo auf diese Weise der ganze in der Kette ausgesagte Zusammenhang an konkreten Personen anschaulich wird, da ist das das wirkmächtigste Zeugnis für den christlichen Glauben.[24]

Der Glaube *tut* gut Werke - nicht: „soll" sie tun -, und zwar vermittels der Liebe, die der Glaube zu ihren besten Möglichkeiten befreit. Die Formulierung in CA 6 („De Nova Oboedientia"), dass der Glaube gute Werke tun „muss" („debet"), ist im Sinne Luthers nur akzeptabel, wenn mit dem „Müssen" auf die innere, mit dem Glauben selbst gegebene Notwendigkeit abgehoben wird.[25] Dass Christenmenschen erfahrungsgemäß die guten Werke immer wieder auch schuldig bleiben, liegt nicht an einer Unvollkommenheit des Glaubens als solchem, sondern daran, dass sie in diesem Leben der Macht der Sünde - mythologisch gesprochen: den Einflüsterungen des Teufels - noch nicht vollständig entronnen sind und der „alte Adam" daher täglich von Neuem „ersäuft" werden muss.

Das feste Miteinander von Glaube und Liebe wird uns deutlich unter wenigstens drei Aspekten.

Erstens: Der Glaube als Vertrauen auf Gott und sein Wirken befreit die Liebe, die uns von Natur aus schon bekannt ist, von der Sorge um uns selbst und macht uns frei, uns dem Nächsten zuzuwenden, wie Luther es besonders im Traktat „Von der Freiheit eines Christenmenschen" (1520) klar gemacht hat.

Zweitens: In der Formulierung von Eilert Herms: „*Wenn* und *sobald* es zum Inhalt der Selbstgewissheit eines Menschen geworden ist, dass das in Christus offenbare Wollen und Wirken des Schöpfers und sein weltübergreifendes Ziel auch das für die Menschen absolut Liebenswürdige, absolut Anziehende, absolut Gute, eben das „höchste Gut" ist, *dann* eignet dieser Lebensgewissheit, also dem Glauben, schon *in sich selbst* auch der Charakter der Liebe: der Charakter des Angezogen-, ja des Hingerissenseins von dem in Christus offenbaren weltübergreifenden Ziel Gottes."[26] Die Selbstliebe (amor sui) als Handlungsmotiv des natürlichen Menschen weicht damit nicht nur der Nächstenliebe (caritas homi-

[24] Das Urbild und größte Beispiel dafür ist schon das Lebenszeugnis des Jesus von Nazareth, es zeigt sich aber auch im Erziehungsverhältnis, wenn die Kinder jenen Zusammenhang an ihren Eltern oder vielleicht auch nur an einem Elternteil wahrnehmen.

[25] Der Wortlaut in beiden Fassungen von CA 6, besonders in der deutschen, steht solchem Verständnis ad bonam partem allerdings eher entgegen.

[26] E. Herms, aaO. (Anm. 22) 105f.

num), sondern auch der Liebe zu Gott (amor Dei).[27] Der Glaube ermöglicht damit die Erfüllung des Doppelgebotes der Liebe, welche die Erfüllung des ganzen Gesetzes ist[28], und zwar eine solche Erfüllung, die nicht durch Zwang und Furcht bewirkt wird - was schon in sich widersprüchlich ist, denn Liebe, welcher Art auch immer, kann nicht erzwungen werden –, sondern aus eigenem inneren Antrieb geschieht.

Drittens: Indem dem Glauben als Hingabe an Gottes Wollen und Wirken der Charakter der Liebe eignet, wird der Willensgegensatz zwischen Gott und Mensch, wie er unter der Herrschaft des bloßen Gesetzes gegeben war, aufgehoben. Es kommt im Glauben zu einem „velle cum Deo". Der Mensch wird zum *freiwillentlichen cooperator Dei.* Indem er gute Werke tut, hilft er nicht nur dem Nächsten und dem Gemeinwesen, er hilft auch Gott bei der Verwirklichung seiner Absichten in und mit der Welt. Das gibt dem Handeln eine außerordentliche Sinntiefe. Denn wenn es durch seine guten Werke dazu dient, Gottes heilsamen Willen für Zeit und Ewigkeit zum Zuge zu bringen, dann verliert es sich nicht in vordergründigen Zwecken, obwohl es auch solchen dient, sondern es verbindet sich mit den denkbar weitesten Zielen, eben denen des Schöpfers und Vollenders der Welt und allen Lebens in ihr. Und auch das Selbst, das menschliche Ich, das von seiner Selbstliebe als dominanter Regung ablässt, wird entschädigt durch eine Hebung seines Selbstwertgefühls qua cooperator Dei und durch die Freude am Gelingen des guten Werkes, wobei es sich auch des Gefallens, das Gott daran hat, gewiss sein darf, ohne deshalb in Werkgerechtigkeit zurückzufallen.[29]

Das gute Werk, so lässt sich das darüber bisher Gesagte resümieren, ist also „gut" im Vollsinn des Wortes, weil es erstens durch den Glauben ermöglicht, zweitens von der Liebe zu Gott und den Menschen motiviert und drittens ein den Zielen des Schöpfers dienendes Werk ist, wodurch der Mensch zum Gehil-

[27] Das Gebot der Nächstenliebe („Liebe deinen Nächsten wie dich selbst!") wird gelegentlich so verstanden, dass man sich zunächst einmal selbst lieben müsse, um dann auch den Nächsten in gleichem Maße lieben zu können. Aber bei diesem Gebot geht es nicht um irgendeinen Vorrang des Selbst oder irgendeinen fifty-fifty-Deal oder um Kompromisse zwischen meinem und deinem Vorteil. Sondern gemeint ist: Versetze dich in die Stelle des der Hilfe bedürftigen Nächsten und hilf ihm so, wie du möchtest, dass dir geholfen wird, wenn du in seiner Lage wärst! Das Gebot ist die positive Version der sogenannten goldenen Regel. Vgl. hierzu W. Harnisch, Die goldene Regel und das Liebesgebot. Mt 7,12 im Kontext der Bergpredigt, in: Systematisch praktisch. FS Reiner Preul, hg. von W. Härle, B.-M. Haese, K. Hansen und E. Herms, Marburg 2005, 31–43.

[28] Röm 13,10. Vgl auch die diesen Vers aufnehmende Fortsetzung der zitierten Sequenz: „quia non operatur malum, immo est plenitudo legis." (Da sie nichts Böses tut, vielmehr die Erfüllung des Gesetzes ist.)

[29] Um solchem Rückfall vorzubeugen, zitiert CA 6 den Spruch Jesu in Lk 17,10: „So ihr dies alles getan habt, sollt ihr sprechen: wir sind untüchtige Knechte." Im Übrigen aber bleibt der Artikel weit hinter Luthers Lehre von den guten Werken zurück, wenn er zum Sinn und zur Notwendigkeit der guten Werke nur zu sagen weiß, dass Gott sie „geboten" hat.

fen Gottes qualifiziert wird. Zur vollständigen Bestimmung des Begriffs gutes Werk fehlt aber noch die erforderliche *Konkretion*. An welche Handlungen ist konkret zu denken, wenn gute Werke zu lehren und zu predigen sind? Und welches sind die sozialen Orte und Zusammenhänge, in denen sie geschehen sollen? Darauf gibt die reformatorische Theologie eine negative und eine positive Antwort.

Die Reformatoren unterscheiden scharf zwischen vermeintlich guten und den wirklich guten Werken, die Gott haben will oder im Dekalog sogar ausdrücklich geboten hat. Verworfen werden alle frommen Sonderwerke – selbsterdachte Werke wie Stiften, Wallen, Opfern, Fasten und die ganze „Möncherei" –, in denen Menschen sich besondere Anstrengungen und Entbehrungen auferlegen, um dadurch in einen vollkommeneren christlichen Stand aufzusteigen.[30] Diese vermeintlich guten oder frommen Werke sind mit dem reformatorischen Verständnis von Rechtfertigung unvereinbar. Das muss hier nicht weiter ausgeführt werden. Die Polemik gegen die angeblich, nämlich nach römischer Lehre, guten, in Wahrheit nur „gleißenden" und trügerischen Sonderwerke zieht sich auch durch Luthers ganzes Predigtwerk. In unseren eigenen konstruktiven Überlegungen werden wir darauf nicht zurückkommen müssen, da der Anlass dazu, jedenfalls im protestantischen Bereich, weitestgehend entfallen ist.[31]

Die wirklich guten und Gott wohlgefälligen Werke geschehen im *Alltag*. Sie sind „gemeine tägliche haus werck, so ein Nachbar gegen den andern treiben kann".[32] Sie bleiben aber natürlich nicht auf private Kontakte und Beziehungen etwa in Familie und Nachbarschaft beschränkt. Gute Werke haben wesentlich mit der Verantwortung zu tun, die jeder und jede je nach Stand und Beruf und Aufgabenfeld in eigener Zuständigkeit zu übernehmen hat. Jeder kann an dem sozialen Ort, in den Gott ihn gestellt hat, genug gute Werke tun.[33] Sie sind *nützliche* Werke, das gehört als ein weiteres Merkmal zum Begriff des guten Werkes.

[30] Einschlägig ist dazu besonders Luthers Schrift„De votis monasticis iudicium" von 1521; WA 8,573–669. Das Fasten will Luther nur bedingt zulassen, wenn es nämlich zu dem Zweck geschieht, den Leib unter Kontrolle zu bringen und zu einem Werkzeug verantwortlichen Handelns zu machen.

[31] Dass, wie einige Leute zu meinen scheinen, der sonntägliche Gottesdient auch eine Art Sonderwerk für besonders Frommen sei, so zu sagen das letzte, das im Protestantismus noch übriggeblieben ist und ohne welches man immer noch ein guter Christ sein könne, wäre Luther und den anderen Reformatoren nicht in den Sinn gekommen.

[32] WA 30/I, 178.

[33] Wie wichtig diese Verortung im Alltag für Luther ist, zeigt sich in geradezu kurios zu nennender Weise in einer Weihnachtspredigt von 1529. Luther preist die Hirten als vorbildliche Christen, weil sie nach der Anbetung im Stall nicht in ein Kloster gehen – als ob sie dazu die Möglichkeit gehabt hätten –, sondern zu ihrer Arbeit mit den Schafen zurückkehren. WA 29, 686.

Die Werke dienen als nützliche Werke teils einzelnen Personen, teils dem Gedeihen der Gesellschaft als ganzer. Letzteres ist in der einschlägigen Literatur oft nicht genügend beachtet worden. Luther ist der Ansicht: Wenn jeder an seinem Orte, in seinem Stand und Beruf mit Fleiß und Hingabe tut, was seines Amtes ist, dann wirken die vielen guten Werke zwangsläufig zusammen zur Beförderung des allgemeinen Wohles. Das nicht nur zu behaupten, sondern auch demonstrieren zu können, setzt freilich eine Gesamtschau vom Funktionieren der Gesellschaft voraus. Ein Überblick ist erforderlich über das die Gesellschaft strukturierende Gefüge von Institutionen, Ämtern und beruflichen Positionen und ihr Zusammenspiel. Luther verfügt offenbar über eine solche Übersicht. Die Gesellschaft krankte für ihn noch nicht an der spezifisch modernen oder postmodernen „neuen Unübersichtlichkeit" (J. Habermas). Denn es kommt für ihn nur darauf an, dass – als hinreichende Bedingung für ein gedeihendes Gemeinwesen – bestimmten Grundbedürfnissen Genüge getan wird: Die Menschen müssen versorgt werden bezüglich Ernährung, Kleidung und Wohnung; für Frieden und Sicherheit, auch für die Rechtssicherheit der Bewohner eines Landes muss gesorgt sein, wofür besonders die Obrigkeit zuständig ist; es müssen für die Bildung und Reifung der Personen geeignete Institutionen vom Elternhaus über Schulen und Hochschulen bis zu öffentlichen Bibliotheken vorhanden sein und gepflegt werden; und nicht zuletzt muss für das ewige Heil der Menschen sowie ebenfalls im Blick auf Bildung und Reifung das Evangelium frei verkündigt werden können.[34] Hinzu kommen hier noch als Ordnungsschemata die herkömmliche Drei-Stände-Lehre sowie Luthers Lehre von den zwei Reichen, besser: zwei Regimenten Gottes, sofern sie auch sozialtheoretische und -ethische Implikationen hat. Eine die verschiedenen Aspekte verknüpfende systematische Gesellschaftstheorie hat Luther freilich noch nicht entworfen. Gleichwohl finden wir bei ihm ein relativ einfach strukturiertes Bild gesellschaftlichen Zusammenlebens und gesellschaftlicher Praxis. Ob es schon damals ganz der Wirklichkeit entsprach, kann freilich bezweifelt werden.[35] Die in der Gegenwart hier entstehenden Probleme für die ethische Predigt werden uns noch beschäftigen.

Eine klare Vorstellung vom Funktionieren des Gemeinwesens – bzw. davon, wie es funktionieren soll – benötigt nach Luthers Meinung auch jeder Pfarrer, wenn er das Praktischwerden des Glaubens durch gute Werke beschreiben will.

[34] Diese Bedürfnisse und die entsprechenden Ämter lassen sich leicht aus Luthers „Schulschriften" erheben, besonders aus der zweiten, 1530 erschienen „Eine Predigt, dass man Kinder zur Schulen halten solle" (WA 30/II, 517–588), in welcher er die gesamte Palette von Ämtern und Professionen vor den Eltern unter dem Gesichtspunkt des persönlichen und gesellschaftlichen Nutzens von Schulbildung ausbreitet.

[35] Man beachte hier Luthers Kritik an bestimmten neuen Formen der Finanzwirtschaft, an Handelsgesellschaften und am Luxus, wie er sie etwa in der Schrift „Von Kaufshandlung und Wucher" (1524) vorträgt.

Ein Pfarrer oder Prediger „lehrt", wie Luther gelegentlich sagt, jeden je an seinem Ort und in seinem Stand. Nicht, dass er ihnen das für ihre Aufgabe nötige Fachwissen vermittelt, sondern er spricht die Personen an auf ihr schon vorhandenes Wissen und Können und auf das Bewusstsein von ihrer Verantwortung und redet ihnen so ins Gewissen.

Da es uns sehr auf die oft übersehene oder vernachlässigte Bedeutung des guten Werkes in Hinsicht auf das Gemeinwohl ankommt - auch im Vorblick auf spätere eigene Überlegungen zur ethischen Predigt auf der Linie der Reformation -, lasse ich hier noch zwei weiterführende und präzisierende Hinweise folgen.

a) Obwohl alle guten Werke in ihrem Zusammenwirken zum bonum commune beitragen, fällt doch auf *zwei* gute Werke ein besonderes Gewicht: auf das Handeln der Obrigkeit, also die *Staatskunst*, und auf die vor allem den Eltern obliegende *Erziehung*.

Das Handeln der *Obrigkeit* betrifft das ganze Volk und Land und seine Ordnungen, in denen die Untertanen ihre guten Werke zu verrichten haben. Es ist insofern fundamental. Alles und alle nehmen Schaden, wenn die Obrigkeit versagt oder wenn sie sich das Heft des Handelns aus der Hand nehmen lässt.[36] Das der Obrigkeit, den Fürsten und Magistraten, auferlegte Handeln ist das wichtigste Instrument in Gottes welterhaltendem Regiment.

Ebenso fundamental, wenn auch auf andere Weise, ist die *Erziehung*. Während die Obrigkeit äußerlich und objektiv - durch Gesetzgebung, Verordnungen und Justiz sowie durch Bewahrung des Friedens - gleichsam objektiv dafür sorgt, dass gute Werke von den einzelnen Personen in den Ordnungen des Gemeinwesens getan werden können, ist Erziehung dasjenige Werk, welches, soweit es in ihrer Macht steht, subjektiv zum Tun aller guten Werke befähigt.[37] Misslingt die Erziehung, läuft alles aus dem Ruder. Das Vierte Gebot, durch dessen Auslegung im „Sermon von den guten Werken" und im Großen Katechismus Luther sein Verständnis der häuslichen Erziehung umreißt, indem er es zugleich als Ermahnung an die Eltern auslegt, steht für ihn aus gutem Grund am Anfang der zwei-

[36] Von daher erklären sich Luthers scharfe Ausfälle gegen die „mörderischen und räuberischen Rotten der Bauern", die seine Warnung, ihre an sich berechtigten Forderungen mit Gewalt durchsetzen zu wollen, missachtet haben. Zerstörung der politischen Ordnung - darum geht es hier aus Luthers Sicht, nicht allein um Auflehnung gegen einzelne Fürsten - ist „Mord am ganzen Land". WA 18, 397ff. Zu Luthers oft kritisiertem Verhalten im Bauernkrieg (1525) vgl. jetzt W. Härle, „Niemand soll in eigener Sache Richter sein" Luthers Sicht der Obrigkeit und der demokratische Rechtsstaat, in: Luther heute, aaO. (Anm. 22), 294-318.

[37] Ausführlich dazu R. Preul, Erziehung als „gutes Werk", in: MJTh V (Gute Werke), Marburg 1973, 95-115; vgl. auch ders., Bildung und Erziehung nach Gesichtspunkten Luthers, in: Lutherjahrbuch 70/2003, Göttingen 2004, 11–32.

ten Tafel des Dekalogs.[38] Die Erziehung „ist auf Erden das aller edelste und teuerste Werk".[39] Christliche Eltern erziehen ihre Kinder nicht zu weltlicher Lust und Ehre, sondern „zu Gottes Dienst" in allen Verhältnissen des Lebens, und das heißt zu selbständig handlungsfähigen Personen bezüglich aller Ämter in beiden Regimenten Gottes, dem weltlichen und dem geistlichen. Und so gehört auch das Elternamt selber, dessen rechte Ausübung auch religiöse Unterweisung einschließt, in beide Regimente zugleich.[40]

Beim Thema Erziehung als gutes Werk ist zwar in erster Linie an das Elternamt zu denken, aber die Eltern bedürfen auch der Unterstützung und Ergänzung durch Kirche und Schule. Die Gesellschaft hat zur Zeit Luthers bereits einen Stand funktionaler innerer Differenzierung erreicht, dem eine auf das Elternhaus beschränkte christliche Erziehung allein nicht genügen kann. Deshalb fordert Luther von der Obrigkeit und den Magistraten der Städte die Einrichtung und Unterhaltung christlicher Schulen, und da Erziehung noch ganz Elternrecht ist, beschwört er die Eltern, ihre Kinder zur Schule zu schicken, statt sie „in den Geiz zu stecken", will sagen: sie als billige Arbeitskräfte in Haus, Hof und Handwerk einzusetzen. Der Nutzen solcher Bildung für den Einzelnen wie für das Wohl von Stadt und Land kann aus seiner Sicht gar nicht hoch genug eingeschätzt werden. Diese Bildung ist übrigens auch ein Faktor für soziale Mobilität: Auch armer Leute Kinder können und sollen sogar Regierungsämter erlangen.[41]

Alle guten Werke sind zwar, weil Gott sie haben will und sein Wohlgefallen an ihnen hat und sofern sie aus Glaube und Liebe geschehen, theologisch von gleichem Wert und von gleicher Würde[42], aber unter dem Gesichtspunkt ihrer Auswirkung auf das bonum commune gibt es Unterschiede. Und das ist politisch und handlungspraktisch von großer Bedeutung.

b) Luther begnügt sich bei der Begründung der guten Werke nicht mit dem Hinweis auf ihr Gebotensein, wie es in CA 6 der Fall ist, er will auch, dass man ihren Sinn und Nutzen einsieht; andernfalls könnten sie auch nicht mit Lust und Liebe getan werden. Deshalb muss die jeweilige Handlungssituation im Kontext der Ordnungen, denen die gemeinschaftliche Praxis der Handlungssubjekte in der Gesellschaft unterliegt, den Lesern seiner Traktate wie den Hörern seiner Predigten durchsichtig gemacht werden. Daher enthalten seine Paränesen oft Passagen, die man als „soziologische Aufklärung" (N. Luhmann) bezeichnen könnte. Indem der Zusammenhang des guten Werkes mit Gedeih und Verderb

[38] WA 6, 250; 30/I, 147.

[39] WA 10/II, 301.

[40] Vgl. WA 10/II, 301.

[41] Vgl. WA 30/II, 575ff. Luther zählt hier alles auf, wozu man sich „durch die Feder" und durch Schulbildung aufschwingen kann: Juristen, Doktoren, Räte, Schreiber, Ärzte, Prediger.

[42] Vgl. WA 6, 206.

des gesellschaftlichen Ganzen offengelegt wird, wird der Christ seiner gesellschaftlichen Lebenswelt und seiner eigenen Rolle und Verantwortung in ihr konkret ansichtig und damit seiner eigenen Praxis auch tendenziell mächtig. Dazu passt, dass Luther wie auch Melanchthon „die Historien", also Geschichte, als neues Element im schulischen Curriculum zusätzlich zum herkömmlichen Trivium (Grammatik bzw. Sprachen, Dialektik, Rhetorik) und Quadrivium (Arithmetik, Geometrie einschließlich Naturkunde, Astronomie, Musik) fordert. Die Historien sollen gelehrt werden, nicht damit man weiß, was alles in der Welt passiert ist, sondern damit man erfährt, wie es in ihr *zugeht*. Der Tun-Ergehens- bzw. Tat-Folge-Zusammenhang soll an signifikanten Beispielen aus der Bibel und aus der Weltgeschichte erhellt werden, so dass man sein eigenes Verhalten danach einrichten kann.[43] Es macht aber den besonderen Reiz und das Profil von Luthers Lehre von den guten Werken aus, dass diese zusammen mit der soziologischen und historischen Betrachtung zugleich in die theologische Perspektive der Mitwirkung in den beiden Regimenten oder Regierweisen Gottes, durch welche er die Welt erhält und erlöst, gerückt werden, wodurch alles Tun und Verhalten des Christenmenschen in das theologische Leitbild von der *Bestimmung des Menschen in Zeit und Ewigkeit* integriert wird: Wir sollen „göttlich leben (sic!), hier zeitlich und dort ewiglich."[44] Und dieses Leben besteht sowohl im Empfangen und Beschenktwerden aus Gottes Güte und Barmherzigkeit, wovon der Glaube sich nährt, als auch in dem von daher bestimmten Handeln für den Nächsten und für das allgemeine Wohl, ein Handeln in der Willenseinheit mit Gott, in welcher der Christenmensch zum Werkzeug des Handelns Gottes in seinen beiden Regimenten wird.

Ich habe mich in diesem Kapitel auf das konzentriert, was auch für die reformatorische Predigt in der Gegenwart inhaltlich von zentraler Bedeutung ist: die Rechtfertigung sola fide und sola gratia sowie deren ethische Folgen als Befreiung zur Nächsten- und Gottesliebe und als rechte Praxis im guten Werk. Daraus darf aber nicht auf Eintönigkeit in den Predigten Luthers und anderer Reformatoren geschlossen werden, so als würde diese zentrale Thematik immer und überall expressis verbis traktiert. Würde man Luthers Predigten mit Überschriften versehen und nähme man dazu die zahlreichen Traktate, besonders die deutschsprachigen, die Luther auch als „Sermone" bezeichnet, dann ergäbe sich eine Vielfalt an konkreten und lebenspraktischen Themen, deren Behandlung freilich von der Rechtfertigungsbotschaft nicht zu trennen ist. So hat Luther, um nur Eines herauszugreifen, sich besonders in seiner Anfangszeit intensiv mit der Sakramentsfrömmigkeit befasst unter der Frage, wie die Sakramente so zu ge-

[43] WA 15, 45.

[44] So im Kleinen Katechismus bei der Auslegung der zweiten Vaterunserbitte.

brauchen und zu genießen sind, dass sie dem Heil des Menschen dienlich sind.[45] Und das sind sie natürlich, indem sie vom Rechtfertigungsglauben aus verstanden und entsprechend gehandhabt werden.

[45] Darauf hat aufmerksam gemacht E. Herms, Sakrament und Wort in der reformatorischen Theologie Luthers, in: ders., Kirche – Geschöpf und Werkzeug des Evangeliums, Tübingen 2010, 113–161.

4. REFORMATORISCHE PREDIGT IN DER GEGENWART

In diesem Kapitel – es ist das wichtigste – sind diejenigen Fragen zu behandeln und nach Möglichkeit zu beantworten, die sich hinter dem Titel des Buches verbergen. Welche *Barrieren und Blockaden* bewusstseinsmäßiger und mentalitätsbedingter Art erschweren es dem Zeitgenossen, der biblischen Botschaft von der Rechtfertigung sola gratia und sola fide, so wie reformatorische Theologie sie im Gefolge Luthers versteht, sich anzunähern, sich ihr zu öffnen und sie zur eigenen Überzeugung werden zu lassen? Und wie kann man sich homiletisch darauf einstellen? Welche in der Predigt zu artikulierenden Gedanken und Erfahrungen können sich als hilfreich erweisen, um hier einen Durchbruch im Denken und Fühlen und Verhalten zu bewirken oder wenigstens anzubahnen? Die Barrieren und Blockaden, von denen und von deren Überwindung zu reden sein wird, sind durchaus nicht allein bei „kirchenfernen", vielleicht sogar dezidiert atheistischen oder sich als agnostisch verstehenden Zeitgenossen anzutreffen, sie machen auch „kirchentreuen" Menschen zu schaffen, ja auch den Predigern und Predigerinnen selber.[1]

Die Gesamtheit der Adressaten kirchlicher Verkündigung und ihres Angebots einer christlichen Daseins- und Weltdeutung lässt sich grob und idealtypisch in drei Gruppen unterteilen: Menschen, die sich in ihrer Kirche heimisch fühlen und ihre Predigten schon als für ihr Leben hilfreich erfahren haben, diese Gruppe ist größer als die sogenannte Kerngemeinde; Menschen, die gern an Gott glauben würden, es aber aus verschiedenen Gründen nicht können bzw. nicht zu können meinen; schließlich Menschen, welche die Akte Religion und Christentum für sich geschlossen haben und sich etwa als „religiös unmusikalisch" be-

[1] Es ist merkwürdig, dass bei Wilhelm Gräb, Predigtlehre. Über religiöse Rede, Göttingen 2013 trotz des religions- und kulturhermeneutischen Ansatzes, dem ich zustimme, kaum, jedenfalls nicht explizit, von zeittypischen Barrieren und Blockaden oder Vorbehalten gegenüber der christlichen Daseinsdeutung, wenn auch allgemein von Zweifeln und Krisen, die Rede ist. Er registriert nur den Traditionsabbruch und das daraus sich ergebende Unverständnis gegenüber der herkömmlichen christlich-religiösen bzw. kirchlichen Sprache sowie die tendenzielle Überforderung des modernen Menschen, sich eine religiös ausgelegte Identität in eigener Zuständigkeit und mit eigenen Mitteln der Sprache und Reflexion zu erarbeiten. Positiv stützt Gräb sich auf die Selbstbewusstseinsanalyse Schleiermachers und die von daher berechtigte Annahme prinzipieller religiöser Ansprechbarkeit sowie auf den damit gegebenen Sachverhalt, dass bestimmte Ereignisse, Erfahrungen und Fragen nach Lebenssinn und Daseinsgewissheit in die religiöse Deutung drängen und zu entsprechender Eigenkreativität der autonomen Subjekte motivieren, sie auch nach möglicherweise hilfreichen Angeboten fragen lassen. Ich widerspreche auch hier nicht. Nur ist gerade dann auch zu fragen, welche tiefsitzenden inneren Blockaden solche Motivation zu ersticken drohen und oftmals auch dauerhaft lähmen.

zeichnen oder sich sogar, etwa im Gefolge dieser oder jener Art von radikaler Religionskritik, als dezidierte Gegner von Religion, Kirche und christlichem Glauben verstehen.[2] Die folgenden Überlegungen haben alle drei Gruppen im Blick.

Die Gedanken und Einsichten, die ich in diesem Kapitel zu den Erschwernissen der reformatorischen Predigt in der Gegenwart, zu den subjektiven Blockaden sowie zu den Möglichkeiten ihrer Überwindung oder wenigstens Lockerung vortrage, sind mir, wie schon im Vorwort bemerkt, überwiegend aus meiner langjährigen Predigttätigkeit als Kieler Universitätsprediger erwachsen, weniger aus der Lektüre homiletischer Veröffentlichungen. Auch der Zuspruch, den ich als Prediger - insbesondere zu meinen alljährlichen Predigten am Heiligen Abend und zu den Predigten im Rahmen des jährlichen Universitätstages in Bordesholm - erhalten habe, hat mich in meinen Einsichten bestärkt. Doch nun zu den Problemen im Einzelnen.

4.1 Rechtfertigung ohne theologischen Kontext?

Das theologische Wissen und Wahrheitsbewusstsein, das Luther in seinen Predigten über die Botschaft des Evangeliums, wie sie in der Rechtfertigungslehre auf den Punkt gebracht ist, bei seinen Hörern noch voraussetzen konnte, ist bekanntermaßen weitgehend in Wegfall gekommen. Die theologischen Implikate von Rechtfertigung, somit der theologische Gesamthorizont der soteriologisch akzentuierten Verkündigung muss dem Bewusstsein erst wieder neu erschlossen werden. Nicht, dass der Predigthörer gar nichts davon wüsste, hat er doch vor der Predigt gerade noch das apostolische Glaubensbekenntnis gesprochen. Aber die Beziehungen zwischen Credo und Rechtfertigungsbotschaft bleiben ihm in der Regel undeutlich. Vor allem bewegt und reflektiert er sich nicht mehr in einem in Gott fundierten Weltbild und Wirklichkeitsverständnis, das für ihn *im Vorhinein,* bevor das Evangelium ihn erreicht und verwandelt, schon feststünde.

Es ist in diesem Zusammenhang aufschlussreich, dass Luther in der „Disputatio de homine" (1536) den Menschen zweimal oder besser: in zwei Schritten definiert, nämlich zunächst und gleichsam narrativ: Der Mensch ist Gottes Geschöpf und Ebenbild, Herrscher über die Dinge, aber „nach Adams Fall" der Macht des Teufels, der Sünde und dem Tode unterworfen, aus er sich nicht selbst befreien kann, sondern nur durch den Sohn Gottes befreit und mit der ihm ursprünglich zugedachten, aber durch die Sünde verspielten Gabe des ewigen Lebens beschenkt werden kann. So in den hier verkürzt wiedergegebenen The-

[2] Speziell an die mittlere Gruppe wendet sich W. Härle mit seinem empfehlenswerten Buch: „...und hätten ihn gern gefunden" Gott auf der Spur, Leipzig 2017.

sen 20-23. Erst danach und nachdem Luther in den Thesen 24-31 erläutert hat, was damit alles ausgeschlossen ist, greift er in These 32 die „Definition" des Apostels Paulus in Röm 3,28 auf, in der zugespitzt wird, was theologisch über den Menschen zu sagen ist: „hominem iustificari fide" (dass der Mensch durch den Glauben gerecht wird).[3]

Die befreiende Rechtfertigungsbotschaft ist also auf einen theologischen Gesamthorizont bezogen, innerhalb dessen sie aussagekräftig wird - womit freilich nicht gesagt ist, dass man ihn heute genauso präsentieren kann, wie Luther es, das theologische Bildungswissen seiner Leser in den Thesen 20–23 ins Gedächtnis rufend, getan hat; denn dieser Horizont ist ja, wie gesagt, eigens und wohl auch auf neuartige Weise zu erschließen.

Nun kann man freilich manchmal den Eindruck haben, als sei eine den theologischen Kontext vernachlässigende Predigt der Rechtfertigung sola gratia und sola fide doch möglich und auch erfolgreich. Denn die paulinisch-reformatorische Rechtfertigungslehre und -botschaft enthält ja Versprechungen, die den modernen Menschen willkommen sein dürften, die ihnen als hilfreich und tröstlich und ihr Selbstwertgefühl stärkend erscheinen müssen und das alles auch sind, sofern die Botschaft denn angenommen wird. Man bringt daher die Rechtfertigungslehre in Stellung als Kritik und Korrektiv in Bezug auf Leistungsdenken und Selbstüberforderung aller Art. Dem in der modernen *Leistungsgesellschaft*[4] frustrierten und in seinem Selbstwertgefühl geschwächten Individuum wird gesagt: Du musst nicht erst etwas leisten, um etwas zu sein, denn du bist in den Augen Gottes schon unendlich wertvoll. Du musst dich nicht als Versager und Loser fühlen, wenn du nicht erreichst, was du dir vorgenommen hast oder was man von dir erwartet hat, auch wenn du es nach bestimmten gesellschaftlichen Vorstellungen von Lebenserfolg und Selbstverwirklichung wohl bist. Das heißt natürlich nicht, dass auf alle Leistung und Mühe hinfort verzichtet werden könnte, anstrengen musst du dich schon. Aber wer sich auf das Lebenskonzept einer auf Leistung und sozialen Aufstieg gepolten Gesellschaft ganz und gar einlässt, der fällt beim Ausbleiben des angestrebten Erfolges nicht nur in ein soziales Nichts, sondern überhaupt ins Bodenlose.[5] Demgegenüber kann der

[3] Text mit Übersetzung jetzt am leichtesten zugänglich in: Martin Luther. Lateinisch-deutsche Studienausgabe, Bd. 1 (Der Mensch vor Gott), Leipzig 2006, 663-669.

[4] Am *Prinzip* der Leistungsgesellschaft ist theologisch freilich nichts auszusetzen. Denn dass gesellschaftlicher Erfolg an Leistung und entsprechende Zertifikate gebunden ist, ist nur gerecht. Die Alternative zur Leistungsgesellschaft wäre eine korrupte Gesellschaft, in welcher Privilegien und Vetternwirtschaft den Ausschlag geben.

[5] Die üblichen bildungspolitischen Debatten, bei denen es immer wieder vornehmlich um Chancengleichheit geht, erwecken manchmal den Eindruck, als sei Bildung und insbesondere Schulbildung nichts anderes als Eingewöhnung und Einübung in jenes fatale Lebenskonzept.

Rechtfertigungsglaube, den die Kirche vermitteln will, als eine wirksame und rettende Gegenkraft erscheinen und, wenn man die Botschaft annimmt, auch erfahren werden. Du brauchst dich also nicht zu schämen, nicht vor dir selber und auch nicht vor anderen, denn in den Augen Gottes, der dich annimmt und dich liebt, gerade auch mit deinen Schwächen und deinem Scheitern nach weltlichen Maßstäben, bist du wertvoll und hast du deine Würde wie jeder andere. Wirklich gerechtfertigt vor Gott bist du aber nur, so ist hinzufügen, im Glauben, durch welchen du dich auf Gott verlässt, seine Perspektive auf dich und deinesgleichen zu deiner eigenen Perspektive machst und dir seine Gnade gefallen lässt.

Die Rechtfertigungsbotschaft des Evangeliums ist also gerade für die Menschen in der Leistungsgesellschaft nicht irrelevant, nicht ohne Attraktivität und Verlockung. Das wird oft und mit Recht betont. Rechtfertigung ist aber auch grundsätzlich und das heißt hier *anthropologisch* nicht irrelevant. Jeder und jede hat ein vitales Interesse an persönlicher Integrität und deren Anerkennung durch andere, etwa durch nahestehende Personen, an deren Urteil einem gelegen ist. Oft geht es auch um öffentlich anerkannte Integrität. Wenn beispielsweise Politiker oder andere Prominente sich selbst verteidigen gegen Anschuldigungen, Verdächtigungen, Vorwürfe, dann geht es ihnen bei dieser Selbstrechtfertigung nicht nur um die Abwendung unliebsamer Konsequenzen wie den Verlust ihres Amtes oder etwaige Regressansprüche, sondern immer auch um ihr Ansehen, ihre nach öffentlicher Wertschätzung verlangende *moralische* Integrität. Auch das ist eine Bedingung ihres Selbstwertgefühls. Erst wenn solche Selbstrechtfertigung gänzlich misslingt, kann es zu jenem Charakterwandel und jener moralischen Selbstaufgabe kommen, wie sie das Sprichwort festhält: „Ist der Ruf erst ruiniert, lebt es sich ganz ungeniert."

Normalerweise aber ist man auf seine moralische Integrität, auf seinen Ruf und sein Image sehr bedacht, und selbst wenn jemand ganz eigene Wege einschlägt, worüber die Umwelt mit dem Kopf schüttelt, ist er oder sie noch bemüht, das zu rechtfertigen und um Verständnis oder wenigstens Toleranz zu werben. Denn das Individuum reflektiert sich nicht nur anhand von eigenen Normen und Prinzipien um seiner Selbstachtung willen, sondern als soziales Wesen immer auch vor einem äußeren Forum, sei es ein reales oder ein imaginiertes Forum.

Bezogen auf den aktuellen gesellschaftlichen und den dauerhaften anthropologischen Kontext ist und bleibt Rechtfertigung also ein zentrales Thema. Die Frage ist nur, ob und inwiefern dabei Gott und die spezifisch evangelische Auffassung von der Rechtfertigung ins Spiel kommen. Dass das im Bewusstsein der Adressaten der Rechtfertigungsbotschaft in verständlicher und hinreichender Weise geschieht, dafür hat die Predigt zu sorgen. Und hier gilt nun: Ohne theologischen Gesamthorizont, ohne die Vergegenwärtigung *dieses* Kontextes – sei es, dass der Predigthörer ihn schon mitbringt aus seiner bisherigen religiösen Sozialisation, sei es, dass die Predigt ihn eigens verbalisiert – hängt die Botschaft in der Luft und kann auch schnell wieder abgeschüttelt werden. Denn man kann sich aus dem theologischen Bezug, aus der Gottesbeziehung als dem Ort und Medium des Rechtfertigungsgeschehens unschwer herauswinden. Der an seinem Leistungsdenken scheiternde Mensch kann versuchen, sich von der Herrschaft dieses Denkens auch ohne Gott zu befreien. So etwa mithilfe der Kunst, die ihn über den Alltag und seine Misere hinausträgt, ihn durch den Kunstgenuss, etwa musikalischer Art, entschädigt und ihn erfahren lässt, dass er im Unterschied zu manchem Erfolgsmenschen jedenfalls kein Banause, sondern aus edlerem Holz geschnitzt ist. Er kann sich auch mit den sinnlichen Genüssen trösten, die ihm als einem Wesen aus Fleisch und Blut zugänglich sind.[6] Ist er ein Rassist, dann wird er sich schon aufgrund seiner ethnischen Zugehörigkeit für etwas Besonderes halten; die nationalsozialistische Rassenideologie hat daraus bekanntlich Kapital geschlagen. Schließlich kann er auch ganz auf eigene Faust, aus persönlichem Stolz und Trotz sich gegen die gesellschaftlich verursachte Beschädigung seines Selbstwertgefühls zur Wehr setzen, sagt doch schon das Grundgesetz mit Recht und auf allgemeine Zustimmung setzend, dass die Würde des Menschen unantastbar ist. Also lasse ich mich nicht klein machen! Und wenn die Mitwelt mir die nötige Anerkennung versagt, weil sie mich beispielsweise nicht versteht, muss ich mich denn vom Urteil der Anderen abhängig machen? Wo käme ich denn hin, wenn ich nur noch wäre, was andere mich sein lassen? Gewiss: mit der Rechtfertigung durch einen Gott, der mich ohne eigene Vorleistung annimmt, sogar liebt, damit wäre mir auch geholfen. Es klingt ja gut, was der Prediger da sagt, fast zu schön, um wahr zu sein, aber geht es denn nicht auch ganz ohne Gott? Und außerdem: Gilt nicht das, was hier über Gott gesagt wird auch schon für meine Frau, die mir auch sagt, dass sie mich so annimmt und liebt, wie ich bin, und die das ohne Zweifel ernst meint und immer wieder unter Beweis stellt? Oder entsprechend auch für meine Eltern? Und warum sollte mir das nicht genug sein?

Es reicht somit nicht, dem Predigthörer zu sagen: Da ist einer, der dich vorbehaltlos annimmt und dich liebt, weil er es unendlich gut mit dir meint; man muss auch verdeutlichen, was man damit meint, dass dieser Eine Gott ist, weil andernfalls Gott ersetzbar und für die Aufhebung oder Linderung der psychischen Notlage, die wir beschrieben haben, entbehrlich wird. Und wenn der Prediger, um den zuletzt genannten Ausweg abzuschneiden, sagt: Selbst wenn alle dich im

[6] Vielleicht gibt es auch Menschen, die von sich aus so wenig Ehrgeiz und Zielstrebigkeit entwickeln, dass sie so gut wie gar nicht unter Leistungsdruck geraten. Ich verweise auf den Phlegmatiker „Herr Lehmann" in Sven Regeners gleichnamigem Roman.

Stich lassen, so ist da doch noch Gott, der zu dir hält ..., so ist diese Aussage zwar theologisch richtig, aber sie bestätigt in ihrem Wortlaut zugleich ungewollt und unbemerkt den Gedanken der Ersetzbarkeit Gottes, denn Gott wird ja erst benötigt, wenn Personen, die das Erforderlich auch leisten könnten, ausfallen.

Wer predigt, muss auch die genannten Möglichkeiten der Selbsthilfe im Auge haben, und es wäre töricht, sogar unbarmherzig, sie allesamt madig zu machen oder ganz zu verwerfen – abgesehen natürlich von der rassistischen Variante, die man in keiner Hinsicht gelten lassen kann. Im Übrigen aber darf jeder aus allen ihm zugänglichen Quellen der Lebensfreude, der Selbstbejahung, der Sinngebung und des ästhetischen Genusses schöpfen.

Die voranstehenden Beobachtungen und Überlegungen zur Brüchigkeit eines verkürzt präsentierten Rechtfertigungsglaubens, der unter Absehung seiner weiteren theologischen Implikationen allein auf die Leistungs- und Anerkennungsprobleme der Zeitgenossen konzentriert ist, lässt sich zu der These verdichten, dass in jeder Predigt, die das zentrale Anliegen der Reformation zum Zuge bringen will, *immer zugleich das Ganze des christlichen Wirklichkeitsverständnisses auf dem Spiel steht.* Wird dem nicht Rechnung getragen, kommt es oft nur zu einem vorübergehenden Wohlgefallen an der Botschaft, zu einer Art Schön-wär's-Erkenntnis.

Bei der Rekonstruktion der Implikationen des Rechtfertigungsglaubens geht es fundamental um die Gottesbeziehung selbst, und zwar nicht nur um die Beziehung zwischen Gott und dem Individuum mit seinen Problemen und Nöten, sondern um die Beziehung zwischen Gott und seiner ganzen Schöpfung, die er ins Dasein gebracht, die er erhält und die er vollenden wird. Davon wird im nächsten Teilkapitel noch ausführlich die Rede sein. Wir nähern uns dem aber, indem wir hier noch auf die *Defizite von Rechtfertigung selbst,* die bei der vorstehend charakterisierten Verkündigung[7] auftreten, hinweisen.

Die Bedeutung von Rechtfertigung im Glauben kommt selbst verkürzt zur Darstellung. Das gilt in wenigsten vierfacher Hinsicht: für die Reichweite der Rechtfertigungsbotschaft hinsichtlich ihrer Adressaten; für die Beziehung von Rechtfertigung bzw. Gerechtigkeit aus dem Glauben auf Schuld und Vergebung, Sünde und Versöhnung; für das Verhältnis des Rechtfertigungsglaubens zur Frage nach der Wahrheit, genauer: nach einem Leben in der Wahrheit; schließlich für den Zusammenhang zwischen Rechtfertigung und Hoffnung über das irdische Leben hinaus, so wie der Rechtfertigungsartikel der CA in seiner deutschen Fassung vom Geschenk des ewigen Lebens spricht. Ich erläutere diese

[7] Sollte ich dabei gelegentlich in die Nähe einer Karikatur geraten sein, so hatte das methodischen Sinn. Ich fokussierte nur auf einen bestimmten und häufig anzutreffenden Typus der Rede von Rechtfertigung, behaupte aber nicht, dass überhaupt nur noch so – also bezugnehmend auf das angeschlagene Selbstwertgefühl vieler Zeitgenossen – gepredigt wird.

Punkte nacheinander. Dabei bestreite ich natürlich nicht, dass es immer Möglichkeiten gibt, von der hier in Rede stehenden Akzentsetzung aus auf das in ihr Fehlende auszugreifen.

a) Die skizzierte Art der Aktualisierung der Rechtfertigungsbotschaft hebt speziell auf die *Opfer* im gesellschaftlichen Leistungssystem und Leistungsdenken ab. Aber was sagen wir den *Gewinnern* in diesem System, den Glücklichen, die ein stabiles Selbstwertgefühl und Selbstbewusstsein haben, weil sie erfolgreich sind und sich hinreichender Anerkennung und Achtung und vielleicht sogar Bewunderung und Huldigung erfreuen? Sollen wir ihnen sagen, sie sollten sich nicht zu sicher fühlen, den Tag nicht vor dem Abend loben, denn es könne sie auch noch ereilen? Rechtfertigungslehre und -botschaft erheben jedenfalls den Anspruch, *alle* Menschen zu betreffen und für *alle* heilsam zu sein. Dieser Anspruch wird hier nicht eingelöst. Es muss also gezeigt werden, dass die Botschaft nicht nur - obzwar auch - auf kontingente subjektive Problemlagen bezogen ist. Dazu muss auf die conditio humana als solche - d.h. auf die invariante Grundstruktur menschlichen Existierens und die darin beschlossenen Lebensfragen - zurückgegangen werden, wie sie einerseits durch existenzphilosophische Analyse formal erschlossen[8] und dann andererseits durch die theologische Anthropologie inhaltlich gefüllt und qualifiziert wird.

b) Rechtfertigung wird nach paulinischem und reformatorischem Verständnis dem *Sünder* zuteil, der seine *Schuld* vor Gott bekennt, auf dessen Gnade hofft und diese auf die Zusage des Evangeliums hin im Glauben dankbar annimmt. An den in seinem Leistungsstreben und an mangelnder Anerkennung in seiner sozialen Lebenswelt scheiternden und daher in seinem Selbstwertgefühl und Lebensmut verletzten und geschwächten Menschen wird bei den Reformatoren eher nebenbei gedacht, während es inzwischen in vielen Predigten zum Hauptpunkt geworden ist. Nun ist über den Begriff der Sünde sowie über Schuld und Schulderfahrung in der Gegenwart hier noch nicht eigens zu handeln. Darüber wäre sehr viel zu sagen, und davon wird an späterer Stelle noch die Rede sein. Entscheidend ist im jetzigen Zusammenhang nur, dass die Rechtfertigung sola fide und sola gratia den Menschen, der sich durch die Sünde von Gott entfernt und sich mit ihm entzweit hat, wieder mit Gott versöhnt, so dass er zum Frieden mit Gott gelangt und in Willenseinheit mit Gott leben und handeln kann. Dass dieser Aspekt in der heutigen Verkündigung stark zurücktritt, ist freilich nicht nur eine Folge der Akzentuierung der Leistungsproblematik. Ebenso ist in Rechnung zu stellen, dass zeitgenössische Christenmenschen in der Regel keine Angst mehr vor Gott haben; die Schreckensbilder von Hölle und Verdammnis haben - und das ist nicht zu beklagen - ihre Macht über die Gemüter verloren.

[8] Dabei ist von Heideggers Daseinsanalytik in „Sein und Zeit" viel zu lernen.

c) Der sola fide und sola gratia gerechtfertigte Mensch, der sich durch die Sünde in einen fundamentalen Gegensatz zu seinem Schöpfer gebracht hatte, kehrt im Glauben an Gott, auf den er nun und hoffentlich auch fortan sein Grundvertrauen setzt, in die *Wahrheit seiner geschöpflichen Existenz*[9] zurück. Er nimmt wissentlich und willentlich den ihm ontologisch wahrhaft zukommenden Platz in der durch Gott geschaffenen und erhaltenen Seinsordnung wieder ein. War die Sünde als Feindschaft gegen den Schöpfer „Dislokation" aus diesem Ordnungsgefüge, so ist der Glaube des Gerechtfertigten die ontologisch erforderliche „Relokation".[10] So gesehen ist die Rechtfertigungslehre die existenzielle Verbindlichkeitserklärung oder Ratifizierung der Lehre von der Schöpfung.

Die Vernachlässigung auch dieses Aspekts von Rechtfertigung erklärt sich wiederum nicht allein aus der Popularität des Ansatzes bei der spezifisch modernen Pathologie des Leistungsdenkens und des Selbstwertgefühls. Vielmehr ist festzustellen, dass die Frage nach der Wahrheit der menschlichen Existenz, nach der Wahrheit oder Verfehltheit des eigenen Lebenskonzeptes aus verschiedenen Gründen nur noch selten radikal und mit Leidenschaft gestellt wird. Religiöse Wahrheitsansprüche werden sogar unter den Generalverdacht der Intoleranz gestellt. Das ist nun freilich aus christlicher Sicht, und nicht nur aus ihr, sehr wohl zu beklagen. Wir werden uns damit später noch eingehend zu beschäftigen haben.

d) Wer durch die Rechtfertigung mit Gott versöhnt wird, der erhält auch die Gabe des Geistes und damit *Anteil am Leben des dreieinigen Gottes,* welches nur als „ewig" gedacht werden kann. Ihm wird zuteil, was dem Menschen schon schöpfungsmäßig im Rahmen der von Gott geschaffenen wahren Seinsordnung zugedacht ist.[11] Damit ist ihm eine auch durch den Tod nicht begrenzte *Zukunft* eröffnet. Wo der Glaube ist, da sind auch Hoffnung und Liebe (1 Kor 13,13). Zum Thema der Liebe hat freilich auch schon die defizitäre Art der Rede über die Rechtfertigung unmittelbaren Zugang, denn zum einen wird ja dem sich nach innerweltlichen Maßstäben als gescheitert und nicht hinreichend geachtet füh-

[9] Dem entspricht der Untertitel des Opus magnum von E. Herms, Systematische Theologie. Das Wesen des Christentums: In Wahrheit und aus Gnade leben, Tübingen 2017.

[10] Das Begriffspaar stammt m.W. von dem niederländischen Religionsphilosophen Vincent Brümmer. Vgl. ders., The Model of Love, Cambridge University Press 1993.

[11] Ich erinnere noch einmal an die theologische Definition des Menschen in Luthers „Disputatio de homine", die in These 21 die sogenannte Urstandslehre referiert: „Nämlich, dass der Mensch Gottes Geschöpf ist, das aus Fleisch und einer lebendigen Seele besteht, vom Anfang an zum Bilde Gottes gemacht ohne Sünde, dass er sich mehre und über die Dinge herrsche und niemals sterbe." („nec unquam moreretur") Wie das real, unter irdischen Bedingungen, hätte möglich sein sollen, kann man zwar fragen, aber das wäre nicht im Sinne Luthers. Denn entscheidend ist in der These die angesagte ewige Bestimmung des Menschen, die im Leben des Christen ergriffen wird.

lenden Individuum versichert, dass es bei Gott geliebt und angenommen ist, und zum anderen wird ihm oft auch die Einsicht vermittelt, dass es in dem Maße, wie es sich von der Sorge um sich selbst befreit weiß, auch wirklich frei wird für die Liebe zum Nächsten. Das muss neben aller Kritik zugestanden werden. Mit der Hoffnung angesichts des Todes und über ihn hinaus aber tut man sich schwer.

Das Zurücktreten dieses Aspektes von Rechtfertigung dürfte auch damit zusammenhängen, dass die Eschatologie, zumal in ihrer klassischen Ausführung als Lehre von den letzten Dingen für den heutigen Prediger überhaupt ein schwieriges Thema ist und daher auch homiletisch ein Schattendasein führt.[12] Der Hörer freilich fragt, geleitet durch sein gegenstandsorientiertes Alltagsbewusstsein, ganz direkt: Wie wird das sein? Wie soll man sich das ewige Leben oder den Himmel oder das Paradies konkret vorstellen? Möglicherweise spielen bei seinen Fragen auch Berichte über Nahtoderfahrungen oder über Kommunikation mit Verstorbenen eine Rolle. Aber das Eschaton (wie auch schon das Proton) entzieht sich jedem direkten Zugriff. Es ist kein separat lösbares Problem als ginge es hier um einen isolierbaren Gegenstandsbereich, sondern es erschließt sich nur im Zusammenhang mit einer Vorstellung vom ganzen Wirken des dreieinigen Gottes. Ich werde auch darauf später zurückkommen.

4.2 Die Gottesfrage

Wir sagten, dass in der modernen Predigt das ganze christliche Wirklichkeitsverständnis als ein alles umfassendes Sinnsystem und dabei zentral die Frage nach und das Verständnis von Gott auf dem Spiel steht.

Das Wort „Gott" ist ein Urwort religiöser Sprache.[13] Es wird aber auch in der Alltagssprache verwendet, sogar von Menschen, für die Gott eine Illusion ist. So sagt man etwa „um Gottes willen", „Gott sei Dank", „gottlob", „Gott sei's geklagt", „zum Gotterbarmen", „weiß Gott" oder „Gott ist mein Zeuge", „grüß Gott", „Gott hab ihn selig" und etliches mehr. Ob und wieweit dabei das Wort „Gott" ernst genommen bzw. religiös authentisch und verbindlich gebraucht oder nur so dahingesagt wird, muss zumeist offen bleiben, es sei denn, man wüsste über die religiöse oder nicht religiöse Einstellung des jeweiligen Sprechers genau Bescheid. „Weiß Gott" ist allerdings oft mit „weiß der Teufel" oder „weiß der Kuckuck" oder „weiß der Geier" gleichbedeutend, das Wort „Gott" ist hier ohne Bedeutungsverlust ersetzbar, während „Gott ist mein Zeuge!" oder sogar „So wahr mir Gott helfe!" statt nur „Ich schwöre es!" eher auf einen religiös

[12] Man möchte Ernst Troeltschs bekanntes Diktum wiederholen: „Das eschatologische Büro ist heutzutage meist geschlossen."

[13] Vgl. R. Preul, So wahr mir Gott helfe! Religion in der modernen Gesellschaft, Darmstadt 2003, darin den Abschnitt „Religiöse Sprache und ihre Abwandlungen".

verbindlichen und authentischen Gebrauch des Wortes „Gott" schließen lässt. Immerhin können all diese und weitere Verwendungsformen des Wortes „Gott" als ein Indiz dafür genommen werden, dass es ganz normal, selbstverständlich, vernünftig und auch allgemein verständlich sein könnte, überhaupt und immer noch von Gott zu reden. Damit geriete die Position derer, die das Wort „Gott" am liebsten aus dem gebräuchlichen Vokabular streichen möchten[14], weil ihm angeblich real nichts entspreche, intellektuell mindestens unter ebenso starken Begründungszwang, wie die Position derer, die das Wort „Gott" für unverzichtbar halten.

Doch wir haben es hier nicht nur mit zwei Lagern zu tun, die sich diametral gegenüberstehen. Denn einmal gibt es dazwischen die weit verbreitete und intellektuell attraktive Position des Agnostizismus, welche tolerant nach beiden Seiten ist. Zum anderen und vor allem vermischen sich in der reflektierten Subjektivität die Positionen:

Manchmal erscheint es geradezu als selbstverständlich, von Gott zu reden, und dabei ist mit „Gott" besonders das gemeint, was im ersten Artikel des Credos - des apostolischen wie des nizänischen - über ihn gesagt ist, oft noch ergänzt um die Vorstellung seiner Macht über das menschliche Schicksal. Das kann sich im Kontext der Liturgie, etwa beim Singen eines uns ansprechenden Liedes, ereignen. Oder wenn am Ende des größten Musikfestes in Großbritannien, der Last Night of the Proms, „God save our gracious Queen" erklingt und von allen mitgesungen wird, dann ist das von den meisten Beteiligten sehr ernst gemeint, es ist mit Inbrunst ausgeübte Zivilreligion. Und amerikanische Politiker, die ihre Reden mit „God bless America!" oder „God bless you!" beschließen, würden die Unterstellung, das sei nicht mehr als eine der Konvention geschuldete Floskel, entschieden zurückweisen. Aber es gibt auch in privaten Lebenssituationen immer Momente, in denen der Gedanke an Gott oder ein Gefühl der Dankbarkeit gegenüber Gott und entsprechende verbale Äußerungen sich mit Leichtigkeit einstellen; so sagen etwa Eltern (oder Großeltern) beim Anblick ihres gerade geborenen Kindes (oder Enkels): „Das ist ein Wunder! Es ist ein Geschenk von Gott!"

Auf der anderen Seite gibt es Augenblicke im Leben, in denen sich das Wort „Gott" gleichsam in nichts auflöst, sich der Sinn, den wir mit diesem Wort verknüpft haben, verflüchtigt; es sind Momente der Gottesferne und Gottesfinsternis. Sie stellen sich ein, sooft wir den Eindruck haben, die Welt würde vom Teufel regiert. Man fühlt sich einem blinden und tückischen Schicksal ausgeliefert. Hoffnungen blieben unerfüllt, alles Flehen um die Abwendung eines drohenden

[14] Sofern sie es nicht denjenigen lassen wollen, für die „Gott" als „nützliche Illusion" persönlich wichtig ist: Hauptsache es hilft!

Unheils war umsonst, physikalische und biologische Prozesse nahmen unaufhaltsam ihren Lauf. Das Wort „Gott" mag uns an solchen Tiefpunkten des Lebens vielleicht noch als Synonym für den geheimnisvollen Ursprung aller Dinge erhalten bleiben, aber ein emotional positives Verhältnis zu diesem Ursprung erscheint uns als nicht möglich. Ist aber „Gott" für den bloßen Verstand nur ein anderes Wort für den weiter nicht zugänglichen Ursprung alles objektiv Vorhandenen, dann ist dieses Wort nur ein X für ein U und damit überflüssig; man müsste eher Zuflucht zu philosophischen Begriffen wie „das Absolute" oder „das Sein selbst" nehmen, zu apersonalen Begriffen, an die man sein Herz nicht hängen kann. Dass gerade die Erfahrung der Negativität im Leben und in der Welt ein Anlass sein könnte und sollte, sein Herz nun *allein* an Gott zu hängen, diese Botschaft dringt in solchen Momenten der Gottesfinsternis nicht in unser Gemüt ein. Der Schmerz, der unserer leibhaft-irdischen Existenz zugefügt wird, ist so stark, dass dagegen vorerst keine Engelsstimme ankommt. Meldet sich aber die Gottesfrage doch noch auf der emotionalen Ebene, so nimmt sie regelmäßig die Gestalt der Theodizeefrage an.

Natürlich sind die Intensität und auch die Häufigkeit, mit denen die hier angesprochenen seelischen Abläufe erlebt und erlitten werden, von Person zu Person ganz verschieden, und sie hängen auch wesentlich von der jeweils schon erfahrenen oder ausgefallenen religiösen Sozialisation ab. Aber man erwarte von niemand, auch nicht vom frömmsten Christen, dass er oder sie über solche Momente, in denen das Wort „Gott" zweifelhaft wird, mit Leichtigkeit hinwegkommt. Sozialisationseffekte sind natürlich auch dort im Spiel, wo sich – in glücklicheren Zeiten – der gedankliche und verbale Bezug auf Gott nahelegt.

Mit dem *Theodizeeproblem* haben wir schon eine der Barrieren benannt, die es dem heutigen Menschen[15] schwer machen, sich ernsthaft auf Gott bzw. ein Weltbild mit Gott einzulassen. Dazu kommen weitere Barrieren:

Ein gravierendes Hindernis besteht in einer allgemeinen und gleichsam habituellen Bewusstseinsausrichtung, die ich *Alltagsontologie* nennen möchte. Unser alltägliches Bewusstsein ist gerichtet auf Gegenstände und Vorgänge in Raum und Zeit, die wir wahrnehmen und mit denen wir es in unserem Handeln zu tun haben. Auch Lebendes aller Art (Pflanzen, Tiere, und nicht zuletzt menschliche Personen) gehört zu diesem Bereich von Gegenständen des Alltagsbewusstseins. All diese Gegenstände „gibt" es, sie sind „real" weil sinnlich wahrnehmbar, auch

[15] Die Virulenz der Theodizeefrage dürfte ein Signum der Gegenwart sein. Ich verdanke meinem Fakultätskollegen, dem Kirchenhistoriker Johannes Schilling den Hinweis, dass in den Wirren und Schrecken des Dreißigjährigen Krieges die Frage „Wie kann Gott das zulassen?" kaum eine Rolle gespielt hat. Die Menschen haben diese schwere Heimsuchung auf der Linie alttestamentlicher Gerichtsprophetie zumeist als Strafe für die Schuld des Volkes oder der Obrigkeit verstanden.

mit den Methoden empirischer Wissenschaft nachweisbar, unterscheidbar, quantifizierbar, messbar und berechenbar. Neben allem materiell-gegenständlich Seiendem umfasst die Alltagsontologie auch das selbst nicht sichtbare Bewusstsein und seine Tätigkeit, aber auch etwa die Grundkräfte, mit denen die Physik arbeitet, sowie alle Prozesse und Vorfälle der natürlichen und geschichtlichen Welt mitsamt allen hier einschlägigen Theorien und Hypothesen. Ist nun plötzlich von Gott die Rede, dann wird gefragt, ob es den neben allem anderen „auch noch gibt" als ein besonderes Wesen, mit dem man sich irgendwie ins Benehmen setzen muss.

Eine weitere Barriere, mit der wir uns zu beschäftigen haben werden, ist die beständige Frage nach dem *Nutzen des Gottesglaubens bzw. der Religion.* Brauchen wir Gott unbedingt, oder geht's nicht auch ohne ihn? Und vielleicht sogar besser? Die Frage ist natürlich berechtigt und muss auch vom Theologen beantwortet werden. Das eigentliche Problem liegt in dem *Stellenwert*, den man ihr gibt. Die Nutzen-Frage verdrängt die Frage nach der Wahrheit von ihrem angestammten ersten Platz. Sie kann sogar dazu benutzt werden, die Wahrheitsfrage zu diskriminieren, indem sie sie verdächtigt, mit religiösem Fanatismus und Intoleranz unmittelbar im Bunde zu stehen. Solche für das Zusammenleben der Individuen, der Kulturen und Völker ruinösen Folgen werden insbesondere mit dem Monotheismus verknüpft, und da fehlt es ja auch nicht an horrenden Beispielen aus Geschichte und Gegenwart.[16]

Ein weiteres Hindernis liegt schließlich auch in der von vielen Zeitgenossen vertretenen Einstellung, dass man sich wie bei vielen Dingen in der mobilen Gesellschaft so auch in Sachen Religion und Weltanschauung *nicht festlegen* solle, weil man damit seine diesbezügliche Entscheidungsfreiheit aufgebe. Es herrscht die Devise der Offenheit für immer Neues, für Vielfalt und Interessantes, mit dem man es probeweise versuchen kann. Man definiert seine persönliche Identität nicht durch Zustimmung zu einer bestimmten Position, sondern durch prinzipielle reservatio mentalis und Beharrung auf Wahlfreiheit. Zu religiösen und weltanschaulichen Positionen wird dann ein dem ästhetischen Urteil über Kunstwerke analoges Verhältnis eingenommen; denn wo es um Kunst geht, da wird man sich ja auch nicht auf eine Stilrichtung oder Epoche oder gar auf einen einzelnen Maler, Komponisten oder Dichter festlegen, obwohl man natürlich seine Präferenzen hat. Ja, man kann sagen: Der religiös-weltanschauliche Bereich wird unter der Hand *ästhetisiert*, auch wenn es sich hier um einen noch wenig

[16] Exemplarisch ist zu verweisen auf J. Assmann, Moses der Ägypter. Entzifferung einer Gedächtnisspur, München 1998; ders., Die Mosaische Unterscheidung oder Der Preis des Monotheismus, München 2003.

kultivierten Ästhetizismus handelt.[17] Das harte Entweder-Oder zwischen den Positionen wird aufgeweicht zu einem schiedlich-friedlichen Sowohl-als-auch, so dass man sich eklektisch bedienen kann zugunsten einer persönlich zuträglichen Spiritualität. Was nach wahr und falsch oder sogar gut und böse beurteilt werden will und nach einer existenziell verbindlichen Entscheidung verlangt, rückt unter die ästhetischen Kategorien der Faszination und des Gefälligen.

In der folgenden Erörterung der genannten Barrieren stellen wir die Theodizeefrage als die am stärksten emotional geladene Frage an den Schluss.[18]

Bevor ich aber in die Erörterung eintrete, muss ich noch sagen, was ich infolge der Konzentration auf jene vier Punkte *nicht* behandle, obwohl man es erwarten könnte. Übergehen muss ich einige minder gewichtige und oft auch nicht allzu respektable Gründe, aus denen manche Zeitgenossen dem christlichen Glauben und der Kirche den Rücken kehren. Das betrifft etwa Menschen, die deshalb aus der Kirche austreten und sich zugleich vom Christentum insgesamt verabschieden, weil sie beispielsweise unerfreuliche Erfahrungen mit ihrem Ortspfarrer gemacht haben oder sich über die Kirchenleitung oder sonst etwas in der Kirche als Institution zu Recht oder zu Unrecht geärgert haben, insbesondere auch Leute, die sich über die skandalösen Missbrauchsfälle, von denen beständig in der Presse berichtet wird, empören[19], schließlich auch Menschen, die sich einfach bestimmten Strömungen im Zeitgeist anschließen sowie deren Wortführern, welche die Meinung verbreiten, dass Religion und Kirche ausgedient hätten und nicht mehr in die moderne Welt passten. Natürlich muss man auch auf solche Gründe eingehen, aber das kann am besten wohl vor Ort im Gespräch mit den betreffenden Personen, also auf den konkreten Fall bezogen, geschehen. Dabei dürfte sich herausstellen, dass die Ablehnung des christlichen Glaubens oft ihren eigentlichen Grund darin hat, dass die Leute, wenn überhaupt, dann nur unter dem *Eindruck menschlicher Autorität,* die moralisch makellos sein müsste, was aber nicht möglich ist, sich auf den Glauben einzulassen bereit wären, wohingegen sie sich mit den eigentlichen Fragen und Problemen des Glaubens selber,

[17] Christoph Schwöbel, Gnadenlose Postmoderne? Ein theologischer Essay, in: Glauben – Lieben – Hoffen. Theologische Einsichten und Aufgaben. FS Konrad Stock, hg. von M. Roth und K. Horstmann, Münster 2001, 134–155 identifiziert Pluralisierung, Individualisierung, Merkantilisierung und Ästhetisierung als miteinander zusammenhängende Signaturen der sogenannten Postmoderne.

[18] An Georg Büchners Spruch in „Dantons Tod“, dass das Leiden der eigentliche „Fels des Atheismus“ ist, dürfte viel dran sein.

[19] Sofern es die Opfer selbst sind, die sich radikal distanzieren, kann ich das einigermaßen nachvollziehen; denn ein tiefsitzendes Trauma ist schwer zu überwinden. Aber den vielen anderen, die davon nur gehört haben und daraufhin aus der Kirche austreten, muss ich meinen Respekt versagen. Die meisten Missbrauchsfälle passieren bekanntlich in den Familien, ohne dass man deshalb die Familie perhorresziert.

insbesondere der Gottesfrage, noch kaum auseinandergesetzt haben. Davon aber ist im Folgenden die Rede.

Sofern wir dabei auch in den Gegenstandsbereich bestimmter theologischer Lehrstücke und philosophischer Fragen und Theorien geraten, bitte ich die Leser um Verständnis dafür, dass ich diese hier nicht auf dem Hintergrund ihrer jeweils eigenen Problem-, Reflexions-, Diskussions- und Wirkungsgeschichte behandeln kann. Denn ich habe hier wie in meiner ganzen Abhandlung ja besonders meine Kolleginnen und Kollegen im Predigtamt als meine primären Adressaten im Blick und suche mit ihnen das Gespräch und die Verständigung, welche ihrerseits auf die Probleme und Fragen ihrer Hörerinnen und Hörer und zwar so, *wie sie in deren aktuellem Bewusstsein anzutreffen sind,* einzugehen haben.

4.2.1 Die Frage nach dem Dasein Gottes in den Grenzen der Alltagsontologie

Auf der Grundlage der unserem konkreten und praktischen Weltverhältnis immanenten Ontologie wird so nach dem Dasein Gottes gefragt, als müsste Gott, wenn es ihn „gibt", ein den innerweltlichen Dingen und Sachverhalten analoges Sein zukommen. Gibt es neben allem, was es empirisch feststellbar gibt und dessen Realität nicht zu bestreiten ist, im selben Sinne empirischen und raumzeitlichen Gegebenseins *auch* noch Gott? Und wenn ja, wie und wo dann? Wenn nein, dann müsste man „Gott" für ein reines Phantasieprodukt halten, dem keinerlei Realität zukommt; denn real ist zwar das Phantasieren oder Imaginieren und seine Äußerungen (etwa in Gestalt von Literatur) als menschliche Aktivität, aber nicht dessen Produkt. Bei Letzterem könnte man allenfalls von fiktionaler Realität sprechen, wie sie sich beispielsweise von den erfundenen Personen eines Romans aussagen lässt.

So wie die Frage nach dem Dasein Gottes hier gestellt wird, kann sie nur in die Irre führen, denn sie ist in sich selbst absurd. Die Gottesvorstellung, mit der hier operiert wird, mag vielleicht den Göttern und Göttinnen im Polytheismus angemessen sein, die jeweils Einzelwesen sind, nicht aber Gott, dem *einen* Gott des Monotheismus. Der Gott des christlichen Glaubens – wie auch der des jüdischen und islamischen Glaubens – ist auch nicht der Einzige aus dem Ensemble der antiken Gottheiten noch übrig gebliebene Gott, der nun alle Ressorts an sich gezogen hätte. Der Gottesbegriff selbst ist im Monotheismus ein fundamental anderer als der des Polytheismus, weil eben der eine und einzige Gott „keine anderen Götter neben sich" hat. Dieser Gott des Monotheismus kann nicht als ein einzelnes Seiendes gedacht werden – nur in Erzählungen wie z.B. Gen 18,20–33 kann er so auftreten – sondern nur als Grund, Ursprung und Ursache alles Seienden in Raum und Zeit beziehungsweise, wenn man so sagen darf, als *Inbegriff des Seins:* Wenn überhaupt etwas *ist,* dann Gott. In der Terminologie der Scholastik ist Gott

„ens realissimum". Das Sein der Welt und alles in ihrem Seiendem, wir selbst eingeschlossen, ist demgegenüber abkünftiges Sein, geschaffenes Sein, das auch nicht sein könnte, aber aus göttlichem Ratschluss *ist* und sein Dasein im und als Weltprozess hat.[20]

Die Frage ist somit nicht, ob es Gott gibt oder nicht, sondern ob man sich ein Wirklichkeitsverständnis, in welchem Gott fundierende Bedeutung zukommt, zu eigen machen kann. Dieses Wirklichkeitsverständnis steht für das Denken als Ganzes zur Wahl als Alternative zu einem säkularen, in der Regel *naturwissenschaftlich* bestimmten Wirklichkeitsverständnis, das freilich seinerseits für den Verstand ebenfalls etliche Probleme aufwirft, denen hier aber nicht nachzugehen ist.

Mit einem solchen Gott einschließenden Wirklichkeitsverständnis, wie der christliche Glaube es vertritt, wird das, was wir als Alltagsontologie bezeichnet haben, in seiner handlungspraktischen Bedeutung nicht aufgehoben - die Dinge und Begebenheiten bleiben auch als abkünftig Seiendes real –, aber als ontologisches Konzept mit offenem oder latentem Alleinzuständigkeitsanspruch wird die Alltagsontologie durch die, wie wir sie nennen dürfen, *theologische Ontologie* entmächtigt.

Die Predigt sollte sich nicht scheuen, diese Kritik an der Alltagsontologie und der ihr entsprechenden Art der Frage nach dem Dasein Gottes, nämlich ob es den „überhaupt gibt", ihrerseits und mit ihren Mitteln gelegentlich vorzutragen. Das ist nötig, denn unser Denken verhakt sich immer wieder an diesem Punkt. Auf den Terminus „Ontologie" ist die Predigt dabei nicht angewiesen. Aber sie kann schon klarmachen, dass es sich bei der Gottesfrage nicht um ein isolierbares Thema handelt, sondern dass die Stimmigkeit und Akzeptanz des religiösen Wirklichkeitsverständnisses oder -bildes als einem Ganzen zur Debatte und zur Wahl steht und dass die Zumutung dieser Wahl in der allen Menschen sich bekundenden Rätselhaftigkeit des Woher und der Möglichkeit unserer selbst, unseres Bewusstseins von uns selbst und von der Welt, in der wir uns bewegen, gründet. Die Frage nach Gott entzündet sich an der Rätselhaftigkeit des Daseins.

Die christliche Predigt hat freilich noch mehr über Gott zu sagen als das, was hier in Abgrenzung gegen die Alltagsontologie und die ihr eigene Sichtverengung ausgeführt wurde. Im Wort „Gott" klingt mehr an als die Ursprungsrelation, auch wenn diese grundlegend für alle ernsthafte und substanzielle Rede von

[20] Wie es der Psalmist im zeitlichen Schema ausdrückt: „Ehe denn die Berge wurden und die Erde und die Welt geschaffen wurden, bist du, Gott, von Ewigkeit zu Ewigkeit." Ps 90, 2. Und natürlich berührt sich das oben Gesagte auch aufs Engste mit Schleiermachers in §4 der Glaubenslehre vorgenommener Bestimmung Gottes als dem der Frömmigkeit unmittelbar bewusstem Woher bzw. Bezugspunkt unserer, d.h. unseres Selbst und unserer Welt, schlechthinnigen Abhängigkeit.

Gott ist.[21] Wäre es nicht so, dann könnte man immer noch fragen, ob das Wort „Gott" nicht doch verzichtbar ist, ob es nicht durch einen Terminus formaler philosophischer Existenzanalytik ersetzbar wäre. Gott ist nicht nur eine Wirklichkeit, der wir unser Dasein zusammen mit der uns zugänglichen Weltwirklichkeit verdanken, sondern auch eine Instanz, die uns Hoffnung gibt, der wir uns versehen sollen in allen Nöten und Gefahren und an die wir „unser Herz hängen" dürfen, wie Luther in seiner Auslegung des Ersten Gebots im Großen Katechismus sagt. Rein formal, gewissermaßen sprachlogisch, dürfte gelten, dass wir über Gott zumindest zwei Aussagen müssen machen können, wenn die Rede von „Gott" sinnvoll und unverzichtbar sein soll. Davon muss die eine die Ursprungsrelation, das Woher unserer schlechthinnigen Abhängigkeit betreffen, sprich: Gottes Schöpfermacht; die andere muss unsere gefühlsmäßige Beziehung, unser Herz und Gewissen coram Deo betreffen. Auch außerhalb des biblischen Sprachspiels und Symbolsystems klingt diese zweite Dimension der Gottesbeziehung an, wenn etwa gefragt wird, ob und wie Gott „hilft". Aber in der biblischen Rede von Gott und seinem Handeln kommt sie ausführlich und variantenreich zum Ausdruck. Schon mit dem ersten Satz der Bibel „Am Anfang schuf Gott Himmel und Erde" wird Gott nicht definiert – jedenfalls nicht vollständig –, vielmehr wird „Gott" schon aus anderen Zusammenhängen als bekannt vorausgesetzt: Der Gott, der Israel aus Ägypten herausgeführt hat und über den viel zu erzählen ist, eben der hat Himmel und Erde erschaffen. Und im Neuen Testament findet sich die erforderliche zweite Aussage etwa in dem Satz: „Gott war in Christus und versöhnte die Welt mit sich selber und rechnete ihnen ihre Sünden nicht zu und hat unter uns aufgerichtet das Wort von der Versöhnung." (2 Kor 5,19) Im Prolog des Johannesevangeliums haben wir beide Aussagen, verknüpft zu einem Aussagenzusammenhang: Das Wort, das am Anfang und das Gott war und durch das alle Dinge gemacht sind, genau *dieses* Wort wurde Fleisch und wohnte unter uns, und wir sahen seine Herrlichkeit ... voller Gnade und Wahrheit. Zwei Aussagen bzw. Aussagenkomplexe ergeben die Möglichkeit einer sinn- und gehaltvollen Rede von Gott. Dem ist noch hinzuzufügen: Soll aus dieser Möglichkeit Wirklichkeit für uns werden, so ist es wiederum Gott und zwar als Heiliger Geist, der den Schritt aus der Potenzialität in die Aktualität bewirkt, so dass wir wirklich sehen und begreifen im Unterschied zur „Finsternis", die, obwohl das Licht in ihr scheint, nichts begreift (Joh 1,5).[22]

Der Leser der letzten Seiten mag vielleicht fragen, ob das dort Verhandelte nicht ein Nebengedanke ist, den man den Gelehrten überlassen kann, der aber

[21] So wie es in §4 der Glaubenslehre Schleiermachers begründet wird.

[22] Der vorgetragene Gedanke ist, nebenbei bemerkt, ein kleiner Beitrag zur Logizität der Trinitätslehre. Der Sinn der Rede vom dreieinigen Gott resultiert aus den Bedingungen der Möglichkeit und Wirklichkeit der Rede von Gott als sinnvoller und verbindlicher Rede.

keinen Sitz in unserem normalen Leben hat; und sein faktisches Nichtvorkommen in den Predigten scheint das zu bestätigen. Aber das wäre ein Irrtum. Man darf nicht außer Acht lassen, wie tief unser alltägliches Denken und Wollen und selbst noch unsere Phantasie, wie sie etwa durch Science-Fiction-Romane und entsprechende Filmzyklen bedient wird, von dem, was ich hier Alltagsontologie genannt habe, geprägt wird. Für das so ausgerichtete, im Vorhergehenden beschriebene Bewusstsein erscheint Gott, wenn plötzlich von ihm die Rede ist, zunächst einmal als ein Fremdkörper, das Wort „Gott" als ein Fremdwort. Gott – wer oder was soll das sein? So fragt man unwillkürlich. Und wenn man seine Wahrnehmung und sein Bewusstsein über den primären Horizont des irdischen Geschehens erhebt und in die ungeheure räumliche und zeitliche Tiefe des Universums blickt und dann vielleicht auch nach dessen Woher und Wohin fragt, so erscheint vielen Zeitgenossen die Physik, speziell die Astrophysik, als der selbstverständliche und alleinige Adressat für solche Fragen, womit man sich aber immer noch im Banne der auf konkret Gegenständliches bezogenen Alltagsontologie befindet. Für ein christlich-frommes Gemüt hingegen ist das Universum in seiner unauslotbaren Weite und Tiefe eine indirekte Kundgabe der Größe und Macht des Schöpfers, den wir selbst und direkt nicht sehen können, der aber will, dass wir uns durch etwas, das wir sehen – sei es mit den Augen, sei es durch Teleskope –, eine Vorstellung von ihm – von seiner Allmacht, Allwissenheit und Allgegenwart – machen.[23]

Es gibt nun auch Momente, in denen das Wort „Gott" sich geradezu von selbst einstellt. Das können Augenblicke im Leben sein, in denen wir von jenen zu Anfang dieses Kapitels genannten und weiteren alltagssprachlichen Redewendungen Gebrauch machen, wobei allerdings offenbleibt, wie ernst wir sie dabei nehmen. Vor allem aber ist es der Fall, wenn wir auf Fragen stoßen, auf die es keine menschliche Antwort, auch nicht vonseiten einer noch so fortgeschrittenen Wissenschaft, gibt und geben kann, die aber dennoch berechtigt sind. Wenn jemand darauf die Antwort weiß, so denkt man dann, so *kann* das nur Gott sein, Gott in seiner Allwissenheit. Zu solchen Fragen zählt etwa die alte Philosophenfrage: Weshalb gibt es überhaupt etwas und nicht nichts? Oder: Wie ist das Rätsel des Bewusstseins, insbesondere des unhintergehbaren Selbstbewusstseins als Voraussetzung alles weiteren Bewusstseins zu erklären? Wie aus etwas Materiellem, das als solches geistlos ist, „Geist" werden soll, kann uns keine Evolutionstheorie verständlich machen. Solche Fragen bezüglich der Möglichkeit von Sein und Bewusstsein motivieren uns, den *Übergang* aus der Alltagsontologie in die

[23] Ausführlicher zu dieser ästhetisch-theologischen Wahrnehmung der ungeheuren Dimensionen des Kosmos: R. Preul, Evangelische Bildungstheorie, Leipzig 2013, 215–218. – Wir kommen auch in Kap. 5,2 noch einmal auf diese Wahrnehmung des Kosmos zurück.

theologische Ontologie zu vollziehen, in der dann das Wort „Gott" als Inbegriff einer Instanz, in welcher alle für unseren Verstand unlösbaren Rätsel begründet und gelöst sind, zu einer unverzichtbaren Kategorie wird.[24] Die Rede von Gott, auch die „fülligere" Rede vom dreieinigen Gott, ist dann keine Fremdsprache mehr, sondern eine zur Selbst- und Welterkenntnis unmittelbar zugehörige Sprache, weil ihre wenigstens mögliche, für den gläubigen Menschen sogar tatsächliche Realitätshaltigkeit evident geworden ist. Wenn wir von Gott reden und uns dabei der biblischen Sprache bedienen, reden wir nicht von nichts, auch nicht von einem Symbolsystem als einem bloßen Bewusstseinsphänomen, sondern vom Allerrealsten, auch wenn dieses sich objektsprachlicher Begrifflichkeit nicht gänzlich erschließt, sondern sich, jedenfalls vor dem Eschaton, als Deus absconditus immer noch teilweise entzieht, so dass wir uns vorerst auf den Deus revelatus, wie er in Christus in Erscheinung getreten ist, verwiesen sehen.

Die Rede von Gott, darauf will ich hinaus, soll also aus ihrer fremdsprachlichen Sperrigkeit befreit und zu einer *selbstverständlichen* Redeweise werden, die ebenso berechtigt und realitätsbezogen ist wie etwa jede auf empirische Begebenheiten und Prozesse bezogene Fachsprache. Es gehört damit zu den Aufgaben kirchlicher Bildungsarbeit in Predigt, Seelsorge und Unterricht, den Menschen aus den Fesseln der Alltagsontologie, aus ihrem latenten Alleinanspruch zu befreien und den Übergang in die theologische Ontologie, soweit es uns möglich ist, zu erleichtern. In unserer Zeit, in der das Denken und die Vorstellungen der Menschen stark durch das sogenannte naturwissenschaftliche Weltbild beeinflusst sind, ist diese Aufgabe besonders dringend. Die Leistungen und Errungenschaften der Naturwissenschaften für das leibliche und materielle Wohl der Menschen müssen dabei in keiner Weise geschmälert werden, aber für eine Auskunft auf die letzten Existenz- und Menschheitsfragen sind sie nicht der geeignete Ort.

4.2.2 Die Frage nach dem Nutzen des Gottesglaubens

Der Mensch fragt natürlicherweise nach dem Nutzen oder Schaden von allem und jedem, insbesondere all dessen, was ihm zur Wahl steht. Der Bereich des Wählbaren hat sich in der Moderne enorm vergrößert, und dazu gehört, sagt man, auch die Religion, die sich für das zeitgenössische Individuum nicht mehr von selbst versteht. Je weniger man durch Geburt, Stand und Konvention festgelegt ist, desto größer und vielfältiger wird der Bereich des durch Wahl zu Ergreifenden und zu Realisierenden, desto größer und belastender auch die individuel-

[24] Kierkegaards berühmtem Diktum ist zuzustimmen: „Gottes zu bedürfen ist des Menschen höchste Vollkommenheit."

le Wahlfreiheit. Der zu erwartende Nutzen und Nachteil, anhand dessen die Wahlentscheidungen getroffen werden, bezieht sich teils auf das wählende Individuum selbst, teils auf andere Personen, die von der Wahl betroffen sind, oder auf die Gesellschaft als ganze oder sogar auf das Schicksal des Planeten, sofern etwa das Klima beeinflusst wird.

Wird so auch nach Gott und Religion gefragt, dann geht es bezüglich des Nutzens zumeist um das Individuum - es fragt: Was habe *ich* davon? – , nur selten um die Anderen oder um die Gesellschaft. Der eventuelle Schaden wird dagegen überwiegend auf die Gesellschaft bezogen; man fragt etwa, ob es in der Welt nicht friedlicher zuginge ohne alle Religion. Vom Nutzen von Religion und Glaube für die Gesellschaft, für das Zusammenleben, für die Demokratie usw. ist deutlich seltener die Rede, am wenigsten in öffentlichen Diskursen. Hier zieht für viele immer noch die alte Parole: „Religion ist Privatsache".

Zu diesen Fragen nach Nutzen und Nachteil von Religion und Glaube für das individuelle und gesellschaftliche Leben wäre im Einzelnen sehr viel zu sagen. Das würde uns auch auf das weite Feld religionskritischer Theorien und Parolen führen. Aber eine solche Debatte ist in unserem jetzigen Zusammenhang nicht erforderlich. Vielmehr ist zunächst zu bemerken, dass all diese Fragen nach dem Nutzen oder Schaden des religiösen Glaubens den Eindruck erwecken, als handele es sich beim Glauben an Gott um eine ebenso freiwillentliche Option, wie es bei allem der Fall ist, was man sonst aus Vorteilsgründen wählen kann. Man kann sich aber bekanntlich nicht einfach zum Glauben entschließen. Entschließen kann man sich wohl zum Unglauben, und der „natürliche Mensch" tut das auch immer wieder; man kann aus der Kirche austreten; man kann auch vom Glauben abfallen, obgleich man das wohl weniger als mutwilligen eigenen Entschluss erlebt, sondern eher als ein Unglück, das einen, aus welchen Gründen auch immer, ereilt. Aber positiv sich entscheiden in dem Sinne, dass man dem Evangelium glaubt und sein Herz an den einen wahren Gott hängt, das kann man „nicht aus eigener Vernunft noch Kraft", sondern nur dadurch, dass einem die Wahrheit des Evangeliums aufgeht und ins Herz dringt.[25]

Wäre es anders, dann könnte man es auf der Kanzel mit der sogenannten Pascalschen Wette[26] versuchen, zumal diese einen Gedanken enthält, der sich im Sinne des Mottos „Sicher ist sicher!" gelegentlich nahelegt. Die „Wette" besagt:

[25] Die von dem Wissenssoziologen Peter L. Berger als Signatur für das Leben in der Moderne bezeichnete Parole „Vom Schicksal zur Wahl" ist nur bedingt auf die Religion, namentlich die christliche, anwendbar.

[26] Nach Blaise Pascal, Pensées sur la religion (posthum 1670), Nr. 246ff. Pascals Argumentation ist, weil sie sich auch mit möglichen Einwänden auseinandersetzt, komplizierter als im Folgenden wiedergegeben. Der Ausdruck „Pascalsche Wette" stammt nicht von ihm selber, sondern ist eine spätere und zutreffende Fremdbezeichnung.

Sofern sich die Frage nach dem Dasein Gottes nicht rational entscheiden lässt, vielmehr die Existenz und Nichtexistenz Gottes von gleicher Wahrscheinlichkeit sind, muss man hier wählen bzw. wetten. Votiert man positiv, so gewinnt man alles, was Gott uns geben will (ewige Seligkeit), falls man die Wette gewinnt, weil Gott tatsächlich existiert. Liegt man mit seinem positiven Votum aber daneben, so verliert man dadurch nichts. Votiert man negativ, so verliert man nichts, wenn man die Wette gewinnt, aber alles, wenn man sie verliert, ja man hat sogar mit Strafe (ewige Verdammnis) zu rechnen. Fazit: Um das Risiko zu vermeiden und um des möglichen unendlich wertvollen Gewinnes willen ist es ratsam, auf jeden Fall positiv, also für das Dasein Gottes, zu votieren. Eventuelle Kosten, will sagen, dass man aus Gründen des Glaubens an Gott vielleicht auf bestimmte zeitliche Freuden und Genüsse verzichtet, fallen im Vergleich zum möglichen unendlichen Gewinn nicht ins Gewicht.

Diese Überlegung, die ganz am Kosten-Nutzen-Kalkül und am Rechnen mit Verlust und Gewinn orientiert ist und damit dem von der Ökonomie geprägten Denken vieler Zeitgenossen entgegenkommt, ist zwar in sich logisch, sie mag auch in etlichen Gemütern eine gewisse Rolle spielen – vielleicht ist ja doch etwas dran an der Rede von Gott und vom Jüngsten Gericht, und deshalb sollte man sich rückversichern, indem man nicht definitiv mit dem Glauben und der Kirche bricht –, aber sie geht am Wesen des christlichen Glaubens und der christlichen Frömmigkeit vorbei.[27] Denn der Glaube ist mehr als ein Setzen auf eine mögliche Hypothese, er ist Hingabe an Gott und seinen Willen und Trauen des Herzens auf die Wahrheit des Evangeliums.[28] Ginge es bei der Frömmigkeit etwa nur um bestimmte Opferleistungen an eine Gottheit, um Observanz in Bezug auf einige religiöse Pflichten, die man freiwillentlich erfüllen kann, wie es bei den Religionen der Antike der Fall war, dann hätte die Pascalsche Wette ein ganz anderes Gewicht.

Es bleibt also dabei: Der Glaube hat es mit der *Erkenntnis von Wahrheit* zu tun, die zwar nicht methodisch zu ermitteln ist, die aber dem Menschen auf kontingente Weise zuteilwerden kann und die so Macht über sein Denken, Fühlen und Wollen gewinnt. Und deshalb dürfen wir in Theologie und Predigt auch nicht zulassen, dass die Wahrheitsfrage durch die Frage nach Nutzen und Nachteil verdrängt wird. Nützlich und hilfreich ist auf religiösem Gebiet letztlich nur, was auch wahr ist. Die Frage „Was hat man davon?“ ist zwar auch zu stellen,

[27] Sie kann natürlich auch als rabiate Missionsmethode missbraucht werden. Man macht dem Konvertenden die Hölle heiß und empfiehlt ihm dann, durch das Bekenntnis zu Jesus Christus auf Nummer sicher zu gehen.

[28] Zum biblischen Begriff des Glaubens, seiner theologisch und anthropologisch zentralen Bedeutung und seinem Unterschied zu anderen Verwendungen des Ausdrucks vgl. D. Lührmann, Glaube, Bekenntnis, Erfahrung, in: MJTh IV/1992 (Glaube), 13–36.

aber ihr gebührt nicht der erste Rang. Der kommt der Frage nach der Wahrheit zu, nach der Wahrheit des christlichen Wirklichkeitsverständnisses wie auch nach der Wahrheit dieses oder jenes anderen Selbst- und Lebensverständnisses. Denn wir können es als Christen nicht mit jenen Zynikern halten, die den Leuten empfehlen: Glaubt doch was ihr wollt, Hauptsache ihr meint, dass es euch hilft und ihr fühlt euch wohl dabei. Das wäre Religion als Placebo.

Der Wahrheitsfrage ist das nächste Teilkapitel gewidmet. Hier noch einige Ausführungen zur Frage nach dem Nutzen des christlichen Glaubens für die individuelle Existenz und für die Allgemeinheit. Wir sagten schon, dass diese Frage nicht nur gestellt, sondern in der christlichen Verkündigung auch beantwortet werden muss. Wo immer aber von den Segnungen des Glaubens die Rede ist, da ist auch mit der *Gegenfrage* zu rechnen, ob der jeweilige Gewinn nicht auch ohne Gott zu erlangen ist, gelegentlich auch, ob es sich überhaupt um einen Gewinn handelt. Mit den jeweiligen Gegenfragen muss man sich auf der Kanzel, wie schon zuvor in der Systematischen Theologie, ebenfalls befassen.

Dabei ist als Erstes in Rechnung zu stellen, dass die Gegenfragen sehr häufig mit unterschiedlichen individuell-persönlichen Grundeinstellungen bezüglich Wirklichkeitsverständnis und Lebenskonzept und auch mit Ideologien verschiedener Herkunft sowie mit allerlei religionskritischen Versatzstücken zusammenhängen. Das hat zur Folge, dass Wertschätzungen in diesem ganzen Bereich von Nutzen und Nachteil des christlich-religiösen Glaubens nicht von einem als allgemein zu unterstellendem neutralem Boden aus artikuliert und plausibel gemacht werden können. Was Nutzen und Nachteil, was Gewinn und was Verlust ist, wird standpunktbedingt unterschiedlich eingeschätzt. Dazu einige Beispiele:

a) Wenn Christen davon erzählen, wie ihnen der Glaube in schweren Zeiten geholfen hat, wie er ihren Lebensmut gestärkt und neue Hoffnung gegeben hat, dann werden ihnen andere Christen beipflichten und vielleicht Ähnliches aus ihrem eigenen Leben berichten. Andere, die dem christlichen Glauben fernstehen, werden sie vielleicht beneiden: Einen solchen Halt hätte ich auch gern, aber das ist mir leider nicht möglich. Wieder Andere, vielleicht selbstbewusste und stolze Naturen aus der immer noch beträchtlichen Gefolgschaft Nietzsches, werden zwar nicht sagen, aber denken: Ich würde euch mehr bewundern, wenn ihr es aus eigener Kraft bewältigt hättet. Dann wärt ihr Helden, starke Charaktere, die dem Schicksal trotzen, auch wenn sie äußerlich untergehen, aber sie haben ihre Autonomie behauptet. Denn nur wer Gott abschüttelt, könne sich selbst zur vollen Größe aufrichten; der Glaube an einen Gott behafte den Menschen bei seiner Schwäche und mache ihn klein. Was in euren Augen ein Gewinn ist, das ist in unseren Augen eine Einbuße an Selbständigkeit und Resilienz.

Was lässt sich auf diesen Einspruch erwidern? Müssen wir auf der Kanzel überhaupt darauf eingehen, denn Personen, die dieses diametrale Konzept vertreten, dürften kaum den Sonntagsgottesdienst besuchen? Doch, wir müssen Stellung nehmen, denn Anflüge zu solchem Denken finden sich überall, etwa in Gestalt von Sprüchen wie: „Niemals aufgeben!", „Ich lasse mich nicht unterkriegen!" oder „Wo ein Wille ist, da ist auch ein Weg!"[29]

Wir können zunächst zurückfragen: Glaubt ihr denn wirklich, euren Heroismus durchhalten zu können? Wie, wenn ihr dement werdet oder depressiv und die Kontrolle über euch selbst verliert? Und gewinnt nicht der Mensch auch an Kraft, Reife und Größe, indem er aus Quellen schöpft, die nicht seinem eigenen Gemüt entspringen? Im Sinne dieser Frage wird man dann vor allem die Behauptung zurückweisen, der Glaube mache den Menschen klein. Der Mensch wird durch den Glauben zwar niemals Gott gleich, aber indem er glaubt, nimmt der Geist Gottes in ihm Wohnung oder wie Paulus es sagt: „Ich lebe, doch nun nicht ich, sondern Christus lebt in mir." (Gal 2,20a) Der Christenmensch erfährt im Glauben einen aktuellen Zuwachs an Kraft, indem nämlich die Kraft Gottes in ihn einströmt und sich mit seinen natürlichen Kräften verbindet, und als Handlungssubjekt weiß er sich als Kooperator Gottes in dessen beiden, die Welt erhaltenden und erlösenden Regimenten. Höher kann ein Wesen in den Grenzen seiner Geschöpflichkeit nicht erhoben werden.

Wo man aber den Gewinn oder Nutzen, den der Glaube dem Menschen bringt, anerkennt, da stellt man nicht selten die Frage, ob das nicht auch *ohne* Gott und den Glauben an ihn zu haben ist.

Die Gabe des ewigen Lebens und der Hoffnung über den Tod hinaus freilich kann grundsätzlich nur von Gott als einer Instanz, die Macht hat über Leben und Tod, erwartet werden. Auch so genannter „ewiger Ruhm" in der Menschenwelt, den einige Wenige erwarben, indem sie sich in das Buch der Geschichte auf rühmliche Weise einschrieben, kann kein gleichwertiger Ersatz für „ewige Seligkeit" sein, denn er ist wie die gesamte Menschenwelt der Endlichkeit und Vergänglichkeit unterworfen. Hier mögen freilich nicht wenige Menschen, für die mit dem Tode „alles aus" ist, einwenden, für sie selbst – bei den Gläubigen mag

[29] Es empfiehlt sich überhaupt für Prediger und Predigerinnen, auf Redensarten und geflügelte Worte zu achten und zu fragen, was in ihnen steckt, wenn man sie ernst nimmt in ihrem Wortlaut, mögen sie auch in bestimmten Situationen als Impulse zur Selbstermutigung am Platze sein. Als ein weiteres Beispiel nenne ich den Erich Kästner zu verdankendem Spruch: „Es gibt nichts Gutes, außer man tut es," Gewiss, mit bloßen Versprechungen kann man sich nicht zufrieden geben, es müssen Taten folgen. In diesen Kontext gehört der Spruch. Aber wären wir nicht arm dran, wenn es wirklich *nichts* Gutes in der Welt gäbe als die Resultate unseres Handelns? Mit Bezugnahme auf Jak 1,17a „Alle gute Gabe und alle vollkommene Gabe kommt von oben herab" kann man als Christ nur widersprechen. Die christliche Gemeinde singt im Anschluss an diese Bibelstelle in dem Erntedanklied „Wir pflügen und wir streuen den Samen auf das Land" (EG 508): „Alle gute Gabe kommt her von Gott dem Herrn."

es anders sein – sei so etwas wie ewige Seligkeit gar nicht erstrebenswert. Ihnen genüge ein erfülltes irdisches Leben. Dabei vergessen sie oft diejenigen, denen kein solches erfülltes und volles Menschenleben vergönnt ist und für die dieser Einwand eine wahrhaft trostlose Botschaft enthält.[30]

Eine weitere Ausnahme von der fast obligaten Frage nach einer nicht-theologischen Ersatzlösung ist das Bewusstsein einer schweren Schuld als eine Wunde im Gewissen, die nicht von der Zeit geheilt wird. Selbst wenn andere, zum Beispiel die Geschädigten oder deren Angehörige zur Vergebung bereit sind, so kann man sich in solchen Fällen doch nicht selbst vergeben. Hilfe kann hier nur aus der Transzendenz kommen durch einen göttlichen Gnadenerweis aufgrund eingestandener Schuld, der zwar die Schuld und die schmerzhafte Erinnerung daran nicht auslöscht, aber doch aushaltbar macht: Der Sünder darf leben im Vertrauen auf ein höchstrichterliches Wohlwollen und Verzeihen.

b) In anderen Fällen und Hinsichten wird jedoch nach Lösungen ohne Gott und den Glauben an ihn gefragt. Wir sahen es bereits am Beispiel einer Art von Selbstverwirklichung und Identitätsgewinnung, die an dem Paradigma von Leistung und Anerkennung orientiert ist. Hier kann man aus der Erfahrung des Scheiterns für sich eine Lehre ziehen und durch eine trotzige Entscheidung das Paradigma selbst verwerfen, sich von dem selbstmörderischen Wahn befreien, um sich anderen Quellen des Lebensgenusses und des Sinnerlebens zuzuwenden und die Wertigkeiten gelingenden Lebens neu ordnen – und das alles ohne Gott. Das geht mit etwas Glück, es sei denn, man hätte das Leistungsparadigma bereits so tief verinnerlicht, dass man nicht mehr davon loskommt und rückfällig wird. Gelingt es aber, dann sagt man im Rückblick: Ich habe mich selbst gefunden, ich bin *meinen* Weg gegangen. Übrigens kann die sich hier bekundende innere Souveränität doch auch wieder einigen Respekt ernten. Aussteiger, denen es gelungen ist, sich durch einen solchen Kraftakt neu zu erfinden, werden gern in Talk-Shows eingeladen.

c) Auch auf dem Gebiet der *Ethik* wird nach nicht-theologischen Motiven und Lösungen gesucht. Dass der Glaube ethische Folgen hat, Früchte hervorbringt, die zu schätzen sind, lesen wir schon bei Paulus: „Die Frucht aber des Geistes ist Liebe, Freude, Friede, Geduld, Freundlichkeit, Güte, Treue, Sanftmut, Keuschheit." (Gal 5,22f) Und die Christentumsgeschichte ist voll von Beispielen, die das illustrieren. Sie ist nicht nur jener „Mischmasch von Irrtum und Gewalt", den Goethe in den „Zahmen Xenien" aufs Korn nimmt. Ohne die Schattenseiten der

[30] Das wäre auch denjenigen entgegenzuhalten, welche sich auf die Epikur zugeschriebene Weisheit berufen, man brauche den Tod nicht zu fürchten, denn solange ich bin, ist der Tod nicht, und wenn der Tod da ist, bin ich nicht mehr. Man fürchtet sich nämlich auch vor dem Tode anderer, insbesondere dem Tode nahestehender Personen wie etwa dem der eigenen Kinder oder Enkel. Mit Epikur ist also der Schrecken des Todes nicht zu bannen.

Christentumsgeschichte auf der Kanzel auszublenden oder zu beschönigen, ist der Blick auch zu richten auf großartige Werke der Liebe, auf das, was Einzelne wie auch kirchliche Institutionen - Klöster und Ordensgemeinschaften, Einrichtungen der Diakonie und Inneren Mission - motiviert durch den Glauben an einen barmherzigen Gott und gestützt auf Texte wie das Gleichnis vom barmherzigen Samariter (Lk 10,25-37) und die Szene vom Weltgericht bei Matthäus (Mt 25,31-46) in der Nachfolge Jesu geleistet haben für Arme, Hungernde, Kranke, Gefangene[31], für Pilger und andere Reisende, für Ausgegrenzte, Unterdrückte und Ausgebeutete. Auch das gehört zur Kirchen- bzw. Christentumsgeschichte.[32] Und das darf und soll auch auf der Kanzel vergegenwärtigt werden, denn es ist ein Beitrag zur Konkretion des christlichen Lebens, die ja der allbefassende Gegenstand der Predigt ist.

Die *Ethik der Nächstenliebe,* die dem christlichen Glauben entspricht, ja aus ihr folgt, ist weithin zustimmungsfähig. Sie wird auch von Nichtchristen als der conditio humana angemessene Ethik anerkannt[33], weil es zu dieser conditio humana gehört, dass Menschen soziale Wesen sind, die aufeinander angewiesen sind. Aber ihre Verwurzelung in der christlichen Gottesbeziehung oder überhaupt in einem religiösen Glauben wird von vielen Zeitgenossen offenbar für entbehrlich gehalten. Geht es nicht auch hier ohne Gott? Ein „guter Mensch" kann man doch auch ohne Religion und Glaube sein, so wird immer wieder gesagt.[34] Ein guter Mensch, so wird dabei oft unterstellt, ist ein Mensch, der die in

[31] Die Christen im römischen Reich wussten aus eigener Erfahrung, dass man auch unschuldig ins Gefängnis kommen kann.

[32] Reinhart Staats hat mehrfach darauf hingewiesen, dass die Kirchengeschichte in der Praktischen Theologie, insbesondere in der Homiletik und dann auch in den Predigten kaum eine Rolle spielt. Vgl. ders., Die Bedeutung der Geschichtstheologie für das Fach „Kirchengeschichte" und für die kirchliche Praxis, in: VuF 50/2005, H. 1 u. 2, 34–56; ders., Kirchengeschichte in der Predigt. Zur homiletischen Funktion der Kirchengeschichte, in: Systematisch praktisch. FS Reiner Preul, hg. von W. Härle, B.-M. Haese, K. Hansen und E. Herms, Marburg 2005, 91–104. Diese Fehlanzeige betrifft nun leider auch die Predigtlehre von Wilhelm Gräb (S. Anm. 1), nach dem zur homiletischen Kompetenz wohl Exegese und Systematische Theologie, beides im Rahmen entsprechender Hermeneutik, gehören, aber die Kirchengeschichte mit keinem Wort erwähnt wird. Hält man sich dagegen an das Konzept „Deskriptiv predigen!", wie ich es entwickelt habe, dann gehören zur Beschreibung des christlichen Lebens auch dessen Manifestationen und spezifischen Ausprägungen in der gesamten Christentumsgeschichte.

[33] Eigentlich wird ihr nur von Menschen widersprochen, die ungeniert das Recht des Stärkeren für moralisch maßgeblich halten.

[34] Ein Physiotherapeut, der sich, während er mein Bein massierte, gern mit mir über Religion unterhielt, wobei er sich selbst als nicht gläubig bekannte, sagte, er bemühe sich, seine Kinder zu guten Menschen zu erziehen, und falls es doch einen Gott geben sollte, dem er Rechenschaft schuldig sei, so werde dieser sicher mit ihm zufrieden sein - ein Beispiel dafür, dass Gesetzesreligion, wenn auch hypothetisch im modus eventualis, immer wieder spontan erfunden wird.

der Ethik der Nächstenliebe enthaltenen Wertvorstellungen bejaht und sich in seinem Verhalten danach richtet.

Man ist theologisch gut beraten, wenn man diesem Standpunkt – christliche Ethik ohne Gottesbezug – nicht rundweg widerspricht, vorausgesetzt, der dabei in Anspruch genommene Nächstenschaftsbegriff wird tatsächlich auf den Menschen als solchen bezogen und schließt niemanden aus, indem etwa nach nationalistischem Muster vorrangig oder allein an den Volksgenossen gedacht wird oder indem man den Begriff durch den Spruch „Jeder ist sich erst einmal selbst der Nächste" relativiert. Dass von den Vertretern dieser Position zumeist nicht von christlicher, sondern eher von humanistischer oder humanitärer Ethik gesprochen wird, fällt für die theologische Beurteilung nicht ins Gewicht. Es war jedenfalls ziemlich töricht, wenn einige aus dem Lager der Dialektischen Theologie sich bemühten, den Humanismus madig zu machen, beraubt man sich doch damit des engsten Verbündeten auf dem Gebiet der Ethik. Es müsste auch fatale praktische Folgen haben, wenn die Meinung, Nächstenliebe und Solidarität als Widerpart des Egoismus ließen sich *nur* vom Glauben aus begründen, um sich griffe und zur communis opinio würde; denn dann könnte man sich auch von dieser Ethik, ihrem Menschenbild und ihren Wertvorstellungen dispensieren, weil man ja kein Christ sei. Genau genommen ist sogar zu sagen, dass Nächstenliebe wie überhaupt die Liebe vom Glauben nicht eigentlich begründet, sondern vielmehr bestätigt, bestärkt, abgesichert, in einen das Menschliche überschreitenden Zusammenhang gestellt und zu einem hermeneutischen Ausgangspunkt für das Gottesverständnis gemacht wird. Die Ethik der Nächstenliebe gewinnt ihre allgemeine Plausibilität aus der Vertrautheit des Menschen mit dem Phänomen der Liebe, seiner Angewiesenheit auf sie, seinem Verlangen nach ihr und aus dem Wohlgefallen an allem Verhalten, das ihr entspricht. Daher gilt für Theologie und Predigt: *Zustimmung zum Humanismus,* auch wenn er sich nicht, nicht mehr oder noch nicht spezifisch christlich versteht!

Aber es ist aus christlicher Sicht auch von Differenzen und Defiziten zu reden, und zwar in mehrfacher Hinsicht.

Einmal: Die Nächstenliebe motiviert uns nicht nur zur Hilfe für das leibliche Wohl der Menschen, sondern nötigt uns auch zur Hilfe bezüglich seiner *geistigen Orientierung,* insbesondere hinsichtlich Religion, Weltanschauung und Menschenbild, soweit wir zu solcher Hilfe imstande sind. Diesem Auftrag kann sich auch ein nicht an Gott glaubender Humanist nicht gänzlich entziehen, zumal Bildung – und zwar nicht nur im Sinne von Ausbildung des Individuums für die moderne Arbeitswelt und als Mittel zum sozialen Aufstieg, sondern im Sinne von „Menschenbildung", „Bildung zur Menschlichkeit" – von jeher ein besonderes Anliegen aller Humanisten war und ist. Aber was nun hier als Hilfe zur Menschenbildung auf beiden Seiten angeboten wird, ist recht verschieden. Dem

Menschen den Glauben, das Evangelium und das ganze christliche Gottes-, Menschen- und Weltbild nahe zu bringen, kann ein säkularer Humanist nicht als seine Aufgabe ansehen, allenfalls für Toleranz und Respekt gegenüber dem christlichen Standpunkt wird er in der Regel eintreten. Für das spezifisch christliche Bildungsanliegen kann der säkulare Humanismus sich nicht erwärmen, und insofern ist sein Angebot für die geistige Orientierung des Menschen aus theologischer Sicht defizitär. Die Vermittlung eines humanistischen, die guten Anlagen und Möglichkeiten des Menschen hervorhebenden Menschenbildes ist zwar zu würdigen, aber es ist kein funktional äquivalenter Ersatz. Besonders im permanenten Streit um den schulischen Religionsunterricht und seine Bildungsaufgaben wird diese Differenz manifest.

Sodann: Es ist zu fragen, ob eine aus dem Doppelgebot der Liebe[35] herausgelöste und damit auf religiöse Absicherung verzichtende Ethik der Menschenliebe hinreichend *krisenfest* ist. Zu erinnern ist hier daran, dass die humanistische Ethik im Nationalsozialismus als „Humanitätsduselei" verunglimpft wurde, und viele haben sich davon beeindrucken lassen, mit entsetzlichen Folgen. Die Absicherung durch den Glauben besteht in der Gewissheit, dass man mit der Erfüllung des Doppelgebots der Liebe dem Willen des Schöpfers und seinen Zielen für die Schöpfung entspricht. Wer die Liebe tut, weiß sich als Christ in seinem Gewissen vor Gott verantwortlich, auch da noch, wo er dem Anspruch des Liebesgebots nicht genügt.

Schließlich: „Man kann auch ein guter Mensch sein, ohne an Gott zu glauben" – das ist der Standardsatz und die Kernthese der säkular-humanistischen Position.[36] Aber was ist „ein guter Mensch" im Sinne des christlichen Glaubens? Das ist ein Mensch, der seine Bestimmung als Geschöpf Gottes voll ergreift, indem er in die Wahrheit seiner Existenz einkehrt und diese Bestimmung mit Gottes Hilfe auch aktualisiert. Der säkulare Humanist, der sich von der Selbstevidenz der Liebe leiten lässt – und darin hat er aus christlicher Sicht seine Ehre –, erfüllt aber nur einen Teil der menschlichen Bestimmung. Es fehlt der Gesichtspunkt der durch den Glauben ermöglichten Existenz in der seinsmäßigen Wahrheit und in der willentlichen cooperatio cum Deo in dessen geistlichem und weltlichem Regiment.

[35] Vgl. Mk 12,29–31. Auf die Frage eines Schriftgelehrten nach dem höchsten Gebot antwortet Jesus mit Verweis auf Dt 6,4f und Lev 19,18: „Das höchste Gebot ist das: Höre, Israel, der Herr, unser Gott, ist der Herr allein, und du sollst den Herrn, deinen Gott, lieben von ganzem Herzen, von ganzer Seele, von ganzem Gemüt und von allen deinen Kräften. Das andere ist dies: Du sollst deinen Nächsten lieben wie dich selbst."

[36] Sie wurde auch erst kürzlich beim Streit um den Gottesbezug in der Präambel der novellierten Verfassung des Landes Schleswig-Holstein wieder bemüht, besonders von Seiten der FDP, und leider mit Erfolg.

Bevor wir uns dem Thema Wahrheit zuwenden, ist noch eine abschließende Betrachtung zum Gegenstand des jetzigen Abschnitts erforderlich.

Wenn von der Hilfe die Rede ist, die der Glaube für den Menschen bereithält, von seinem Nutzen für das Gelingen des Lebens und für das allgemeine Wohl, dann wird uns oft eine *Gegenrechnung* präsentiert, in der alles aufgeführt wird, was die Kirche versäumt hat und wo sie schuldig geworden ist, was alles unter dem Zeichen des Kreuzes verbrochen wurde, auch was einem an der christlichen Lehre abstrus erscheint und was einem an gegenwärtigen und historischen Repräsentanten des Christentums missfällt bis hin zu den zahlreichen Fällen von Missbrauch und sexualisierter Gewalt, von denen in der Presse beständig berichtet wird.

Natürlich müssen wir zu all dem Stellung beziehen, offen und ehrlich und ohne Beschönigung, wo die Vorwürfe berechtigt sind; und wo sie es nicht oder nur halb sind, da können wir auch das eine oder andere zurechtrücken. Freilich dürfte die Kanzel, sofern es ins Detail geht oder historische Sachverhalte und Zusammenhänge aufgeklärt werden müssen, oft nicht der geeignetste Ort für solche Erörterungen sein; Gemeindeseminare, Akademieveranstaltungen, christliche Publizistik und zuvor schon der Religionsunterricht bieten dafür bessere Möglichkeiten. In Gesprächen mit Personen, die dem christlichen Glauben gegenüber eine ablehnende Haltung an den Tag legen, habe ich allerdings noch nie erlebt, dass die Widerlegung eines Vorurteils oder die Entkräftung einer anachronistischen Verurteilung oder die Auflösung eines Missverständnisses den Opponenten zu einer Änderung seiner Grundeinstellung veranlasst hätte. Dass jemand sagt, der Stein des Anstoßes sei beseitigt und er oder sie sei nun ganz auf unserer Seite, dürfte jedenfalls eine ganz seltene Ausnahme sein.[37] Solche Erfahrung ist auch einer der Gründe, weshalb in diesem Kapitel nach tiefer liegenden Zugangsbarrieren und wie man ihnen begegnen kann gefragt wird. Änderungen auf der Ebene von Grundeinstellungen oder habituell gewordener Antipathie bei Menschen, die der Kirche und ihrer Verkündigung den Rücken gekehrt haben, sind weniger von einzelnen Argumenten zu diesem oder jenem Vorwurf zu erwarten, sondern von Erfahrungen und Begegnungen mit Christenmenschen, die ihren Glauben auf überzeugende und eindrucksvolle Weise leben, nämlich so, dass jene von Luther formulierte Sequenz Wort Gottes (gemeint ist vor allem das

[37] Selbst was das jeweils einzelne Argument betrifft, so kann der in die Enge getriebene Gesprächspartner noch entwischen, indem er sagt oder bei sich denkt: Ich kann im Moment zwar nicht Paroli bieten, weil mir nichts mehr einfällt, was ich dagegensetzen könnte, aber es gibt bestimmt Leute, die das könnten. Vielleicht hat man in der Predigt hier bessere Karten als in einer Diskussion, weil der Unterlegene anonym bleibt und somit keine offenkundige Niederlage befürchten muss.

Lebenszeugnis Jesu in Verbindung mit der paulinischen Botschaft), Glaube, Liebe, gutes Werk an ihnen sichtbar wird.

Wenn wir dennoch in der Kirche, ob im Gottesdienst oder an anderen Orten, zu einzelnen Kritikpunkten Stellung nehmen, so geschieht es vor allem, um Menschen, die sich schon als Christen verstehen oder verstehen möchten, in ihrem Glauben zu festigen und auch um sie sprachfähig zu machen für ihren Umgang mit Andersdenkenden und ihr Zusammenleben mit ihnen; sie sollen durch Bildung in die Lage versetzt werden, ihren eigenen Standpunkt als intellektuell redliche Position vor sich selbst und vor anderen vertreten zu können.

Was kann die Predigt für solche Bildung leisten, wenn sie schon nicht der geeignetste Ort für eine detaillierte Erörterung der genannten und weiterer Kritikpunkte ist? Sie sollte fragen, ob der jeweilige Vorwurf, wo er berechtigt ist, mit dem Kern des christlichen Glaubens, wie er in der paulinischen und reformatorischen Rechtfertigungslehre formuliert ist, in einem ursächlichen Zusammenhang steht, und sie wird in der Regel darlegen können, dass das inkriminierte Übel keinen Anhalt am Denken, Wollen und Wirken Jesu und an den theologisch entscheidenden Einsichten des Apostels Paulus hat, sondern dass es sich um spätere Entartungen, Missverständnisse, Fehl- und Vorurteile handelt. Christenmenschen und ihre Repräsentanten sind gerechtfertigte Sünder, sie sind nicht unfehlbar[38] und partizipieren immer wieder an Vorstellungen ihrer Zeit etwa sittlicher oder ethnologischer Art oder auch hinsichtlich dessen, was Frauen können bzw. nicht können und was ihnen angeblich gemäß sein soll. Dabei sollte die Predigt auch nach biblisch begründeten oder begründbaren Gegenwirkungen fragen. Aber wichtiger als die Korrektur oder auch Bestätigung einer Anschuldigung ist die Mitteilung und Plausibilisierung von Beurteilungskriterien.[39]

Aus der Fülle der gegen das Christentum erhobenen Beschuldigungen sei hier nur eine exemplarisch herausgegriffen: der beständige Verdacht der *Intoleranz*. Das Toleranz / Intoleranzproblem betrifft nicht nur den Bereich von Religion und Weltanschauung, sondern auch den des Staates und der Justiz, sonst könnte man ja Verfassungsfeinde, Antisemiten, Hassprediger und Verleumder einfach gewähren lassen. Einig ist man sich in der Devise „Keine Toleranz der Intoleranz!" Aber wie ist sie juristisch zu operationalisieren? Hier besteht immer neuer

[38] Dass sogar auch Konzilien und Päpste irren können, hat Luther immer wieder betont und belegt. Vgl. z.B. seine Schrift „Von den Conciliis und Kirchen" von 1539, jetzt übertragen in modernes Deutsch in: Martin Luther. Deutsch-deutsche Studienausgabe, Bd. 2, Leipzig 2015, 527–799.

[39] Vgl. dazu R. Preul, Überlegungen zur Erschließung und Aneignung der Christentumsgeschichte, in: ders., (Hg.), Glücksfälle der Christentumsgeschichte. Ringvorlesung der Emeriti der Theologischen Fakultät Kiel, Münster 2008, 1–24.

Handlungsbedarf. Wir übergehen dieses Problemfeld und überlassen es den Juristen und dem Gesetzgeber.

Noch einen weiteren Bereich brauchen wir hier nicht eingehend zu behandeln. Um Toleranz / Intoleranz geht es nicht nur auf der hohen Ebene der Konkurrenz von Wirklichkeitsverständnissen und Menschenbildern, sondern schon im alltäglichen Leben. Man echauffiert sich über alle möglichen Macken und Verfehlungen relativ geringfügiger Art bei den Mitmenschen und wirft sich dann leicht zum Richter auf: Wie kann man sich nur so verhalten! Hier greift die biblische Mahnung: „Richtet nicht, auf dass ihr nicht gerichtet werdet!" (Mt 7,1) Es gehört zum christlichen Realismus, dass man sich zunächst der eigenen Fehlbarkeit und Verfehlungen bewusst ist, was zu einer maßvollen, ja toleranten Beurteilung anderer Menschen führt. Die Predigt sollte zur Gelassenheit als einer christlichen Tugend anhalten. Die dem Evangelium und dem Gesetz entsprechende Lehre von der Sünde - von der Grundsünde und den Aktualsünden - verhilft dazu, cholerische Anwandlungen in den Griff zu bekommen und aller Selbstgerechtigkeit nicht nur vor Gott, sondern auch vor den Menschen abzusagen.

Auf dem religiösen Gebiet geht es in Sachen Toleranz um zwei Problemfelder. Einmal um das *Verhältnis von Menschen zum christlichen Glauben selber.* Hier gibt es die Versuchung, Menschen zum Glauben oder wenigstens zu einem öffentlichen Bekenntnis zwingen oder nötigen zu wollen, sowie zur Verfolgung von Dissidenten, Sektierern und Häretikern. Inquisition, Index und Zensur sind Manifestationen dieses unerfreulichen Phänomens, das gottlob von der Reformation entschieden bekämpft wurde. Es kann und darf in Glaubensdingen keinen Zwang geben; mit Feuer und Schwert ist hier nichts auszurichten, hat Luther immer wieder, besonders im Zusammenhang seiner Zweireiche- oder besser Zweiregimentelehre, eingeschärft, denn der Glaube verdankt sich dem Wirken des Geistes Gottes in einem unverfügbaren Erschließungsgeschehen. Und der Zwang zum Lippenbekenntnis ist Verführung zur Sünde der Heuchelei. Man darf in der Predigt auch erwähnen, dass sich das Christentum in den ersten Jahrhunderten im Unterschied zum Islam nicht durch oder im Gefolge von Eroberungen ausbreitete und trotzdem in alle Gebiete des römischen Reiches vordrang. Erst als das Christentum Staatsreligion wurde und christliche Herrscher sich seine Ausbreitung zur eigenen und mit ihren besonderen Mitteln zu bewerkstelligenden Aufgabe machten, geriet man auf Abwege. Und hier darf man sich auch beispielsweise von der Schwertmission Karls des Großen an den Sachsen („Taufe oder Tod!") distanzieren, ebenso von den spanischen Conquistadoren.

Das andere Feld betrifft das *Verhältnis von Christen zu Menschen anderen Glaubens.* Das sich hier stellende Toleranzproblem ist in den religiös und kulturell pluralistischen Gesellschaften der Gegenwart von besonderer Relevanz. Theologische Ethik und die Vertreter aller hierzulande ansässigen Kirchentümer bekennen sich einmütig zu dem im Grundgesetz der Bundesrepublik Deutschland garantierten Grundrecht der „Glaubens- und Bekenntnisfreiheit" (Art. 4) wie auch der „Meinungs- und Pressefreiheit; Freiheit der Kunst und der Wissenschaft" (Art. 5). Mit dieser rechtlichen Regelung ist aber das politische und gesellschaftliche Problem der Toleranz, wie es seinen Ort in den inneren Einstellungen und im konkreten Umgang religionsverschiedener Menschen miteinander hat, noch nicht gelöst. Erziehung und Bildung, nicht zuletzt auch die kirchliche Verkündigung haben hier eine beständige Aufgabe. Indifferenz hat nichts mit Toleranz zu tun und ist keineswegs wünschenswert, auch wenn sie als solche keine Konflikte schürt. Auch das Verschweigen oder Bagatellisieren von Differenzen ist nicht hilfreich, sondern eher riskant, weil die Konflikte verharmlosend.

Wichtig, auch für die Kanzelrede, ist zunächst eine *Klärung des Toleranzbegriffes* selber[40]; denn es gibt da etliche Unstimmigkeiten. Toleranz bezieht sich primär nicht einfach auf Individuen und ihr Daseins- und Lebensrecht in unserer Gesellschaft. Hier greift der Begriff der unantastbaren Menschenwürde, deren Respektierung freilich die Voraussetzung für jegliche Toleranz ist und auch im Falle unvermeidlicher Nichtduldung noch gilt.[41] Gegenstand von Toleranz oder Intoleranz ist dagegen das, was Anders- oder Nichtgläubige als religiöse oder säkulare Position vertreten und durch Wort und Tat zum Ausdruck bringen.

Hier wird nun oft gesagt, Toleranz, wahre Toleranz, müsse mehr sein als bloße Duldung, es müsse auch Respekt hinzukommen und nach Möglichkeit sogar positive Wertschätzung. Andere sagen, Toleranz als solche sei zu wenig, man müsse von eigenen Wahrheitsansprüchen absehen und eine auf Konsens zielende Verständigung anstreben. Hier droht nun erhebliche Begriffsverwirrung.

Was die zweite Forderung betrifft, so kann man darin vielleicht – ich lasse das offen – so etwas wie eine eschatologische Wunschvorstellung erblicken: Angesichts der dann, im Eschaton, offen liegenden Wahrheit können alle mit allen konsentieren. Aber unter den zeitlichen Lebensbedingungen, wo das Reich Gottes zwar schon herbeigekommen, aber noch nicht voll realisiert ist, wird das nicht möglich sein und bleibt Toleranz eine Forderung des Friedens zwischen dissentierenden Personen, Gruppen, Religionsgemeinschaften, Kulturkreisen und Völkern.

Toleranz aber hat, der Wortbedeutung entsprechend, ihre Bewährung gerade in der *Duldung*. Und diese muss keineswegs, wie oft behauptet wird, mit einem

[40] Vgl. hierzu die Artikel zum Begriffspaar Toleranz / Intoleranz in RGG, 4. Aufl., Bd. 8, 458-470.

[41] Auch ein Mensch, dessen Taten absolut nicht zu tolerieren sind, hat und behält seine Würde als Mensch. Zu verabscheuen ist die böse Tat, nicht der Täter. Vgl. hierzu W. Härle, Würde. Groß vom Menschen denken, München 2010.

Gestus der Herablassung verbunden sein. „Toleranz ist die von einer bestimmten Überzeugungsposition aus geleistete Duldung von konkurrierenden geistigen Positionen, verbunden mit dem Eintreten für deren öffentliche Selbstdarstellung, die sich freilich an die Spielregeln der Rechtsgemeinschaft halten muss."[42] Das ist jedenfalls der harte Kern von Toleranz. Zur Duldung wird sich sicher auch der Respekt vor der Person gesellen, die das mit der eigenen Position Unvereinbare vertritt; das ergibt sich aber schon aus der gebotenen Achtung der Menschenwürde. Was aber die positive Wertschätzung betrifft, so sind ihr Grenzen gesetzt; denn die Forderung nach Verzicht auf den Wahrheitsanspruch, und zwar einer Wahrheit, die *alle* Menschen betrifft und daher auch den Opponenten, ist weder sachlich noch ethisch korrekt. Die Forderung läuft selbst auf Intoleranz gegenüber jeder Weltreligion hinaus, die als solche jenen universalen Wahrheitsanspruch erheben muss. Das Bemühen um Verständigung, zunächst einmal um ein besseres Verständnis der konkurrierenden Positionen, bleibt unbenommen und ist notwendig, sie ist ja ein Implikat jedes ehrlichen und ernsthaften Streites um die Wahrheit. Auch können Kompromisse und Konsense jenseits bleibender Differenzen im Bereich des religiös und ethisch Grundsätzlichen gefunden werden: so etwa in Bezug auf Verständnis und Anerkennung der Menschenrechte und deren Konsequenzen oder auch bezüglich einzelner ethischer, politischer und ökonomischer Entscheidungen.

Die in unserem Zusammenhang, in welchem es um Nutzen oder Schaden des christlichen Glaubens an Gott geht, entscheidende Frage ist nun, ob der christliche Glaube zur Toleranz, wie ich sie präzisiert habe, *fähig* ist. Diese Frage ist klar mit Ja zu beantworten. Und das, obwohl die Geschichte des Christentums voll ist von Beispielen religiöser Intoleranz, oft schlimmster Art und über Jahrhunderte hin: gegen Ketzer, Juden, Muslime, Freidenker, Sektierer, auch zwischen den großen Konfessionen; und auch immer noch gibt es christliche Fundamentalisten, die sich mit der Toleranzforderung schwertun. Das alles muss hier nicht entfaltet werden. Entscheidend ist, dass sich Toleranz nicht nur aus den Erfordernissen friedlicher Koexistenz in einer religiös und kulturell pluralistischen Gesellschaft begründen lässt und somit den Christen als eine Forderung begegnet, die ihnen von außen her entgegentritt, sondern dass sie sich auch aus dem Wesen des eigenen Glaubens selbst ableiten lässt.

Hier kann man sich zunächst mit Luther auf die tolerantia Dei gegenüber dem sündigen Menschen berufen[43], wie sie bei Jesu Begründung der Feindesliebe

[42] Die Definition ist übernommen aus meinem Artikel „Toleranz / Intoleranz. Ethisch" in: RGG, 4. Aufl., Bd. 8, 467ff.

[43] Vgl. dazu G. Ebeling, Die Toleranz Gottes und die Toleranz der Vernunft, in: ZThK 78/1981, 442–464 sowie den Abschnitt „Luthers Aussagen über die Toleranz Gottes" in: W.

namhaft gemacht wird: Gott „lässt seine Sonne aufgehen über Böse und Gute und lässt regnen über Gerechte und Ungerechte ... Darum sollt ihr vollkommen sein, wie euer Vater im Himmel vollkommen ist." (Mt 5,45b. 48) Bei der Vollkommenheit Gottes wird hier nicht an seine Allmacht, Allwissenheit und Allgegenwart gedacht, wo gar keine Gleichheit des Menschen mit Gott möglich ist, sondern an seine Güte gegenüber allen Geschöpfen, die er leben lässt, ohne Ansehen ihrer Verdienste und Würdigkeit. Und Feindesliebe heißt nach dem Text in der Bergpredigt, dass man den Feinden nicht mit gleicher Münze heimzahlt, sondern dass man für sie „betet", „freundlich zu ihnen ist" und, wenn man das Gleichnis vom barmherzigen Samariter (Lk 10, 25-37) als weitere Illustration hinzu nimmt (Juden und Samaritaner waren sich aus religiösen Gründen spinnefeind), dass man ihnen hilft und Gutes tut, wo sie dessen bedürfen.[44] Zur christlichen Toleranzbegründung aus der tolerantia Dei wird gelegentlich auch das Gleichnis vom Unkraut unter dem Weizen (Mt 13, 24-30) herangezogen, wovon ich aber abraten würde, denn man handelt sich mit diesem Text ein zusätzliches Problem ein, das sowohl die göttliche als auch die menschliche Toleranz zu überschatten droht. Das Unkraut wird zunächst und zwar aus praktischen (!) Gründen verschont, am Ende aber doch gebündelt und verbrannt, woraus der Hörer unserer Predigt vernimmt: Das „dicke Ende" kommt noch für die Ungläubigen und die Andersgläubigen. Ich würde mich lieber auf Ps 103,8 berufen: „Barmherzig und gnädig ist der Herr, geduldig und von großer Güte." Dem gilt es auf zwischenmenschlicher Ebene zu entsprechen.

Abgesehen vom biblischen und besonders neutestamentlichen Befund ist aber, ebenfalls auf der Linie Luthers, auch eine systematische Begründung christlicher Toleranzpflicht möglich. Die Einsicht, dass der eigene Glaube durch ein unverfügbares und kontingentes Erschließungsgeschehen zustande kam, öffnet zugleich den Blick auf den fundamentalanthropologischen Sachverhalt, dass *jedes* die Welt im ganzen interpretierendes Wirklichkeitsverständnis samt seinen ethischen Folgen auf analoge Weise zustande kommt. Die Wirklichkeit als geisthafte, d.h. interpretierte Wirklichkeit ist unhintergehbar und unsystematisierbar *individuell* und damit *plural* verfasst. Darauf lässt sich eine für Christen, aber auch für Andersgläubige, verbindliche Toleranzpflicht gründen gegenüber allen religiösen und weltanschaulichen Positionen, die ihrerseits zur Toleranz bereit sind,

Härle, Spurensuche nach Gott. Studien zur Fundamentaltheologie und Gotteslehre, Berlin / New York 2008, 113–118.

[44] Feindesliebe ist ein Spezialfall von Nächstenliebe, die allen Menschen zugewandt ist, und sie wird in erster Linie durch konkretes Verhalten praktiziert, dem freilich die Erkenntnis zugrunde liegt, dass der Feind oder Gegner ein Kind Gottes ist wie alle anderen Menschen. Im genannten Gleichnis wird nicht gesagt, dass der Samaritaner für den unter die Räuber Gefallenen besondere Sympathie empfindet. Sein Handlungsmotiv ist Barmherzigkeit.

also nicht etwa zu Hass und Gewalt aufrufen. Sie beinhaltet die Duldung der Anderes Denkenden und die aktive Bereitschaft, ihnen in privaten und öffentlichen Diskursen eine gleichberechtigte Stellung zuzugestehen.

Damit dürfte die Toleranzfähigkeit des christlichen Glaubens als einer solchen, die ihm nicht erst, etwa im Namen der Aufklärung, aufgezwungen werden muss, sondern die seinem eigenen Wesen und seiner biblischen Grundlage entspricht, hinreichend begründet sein. Es gibt freilich Leute, die meinen, man könne das Toleranzproblem einfacher lösen: Lasst ab von euren Wahrheitsansprüchen und freut euch an der Vielfalt der religiösen Erscheinungen! Das ist jedoch keine adäquate Lösung; denn erstens lebt jeder Glaube von seiner Wahrheitsgewissheit, die man nicht aufgeben kann, ohne den Glauben selbst aufzugeben, und zweitens wiederholt man mit dem Aufruf zum Genuss der Vielfalt unter der Hand ein ästhetisches Bewertungsschema, das auf dem Felde von Religion und Weltanschauung zwar auch von Bedeutung ist – man kann sich durchaus auch hier faszinieren und inspirieren lassen –, aber nur von nachrangiger Bedeutung. Das führt uns zum nächsten Punkt. Der Leser wird ja bemerkt haben, dass wir immer wieder auf die Wahrheitsfrage gestoßen werden. Und mit der befassen wir uns jetzt explizit.

4.2.3 Die Frage nach der Wahrheit des Gottesglaubens

Fragt man nach biblischen Belegen für den Wahrheitsanspruch des christlichen Glaubens, so findet man sich besonders auf das Johannesevangelium verwiesen. Durch die Fleischwerdung des Wortes kommen „Gnade und Wahrheit" in die Welt. (Joh 1,14.17) Jesus sagt von sich: „Ich bin der Weg und die Wahrheit und das Leben; niemand kommt zum Vater denn durch mich." (Joh 14,6) Er schickt nach seiner Rückkehr zum Vater den „Geist der Wahrheit", und der wird „euch in alle Wahrheit leiten". (Joh 16,13a) Den Christen ist verheißen: „Ihr werdet die Wahrheit erkennen, und die Wahrheit wird euch frei machen." (Joh 8,32) Im Verhör vor Pilatus bekennt Jesus: „Ich bin dazu geboren und in die Welt gekommen, dass ich die Wahrheit bezeugen soll." Darauf Pilatus „Was ist Wahrheit?" (Joh 18,37b. 38)

In der berühmten Pilatusfrage haben wir auch schon die Stimme der Opposition. Diese begegnet uns heute vor allem in einer Reihe von Parolen, deren sich der Volksmund beständig bedient. So z.B., dass es *die* Wahrheit gar nicht gebe, es gebe nur verschiedene Meinungen. Immer wieder hört man auch, niemand habe „die Wahrheit für sich gepachtet". Oder es wird gesagt, Wahrheit auf dem Felde religiöser Wahrheitsansprüche sei nicht erkennbar, weil das unser Erkenntnisvermögen übersteige; in Wirklichkeit stocherten hier alle im Nebel, denn klare

Vernunftgründe, ob mit Gott zu rechnen sei oder nicht, gebe es bekanntlich nicht.[45]

Diese drei Einwände dürften die häufigsten sein. Hinter ihnen stehen in der Regel keine ausgreifenden und gründlichen Überlegungen. Sie werden mehr oder weniger reflexartig vorgebracht, um autoritative Bevormundung abzuwehren, wie man sie etwa auch in den johanneischen Aussagen wittert, in denen freilich von Unterwerfung unter irgendeine Autorität mit keiner Silbe die Rede ist.[46] Auf Wahrheitstheorien wird so gut wie nie Bezug genommen, obwohl die Pilatusfrage dazu Anlass geben könnte. Wir müssen uns mit ihnen in unserem Zusammenhang auch nicht auseinandersetzen, zumal auch die Kanzel dafür kein geeigneter Ort ist.[47]

Literarisch gebildete Leute bringen vielleicht die Ringparabel aus Lessings „Nathan der Weise" ins Spiel, wobei man aber beachten muss, dass Lessing bzw. Nathan nicht ausschließt, dass einer der drei Ringe der echte sein *kann*, also eine der drei Religionen - die beiden biblischen und der Islam - auch die wahre oder der Wahrheit am nächsten kommende sein könnte, was nur rational nicht zu entscheiden ist, und dass jedem Anhänger einer der drei Religionen sogar empfohlen wird, bei seiner Überzeugung, die eigene Religion sei die richtige, zu bleiben. Religiöse Wahrheitsgewissheit wird also durch die Ringparabel nicht angetastet. Das muss übrigens nicht ausschließen, auch wenn die Parabel als solche es nicht hergibt, dass die jeweils anderen Religionen auch religiös relevante Wahrheit enthalten, der Geist Gottes auch in ihnen am Werke ist. Mit dieser „liberalen" Hinzufügung kann man sich m.E. Nathans Position zu eigen machen. Die Ringparabel gehört somit nicht ins Lager der Opposition.

Eingehen müssen wir hier nur auf die drei angeführten populären Parolen, zumal sie auch in den Köpfen mancher Predigthörer anzutreffen sind.

Der Spruch, dass „niemand die Wahrheit für sich allein gepachtet hat", enthält eine total misslungene Metapher, und wer ihn beständig im Munde führt, zeigt damit, dass er noch nicht wirklich über das Thema Wahrheit nachgedacht hat. Wahrheit, so auch religiöse Wahrheit, wird nicht gepachtet, sondern sie *erschließt* sich einem Subjekt, sie wird *gefunden*, entweder zufällig oder aufgrund zielgerichteten Suchens. Und wer sie gefunden hat, bedenkt sie weiter, etwa bezüglich ihrer Konsequenzen. Er kann sie dann entweder für sich behalten als eine Art

[45] Einige philosophisch Gebildete mögen sich hier auf Kants Kritik aller Gottesbeweise berufen.

[46] Die Bemerkung Jesu vor Pilatus „Wer aus der Wahrheit ist, der hört meine Stimme" weist in eine ganz andere Richtung.

[47] Zu den verschiedenen Wahrheitstheorien, welche die klassische Theorie „Wahrheit als adaequatio intellectus ad rem" (Angleichung des Verstehens an die Sache) auszuhebeln versuchen - m.E. ohne Erfolg -, vgl. W. Härle, Das christliche Verständnis der Wahrheit, in: MJTh XXI/2009 (Wahrheit), 61-89.

Geheimwissen, oder er gibt sie weiter an andere, bemüht sich, sie ihnen nahe zu bringen, indem er z.B. auf den Ort verweist, wo er sie gefunden hat, und so verhält es sich, wenn jemandem die Wahrheit des Evangeliums aufgegangen ist. Kein Pächter gibt aber seine Pacht freiwillig weiter, denn dann wäre er auch nicht mehr Pächter. Der törichte Spruch gibt Anlass, auch auf der Kanzel immer wieder darauf hinzuweisen, wie die christliche Gewissheit von der Wahrheit des Evangeliums entsteht - nämlich dadurch, dass wir unseren Blick richten auf Jesus von Nazareth als die Person gewordene Menschenfreundlichkeit Gottes und auf sein ganzes Lebenszeugnis, welches durch die geheimnisvolle Wirksamkeit des göttlichen Geistes Macht über unser Denken, Fühlen und Wollen gewinnt - und dass dadurch jedenfalls kein autoritärer oder überheblicher Gestus gegenüber Andersgläubigen und Nichtgläubigen begründet wird. Das Zustandekommen des Glaubens gehört ebenso, wenn auch seltener, auf die Kanzel wie das Wesen dieses Glaubens, seine Grundeinsichten und Wirkungen.

Die beiden anderen Sprüche - dass es *die* Wahrheit nicht gebe und dass alle, die von Gott reden, im Nebel stochern - geben Anlass zur Klarstellung dessen, *was* gemeint ist und auch nur gemeint sein kann, wenn von der Wahrheit des Evangeliums die Rede ist.[48] Dabei sind zwei Fragen zu beantworten: einmal, *welcher Art* diese Wahrheit ist und damit auch, wie die *inhaltliche Reichweite* des entsprechenden Wahrheitsanspruchs zu bestimmen ist (a), zum anderen, *wen* diese Wahrheit betrifft bzw. wie groß die *personale Reichweite* der Wahrheit des Evangeliums ist (b).

a) Wir wenden uns noch einmal den Aussagen im Johannesevangelium zu. Diese beziehen sich allesamt allein auf die durch die Inkarnation des Schöpfer-Logos in Christus erfolgte Offenbarung. Und diese, wie sie im Lebenszeugnis Jesu manifest wird, betrifft zentral die *Bestimmung des Menschen,* die ergriffen und realisiert werden kann, sofern der Mensch sich im Glauben dem Zeugnis Jesu öffnet und entsprechend lebt, die aber auch verfehlt werden kann, wenn der Mensch sich demgegenüber verschließt. Offenbar wird in diesem Zusammenhang zugleich das Wollen und Wirken Gottes an und in der Schöpfung als der „Welt" des Menschen, das auf die Vollendung von allem im Reiche Gottes hinausläuft.[49] Das wahre, bestimmungsgemäße Leben des Christenmenschen ist ein „Kommen zum Vater", das durch Christus und den von ihm und dem Vater ge-

[48] Ich muss mich hier mit einigen Bemerkungen begnügen, die hinreichend sind, um im Streitfall Paroli bieten zu können. Wer sich intensiver mit der Frage beschäftigen will, sei verwiesen auf den in Anm. 47 genannten Aufsatz von W. Härle, ferner auf E. Herms, Wahrheit. Gegebenheit - Wesen - Grund, in: Hermeneutische Blätter 24/1. 2018, 20–45.

[49] Um auszudrücken, was in den Aussagen des Johannesevangeliums in der Sache gemeint ist, muss ich mich der eigenen theologischen Terminologie bedienen. „Schöpfung", Schöpfer" und „Reich Gottes" finden sich nicht im Vokabular des Evangelisten, der stattdessen von „Welt" (griech.: kosmos), dem „Vater" und dem „ewigen Leben" spricht.

sandten Geist ermöglicht und verwirklicht wird. So ist Jesu Ausspruch zu verstehen: „Ich bin der Weg und die Wahrheit und das Leben; niemand kommt zum Vater denn durch mich." (Joh 14,6) Man kann diesen Spruch auch so umformulieren: Er, Christus, ist die Wahrheit, die sich auf dem Weg durch das Leben bewährt und zum ewigen Leben führt.

Der Geist der Wahrheit leitet „in *alle* Wahrheit" (Joh 16, 13a). Bezogen auf das irdische Leben geht es eben um die Erkenntnis der wahren Betimmung dieses Lebens als ein Leben in Übereinstimmung mit dem heilvollen Wollen und Wirken des Schöpfers. Weiterreichende Erkenntnis mag uns vielleicht im Eschaton zuteilwerden[50], aber in diesem Leben, in welchem die Erkenntnis der Wahrheit „uns frei macht" (Joh 8,32), nämlich von der Sünde der Abkehr von Gott und von allem Übel, das daraus folgt, ist uns kein Eindringen in alle Geheimnisse des Seins und Wesens Gottes möglich. Es heißt: „in alle Wahrheit", nicht: in alle Wahrheit*en*. Es geht also im Horizont der johanneischen Aussagen nur um existenziell verbindliche und heilsame Wahrheit und die *damit* verbundene Gotteserkenntnis, nicht um darüberhinausgehende Gotteserkenntnis. Der glaubende Mensch, so kann man kurz zusammenfassen, weiß sich noch nicht am Ziel, wenn unter dem lumen gloriae alles klar zutage treten wird, aber auf dem *richtigen, seiner zeitlichen und ewigen Bestimmung entsprechenden* Weg.

b) Die Wahrheit der biblischen Heilsbotschaft gilt grundsätzlich *allen* Menschen. „Gott will, dass allen Menschen geholfen werde und sie zur Erkenntnis der Wahrheit kommen." (1 Tim 2,4)[51] Statt „geholfen" übersetzt die Jubiläumsausgabe der Luther-Bibel näher am griechischen Text „gerettet". Der Satz beruht auf der Erfahrung der Hilfe und Rettung, die der Christ bereits mit dem Evangelium von Jesus Christus gemacht hat. Er könnte sich aber dieser Hilfe und Rettung nicht wirklich erfreuen, er könnte sie auch nicht richtig begreifen, wenn sie nicht unmittelbar mit dem Bewusstsein verbunden wäre, dass die Wahrheit des Evangeliums auch hilfreich und rettend für Andere ist – zunächst für die ihm nahestehenden Menschen, aber dann auch für alle, in welcher Lage sie sich auch durch individuelles Schicksal, ethnische Zugehörigkeit und kulturelle Prägung oder auch durch eigene Schuld befinden mögen. Die *universale Relevanz* des Evangeliums beruht darauf, dass sie jeden Menschen auf die Verfassung des Menschseins und die darin beschlossenen Grundfragen und -aufgaben, die *conditio humana* hin anspricht, an der alle Menschen partizipieren und die man zwar individuell ausformulieren mag und immer wieder muss – und das nicht nur in

[50] So nach Paulus in 1 Kor 13,12: „Wir sehen jetzt durch einen Spiegel ein dunkles Bild; dann aber von Angesicht zu Angesicht. Jetzt erkenne ich stückweise; dann aber werde ich erkennen, wie ich erkannt bin."

[51] Das war übrigens der Lieblingsspruch des großen christlichen Humanisten Erasmus von Rotterdam.

Begriffen, sondern auch durch Mythen und Sagen, durch Erzählungen, auch durch künstlerische Darstellungen aller Art wie Gedichte, Lieder, Opern, Romane, Dramen und Filme sowie durch die bildende Kunst –, die aber jedenfalls die Grundlage und der Rahmen aller Individualität und Variabilität des konkreten geschichtlichen Lebens ist und bleibt. Diese Einsicht, dass die Wahrheit des Evangeliums alle betrifft und warum, d.h. aufgrund welches fundamentalanthropologischen Sachverhalts das möglich ist, motiviert zur Weitergabe des Evangeliums und seines Wahrheitsanspruches. Mission, äußere wie innere, müssten wir auch dann betreiben, wenn wir den Missionsbefehl aus dem Munde des Auferstandenen (Mt 28,19) nicht hätten. Wir berufen uns nicht primär auf allerhöchste autoritative Weisung, sondern auf das, was für uns schon unmittelbar aus der Erfahrung und Gewissheit der Wahrheit des Evangeliums folgt.

Sofern es uns gelingt, den Predigthörern und -hörerinnen diese Klarstellung über Art, Gegenstand und Universalität des christlichen Wahrheitsanspruches bei passender Gelegenheit nahe zu bringen, werden sie sich nicht weiter durch jene populären und mehr oder weniger polemischen Verwahrsprüche beirren lassen. Dieser Wahrheitsanspruch tritt bescheidener auf, als ihm unterstellt wird, indem er *nur Wahrheit für das christliche Verhältnis des Menschen zu Gott* in Anspruch nimmt, dies aber im Blick auf alle Menschen, denen geholfen werden soll, indem sie zur Wahrheit kommen.

Dass ein solcher Anspruch aus prinzipiellen erkenntnistheoretischen Gründen nicht erhoben werden könne und dass folglich die dem Anspruch zugrunde liegende Gewissheit, nämlich sich auf dem richtigen, weil bestimmungsgemäßen Wege durch das Leben und zu Gott zu befinden, eine Illusion sein müsse, wird man nicht einwenden können. Die Opposition kann nur darauf hinweisen, dass es neben dem christlichen Lebenskonzept auch noch andere Konzepte, darunter auch solche mit ebenfalls universalem Gültigkeitsanspruch, gibt. Das aber wissen wir – die Gläubigen, die Kirche, die Theologie – schon selber zur Genüge.

Abgesehen von jenen und vielleicht noch weiteren Sprüchen zum Thema Wahrheit ist hier aber auch auf einen allgemeinen *Bewusstseinswandel* hinzuweisen, der es dem Menschen erschwert, die christliche Botschaft hinsichtlich des richtigen Weges, den man finden oder verfehlen kann, zu akzeptieren. Dieses radikale Entweder-Oder wird nämlich aus dem religiösen in den moralischen Bereich, aus dem Bereich der Gottesbeziehung in den des Verhältnisses des Individuums zu anderen Individuen verschoben. Das heißt im Klartext: Wenn du kein Rassist, kein Antisemit, kein Fremdenfeind, kein Faschist oder Neonazi, kein Nationalist, kein Verfassungsfeind und kein Macho oder Sexist bist und vielleicht sogar gegen solche Fehleinstellungen und ihre Repräsentanten, die übrigens untereinander auch noch recht koalitionsfreudig sind, etwas unternimmst, dann bist du als Mensch schon grundsätzlich auf der richtigen Seite. Sich von all dem zu distanzieren, ist in der Tat geboten. Aber dass man sich dann immer noch auf einem Holzweg befinden kann, kommt den Leuten nicht oder kaum noch in den Sinn.

In Sachen Religion dagegen denkt man selten nach dem Schema eines Entweder-Oder bzw. in strengen Alternativen, sondern in der Figur der *Approximation* und eines *Mehr-oder-weniger.* Die ganze Wahrheit auf dem Felde der Religionen habe sowieso niemand, man nähere sich ihr bestenfalls an. Man darf natürlich fromm sein, aber bitte in Maßen. Und am besten wäre es wohl, sich gar nicht in irgendeiner Richtung festzulegen, sondern offen zu sein für alles, was sich da anbietet, um sich eventuell aus allen religiös-weltanschaulichen Lagern das für die eigene Person Geeignetste frei wählend auszusuchen. So entstünde dann so etwas wie eine persönliche Patchworkspiritualität. Ausschlaggebend für die jeweiligen und mehr oder weniger vorläufigen Entscheidungen, die man trifft, oder für Vorlieben, die man entwickelt, sind oft nicht sachbezogene Erwägungen, sondern personale Leitbilder. Man orientiert sich an bestimmten Personen, die man besonders schätzt: So wie dieser oder diese möchte ich auch sein, so würde ich mir selbst gefallen. Es sind also wieder ästhetische und besonders mit der narzisstischen Linie der Persönlichkeitsentwicklung verbundene Kriterien, die hier zum Einsatz kommen.[52]

Es hat sicher keinen Zweck, gegen den beschriebenen Bewusstseinswandel auf der Kanzel zu polemisieren. Doch man kann zweierlei tun: Man kann zurecht rücken, wo die von den Zeitgenossen benutzten Schemata, Kriterien und „Kategorien" auf dem religiösen Gebiet richtig und wo sie falsch am Platze sind. (a) Und man kann zeigen, welches Defizit sich ergibt, wenn man die eigene Identität allein moralisch durch Abgrenzung gegen alles moralisch Verwerfliche bestimmt. (b)

a) *Approximation* ist möglich und wünschenswert, sofern es um religiöse *Lernprozesse* aller Art und um die angemessene verbale Darstellung des Glaubens für den Glaubenden selber und für andere geht. Luther selbst sagt, man müsse im-

[52] Im Unterschied zur Alltagssprache ist „Narzissmus" in der psychoanalytischen Forschung nicht von vornherein negativ konnotiert. Es geht um das für jede Biographie wesentliche Phänomen des Selbstwertgefühls und der Selbstakzeptanz, das zwar mit der libidinösen Entwicklung verbunden, aber von ihr als eine eigene Entwicklungslinie zu unterscheiden ist. Sie verläuft vom „archaischen", in sogenannten Größenphantasien („Größenich" und „idealisierte Elterimago") manifesten Narzissmus zu einem „gestalteten" und „realistischen" Narzissmus. Grundlegend: H. Kohut, Narzißmus. Eine Theorie der psychoanalytischen Behandlung narzißtischer Persönlichkeitsstörungen, Frankfurt a. M. 1971. Vgl. dazu auch die Auseinandersetzung mit Kohut bei R. Preul, Religion – Bildung – Sozialisation. Studien zur Grundlegung einer religionspädagogischen Bildungstheorie, Gütersloh 1980, 215–238. Ich versuche dort zu zeigen, wie der Glaube ganz wesentlich zur Entstehung eines gestalteten Narzissmus beiträgt.

mer weiter voranschreiten im Verständnis der Schrift[53] und bezeichnet sich in der Vorrede zum Großen Katechismus als einen beständigen „Schüler des Katechismus". Lernfortschritte gibt es auch im theologischen Wissenschaftsbetrieb. Und schließlich wäre alle Kritik an Sprache und Rhetorik der Kanzelrede, wie wir sie in Kap. 2 geübt haben, sinnlos, wenn es nicht auch Fortschritte in der Kunst der Darstellung des christlichen Lebens gäbe. Von all diesen Lernprozessen, bei denen es überall Annäherungen an Besseres und Adäquateres gibt, ist der *Glaubensakt selber* zu unterscheiden, und der hat in seiner Qualität als *Vertrauen* auf Gottes Güte, Gnade und Barmherzigkeit und als *Hingabe* an Gottes Willen und Wirken nichts mit Annäherungen zu tun. Er ist in sich ein Optimum und Maximum, ein Moment des definitiven Ankommens und der Erfüllung im Lebensprozess. Und das gilt unabhängig vom Alter des Glaubenden und von seinen sonstigen Erkenntnissen und Irrtümern, seinen Fortschritten und Rückschritten. Wer sein Grundvertrauen auf den dreieinigen Gott setzt und sein „Herz an ihn hängt", hat insofern, aber auch *nur* insofern, tatsächlich ausgelernt.[54]

Sich nicht festlegen zu wollen verbunden mit interessierter Offenheit ist dann und solange am Platze und auch zu empfehlen, wie man noch keine eigene Überzeugung in Sachen Religion gewinnen konnte, und zwar *damit* eine solche Überzeugung in Zukunft noch möglich werden kann, ermöglicht durch eigene Erfahrung, Nachdenken, Abwägung und Vergleich dessen, was einem auf diesem Felde begegnet. Es wäre ja auch geradezu verwerflich, von jemand zu verlangen, er oder sie solle sich vor aller Wahrheitserfahrung und -erkenntnis aufs Geratewohl oder einer Autorität gehorchend oder aus Opportunitätsgründen festlegen, obwohl solche Nötigung leider auch in der Geschichte des Christentums immer wieder stattgefunden hat. Die Abweisung vorzeitiger Festlegung ist die zu respektierende positive Variante. Intellektuell ruinös und daher auch theologischerseits nicht zu billigen ist die hier in Rede stehende Einstellung aber dann, wenn sie sich absolut setzt, also besagt, man wolle niemals und unter keinen Umständen sich einer persönlich bindenden religiösen Wahrheit öffnen, einer Wahrheit wohlgemerkt für das eigene Leben, die zugleich der Überprüfung standhält, Wahrheit auch für das Leben aller Menschen sein zu können. Außerdem ist eine solche Einstellung in sich selbst widersprüchlich, denn sie trifft paradoxerweise ipso facto doch eine Selbstfestlegung; sie lautet: Ich weise alles zurück, nichts von alledem! Die Freiheit, die man sich bewahren wollte, wird so eben doch eingeschränkt. Und die interessierte Offenheit für Vielfalt und Diver-

[53] Vgl. etwa WA 4, 365: „Hinc recte dicitur, quod intellectus Scripture semper proficit et non habet finem."

[54] Das ist übrigens auch seelsorgerlich ein höchst trostreicher Gedanke. Was Luther zum frühen Tode seiner Tochter Magdalena gesagt hat, mag das illustrieren.

sität, mit der man sich aus dieser Klemme vielleicht herausreden möchte, wird bei dieser negativen Variante dann auch nicht mehr allzu weit her sein; denn das hinter dieser Offenheit stehende Interesse kann ja nicht mehr die ernsthafte Suche nach lebensorientierender Wahrheit sein, wie es bei der positiven Variante der Fall war.

Beide Varianten der hier skizzierten Haltung, sich nicht festlegen zu wollen bei gleichzeitiger Offenheit für die Fülle und Verschiedenheit religiöser und weltanschaulicher Positionen, kann man als Erscheinungsformen des unter Intellektuellen weit verbreiteten *Agnostizismus* verstehen, der, auch in der Predigt, zu respektieren ist, sofern er nicht auf Gleichgültigkeit und intellektueller Bequemlichkeit beruht, wie es nicht selten der Fall ist. Die positive Variante ist gleichsam ein Agnostizismus im Wartestand, während die negative Variante dem Atheismus nahekommt, weil sie, mag sie sich auch theoretisch über „Gott" als ontologische Kategorie ausschweigen, doch praktisch mit der Gottesbeziehung des Menschen nichts anzufangen weiß und sich darauf auch prinzipiell nicht einlassen will.

Es bleibt hier noch eine nicht unwichtige Frage, die aber schnell zu beantworten ist: Wie steht es mit der Offenheit, wenn jemand zur Gewissheit gekommen ist, den richtigen Standpunkt, will sagen: den bestimmungsgemäßen Weg zur Vollendung gefunden zu haben? Sie ist dann keineswegs hinfällig geworden. Man erwartet zwar nicht mehr, grundsätzlich umgestimmt zu werden, aber man hält, nicht zuletzt aus Gründen des Glaubens selber, Ausschau nach Gutem und Verwandtem bei den Anderen, um mit ihnen zum allgemeinen Wohl – beispielsweise für Frieden und Menschenrechte – zusammen zu wirken, und man ist bereit, sie *ganz* anzuhören.

b) Dass Menschen ihre persönliche und besonders ihre geistige Identität auch dadurch begründen, indem sie sich von allem, was ihnen als abscheulich erscheint, und von deren Wortführern distanzieren, ist unbestreitbar und auch vollkommen richtig. Zugleich muss man freilich auch auf Werte und die ihnen zugrunde liegenden Erfahrungen verweisen können, die unsere Ethik positiv und substanziell bestimmen und von denen her die Abgrenzungen zwingend notwendig werden. Beides zusammen ergibt eine vollständige und konkrete moralische Selbstbeschreibung, eine hinreichend präzise Bestimmung des eigenen moralischen Standpunktes in der Gegenwart. Sofern der Mensch sich vor Seinesgleichen verantwortet, sich rechtfertigt und sich damit immer auch selbst definiert, tut er das hinsichtlich seiner moralischen Integrität. Vor Gott kann er sich nach reformatorischer Lehre nicht auf diese Weise selbst rechtfertigen. Vor menschlichen Foren, sie seien klein oder groß – das Spektrum reicht von der Familie, Bekannten und Freunden bis zur Menschheit als imaginiertem ideellem Forum – gibt es die Selbstrechtfertigung nach moralischen Prinzipien. Das ist auch, was leider oft nicht bedacht wird, von Seiten der Theologie anzuerkennen;

hier befindet man sich ja auf dem Gebiet des Gesetzes im usus civilis, also nicht in einem theologischen Niemandsland, und die Ehrbarkeit von Personen ist auch ein Thema theologischer Ethik. Freilich wird der Mensch sich in diesem Zusammenhang auch seiner eigenen Verfehlungen bewusst, wir bleiben uns ja immer gegenseitig etwas schuldig, sind damit nach ethischen Maßstäben nur *mehr oder weniger* gerecht. Wieder ein Fall von Approximation! Hier ist es nun beruhigend für das Gewissen, wenn man sich immerhin von denjenigen, welche *ganz* Übles propagieren und praktizieren, grundsätzlich abheben kann: Wir sind zwar keine Heiligen oder Engel, aber wir sind wenigstens nicht so wie jene und damit moralisch auf der richtigen Seite und auf dem richtigen Weg. Das graduelle Kontinuum der moralischen Integrität wird durch diesen psychischen Abgrenzungsmechanismus von einer scharfen Trennungslinie durchschnitten.

Für die Kanzelrede folgt daraus zweierlei. *Erstens*: Wir müssen diesen für die moralische Integrität und Identität des Menschen kaum verzichtbaren psychischen Mechanismus als offenbar hilfreich anerkennen. Es ist ja auch ganz legitim, dass man sich selbst achten können möchte und daher nicht mit notorischen Schurken auf eine Stufe gestellt werden will. Zweitens: Wir müssen zwar die auf der falschen Seite anzutreffenden Prinzipien, Denkmuster, Parolen und politischen Programme sowie die entsprechenden Handlungen klar verurteilen, weil sie der christlichen Ethik und dem ganzen christlichen Menschenbild widersprechen, müssen uns aber hüten, konkrete Personen, etwa weil ihnen bestimmte Äußerungen entschlüpft sind, sogleich auf dieser Seite einzuordnen, wie es beispielsweise der Presse leider immer wieder unterläuft und wie es auch in der politischen Auseinandersetzung leicht geschieht. Also klare ethische Abgrenzung gegenüber inakzeptablen Prinzipien und fatalen Denkrichtungen, aber keine Inquisition ad personam!

Die Selbstrechtfertigung coram hominibus nach moralischen bzw. ethischen[55] Maßstäben reicht aber nach christlicher Einsicht noch nicht. Entscheidend dafür, ob man sich auf dem richtigen, d.h. bestimmungsgemäßen Weg befindet, ist die Gerechtigkeit aus Glauben ohne des Gesetzes Werke, die coram Deo gilt. Vor Gott sind wir allzumal Sünder und daher auf Gnade angewiesen. Ohne in der „Sache mit Gott“ die existenziell entscheidende Wahrheit nach Maßgabe des Evangeliums gefunden und ergriffen zu haben, bleibt die rein moralische Rechtfertigung und Grenzziehung ein defizitäres Unternehmen. Für Christen und für ihre Theologen ist das unstrittig. Für sie liegt die eigentliche Scheidelinie zwischen richtigem und falschem Weg nicht auf dem Gebiet der Moral, sondern auf

[55] Ich gebrauche beide Ausdrücke als Synonyme, obwohl man hier Unterschiede konstruieren könnte, aber eben nicht muss. Der früher gebräuchliche Ausdruck „Sittenlehre“ kam ohne Unterscheidung zwischen Ethik und Moral aus.

dem der Gottesbeziehung, wobei Scheidelinien im moralischen Bereich freilich nicht geleugnet, sondern durch Prinzipien der christlichen Ethik bestätigt und bekräftigt werden. Doch zutiefst geht es eben um die Alternative eines Lebens entweder aus Gnade oder aus Werken des Gesetzes. Aber wie steht es, wenn man von der spezifisch christlichen bzw. reformatorischen Perspektive absieht? Gibt es Argumente allgemeinerer Art dafür, dass eine allein moralische Selbstrechtfertigung und Identitätsbestimmung nicht ausreicht?

Es gibt sie! Die christliche Weise, sich zu Gott zu verhalten und von daher über den wahren und falschen Weg, über richtige und verfehlte Lebenseinstellung zu urteilen, ist ja nur *eine* mögliche Option im Rahmen des Verhältnisses des Menschen zum Ursprung der Welt und seiner selbst, also zu Gott. Es geht uns hier nicht darum, die spezifisch christliche Option oder Variante irgendjemand aufzunötigen, sondern es ist zu plausibilisieren, dass man *überhaupt* eine Wahl bezüglich des Gottesverhältnisses treffen muss und daher auch so oder so, auch mehr oder weniger bewusst, trifft. Und es geht darum einzusehen, dass diese so oder so getroffene Entscheidung nicht nebensächlich oder zweitrangig im Vergleich zu allen moralischen, lebenspraktischen und politischen, Entscheidungen ist, schon deshalb nicht, weil sie Auswirkungen auf alle sonstigen Grundentscheidungen hat. Die religiöse Entscheidung ist vorrangig, weil sie durch das Wirklichkeitsverständnis, insbesondere durch das Menschenbild, das daraus resultiert, orientierende und normierende Bedeutung für die ethische und damit auch bürgerliche und politische Existenz der jeweiligen Person gewinnt.

Eine solche religiöse Entscheidung von weitreichender Bedeutung ist unvermeidlich für jeden Menschen, der über sich selbst nachzudenken bereit ist. Sie kann natürlich ganz verschieden ausfallen: als Hingabe an den Gott des Evangeliums oder als Bekenntnis zu einer anderen Art des Gottesglaubens, aber auch als theoretischer und praktizierter Agnostizismus, als dezidierter Atheismus, nicht selten auch als eine Art hypothetischer Gesetzesreligion: Sollte es einen Gott „geben", vor dem ich mich verantworten muss, so wird er mich nach meinem moralischen Verhalten - und allein danach - beurteilen, und da hoffe ich doch bestehen zu können, zumal ich mich von bestimmten Einstellungen entschieden distanziere. Wann eine solche Entscheidung, für die eine oder andere Position gefallen ist, kann man in der Regel nicht genau sagen, man kann auch peu à peu und nahezu unbemerkt in eine Position hineinwachsen.

Die Notwendigkeit, besondere Art und existenzielle Bedeutung der religiösen Entscheidung tritt noch einmal klar zutage, wenn man sie mit einer bestimmten Sicht des menschlichen *Lebensprozesses* in Zusammenhang bringt, die sich ganz allgemein begründen und vertreten lässt, die aber auch reformatorisch-theologischer Anthropologie nicht fremd war. Für Luther ist *Vertrauen* so etwas wie das Grundthema des menschlichen Lebens. Und man vertraut eben nach seiner Auslegung des Ersten Gebots im Großen Katechismus zutiefst entweder auf den einigen wahren Gott oder auf einen Gottesersatz, der dadurch zum „Abgott" wird. An anderer Stelle formuliert er diese Grundalternative, der man nicht entrinnen kann, so: „Da es notwendig ist für das menschliche Herz, irgendetwas zu glauben, zu erhoffen, zu lieben, vertraut es (sc. wenn es nicht auf den in Christus offenbaren Gott vertraut) auf weltliche Güter oder auf den Beifall oder auf seine Kräfte oder auf irgendetwas anderes oder auf eine törichte Meinung, die über den wahren Gott oder einen falschen Gott verbreitet wird."[56] Nun muss man freilich sagen, dass wenigstens einiges von dem, was Luther hier wie auch schon im Großen Katechismus auf der negativen Seite der Alternative und als Kandidaten für die Position des „Abgotts" aufzählt, ja auch in je bestimmter Weise vertrauenswürdig sein kann – etwa die „Freunde" oder die „eigenen Kräfte"; man muss sich selbst etwas zutrauen können als Bedingung von Handlungsfähigkeit –, nur handelt es sich dann dabei nicht um das existenzbestimmende *Grund*vertrauen, dessen allein Gott würdig ist, weil er unser „einiger Trost im Leben und im Sterben" ist.[57] Es gibt je nach Vertrauensadressat (Gott, Ehepartner, Freunde, Politiker, Ärzte, Ingenieure, Architekten, Geschäftspartner etc.) unterschiedliche Arten von Vertrauen, deren Unterscheidung gelernt werden muss. Der menschliche Lebensprozess ist als Bildungs- und Reifungsprozess zutiefst ein *Prozess der Ausdifferenzierung, Symbolisierung und Umverteilung von Vertrauen*, der durch die Frage vorangetrieben wird: Was ist von welcher Instanz zu erwarten und was nicht? Hier Klarheit zu gewinnen ist eine Grundbedingung für gelingendes Leben. Das kleine Kind setzt zunächst ein unbegrenztes Vertrauen auf seine Eltern, unter deren Schutz es sich sicher und geborgen fühlt. Ein kritischer Punkt wird erreicht, wenn ihm aufgeht, dass ihre Macht begrenzt ist und sie nicht alles garantieren können, was es erwartet. Das ganzheitliche, lebenstragende Grundvertrauen muss nun, wenn es nicht überhaupt aufgegeben und einem tiefsitzenden Gefühl der Verunsicherung und Resignation weichen soll, auf einen neuen und mächtigeren Adressaten bezogen werden. Christliche Familienerziehung bringt hier das Symbol „Gott" ins Spiel. Wird das Grundvertrauen (oder mit Erik H. Erikson: Urvertrauen, basic trust) nicht aufgegeben, aber auch nicht auf Gott gerichtet, wobei es sich nicht nur um die christliche Gottesvorstellung handeln muss, dann kann es nur falsch, nämlich in innerweltliche Personen oder Gegebenheiten oder Güter investiert werden[58], womit man aber früher oder

[56] Eigene Übersetzung. Im Original: „Cum necesse sit humanum cor credere, sperare, diligere aliquid fidit vel in divitias, vel favorem, vel vires suas, vel alia quaecumque, vel in stultam opinionem, sive de vero sive falso deo praedicatam." WA 5, 104.

[57] Heidelberger Katechismus, Frage 1.

[58] Solche Fehlinvestitionen hat Luther bei seiner Aufzählung der Abgottkandidaten („Exempel des gemeinen Widerspiels") im Blick.

später Schiffbruch in Gestalt von schwer zu verkraftenden Enttäuschungen erleiden muss. Soll solch ein fataler Verlauf des Lebens vermieden werden, ist eine religiöse, die Gottesbeziehung betreffende Entscheidung zu vollziehen, die freilich, wenn sie zugunsten des Evangeliums ausfällt, nicht willkürlich und eigenmächtig getroffen werden kann, sondern nur die menschliche Zustimmung zu einer Wahrheit sein kann, die dem Menschen durch die Begegnung mit der Person und dem Lebenszeugnis Jesu sich erschließt.[59]

Ich beschließe den Abschnitt zur Wahrheitsfrage mit zwei Bemerkungen zur Relevanz des Ausgeführten für die Predigt.

Ein Kollege aus der rechtswissenschaftlichen Fakultät äußerte in einer öffentlichen Debatte, er wünsche sich, dass wieder mehr und leidenschaftlich über Wahrheit, und zwar bezüglich der fundamentalen Fragen der menschlichen Existenz, gestritten werde, denn es wäre doch gut, wenn man am Ende seines Lebens nicht nur sagen könnte: Du hast ein paar schöne Tage gehabt, sondern auch: Du warst auf der richtigen Spur. Wer predigt, redet zu Menschen, von denen nicht wenige das Gefühl haben oder schon gelegentlich gehabt haben, auf der richtigen Spur zu sein, weil das Evangelium und vor allem die Person des Mannes aus Nazareth sie tief berührt hat. Dieses Gefühl gilt es zu bestärken und es gelegentlich auch auszusprechen: Ihr seid auf der richtigen Spur, und ihr seid dabei nicht allein! Das heißt natürlich nicht – und das sollte man hinzufügen –, dass alle anderen geradewegs in ihr Verderben laufen. Aber für euch gilt: „Der in euch angefangen hat das gute Werk (nämlich schon in der Taufe), der wird es auch vollenden!"

Man redet aber auch zu Leuten, die dieses erhebende Gefühl noch nicht kennen, sondern nur gleichsam auf der Schwelle stehen und neugierig hinüberschauen. Hier möchte ich den Predigern und Predigerinnen empfehlen: Predigt doch einmal, sofern der Predigttext das zulässt, über die Gretchenfrage „Wie hältst du's mit der Religion?" Wobei man auch Einzelheiten der Szene aus Goethes Faust heranziehen kann. Was Faust erwidert, ist nicht uninteressant. Auch nicht, was Gretchen an Faust, der immer diese dubiose Figur des Mephistopheles um sich hat, irritiert – bis hin zu ihrem letzten Wort an Faust: „Mir graut's vor dir!" In unserem ganzen Abschnitt 4.2.3 war ja von nichts anderem die Rede als von der Gretchenfrage, ihrer Notwendigkeit und ihrer existenzbestimmenden Bedeutung.

[59] Ausführlicher zu dem hier skizzierten auf den Begriff des Vertrauens fokussierten Modell des Lebensprozesses: R. Preul, Evangelische Bildungstheorie, Leipzig 2013, 129–140.

4.2.4 Die Frage nach der Güte und Gerechtigkeit Gottes – Theodizee

Man kann nur an Gott glauben und ihm vertrauen, wenn man ihn auch für *gut* und *gerecht* hält. Andernfalls wäre er vom Satan oder einem Dämon nicht zu unterscheiden.[60] Von den Göttern und Göttinnen der Antike konnte man nicht einfach sagen, dass sie gut und gerecht seien. Sie waren auch grausam, rachsüchtig, launisch, lüstern und parteiisch[61], so jedenfalls, wenn man sich an die griechische und römische Mythologie hält. In der kultischen Verehrung der Gottheiten wurde dagegen natürlich nur das an ihnen Rühmliche hervorgehoben. Man musste sie günstig stimmen, indem man ihnen Tempel baute und Opfer darbrachte. Das Schicksal des Einzelnen und der Gemeinschaft hing davon ab, dass die kultischen Pflichten akkurat erfüllt wurden. Im christlichen Narrativ, wie zuvor schon im israelitischen, wird alle den heidnischen Gottheiten noch eigene Bosheit und Tücke von der Figur des Satans absorbiert, womit alle dämonischen Züge aus dem Gottesbild eliminiert wurden. Zwar ist immer noch der Zorn Gottes zu fürchten, aber dabei handelt es sich um den Zorn eines Gottes, der absolut gerecht ist und auch vergeben kann und will. Gott ist in seinem Wesen allein gut und gerecht. Es muss dann aber auch mit Gottes Güte und Gerechtigkeit vereinbar sein, dass er den Teufel, der sich als Stimme eines Versuchers im Menschen meldet, ihn zur Sünde verleitet und ins Unglück stürzt, gewähren lässt. Die Johannesapokalypse verweist in diesem Zusammenhang darauf, dass die Macht des Teufels und seiner Helfer zeitlich begrenzt ist; denn er ist schon besiegt und wird schließlich endgültig vernichtet werden. Die Schreckenszeit davor ist Zeit der Prüfung und Bewährung für die Gläubigen. Aber ist das schon die Lösung des Problems?

Für den heutigen Menschen sicher nicht! Die Johannesapokalypse blickt ja auf das unschuldige Leiden allein von Christen, insbesondere in der Situation der Verfolgung, und spricht auch nur zu ihnen, indem sie sie zur Glaubenstreue ermahnt und ihnen einen neuen Himmel und eine neue Erde verheißt, einen seligen Zustand, in welchem alle Tränen abgewischt sein werden (Off 21,3f). Das Theodizeeproblem in dem uns geläufigen Sinne[62], nämlich wie sich überhaupt das Böse in der Welt und das unsägliche Leiden der Menschen, sie seien Christen oder nicht, und auch das Leiden aller Kreatur mit der angeblichen Gerechtigkeit und Güte Gottes vereinbaren lässt, wird in der Johannesapokalypse noch gar

[60] Der Ausdruck „der liebe Gott" ist ein Pleonasmus, wenn auch ein sinnvoller.

[61] In der Ilias hält es ein Teil der Gottheiten mit den Troja belagernden Griechen, ein anderer Teil mit den Trojanern, wobei sie sogar oft selber direkt ins Geschehen eingreifen. Der Anthropomorphismus in der homerischen Götterwelt provozierte dann auch alsbald philosophische Kritik.

[62] Vgl. dazu jetzt H. Rosenau, Der Anstoß des Glaubens. Das Theodizeeproblem und seine möglichen Lösungen, Berlin 2020.

nicht artikuliert und daher auch nicht gelöst – wenn es sich denn überhaupt „lösen“ lässt.

Die Theodizeefrage des heutigen Menschen präsentiert sich auch gar nicht in erster Linie als ein theoretisches Problem, das dann intensiver und methodisch sorgfältiger Reflexion bedürfte, es ist eher als ein emotional geladener Aufschrei, als Protest und Ausdruck des Erschreckens und der Empörung zu verstehen und nicht zuletzt auch als Begründung dafür, dass und warum man beim besten Willen nicht an Gott, der ja nur als guter und barmherziger und gerechter Gott gedacht werden kann, glauben könne. Wenn der Mensch in solchen Situationen des Entsetzens immer wieder fragt „Wie kann Gott das zulassen?“, dann verlangt er in der Regel nicht nach einer theoretischen, intellektuell befriedigenden philosophischen oder theologischen Antwort. Er meint vielmehr: Gott, wenn es ihn „gäbe“, *dürfte* das nicht geschehen lassen, er *müsste* doch unmittelbar eingreifen.[63] Da das aber offensichtlich nicht geschieht, nicht geschehen ist und voraussichtlich auch nicht geschehen wird, „gibt“ es ihn nicht.

Ausgelöst wird die so gestellte Theodizeefrage durch die überwältigende Erfahrung von Leiden und Übeln aller Art, sie seien vom Menschen selbst verursacht (Krieg, Verbrechen – sogenannte *moralische* Übel) oder durch natürliche Prozesse und Kräfte (Krankheit, Naturkatastrophen – sogenannte *physische* Übel); dazu kommt das schmerzende Gewahrwerden der Begrenztheit, Endlichkeit und Vergänglichkeit der menschlichen Existenz als solcher (sogenannte *metaphysische* Übel), wie es z.B. in der Trauer über den Verlust eines geliebten Menschen erfahren wird.

Im Zusammenhang mit dem metaphysischen Übel, bei dem sich – zumeist freilich aus aktuellem Anlass – der Blick auf die invarianten Strukturen und Bedingungen unseres In-der-Welt-Seins richtet, steht die Tatsache, dass auch das Leiden der außermenschlichen Kreaturen – und zwar nicht nur dasjenige, welches wir ihnen zufügen, sondern auch das Leiden, welches sie sich im Prozess des beständigen Fressens und Gefressenwerdens gegenseitig bereiten – zum Auslöser der Theodizeefrage werden kann. Nur artikuliert sie sich hier nicht direkt in der Frage, warum Gott das zulässt, vielmehr fragt man, warum Gott in seiner angeblichen Güte *die Welt nicht ganz anders geschaffen hat,* beispielsweise ohne die Karnivoren. Die Natur als solche zeugt mittelbar nur von dem unerschöpflichen Erfindungsreichtum des Schöpfers, aber – jedenfalls hinsichtlich

[63] Weil die Götter der antiken Welt das nach Auskunft der Sagen und Mythen immer wieder getan haben, konnte man mit ihnen auch einen Deal oder Vertrag machen, man konnte sie durch Versprechen und Gelöbnisse dazu bewegen, gegebenenfalls als „deus ex machina“ rettend in den Lauf der Dinge einzugreifen.

ihrer Grausamkeit[64] - nicht von seiner Güte. Die Natur, wie sie sich darbietet und wie sie erlebt wird, ist doppelgesichtig. Einerseits entzückt sie uns, lässt uns staunen und bewundern, ist ein Ort der Rekreation und Inspiration - das auf den Spuren der Dichter und vieler Kirchenlieder auszuführen, würde den Rahmen unserer Überlegung sprengen -, andererseits enthält sie zerstörerische Kräfte und grausige Szenen, die uns erschrecken lassen und uns das Fürchten lehren. Und in Gestalt des Klimawandels und seiner Folgen (Verödung und Versteppung ganzer Landstriche, immer stärkere Hurricanes, Ansteigen des Meeresspiegels etc.) schließlich „rächt“ sie sich auch unbarmherzig für alles, was ihr angetan und zugemutet wurde und noch wird. Aber das ist ein eigenes Thema, das ich denjenigen Wissenschaftlern überlassen muss, die hierfür besondere fachliche Kompetenz aufweisen und auf die man daher hören sollte.

Ich habe das sogenannte metaphysische Übel und das im Naturgeschehen präsente Übel deshalb besonders hervorgehoben, weil sich hier zeigt, dass es bei der Theodizeefrage nicht nur um die Unfassbarkeit kontingenter einzelner Schicksalsschläge und Unglücksfälle geht, sondern auch und zugleich um Sinn oder Absurdität von Welt und Leben insgesamt. Deren Güte, Qualität und Sinnhaftigkeit steht zugleich mit der Güte und Gerechtigkeit Gottes auf dem Spiel.

Das aus den verschiedensten Gründen immer wieder, auch bei den Gläubigen, mit elementarer Wucht hervorbrechende Theodizeeproblem lässt sich auf die alte Formulierung bringen: Si Deus unde malum? / Wenn Gott existiert, woher kommt dann das Böse? In dieser Form eignet sich das Theodizeeproblem - als Frage nach der Güte und Gerechtigkeit Gottes angesichts des immensen Unheils und Leidens in der Welt und zugleich als Frage nach dem Sinn von Welt und Leben insgesamt - dann auch am besten für eine gedankliche Auseinandersetzung mit dem Problem. Wir müssen ja schließlich auf der Kanzel wie zuvor schon in der Theologie *dazu etwas sagen.*

Gewiss, am Anfang der Theodizeefrage steht in der Regel nicht die Reflexion über ein gedankliches Problem, in welchem nach Möglichkeiten der Auflösung einer kognitiven Dissonanz zu fragen wäre, sondern das seelisch aufwühlende Erleben und der daraus hervorbrechende Protest gegen Gott und alle fromme Rede von ihm und seiner Gerechtigkeit, ein aggressiver Impuls, der sich auch gegen die berufsmäßigen Vertreter des Gottesglaubens richten kann.[65] Die Men-

[64] Die Tierfilme im Fernsehen beliefern uns beständig mit entsprechenden grausigen Szenen. Ich denke z.B. an die immer wieder gezeigten Krokodile, die auf die einen Fluss überquerenden Gnus warten. Die Kommentatoren solcher Darstellungen sprechen gern von „erregenden Schauspielen“, womit diese für die Zuschauer zu dem werden, was für die Römer die Gladiatorenkämpfe waren.

[65] Etwa in der Form: „Könnt ihr mir sagen, weshalb .... geschehen musste? Seht ihr, ihr wisst es auch nicht!“

schen, wenn auch nicht alle, geraten aber doch irgendwann ins Grübeln, und sie suchen dann auch nach einer gedanklichen Lösung, zu der die Reflexion vielleicht etwas beitragen und damit auch etwas Ruhe in das Gemüt bringen könnte. In diesen Prozess können und sollen wir in der Predigt eingreifen.

Aber was dürfen wir uns davon erwarten? Können wir wirklich etwas Hilfreiches und Befreiendes sagen? Darüber muss man sich zunächst klar werden. Sicherlich können wir keine rational voll befriedigende und allgemein zustimmungsfähige Lösung für das uralte Problem der Theodizee bieten. Das ist bekanntlich bisher niemandem gelungen und wird auch in Zukunft nicht gelingen. Vielleicht ist es aber doch möglich, Einsichten zu vermitteln, die es dem glaubenden Menschen leichter machen, das rational nicht lösbare Problem *auszuhalten*, mit ihm als bleibendem Rätsel und bleibender Anfechtung zu leben, ohne an Gott irre zu werden und zu verzweifeln. Dazu einige Anregungen.

a) Man kommt nicht weiter, wenn man, wie es viele versucht haben, in die Geschichte der Menschheit blickt, in der sich neben all dem Entsetzlichen auch Gutes findet, und zu fragen, ob vielleicht die Summe des Guten die des Bösen übertrifft. Aber mit welchem Maß will man hier messen und das eine gegen das andere abwägen? Die Theodizee ist kein Rechenexempel! Auch Überlegungen, die darauf fußen, dass das, was Bedingung von Gutem ist wie etwa die Wahlfreiheit oder Selbstbestimmung des Subjekts, auch die Möglichkeit des Bösen impliziert, oder dass das, was anatomisch die Empfindung von Lust bedingt, auch die gegenteiligen Empfindungen bzw. den Schmerz ermöglicht, sowie der Verweis auf weitere Implikationsverhältnisse nach dem Schema „das eine nicht ohne das andere", „kein Licht ohne Schatten" befriedigen mich nicht als Lösungsversuche. Man wird sich schließlich auch nicht zu der verwegenen und menschenverachtenden Behauptung versteigen dürfen, all die unsäglichen Leiden seien so etwas wie der Preis, der für den Fortschritt, wie immer man den auf politischem, sozialem und kulturellem Gebiet bestimmen mag, zu bezahlen ist. Es verstößt gegen die Menschenwürde, allen auf der Strecke Gebliebenen nur die Opferrolle zuzugestehen. Der Blick in die Geschichte muss sich auf andere Weise auszahlen: nämlich dadurch, dass man aus den Irrtümern, ideologischen Verblendungen und Verbrechen in der Geschichte lernt, dass man Lehren daraus zieht, wie dergleichen in Zukunft verhindert werden kann, und dass man sich entsprechend engagiert.

Anders als beim Blick in die Weltgeschichte steht es dagegen mit dem Blick in die individuelle Lebensgeschichte, die eigene und der anderen Menschen, die vielleicht mit Gott und dem Schicksal hadern. Hier darf man fragen, ob es nicht auch Momente – Fügungen, glückliche Zufälle und Erlebnisse – in der Biographie gibt, für die man Gott danken kann und die möglicherweise einiges andere aufwiegen. Das ist sicher am besten in der Seelsorge möglich, aber auch in allgemeinerer Form in der Predigt.[66] Wer predigt, sollte über so etwas wie eine Hermeneutik zur Deutung individueller Lebensgeschichte und zum Umgang mit schwierigen Lebenssituationen verfügen, sich zumindest um eine solche bemühen.

b) Dem durch jeweils bestimmte Erfahrungen ausgelösten und emotionsgesteuerten unmittelbaren Protest gegen einen Gott, der nicht eingreift, sondern das Übel zulässt, muss man sein volles Gewicht belassen und ihn als jedenfalls subjektiv berechtigt anerkennen. Was spontan aus dem menschlichen Gemüt hervorbricht, darf nicht ignoriert oder kleingeredet werden, es kann und darf auch nicht durch Verbote und Mahnungen, sich nicht zu „versündigen", unterbunden oder verdrängt werden. Niemand ist zuzumuten, aus seinem Herzen eine Mördergrube zu machen; die elementaren psychischen Prozesse sind nicht zu bändigen. Wer als Christ predigt, stellt sich auf die Seite Hiobs, der sich von seiner Rebellion gegen Gott durch die Erklärungs- und Beschwichtigungsversuche seiner Freunde nicht abbringen lässt.

Was kann man als Prediger tun? Was dem mit Gott hadernden oder sein Dasein im Zusammenhang mit dem Theodizeeproblem bezweifelnden Menschen hilft, ist zunächst einmal das, was den Freunden Hiobs in ihren Reden abgeht: Verständnis, Einfühlung, herzliche Anteilnahme und Solidarität. Man darf ihm auch sagen, dass es besser und christlicher ist, mit Gott zu hadern als wortlos und klaglos zu verbittern. Und wer zweifelt, und zwar mit dem Herzen, ist ja schon ganz nah dran an der Sache des Glaubens. Denn nur wer glaubt oder glauben möchte, kann auch richtig zweifeln, nämlich so, dass es weh tut; wer dagegen uns Christen gleichsam aus der Ferne betrachtet und sich fragt, ob wir wohl „auf das richtige Pferd gesetzt haben", der *be*zweifelt nur, zweifelt aber nicht wirklich und ernsthaft, weil es ihn innerlich kalt lässt, nicht weh tut. Der eigentliche Zweifel ist ein Privileg des Glaubens.

Man kann und sollte allen akut Betroffenen auch von Menschen erzählen, die in gleicher Bedrängnis und Anfechtung nicht, jedenfalls nicht dauerhaft, an Gott irre geworden sind, sondern im Vertrauen auf Gottes unfassliche Güte ihren Weg als Christenmenschen dennoch zu Ende gegangen sind.[67] Solche Zeugnisse sind wir den Hörern und Hörerinnen der Predigt schuldig. Auch die Märtyrer haben uns Evangelischen noch etwas zu sagen. Dabei müssen die Prediger sich

[66] Mehr dazu: R. Preul, Seelsorge als Bewältigung von Lebenssituationen, in: J. Scharfenberg (Hg.), Freiheit und Methode. Wege christlicher Einzelseelsorge, Göttingen 1979, 61–81.

[67] Hier bietet sich das Psalmwort an: „Dennoch bleibe ich stets an dir; denn du hältst mich bei meiner rechten Hand, du leitest mich nach deinem Rat und nimmst mich am Ende mit Ehren an." Ps 73,23f. Das „dennoch" steht zwar nicht im hebräischen Text, aber es ergibt sich aus dem Zusammenhang der Stelle, und es ist Luther zu danken, dass er es einsetzt, weil er wusste, dass der Akt des Vertrauens auf Gott nicht anders als im Bewusstsein eines „dennoch" möglich ist.

aber hüten, die Schrecknisse, welche die Theodizeefrage auslösen, noch einmal eigens und drastisch auszumalen, den Finger in die Wunde zu legen und darin herumzurühren und damit in das extreme Gegenteil des Verschweigens und Verdrängens zu verfallen. Es ist nicht die Aufgabe der Predigt, den Hörer von einem Schreckensort zum anderen zu führen und dabei die Angst zu schüren oder die Gewissen in diffuser Weise zu belasten, weil wir ja alle irgendwie mitschuldig seien, dass derartiges geschehen konnte und noch geschieht.

Wenn man aber auf diese Schreckensorte oder einen von ihnen, etwa weil sich ein Datum jährt, doch zu sprechen kommt, dann muss man auch etwas Substanzielles dazu sagen, und das heißt, dass man gemäß der Bezogenheit der Predigt auf die großen Polaritäten der menschlichen Existenz[68] auch auf den positiven Gegenpol verweisen muss: auf die christliche Hoffnung, auf die Erlösung von dem Bösen durch den, dessen das Reich ist und die Kraft und die Herrlichkeit in Ewigkeit. Das führt uns zum nächsten Punkt:

c) Die christlich-biblische Antwort auf die Theodizeefrage ist *Christi Leiden, Tod und Auferstehung*. Hier erleidet ein Mensch, der nach biblischer Überlieferung im Unterschied zu allen anderen Menschen ganz ohne Schuld ist, das Schlimmste bis hin zur Erfahrung der Verlassenheit und Gottesferne, wehrt sich auch gegen das Leiden in Gethsemane und nimmt es dann aber in der Beugung unter den Willen seines himmlischen Vaters und um unsere Erlösung willen auf sich und geht dabei durch die Kraft dessen, der der Herr ist über Leben und Tod, nicht endgültig unter. Hier erreicht uns nun die dringende Mahnung, die Luther im „Sermon von der Bereitung zum Sterben" (1519) an jeden Christenmenschen, der den eigenen Tod unmittelbar vor Augen hat, richtet, die aber auch für jeden gelten kann, der durch das Leiden und Sterben anderer innerlich aufgewühlt ist: „Darum lass es (sc. das Bild des leidenden, sterbenden und auferstandenen Christus) dir nur nicht aus den Augen nehmen und suche dich nur in Christo und nicht in dir, so wirst du dich ewiglich in ihm finden."[69] Die Versenkung in die Passion Christi ist deshalb von so großer, das Gemüt zutiefst berührender und auch von keiner Märtyrerlegende zu übertreffender Kraft, weil Christus alle Schrecken des Todes selbst erlitten hat, auch von den teuflischen Schreckbildern angefochten wurde, und dennoch hindurchgedrungen ist zum Leben in ewiger Herrlichkeit und Seligkeit. In seinem Geschick wird die *ganze* Polarität anschaulich und paradigmatisch symbolisiert, mit der es die Predigt bei der Theodizee-

[68] Ich erinnere an die Ausführungen zur Kommunikationsform Predigt unter 2.1.

[69] WA 2, 690. Zur Interpretation dieses für die Seelsorge wohl bedeutendsten Traktats aus der Feder unseres Reformators vgl. R. Preul, Der Tod des ganzen Menschen. Luthers Sermon von der Bereitung zum Sterben, in: Der „ganze Mensch". Perspektiven lebensgeschichtlicher Individualität. FS Dietrich Rössler, hg. von V. Drehsen u. a., Berlin / New York 1997, 111–130.

frage zu tun hat. Ich empfehle dringend, dem in Luthers Sermon gegeben Hinweis auf die Passion Christi zu folgen, wenn und sooft die Theodizeefrage zum Gegenstand der Predigt wird.

d) Si Deus unde malum? Hier wird nach dem Ursprung des Bösen und aller Übel gefragt. Wie wäre es, wenn wir im Gegenzug auch einmal nach dem *Ursprung des Guten* fragen: Si non Deus unde bonum? Ich biete dazu einen Gedankengang an, der in mir selber immer wieder abläuft, wenn der Eindruck des Entsetzlichen mein Gemüt überfällt und der zwar das Theodizeeproblem auch nicht „löst", aber doch relativiert, es ins zweite Glied zurücktreten lässt und damit aushaltbar macht.

Zuerst ist zu klären, was denn das Gute ist, nach dessen Ursprung und Möglichkeit mit dem „unde bonum" gefragt wird. Mir scheint: Das Gute schlechthin, das, was uneingeschränkt als gut bezeichnet werden kann, ist nicht der gute Wille, wie Kant meinte, sondern die *Liebe.*[70] Freilich gibt es auch eine Pathologie der Liebe, etwa in der Form, dass jemand aus Angst vor eventueller Untreue einer geliebten Person diese in einer Weise an sich zu binden sucht, die sie zu einem beherrschbaren Objekt macht.[71] Aber solche Liebe ohne Vertrauen ist keine wirkliche, keine reine Liebe mehr. Die wahre und reine Liebe, sowie deren Größe, ist u.a. und besonders deutlich an der Trauer im Falle des Verlustes des geliebten Menschen zu erkennen: Je tiefer die Liebe, desto tiefer ist dann auch die Trauer. Um diese Liebe, die auf das maximale Wohl des oder der Geliebten im Rahmen einer symmetrischen wechselseitigen Beziehung aus ist, geht es hier. Sie ist in der Vielfalt ihrer Erscheinungsformen, die natürlich über Zweierbeziehungen weit hinausreichen, indem sie auch die Familie, den Freundeskreis, ja schließlich die Menschheit in ihrer Hilfsbedürftigkeit insgesamt betreffen, das Beste in der Phänomenologie des menschlichen Lebens. Ich muss die Liebe in ihren Erscheinungs- und Äußerungsformen hier nicht beschreiben, denn erstens kennen wir sie alle schon, und sei es in Gestalt der Sehnsucht nach ihr, und zweitens hat die beste Beschreibung schon der Apostel Paulus im sogenannten Hohenlied der Liebe (1 Kor 13) gegeben, wobei er sie auch ebenso hoch bewertet wie wir, wenn

[70] Allenfalls, aber mit gewissem Abstand, könnte man hier auch auf die Musik und die ganze Kunst verweisen, sofern sie sich dem Guten und Wahren und Schönen verpflichtet weiß. Aber man kann zur Not ohne Kunst leben oder mit einem Minimum davon, nicht aber ohne die Liebe, wie sie schon der Säugling erfährt, indem die Eltern sich ihm in ihrem Für-ihn Dasein leiblich zu erleben geben. Liebe ist der Inbegriff alles Guten; sie ist Motivation und Kraft zu allen guten Werken, wie schon Paulus, Augustin und Luther wussten und einprägsam zum Ausdruck brachten. Der gute Wille ist natürlich auch nicht gering zu schätzen, aber er ist ein Implikat der Liebe, nicht das Gute schlechthin.

[71] Weiter gehört zur Pathologie der Liebe, dass sie erkalten kann zur Gleichgültigkeit, dass sie umschlagen kann in ihr Gegenteil, den Hass, und dass sie auch durch Androhung von Liebesentzug als Zwangsmittel missbraucht werden kann.

er sie sogar über den Glauben und die Hoffnung stellt. Die Fundamentalität der Liebe zeigt sich auch darin, dass wir, wenn wir sie nicht kennen würden, auch die Theodizeefrage nur allenfalls als theoretische Frage, nicht aber in persönlicher Betroffenheit stellen könnten.

In einem *zweiten* Gedankenschritt nehme ich mir ein Herz und halte es für sachlich geboten anzunehmen, dass diese Liebe, die wir als ein Optimum in der Welt erkannt haben, auch schon im Anfang und Ursprung aller Dinge, den wir „Gott" nennen, da gewesen sein muss. Wir würden sie ja auch gar nicht kennen, wenn sie nicht in der Schöpfung selbst, sagen wir ruhig: im Schöpfungsplan als beständige Möglichkeit ihres Wirklichwerdens und Wirksamwerdens enthalten wäre.

Wenn aber alles, wenn der ganze Weltprozess aus einem guten Ursprung, aus einem Gott, der selber Liebe ist, entstanden ist und fortbesteht und seinen Lauf nimmt, dann wird, und das ist nun der folgerichtige *dritte* Schritt, dieser Gott als Schöpfer, Erlöser und Vollender der Welt auch alles zu einem guten, gerechten und seligen Ende führen, trotz aller Katastrophen zwischendrin. Diese *großartige Vision* eines in göttlicher Liebe gründenden Gesamtprozesses, der auch die Verheißung eines seligen Endes menschlicher Einzelschicksale einschließt, diese Vision, und sie allein, lässt uns aufatmen und Hoffnung schöpfen in aller Bedrängnis.

Zu dem hier skizzierten Gedankengang, der den Kern meiner eigenen Theologie zur Darstellung bringt, noch einige Erläuterungen:

Der Schluss, dass Gott Liebe ist beziehungsweise dass die Liebe schon ursprünglich eine Eigenschaft des Schöpfergottes ist, verdankt sich nicht dem Blick auf den Weltprozess in Natur und Geschichte – aus ihm nährt sich, wie gesehen, vielmehr immer wieder der Zweifel an Gottes Güte und Gerechtigkeit –, sondern er resultiert aus der Erfahrung und Empfindung der Liebe selbst, ferner daraus, dass Gott nicht als böse oder in sich zwiespältig gedacht werden kann, wenn er „Gott" und nicht ein Dämon sein soll (also aus einem „analytischen" Urteil in der Terminologie Kants) und nicht zuletzt aus dem Blick auf den, der nichts als Werke der Liebe tat und zugleich bezeugte, dass sie nicht seine Werke, sondern die seines Vaters im Himmel seien (Joh 14,10).

Indem Jesu Liebe uns transparent wird für die Liebe Gottes, die sich seiner bedient zum Wohle der Menschheit, aber zugleich auch darüber hinausreicht, wenn sie ihn nicht im Tode lässt, erscheint uns auch die Liebe, die wir selber üben und von anderen erfahren, in diesem Licht: Gottes Handeln wird in ihr transparent und gegenwärtig wirksam, bedient sich ihrer und geht über sie hinaus, denn sie ist auch noch da und wirksam, wo unsere eigene Liebe am Ende ist, in unserem Sterben.[72] Wir können sagen: Die Liebe ist *mehr als ein rein menschliches Phänomen,* das wir der Evolution als ein Mittel unseres Überlebens verdanken. Sondern wo immer Liebe, der Inbegriff und die Energie alles Guten, unter uns geschieht, da ist Gott als fortwirkende Ursprungsmacht auch schon *in ihr präsent,* der sie in sein eigenes Liebeshandeln hineinnimmt, ohne dass dieses ganz in ihr aufgeht. Das alles ist zusammengefasst in dem Spitzensatz johanneischer Theologie: „Gott ist Liebe, und wer in der Liebe bleibt, der bleibt in Gott und Gott in ihm." (1 Joh 4,16b) In diesen Satz gilt es sich einzuleben. Darin besteht die Bildungsgeschichte eines Christenmenschen.

„Si non Deus unde bonum?" Wir haben zu zeigen versucht, dass diese Frage der Frage „Si Deus unde malum?" aufgrund allgemeinmenschlicher Erfahrung als zumindest gleichberechtigt entgegengestellt werden kann und dass ihr theologisch sogar der Vorrang einzuräumen ist. Wir müssen sie abschließend nur noch gegen einen Einwand verteidigen.

Man könnte nämlich versuchen, die Frage nach dem Ursprung des Guten ohne Bezugnahme auf Gott zu beantworten. Ist alles Gute vielleicht nur daraus zu erklären, dass die Menschen sich gegen das Böse und Bedrohliche - das Leiden, das blind zuschlagende Schicksal, die übermächtigen Naturgewalten, dazu alle vom Menschen selbst verursachten Übel - zur Wehr setzen, Mittel dagegen erfinden und Maßnahmen dagegen treffen? Und die Summe all dieser Mittel und Maßnahmen wäre dann das, was wir das Gute nennen? Daran ist sicher einiges richtig, denn diese Mittel und Maßnahmen sind ja, weil sie das menschliche Leben, das individuelle wie auch das gemeinschaftliche, schützen, ohne Zweifel gut. Aber dennoch kann ich diese Lösung, die dem Bösen in der Welt gleichsam den absoluten Primat in ontologischer und hermeneutischer Hinsicht gibt, nicht als *die* Lösung akzeptieren. Denn wir erleben und identifizieren sehr viel Böses ja überhaupt nur, weil wir das Gute, insbesondere die Liebe, schon kennen und dann erfahren, dass es uns genommen, vorenthalten, vereitelt oder zerstört werden kann. Das Böse ist Raub am Guten, privatio boni.[73] Wir müssen also vom *Vorsprung des Guten* ausgehen. Die Liebe ist etwas Ursprüngliches, und sie wird ja auch in jedem Leben, beginnend schon im Mutterleib, zuerst erfahren; und manchem ist es auch vergönnt, in der Geborgenheit der Liebe zu sterben, denn die Fähigkeit, Liebe zu empfangen und auch zu erwidern und in vielleicht nur noch stummen Zeichen auszudrücken, bleibt wunderbarerweise bis zum

[72] Ich stimme damit dem von Dorothee Sölle in Umlauf gebrachten Satz „Gott hat keine anderen Hände als unsere" nicht zu, so richtig es ist, dass unsere Hände seine Hände sein können und oft auch sind.

[73] Die genau gegenteilige Behauptung findet sich im Epilog zur „Fromme(n) Helene": „Das Gute - dieser Satz steht fest - ist stets das Böse, was man lässt." Aber Wilhelm Busch redet hier wie fast überall in seinen Werken ironisch, nicht dogmatisch.

Schluss, auch wenn die körperlichen und geistigen Kräfte schwinden, erhalten. Und schließlich: Evolutionstheoretisch wäre die Liebe auch nicht unbedingt erforderlich, und sofern man das Gute nur als Reaktion auf das Böse verstehen will, so gelangt man auch nur zu äußeren Mitteln und Maßnahmen, aber wohl kaum bis zur Liebe als einem unverzichtbaren anthropologischen Datum.

Die ganze unter Punkt d vorgeführte Überlegung soll natürlich nicht so etwas wie ein stringenter Gottes*beweis* aus der Liebe sein, sondern es ging mir darum, *theologische Stimmigkeit* innerhalb des christlichen Wirklichkeitsverständnisses – als Gottes-, Welt- und Menschenverständnisses – gedanklich akzeptabel und für die subjektive Frömmigkeit hilfreich herzustellen, so dass das Theodizeeproblem, das wir nie los werden, weil es sich immer wieder von selbst meldet, *im Glauben aushaltbar,* man kann auch sagen: *überwunden,* wenn auch nicht glatt auflösbar wird. Der Auslöser aller Überlegungen zur Theodizee ist ja immer wieder eine gedanklich wahrgenommene und zugleich tief und schmerzhaft empfundene Unstimmigkeit, nämlich zwischen Gottesbegriff und Welterfahrung. Diese kognitive Dissonanz galt es zu bewältigen durch eine gleichsam höhere, auf die ganze Wirksamkeit Gottes und deren Charakter als Ausdruck der Liebe und Treue des Schöpfers zur Schöpfung bezogene Stimmigkeit.

Akzeptiert und verinnerlicht man den Gedanken dieser höheren durch Gott selbst gewährleisteten Stimmigkeit, dann wird die Wahrnehmung des Bösen, des Schrecklichen, des unschuldigen Leidens, der großen Katastrophen und der Tücken des Schicksals zwar nicht mehr als kognitive Dissonanz zwischen Gottesvorstellung und Welterfahrung erlebt und erlitten – die höhere und ultimative Stimmigkeit lässt sie ja unter sich –, sie verliert aber, wo und wann jene die Theodizeefrage auslösenden Ereignisse eintreten, nichts von ihrer Wucht für das elementare psychische Erleben, zumal wenn sie uns selber in unserem persönlichen Lebensvollzug ereilen. Erlebt wird dann, jedenfalls solange sie uns auf der elementaren Ebene des Gefühls im Griff haben, ein Zustand innerer Lähmung und Taubheit, der uns erst einmal und vielleicht sogar definitiv empfindungslos macht für alles, was der Glaube uns an Trost und Hoffnung und Lebensorientierung zu geben vermag. Die Rangordnung der unserem christlich bestimmten Selbstbewusstsein eigenen Wertigkeiten kommt ins Rutschen. Denn das ganze Gefüge christlich-religiöser Vorstellungen und Symbole sowie der christlichen Lehre, auch wenn es in sich stimmig ist, verliert seinen Reiz und seine Attraktivität für unsere seelische Existenz, weil es im Spiel der psychischen Kräfte nicht ankommt gegen die momentane Gewalt des Schmerzes, die uns gefangen hält. – Ein Ausweg aus dieser bedrängten Lage und damit eine Rückkehr zum Trost und in die Geborgenheit der ultimativen Stimmigkeit von Gottes Welt und Wirklichkeit kann dann etwa so erfolgen, dass in uns, vielleicht allmählich und schrittweise, die Ahnung entsteht, dass Gott, wenn er denn nach 1 Joh 4,16b

„Liebe ist", dann auch in unserem Schmerz, unserer Empörung, unserem Mitleiden, unserer Trauer – alles Empfindungen, die aus der Liebe entspringen und ohne sie gar nicht möglich gewesen wären – immer noch bzw. schon selbst *anwesend* ist. Und das ist dann der Anfang einer Heimholung in das christliche Glaubensbewusstsein, in das „Haus des Herrn" (Ps 23).

Hat man eine Krise einmal auf dem Wege eines solchen Erlebnis- und Erkenntnisprozesses überstanden, dann hat man dabei auch einiges hinzugelernt: Es hat sich gezeigt, wie stark die „irdischen", menschliche Gefühle und Leidenschaft involvierenden Bindungen unser psychisches System und das sich darin aktuell abspielende Seelenleben beeinflussen. Das mag sich weiter mit der Einsicht verbinden, wie schwach und realitätsfern, weil Grundelemente der menschlichen Natur verleugnend, sich demgegenüber bestimmte Empfehlungen bzw. Anleitungen und Übungen aus gewissen Bereichen von Psychologie und Spiritualität erweisen: man möge doch „positiv denken" oder man könne sich aus der Welt und ihrem Elend herausmeditieren, vielleicht nach gnostischem Muster. Und vor allem hat man durch die Krise und ihre nachgängige Reflexion die Erfahrung gemacht, *dass* es einen Ausweg und Rückweg aus jenen lähmenden subjektiven Tiefpunkten gibt und auch *wie* das geschehen kann. Denn es hat sich erwiesen, dass die niederschmetternden Ereignisse, welche die Theodizeefrage auslösen, das Gesamtsystem des christlichen Wirklichkeitsverständnisses nicht sprengen, sondern dass sie ihren Ort *innerhalb* dieses Systems haben: theologisch besonders in der Christologie und narrativ – will sagen: in der christlichen Großerzählung, wie sie durch die biblischen Texte dargeboten wird – in der Geschichte von der Passion Jesu Christi. Und diese Gewissheit vom Eingebundensein jener Tiefpunkte in das narrativ-symbolische und in das begrifflich-reflektierte System des Glaubensbewusstseins hat dann auch eine befreiende Wirkung auf das christlich-religiöse Subjekt.

Wollen wir durch unsere Predigten dazu beitragen, dass der Erlebnis- und Erkenntnisprozess in der soeben beschriebenen Weise in den Hörern, sofern sie aktuell in jene innere Notlage geraten, tatsächlich ablaufen kann, dann ist besonders darauf zu achten, wie wir vom Vertrauen des Christenmenschen auf Gott reden. Es muss nämlich – natürlich auf schonende Weise – verhindert werden, dass „einfältige" fromme Gemüter sich in falscher Sicherheit wiegen, indem sie meinen, Gott würde sie schon wegen ihres festen Glaubens und ihrer täglichen Gebete um Bewahrung vor allem Übel vor schweren Schicksalsschlägen behüten. Treten sie dann doch ein, dann zersprengen solche Erlebnisse tatsächlich das bisherige System ihres Glaubensbewusstseins, weil sie keinen Ort innerhalb dieses Systems hatten. Den Menschen ist zu sagen: Natürlich dürft und sollt ihr Gott um alles bitten, gerade auch um Verschonung von Lasten, die ihr nicht tragen zu können meint, aber ihr müsst wissen, dass das, was ihr befürchtet, dennoch geschehen kann und dass Gott, weil er Liebe ist, auch dann noch bei euch ist und helfen kann.

Ich wollte mit der vorgestellten Überlegung zu der Gegenfrage „Si non Deus unde bonum?", die mir selber in der Anfechtung hilft, den Predigern und Predigerinnen helfen, die dem für den gegenwärtigen Menschen besonders virulenten Theodizeeproblem nicht ausweichen können und dürfen. Es ist möglich, den Gedankengang in knapper Zusammenfassung auch auf der Kanzel zu artikulieren: Ich halte mich an das unbestreitbar Beste in der Welt und im Leben, denke das in den göttlichen Ursprung aller Dinge hinein und hoffe von daher auf eine diesem Ursprung entsprechende Vollendung des Weltprozesses und der individuellen menschlichen Lebensgeschichte. Und natürlich empfehle ich jedem Prediger und jedem nachdenklichen Christenmenschen, das vielschichtige und facettenreiche Phänomen der Liebe überhaupt gründlich zu bedenken, nicht nur begrifflich, sondern auch anschaulich und an Beispielen orientiert[74]; denn die Liebe ist kraft ihrer Selbstevidenz der hermeneutische Schlüssel zum Ganzen des christlichen Wirklichkeitsverständnisses.[75]

4.2.5 Anthropologisch konstante Zugänge zur Gottesbeziehung

Wir haben uns in den vorhergehenden Teilkapiteln mit den Blockaden beschäftigt, die es dem Zeitgenossen schwer machen, sich auf den Gott der Bibel einzulassen, und wir haben jeweils auch Hinweise gegeben, wie darauf in der Predigt positiv reagiert werden kann. Diese Reihe positiver Hinweise ist jetzt noch etwas fortzusetzen, ohne Vollständigkeit zu beanspruchen.

Von „anthropologisch konstanten" Zugängen darf hier geredet werden, weil sie *jederzeit* gegeben sind und aktualisiert werden können, also nicht spezifisch modern oder neuzeitlich sind, wohingegen die behandelten Blockaden jeweils einen für die Moderne zeittypischen Hintergrund haben, der ihr prononciertes Hervortreten im Bewusstsein der Zeitgenossen – nicht freilich ihre Möglichkeit überhaupt, die in der strukturell invarianten conditio humana gegeben ist – be-

[74] Dabei kann man auf der Kanzel auch auf Filme, Romane und Erzählungen zurückgreifen. Insbesondere Tolstojs „Volkserzählungen" sind eine wahre Fundgrube für dieses Thema, auch für seine Abgründigkeit und nicht zuletzt für seine Beziehung auf das Gottesbild. Die anrührende Geschichte von dem Schuhmacher Martyn Awdrejitsch sollte jeder Prediger lesen, denn sie formuliert schon in ihrem Titel „Wo Liebe ist, da ist Gott" die Antwort, die wir jedem geben können, der angesichts des Schrecklichen in der Welt nach der Präsenz Gottes fragt. Erzählungen mit ihren konkreten Szenen, Personen und Schicksalen sind nach meiner Erfahrung homiletisch besser geeignet als die für manche schwer verständliche und ein hohes Sprachvermögen voraussetzende Lyrik, wie besonders die zeitgenössische.

[75] Zur Liebe als theologischem Thema verweise ich besonders auf K. Stock, Gottes wahre Liebe. Theologische Phänomenologie der Liebe, Tübingen 2000.

dingt. Sie sind in ihrer Heftigkeit und Hartnäckigkeit eng verbunden mit dem durch die Naturwissenschaften direkt oder indirekt propagiertem materialistischem bzw. physikalistischem Weltbild (4.2.1), der Dominanz ökonomischer Rationalität (4.2.2), der kulturell und religiös pluralistischen Gesellschaft (4.2.3) und den großen Katastrophen und Verbrechen des 20. Jahrhunderts mit seinen inhumanen Diktaturen (4.2.4), wobei all das natürlich auch seine Vorläufer in früheren Epochen hatte.

Demgegenüber gibt es immer wieder in der Biographie von Individuen auftretende Situationen und Motive, die einen vergleichsweise leichten Übergang des Bewusstseins und des Gefühls zum Gottesbewusstsein, zur Frömmigkeit und ihrer Sprache bewirken und die homiletisch ebenso relevant sind wie jene Blockaden. Zu reden ist: vom *Dank* (a), von der *Klage* (b), vom *Bedürfnis nach einer Instanz, welche die Wahrheit ganz kennt (c)* und von der Last einer schweren *Schuld*, die nicht vom Subjekt selbst und allein bewältigt werden kann (d).[76] Dabei geht es stets um die Beziehung zu einem Gott, der als personale Instanz vorgestellt wird, also den Gott, auf den die christliche Frömmigkeit sich als ihr Gegenüber bezogen weiß und deren intensivster Ausdruck das Gebet ist.[77]

a) *Dank.* Sofern jemand nicht nur für eine einzelne Wohltat, die er von jemand anderem empfangen hat, Dank empfindet, sondern etwa für sein ganzes bisheriges Leben, dann kommt als Adressat solchen Dankes, insbesondere, wenn er auch ausgesprochen werden soll, nur Gott infrage. Solche Dankbarkeit drängt gleichsam ins Gebet. Dass man dabei auch vielen einzelnen Personen, die zum Gelingen des Lebens beigetragen haben, dankbar ist und diesen Dank ihnen gegenüber, sofern sie noch erreichbar sind, auch ausspricht, das versteht sich von selbst. Aber auch die Summe solcher Danksagungen macht den Dank an Gott, der dieses Leben möglich werden ließ, keineswegs überflüssig. Ähnlich verhält es sich im Falle des Dankes für das Leben eines Verstorbenen, sofern er nicht nur empfunden wird, sondern auch verbal zum Ausdruck gebracht werden möchte. Wohin jetzt mit diesem Dank, wenn nicht an Gott? Dem Verstorbenen selbst gegenüber kann man wohl zutiefst dankbar sein, aber man kann nicht sagen: „Ich

[76] Die zumeist leicht dahingesagten Redewendungen „Gott sei Dank“, „Gott sei's geklagt“, „weiß Gott“ und „zum Gotterbarmen“ wären wohl längst aus unserer Alltagssprache verschwunden, wenn sie nicht solchen beständigen ernsthaften Hintergrund hätten.

[77] Vgl. hierzu die Beiträge in MJTh XIX / 2007 (Personalität Gottes). Die theoretischen (philosophischen, epistemologischen, hermeneutischen) Probleme, die sich mit der Personalität Gottes verbinden – etwa wie sich seine und die menschliche Personalität zueinander verhalten (E. Herms spricht in seiner Systematischen Theologie von „schaffendem“ und „geschaffenem Personsein) – sowie die Frage, wie sich das Personsein Gottes trinitätstheologisch explizieren lässt, müssen hier nicht diskutiert werden.

danke dir, dass es dich gab!“[78] Und den Dank bei dessen oder deren Erzeugern, falls sie noch am Leben sind, abzugeben, ist auch keine adäquate Lösung; man kann ihnen nur für das danken, was sie für die verstorbene Person getan haben, Dank für deren Erzeugung wäre komisch bzw. geschmacklos.

Doch Dank an Gott legt sich auch in anderen Fällen nahe, so besonders nach unvorhergesehener Rettung aus Todesgefahr, wo ein „noch mal davongekommen“ als zu profan erscheint. Oder auch eine reiche Ernte gibt Anlass, dem Schöpfer zu danken, denn „Wachstum und Gedeihen steht in des Himmels Hand“ (EG 508, Vers 1).

b) *Klage.* Was hierüber zu sagen ist, hätte auch schon im Zusammenhang mit der Theodizeefrage vorgebracht werden können, gleichsam als eine mildere Form ihrer psychischen Verarbeitung; „milder“, weil die Existenz Gottes nicht, noch nicht oder nicht mehr infrage gestellt wird, wo ein Mensch Gott sein Leid klagt und um Barmherzigkeit bittet. Die Klage geht zwar oft bis an die Grenze zur Anklage, überschreitet sie aber in der Regel nicht. Es gibt zahlreiche Klagepsalmen, aber keine Anklagepsalmen. Die Klagepsalmen gehören zu den wichtigsten Ausdrucksmitteln, welche die Kirche für den klagenden Menschen bereithält.[79]

Unter den vielen Anlässen zur Klage ist besonders die *Trauer* hervorzuheben, denn gerade in dieser seelischen Situation entsteht das Bedürfnis, seine Klage nicht nur gegenüber anderen Personen zum Ausdruck zu bringen, deren Mitgefühl als wohltuend empfunden wird, sondern sich auch an eine Instanz zu wenden, die zum einen Herr über Leben und Tod ist und zum anderen ganz in das menschliche Herz hineinblickt und daher die Klage ganz aufzunehmen und letztgültigen Trost zu spenden vermag. Der Ort solcher Klage ist wieder das Gebet. Wer tief trauert, weil er den geliebten Lebensgefährten verloren hat oder ein Kind oder die Eltern oder eine andere nahestehende Person, befindet sich in der Gefahr, sich selbst zu entgleiten, zu vereinsamen, sich in unüberlegte Aktionen als Entschädigung oder Betäubung zu stürzen; er muss das eigene Leben äußerlich und innerlich neu organisieren und stabilisieren, denn das ihn bislang bestimmende System enger sozialer Beziehungen und Interaktion ist beschädigt, und die eigene verunsicherte Identität muss neu definiert werden. Und in dieser schwierigen Situation empfinden nun nicht wenige Menschen, dass die Kommunikation mit Gott eine wirksame und dauerhaft orientierende Hilfe in Bezug auf das soziale, das psychische und das beides übergreifende Sinnsystem verspricht.

[78] Man kann das übrigens auch keinem Lebenden im Präsens sagen, sondern nur: „Ich bin froh, dass es dich gibt!“

[79] Sie bietet es auch denjenigen an, die im Zusammenhang mit dem Theodizeeproblem mit Gott hadern und ihn anklagen, um ihnen die Zurückstufung der Anklage auf die Klage zu ermöglichen.

c) *Allwissende Instanz.* Ein weiterer, aber weniger beachteter Fall, in welchem das auf die empirische Realität gerichtete Bewusstsein den Überschritt zum Gottesbewusstsein spontan vollzieht, ist das in gewissen Situationen entstehende Verlangen, eine die Wahrheit wirklich kennende allwissende Instanz als Zeugen aufrufen zu können. Diese Berufung auf Gott als Zeugen oder zustimmenden Mitwisser kann sich auf die Ernsthaftigkeit einer Äußerung beziehen, aber auch und meistens zugleich auf deren Wahrheitsanspruch, also auf das Recht eines Menschen, gerade dieses zu sagen oder zu tun, möglicherweise gegen alle Bestreitung und allen Widerstand vonseiten Dritter. Luthers Schlusssatz seiner Rede in Worms, in der er die Weigerung, seine Position zu widerrufen, begründet: „(Hier stehe ich, ich kann nicht anders!) Gott helfe mir! Amen" ist das Paradebeispiel für solche Situationen.[80]

Wir verwiesen bereits im Zusammenhang der Rechtfertigungsthematik auf die *anthropologische Grundlage* solcher Appellation an eine höchste Instanz, die darin besteht, dass der Einzelne sein Verhalten nicht nur vor sich selbst, seinem angeblich autonomen Gewissen, verantwortet, sondern zugleich immer auch vor einem externen, sei es realem oder bloß imaginiertem Forum. Bei Entscheidungen gegen den Trend, gegen den Mainstream, gegen die communis opinio ist man in der Regel immer noch bemüht, schon um nicht in den Verdacht eigensinniger Rechthaberei zu geraten, die Zustimmung oder wenigstens das Verständnis nahestehender Personen zu erlangen. Gelingt das nicht, so rekurriert man in seiner Vorstellung auf die letzte und höchste Instanz als Rückhalt: Existiert diese, so müsste sie mir Recht geben. Solche Berufung auf Gott impliziert dann freilich, dass man sich dem Urteil Gottes auch für den Fall, dass man sich auf falschem Wege befinden sollte, unterwirft. Die Bezugnahme auf Gott im Gewissen befreit von der Vormundschaft der Anderen[81] und ist damit auch eine Quelle persönlichen Mutes und persönlicher Freiheit.

d) *Schuld.* Auch dieser letzte Punkt in unserer Reihe hängt mit dem anthropologischen Phänomen des Gewissens und der Verantwortung zusammen.[82] Wer

[80] Den in die Klammer gesetzten Satz hat Luther zwar in Worms nicht gesprochen, er ist aber unter seiner Mitwirkung in die Berichterstattung und damit in das allgemeine Gedächtnis der Szene in Worms eingegangen. Genaueres dazu jetzt bei Th. Kaufmann, „Hier stehe ich!" Luther in Worms – Ereignis, mediale Inszenierung, Mythos, Stuttgart 2021. Man muss auch sagen, dass gerade die längere Fassung das, was in der Szene auf dem Reichstag geschah und wofür sie hier exemplarisch angeführt wird, am treffendsten zum Ausdruck bringt.

[81] Bei Politikern auch von der Partei und den Wählern! Entscheidungsträger müssen gegebenenfalls auch die Courage für ganz unpopuläre Maßnahmen aufbringen.

[82] Zum Begriff des Gewissens vgl. R. Preul, Die Bedeutung des Gewissensbegriffs für die Seelsorge, in: ders., Luther und die Praktische Theologie. Beiträge zum kirchlichen Handeln in der Gegenwart, Marburg 1989, 71–83; ferner: W. Härle, Ethik, 2., überarbeitete und aktualisierte Auflage, Berlin/Boston 2018, 105–108.

durch sein Fehlverhalten eine Schuld gegenüber anderen Menschen auf sich lädt – und wem passiert das nicht? –, bemüht sich, wenn er nicht innerlich ganz abgestumpft ist, um Wiedergutmachung, wobei es einerseits um Ersatz für den angerichteten Schaden und andererseits um die Wiederherstellung der menschlichen Beziehung zwischen Täter und Opfer, so wie die Beziehung vorher war, geht. Letzteres geschieht durch Bitte um Vergebung und deren Gewährung, die freilich auch verweigert werden kann. Es kommt aber vor, dass eine solche „Bereinigung", bei der allerdings die peinliche Erinnerung im Gewissen oft bestehen bleibt, auf zwischenmenschlicher Ebene nicht mehr möglich ist. So verhält es sich z.B., wenn jemand den Tod eines Menschen aus Fahrlässigkeit oder Unachtsamkeit im Straßenverkehr verursacht hat und über diese schwere Schuld nicht hinwegkommt, weder aus eigenem Vermögen noch durch die Anteilnahme anderer Personen, auch nicht durch Verdrängung oder die angeblich alle Wunden heilende Zeit. Hier ist es wiederum nahe liegend, fast zwingend, sich an eine höhere Macht als letzte Instanz zu wenden; denn nur sie könnte durch ihre Anteilnahme und Annahme des Schuldigen neuen Lebensmut und Hoffnung vermitteln oder wenigstens Erleichterung verschaffen. Bereits Luther hat dem Gedanken zum Durchbruch verholfen, dass Gott nicht einzelne Sünden, die man in der Beichte vollständig aufzählen müsste, vergibt, sondern dem Sünder, der sich als solcher weiß und zu seiner Schuld bekennt, Gemeinschaft und Versöhnung mit ihm und mit sich selbst gewährt.[83]

Ich habe bei den Punkten a-d auf extreme, psychisch besonders belastende oder bewegende Fälle verwiesen, weil daran der jeweilige Sachverhalt eines Ausgreifens des Bewusstseins auf die Gottesbeziehung unmittelbar evident wird. Der in Rede stehende Sachverhalt reicht aber weit darüber hinaus. Er betrifft auch weniger aufwühlende Ereignisse im Verlauf des Lebens, denen hier nicht im Einzelnen nachgegangen werden kann. Auch weniger Gravierendes kann immer wieder Anlass zum Dank an Gott, zur Klage vor ihm, zur Bezugnahme auf seine Allwissenheit und zum Verlangen nach seiner Gnade werden. Insgesamt tut sich hier ein weites Feld von Konkretionen und Anknüpfungspunkten für eine um Lebensnähe und deskriptive Genauigkeit bemühte homiletische Praxis auf.

Aber auch bezüglich aller im Vorhergehenden behandelten Möglichkeiten eines relativ leichten und spontanen Übergangs aus dem Weltbewusstsein ins Gottesbewusstsein ist auf *Hindernisse* hinzuweisen. Auch was naheliegend ist, kann unterbleiben. Und das geschieht oft. Einmal, weil sich die vier großen Barrieren

[83] Das eindrucksvolle Beispiel, das Hans van der Geest, Unter vier Augen. Beispiele gelungener Seelsorge, Zürich 1981, 117ff mitteilt (von einem Schrankenwärter, der durch übereiltes Öffnen der Schranken den Tod eines jugendlichen Mopedfahrers verschuldete und darüber nicht hinwegkommt), bestätigt den angedeuteten Bewältigungsmodus.

überall, wo es um Gott geht, also auch hier auswirken. Und zum anderen dürfte es an einer verbreiteten allgemeinen Seichtigkeit und Oberflächlichkeit in der Lebensauffassung und Lebenspraxis liegen, die in der gegenwärtigen Konsum- und Spaßgesellschaft ihren idealen Nährboden findet. Letzte Sinnfragen und ins religiöse Gebiet vordringende und womöglich grundlegende Entscheidungen anmahnende Überlegungen werden dann, solange es eben geht, als störend beiseitegeschoben: Nur nicht gründlich nachdenken! Sinnfragen seien etwas für Leute, die in puncto Lebensgenuss nicht auf ihre Kosten kommen. Will die Predigt hier etwas ausrichten, dann muss sie derzeitig anzutreffende typische Sozialisations- und Enkulturationsvorgänge und -mechanismen, insbesondere im Blick auf die nachwachsende Generation einschließlich ihrer Begeisterung für alles Digitale, kritisch durchleuchten und darauf bezogen ihr alternatives Menschenbild und Lebenskonzept als ein stimmiges, hilfreiches und bildendes Angebot zur Darstellung bringen, natürlich ohne Konsum und Genuss zu verteufeln und als Spaßverderber sich zu betätigen. Die Gegenwirkung wird hier weniger durch einzelne kritische Bemerkungen erzielt, sondern, wenn überhaupt, durch ein zeitgemäß vorgetragenes homiletisches Gesamtangebot.[84]

Fußend auf dem Abschnitt „Gepredigte Rechtfertigung" im Kapitel über den „Aussagegehalt der reformatorischen Predigt bei Luther" haben wir uns im jetzigen Kapitel bisher mit der Predigt von der Rechtfertigung sola fide und sola gratia in der Gegenwart befasst. Was hindert viele Zeitgenossen daran, sich diese Predigt zu Herzen zu nehmen, und was lässt sich, soweit es an uns liegt, geltend machen, damit sie diese Menschen dennoch erreichen kann? Diese Frage haben wir, orientiert an vier zeittypischen inneren Blockaden (4.2.1–4.2.4) sowie an zeitunabhängigen Zugangsmöglichkeiten zur Gottesbeziehung, zu beantworten versucht. Es bleibt noch die Frage, wie es mit der „Predigt von den guten Werken", also um die ethische Seite der vita christiana, unter gegenwärtigen subjektiven und, mehr noch, den objektiven bzw. strukturellen gesellschaftlichen Bedingungen bestellt ist. Darum geht es im Folgenden.

[84] Ich verweise auf R. Schmidt-Rost, Massenmedium Evangelium: Das „andere" Programm, Amt der VELKD, Hannover 2011. Schmidt-Rost setzt sein alternatives Programm vor allem gegen die in den Masssenmedien oft – sei es affirmativ oder auch einmal kritisch – zur Darstellung gebrachte Logik und Strategie expansiven Gebarens, rücksichtsloser Selbstdurchsetzung und gedankenloser Erfolgsverherrlichung; man kann aber auch die z.B. durch Werbung und medial betriebene „Dauerbespaßung" bediente und auf Befriedigung im Augenblick fixierte Oberflächlichkeit mit einbeziehen.

4.3 Die Predigt von den guten Werken unter gegenwärtigen Bedingungen

Die Grundeinsichten der Reformation zum Thema der guten Werke, also des ethisch gebotenen Handelns von Christenmenschen, wie sie oben unter 3.2 dargestellt wurden, bleiben selbstverständlich in Geltung: Die guten Werke sind nicht Bedingung unseres Gnadenstandes und damit kein Mittel unserer diesbezüglichen christlichen Identität, aber sie sind Mittel unserer Identitäts*darstellung* in der vita christiana als vita activa. Sie kommen aus dem sie ermöglichenden Glauben und sind durch die Liebe zu Gott und den Menschen motiviert. Sie geschehen dem Nächsten zum Nutzen und Gott zur Ehre, wie Luther sich immer wieder ausdrückt. Sie sind dabei auch nicht allein auf den Nächsten als einzelne Person bezogen, was gewiss zumeist im Vordergrund steht, sondern ebenso auf das Gemeinwohl und damit auch auf die Gestaltung der Ordnungen, in denen das gemeinsame Leben sich vollzieht. Durch das Tun guter Werke bewährt sich der Christ als Mitarbeiter Gottes in dessen weltlichem und geistlichem, die Welt erhaltendem und erlösendem Regiment, wodurch sein Tun und Verhalten eine ganz tiefe und weite, über jeden kurz- und mittelfristigen Nutzen und Erfolg hinausreichende Sinndimension hinzugewinnt. All diese Bestimmungen zum Begriff des guten Werkes bleiben in Kraft, weil sie sich auf den Menschen überhaupt als handlungsfähige und verantwortliche personale Instanz beziehen.

Was sich aber im Vergleich zur Zeit der Reformatoren verändert hat, und zwar ganz erheblich, das sind die soziokulturellen, die ökonomischen und die technologischen Bedingungen, unter denen das Tun der guten Werke nunmehr geschehen soll. Den hier entstehenden Problemen wenden wir uns zunächst zu (4.3.1), um dann das ganze Teilkapitel 4.3 mit Überlegungen zum politischen Handeln und zur politischen Predigt (4.3.2) zu beschließen.

4.3.1 Verantwortliches Handeln unter gewandelten Voraussetzungen

Verantwortliches Handeln ist per se ein *ergebnisorientiertes* Handeln. Man will ein bestimmtes Handlungsziel erreichen, das man für gut und nützlich hält, über dessen moralische Qualität, jedenfalls für das handelnde Subjekt, kein Zweifel besteht und das man daher verantworten kann. Es reicht noch nicht, einfach einem Gebot oder Befehl oder Auftrag zu gehorchen oder auch das Handeln nur aus einer bestimmten Gesinnung – man habe es doch „gut gemeint" – zu rechtfertigen. Auf den konkreten Tat-Folge-Zusammenhang kommt es an. Der Terminus „gutes Werk" legt mit „Werk" den Akzent auf das Ergebnis des Handelns. Daher verträgt er sich weder mit reiner Gebotsethik (oder Pflichtenlehre) noch mit einer Reduktion der Handlungsbegründung auf Gesinnungsethik (oder Tugendlehre), sondern verlangt mit seiner Blickrichtung auf den Tat-Folge-Zusammenhang nach einer Verantwortungsethik, die, ausgehend von der Erkenntnis des durch Handeln zu erstrebenden Guten (Güterlehre), dann freilich auch Pflichten und Tugenden der Handlungssubjekte zu formulieren weiß.

Luthers Lehre von den guten Werken[85] ist auf die Vorstellung einer wohlgeordneten und funktionierenden Gesellschaft bezogen, die für gute Werke im eben dargestellten Verständnis recht günstige Bedingungen bietet. Wieweit es sich dabei um ein realistisches Strukturbild der damaligen Gesellschaft oder um eine schon derzeit kontrafaktische Idealvorstellung handelte, darf hier unerörtert bleiben; jedenfalls ist unsere heutige Gesellschaft viel weiter von jenem Strukturbild entfernt, als es die soziale und politische Lebenswelt Luthers war. Freilich können wir Luthers Vorstellung von einem wohlgeordneten Gemeinwesen als Ort aller guten Werke nur indirekt erschließen, da er sie nicht im Zusammenhang darstellt; wir stoßen immer nur auf einzelne Aspekte, die sich dann zu einem einigermaßen stimmigen Gesamtbild zusammenschließen.

Zu diesem Gesamtbild gehört *erstens*, dass die Gesellschaft mit ihren Ämtern, Ständen und Zünften und deren jeweiligen Befugnissen und Aufgaben einigermaßen überschaubar ist[86], was auch gerade in kleineren Territorien wie dem ernestinischen Sachsen eher gegeben ist als etwa auf der Gesamtebene des schon recht komplizierten Römischen Reiches Deutscher Nation. Dazu gehört *zweitens*, dass das Ämtergefüge – vom Elternamt bis zum Amt des Fürsten – klar auf die Befriedigung weniger lebensnotwendiger Bedürfnisse ausgerichtet ist: Ernährung, Kleidung, Wohnung, Sicherheit und Frieden, geistliche Betreuung sowie Bildung als Vorbereitung auf das private und berufliche Leben durch Elternhaus, Kirche und Schule. Luxusgüter sind entbehrlich; wo sie gehäuft anzutreffen sind – für Luther besonders im Renaissancepapsttum der Medici –, da geht auch vieles andere aus dem Leim. Dazu gehört schließlich *drittens* die jedenfalls nicht ganz unrealistische Konzeption, dass dem Wohl und Gedeihen des Ganzen am besten dadurch gedient ist, wenn jeder an seinem Ort, auf den ihn Gott gestellt hat, sorgfältig und gewissenhaft tut, was seines Amtes ist. Alle so getanen guten Werke ergänzen sich und wirken zusammen zum Gedeihen des ganzen Gemeinwesens. Und wenn Luther kritisiert, und das tut er reichlich, dann betrifft es die Personen in ihren Ämtern, nicht diese selbst und ihr Gefüge; anders verhält

[85] Einschlägig ist hier vor allem der „Sermon von den guten Werken" von 1520, den Luther, als er ihn verfasste, für sein bestes Büchlein („optimum opusculum") hielt.

[86] Luther unterstellt jedenfalls, dass ein Pfarrer über den nötigen Überblick verfügen kann, sonst könnte er nicht sagen, dass ein Prediger jeden an seinem Ort „unterweist" und „alle Stände" auf ihre spezifischen Aufgaben und deren rechte Erfüllung anspricht und dadurch zur Erhaltung der ganzen Welt, die ohne das Predigtamt „lange zu Boden gegangen" wäre, beiträgt. Vgl. WA 30/2, 527, 537.

es sich allerdings im Bereich der römischen Kirche, wo Luther beispielsweise nicht nur einzelne Päpste kritisiert, sondern das Papsttum selbst für „vom Teufel gestiftet" hält.

Sind diese drei Bedingungen erfüllt, dann bleibt auch der Tat-Folge- sowie der Tun-Ergehens-Zusammenhang hinreichend im Blick. Man wird normalerweise noch mit den positiven wie den negativen Folgen des eigenen Handelns konfrontiert, was eine wesentliche Voraussetzung für das Verstehen, Erlernen und gegebenenfalls auch die Selbstkorrektur verantwortlichen Handelns ist.[87] Man kann mit gutem Gewissen erfolgsorientiert handeln und arbeiten, wenn auch nicht absolut erfolgssicher, denn das ist fast nirgendwo möglich, weil der Erfolg nahezu immer auch noch von weiteren, mehr oder weniger kontingenten Faktoren abhängt. Es geht zumeist nur um wahrscheinliche bzw. normalerweise zu erwartende Erfolge.

Es bedarf keines ausführlichen Beweises, dass jene drei Bedingungen heutzutage weithin nicht mehr gegeben sind.[88] Man spricht zu Recht etwa von der „neuen Unübersichtlichkeit" (J. Habermas), von „Komplexitätssteigerung" (N. Luhmann) oder von der „Risikogesellschaft" (U. Beck). Der Tat-Folge- und Tun-Ergehens-Zusammenhang ist fast nur noch im Nahbereich privater Interaktion absehbar; wer z.B. seinen Ehepartner oder seine Kinder so oder so behandelt, bekommt die Folgen noch zu sehen bzw. zu spüren.

Dazu kommt noch, dass die Zuständigkeit der einzelnen Handlungssubjekte nicht mehr so klar bestimmt und eng bemessen ist. Das mag zwar für das Berufsleben noch einigermaßen zutreffen, aber in der Demokratie und im Zeichen der Globalisierung gibt es kaum etwas, für das ich nicht in irgendeiner Weise mit verantwortlich bin bzw. mich so fühlen sollte, so für den politischen Kurs der

[87] Dass Luther großen Wert auf das Verstehen von Handlungszusammenhängen und insbesondere konkreter Tun-Ergehens-Zusammenhänge legt, zeigt sich z.B. an den zahlreichen Ansätzen zu dem, was man heute mit N. Luhmann „soziologische Aufklärung" nennt; so in seinen Paränesen auf der Kanzel sowie in den an eine breite Öffentlichkeit gerichteten deutschsprachigen Schriften wie etwa den sogenannten Schulschriften, ferner daran, dass er ebenso wie Melanchthon den an den sieben freien Künsten orientierten Kanon der schulischen Lehrgegenstände um die Geschichte - er nennt es „Historien" - erweitert. Damit soll man sich beschäftigen, nicht um zu erfahren, was alles in der Welt passiert ist, sondern damit man sieht, „wie es dieser stadt, diesem Fürsten, diesem man, diesem weybe gangen were" aufgrund ihres Verhaltens, um daraus für das eigene Leben zu lernen. (WA 15, 45) Luther beruft sich auch nicht einfach auf ein bestimmtes Gebot, das gerade einschlägig ist, sondern durchleuchtet zugleich den Lebensbereich, für den es gilt, und richtet seine Mahnungen an alle daran beteiligten Personen, so insbesondere bei seiner Auslegung des Vierten Gebots im „Sermon von den guten Werken".

[88] Vgl. zum Folgenden: R. Preul, Der Wandel der Kommunikationsbedingungen des Evangeliums seit der Reformation als Problem der Praktischen Theologie, in: ders., Luther und die Praktische Theologie. Beiträge zum kirchlichen Handeln in der Gegenwart, Marburg 1989, 8–24, bes. 18ff.

Regierung, für das Elend in aller Welt, für Umwelt und Klima und vieles mehr. Damit wächst für jeden und jede die Zahl der Entscheidungsmöglichkeiten und Entscheidungssituationen, denen man nicht ausweichen kann, woraus sich wiederum tendenziell eine Überforderung des Individuums mit der Gefahr leichtfertiger oder kurzschlüssiger Reaktionen ergibt. Die Freiheit in der nicht mehr nach Ständen und Schichten sondern funktional differenzierten Gesellschaft wird zur Last, was zugleich ein Ansatzpunkt ist für Simplifikateure, welche die Komplexität der Verhältnisse unsachgemäß und willkürlich reduzieren, sowie für Populisten und Demagogen aller Art, welche einfache und durchgreifende Lösungen versprechen.

Was das äußerst differenzierte Feld der *Berufe* betrifft, so stößt man insbesondere im Bereich der Produktion, der Technologie, der Digitalisierung, auch der Waffenherstellung auf manches, wo man zumindest Zweifel haben kann: Brauchen wir das wirklich? Welche neuen Gefahren werden dadurch heraufbeschworen? Welche Möglichkeiten des Missbrauchs werden zugleich geschaffen? Welche riskanten Spekulationen können sich daran knüpfen? Welchen neuen Formen von Kriminalität wird damit der Boden bereitet? Welche beruflichen Existenzen werden dadurch gefährdet oder zerstört? Wie steht es mit den Folgen für Klima, Umwelt und Gesundheit? Ist bei technischen Fehlern und Betriebsunfällen der Schaden begrenzbar? Und so fort. Der industrielle und technologische Fortschritt ist in vielen Fällen ambivalent.[89]

Die meisten Arbeitsplätze in Industrie und Handel werden von den Betreffenden in der Regel als „Jobs“ verstanden, die abgesehen vom Gelderwerb nur noch unter dem Gesichtspunkt wahrgenommen werden, ob und inwiefern man sich darin mit seinen eigenen Fähigkeiten und vielleicht auch Interessen entfalten kann, kaum aber ethisch bezüglich ihres Beitrags zum allgemeinen Wohl oder gar theologisch reflektiert werden. Wem käme hier die Frage in den Sinn, ob er mit der Ausübung seines Jobs den Zielen Gottes in und mit der Welt dient? Vom sogenannten protestantischen Berufsethos kann hier kaum noch die Rede sein.

In anderen Bereichen der Arbeitswelt gibt es jedoch immer noch genügend Berufe, die als solche wenig oder gar nicht problembelastet sind, die man also mit gutem Gewissen ergreifen und mit Hingabe ausüben kann: so im Gesundheitswesen, in der Pflege, in der Diakonie, in der Administration und Rechtspflege, in weiten Teilen des Beamtentums, auch im Handwerk, im Dienstleistungssektor, auf den Gebieten von Bildung, Erziehung und Wissenschaft sowie bei den sogenannten Kulturschaffenden und natürlich auch bei allen Tätigkeiten im Raum

[89] Dazu nur *ein* Beispiel aus aktuellem Anlass: Die dem modernen Verkehrswesen zu verdankende weltweite Mobilität ermöglicht zugleich, dass sich Epidemien in Windeseile über den Erdball ausbreiten und zur Pandemie werden können.

der Kirche. Nicht, dass die hier tätigen Personen keine Probleme in ihrer Berufsausübung zu bewältigen hätten, aber ihre jeweiligen Tätigkeiten sind selber, ihre sachkundige Ausübung vorausgesetzt, in ethischer Perspektive ziemlich uneingeschränkt als gut und nötig, hilfreich und nützlich zu bewerten. Was speziell die Medizin betrifft, so hat der Fortschritt hier freilich auch Möglichkeiten geschaffen, die tiefgreifende ethische Probleme, insbesondere hinsichtlich der Menschenwürde, aufwerfen[90] und die auch im Bundestag als gesetzgebender Instanz in den letzten Jahren und Jahrzehnten eingehend und engagiert diskutiert wurden. Für die in unserem Zusammenhang in Rede stehende Frage nach der Qualität und, wenn man so sagen darf, Integrität von Berufen ist es aber entscheidend, dass kein Arzt gezwungen wird, etwas zu tun, das ihm sein Gewissen verbietet. Und – um noch etwas aus dem Komplex der ethisch unverdächtigen Berufe herauszuheben – was die Aufgaben von Erziehung und Bildung betrifft, so könnten die hier in Familie, Schule und Kirche Tätigen sich hinsichtlich der Relevanz ihrer Bemühungen immer noch auf Luther berufen, für den das hier einschlägige Vierte Gebot mit Recht an erster Stelle in der zweiten Tafel des Dekalogs steht, weil das Gelingen oder Misslingen von Erziehung und Bildung die Voraussetzung für das Gelingen oder Misslingen aller anderen guten Werke ist.[91]

Wir halten als Zwischenbilanz fest: Unter dem Gesichtspunkt des Tat-Folge- und Tun-Ergehens-Zusammenhangs lässt sich die reformatorische Predigt von den guten Werken wohl noch auf das Leben in engen und überschaubaren Beziehungen wie in der Familie anwenden, ferner auf bestimmte Bereiche des Berufslebens. Da das aber kaum noch bis gar nicht für diejenigen Bereiche der Berufswelt möglich ist, in denen die Mechanismen des Marktes und der Gewinnmaximierung dominant sind, kann die alte Vorstellung, dass das *gesamte* Gemeinwesen sich zum Besseren, d.h. zum Wohle aller, auch der bisher Benachteiligten, hin entwickelt, wenn nur jeder an seiner Stelle tut, was ihm dort zu tun auferlegt ist, nicht mehr aufrechterhalten werden. Damit ist auch der reformatorische Begriff des „Gottesdienstes im Alltag“, sofern er *allenthalben und von allen* zu praktizieren ist, obsolet geworden. Dasselbe gilt für das Synonym „praxis pietatis im weiteren Sinne“.

Wie steht es schließlich mit dem *Bereich verantwortlichen Handelns in den weitesten, den globalen Bezügen,* das heutzutage jedem Mitglied des demokratisch ver-

[90] Sie werden auch in der theologischen Ethik behandelt. Ich verweise besonders auf die Kapitel „Medizinethische Probleme am menschlichen Lebensbeginn“ und „Medizinethische Probleme am menschlichen Lebensende“ in: W. Härle, Ethik. 2. überarbeitete und aktualisierte Auflage, Berlin/Boston 2018, 259–284.

[91] Ich weise en passant darauf hin, dass auch das gesamte kirchliche Handeln de facto Bildungsarbeit ist und die Praktische Theologie, die das kirchliche Handeln zum Gegenstand hat, als ein Kapitel der theologischen Ethik verstanden werden könnte, wie es in ähnlicher Weise in der Mitte des 19. Jahrhunderts bereits Christian Palmer vorgeschlagen hat.

fassten Gemeinwesens zugemutet wird? Jeder soll sich engagieren und das ihm Mögliche tun für den Frieden, gegen die Zerstörung der Umwelt und für den Erhalt bedrohter Arten, gegen die Erderwärmung und gegen die Armut in aller Welt. Es geht um *Menschheits- und Überlebensprobleme*, die jeden direkt betreffen.[92] Es war neben vielen Wissenschaftlern vor allem immer wieder die Jugend, sofern sie sich nicht nur für sich selbst und für ihre Smartphones und Computer interessiert, nicht zuletzt die kirchliche Jugend, welche die Aufmerksamkeit der Öffentlichkeit durch Protestaktionen, Demonstrationen und griffige Slogans auf die Dringlichkeit dieser globalen Probleme gelenkt hat. Das als Panikmache zu diskreditieren oder mit Hähme zu kommentieren, weil den Protestierenden die hinreichende fachliche Kompetenz fehle – sie haben oft mehr davon als diejenigen, welche ihnen das vorwerfen – steht niemandem an, auch wenn einem die eine oder andere Form ihrer Willensbekundung nicht gefallen mag. Es kann ja auch nicht die Aufgabe von Schülerinnen und Schülern sein, hier wirksame und allseits umsichtige Lösungskonzepte zu entwickeln – das muss denjenigen obliegen, die als für die Misere hauptsächlich Verantwortlichen in Politik und Wirtschaft angesprochen werden, sowie den jeweils betroffenen wissenschaftlichen Experten. Es reicht fürs Erste, wenn die Jugendlichen publikumswirksam auf die Gefahren hinweisen, sich gewissermaßen als sensible Brandmelder betätigen und sowohl an jeden Einzelnen als auch und besonders an diejenigen Handlungssubjekte appellieren, welche strukturell, grundsätzlich und nachhaltig etwas verändern könnten, wenn sie den entsprechenden Mut und die nötige Entschlusskraft dafür aufbringen.[93]

Was kann Kirche, was können Predigerinnen und Prediger in Bezug auf die globalen Probleme tun? Vorschläge für das Verhalten jedes Einzelnen – etwa hinsichtlich des Umgangs mit Energie, des Umweltverhaltens, des Konsumverhaltens und der Ernährung – gibt es schon von allen Seiten, und es ist nicht unbedingt nötig, diese auf der Kanzel zu wiederholen oder sie um weitere Ratschläge zu vermehren. Es führt auch nicht weiter, Dampf zu machen, um Druck auf die Gewissen auszuüben. Die Zuhörer sind zumeist schon betroffen genug. Man kann aber bezüglich des Beitrags, den jeder Einzelne leisten kann und soll-

[92] Vgl. zum Folgenden R. Preul, Die sogenannten Überlebenprobleme als Herausforderung an die Kirche, in: ders., Die soziale Gestalt des Glaubens. Aufsätze zur Kichentheorie, Leipzig 2008, 185–202.

[93] Nebenbei sei hier den Erziehungswissenschaftlern, die mit Recht betonen, dass man heute kein allgemein konsensfähiges Bildungsideal mehr formulieren kann, empfohlen, doch darüber nachzudenken, ob man nicht das Interesse und Engagement der Jugendlichen für Menschheitsprobleme und Überlebensfragen zum Ausgangspunkt für ein modernes Konzept von *Allgemein*bildung, weil es ja um Probleme aller heute Lebenden geht, machen kann. Denn es ist ja auch sicher ein Kennzeichen von Unbildung und Unreife, wenn man sich für diese Fragen nicht interessiert und nicht darüber nachdenkt.

te, etwas für dessen eigene *Urteilsbildung* tun, damit er einerseits das für ihn Richtige und in seiner Situation Zumutbare herausfinden und andererseits auch sich eine Meinung darüber bilden kann, welche Initiativen, Aktionen und Organisationen er nach seinem Vermögen unterstützen sollte.

Um dabei in kompetenter Weise Gesetz und gute Werke predigen zu können, muss man sich selbst die *besondere Art der globalen Probleme als Handlungsprobleme* klargemacht haben.

Sie besteht *erstens* in der nicht mehr lokal eingrenzbaren *Reichweite* und der universalgeschichtlichen *Neuheit* dieser Probleme. Die Menschheit ist erstmals in der Lage, das Ende ihrer Geschichte durch atomare Explosionen und Strahlungen oder durch Vernichtung der natürlichen Lebensgrundlagen[94] selber herbeizuführen, während man sich in früheren Jahrhunderten ein solches Ende nur als kosmische Katastrophe oder als von Gott selbst herbeigeführt vorstellen konnte.

Zweitens ist nach dem *Handlungssubjekt* zu fragen, das für die Bewältigung der globalen Gefahren geeignet wäre. Hier kann es sich unbeschadet dessen, was jeder Einzelne tun kann, nur um ein kollektives Subjekt in Gestalt von national und international operierenden und aufeinander abgestimmten Instanzen und Organisationen in Wirtschaft, Politik und Wissenschaft handeln, wobei weiter zu fragen ist, welche geeigneten Organe es schon gibt, was sie bisher unternommen bzw. versäumt haben und wie sie effizienter zu gestalten wären, aber auch, welche vielleicht überhaupt erst konstituiert werden müssten.

Drittens darf der *psychische Reflex* der globalen Gefahren nicht ausgeblendet werden: Gefühle der Beunruhigung, der Zukunftsangst und Ohnmacht, die insbesondere auch durch die Diskrepanz zwischen dem, was ich ausrichten kann, und der Größe des Handlungsziels ausgelöst werden. Und in dieser Gefühlslage werden dann auch solche Fragen virulent, die den Bereich von Religion und Weltanschauung betreffen.

Und *viertens* ist die bei allen Handlungsproblemen zu reflektierende *Zweck-Mittel-Relation* im Falle der globalen Probleme besonders schwer zu konkretisieren. Mit dem eigentlichen und allbefassenden Handlungsziel hat man freilich kaum Schwierigkeiten. Anzustreben ist eine gerechte, demokratische und befriedete Weltgesellschaft, in der es keine ABC-Waffen mehr gibt und nur noch die Polizei Waffen benötigt, die die Risiken der Kernkraft, sofern sie überhaupt noch benötigt wird, im Griff hat und eine Wirtschaft betreibt, welche Nahrungsmittel und Industrieprodukte in für alle ausreichender Menge und Qualität erzeugt, ohne durch die Art der Erzeugung und der erforderlichen Energiegewinnung die natürliche Umwelt und das Klima über ein erträgliches Maß hinaus zu belas-

[94] Diese Gefahr wird zudem durch eine die Versorgungslage verschärfende rapide Zunahme der Bevölkerung des Planeten erhöht.

ten, und in der auch die medizinische Versorgung für alle gesichert ist. So etwa. Dieser Idealvorstellung wird niemand widersprechen, auch wenn deren vollständige Realisierbarkeit zu bezweifeln ist – schon deshalb, weil zum Einen mit einer grundsätzlichen Veränderung der moralischen Natur des Menschen nicht zu rechnen ist – alle diesbezüglichen Erziehungs- und Umerziehungsversuche in verschiedenen Diktaturen sind gescheitert – und zum Anderen, weil einmal erfundene technische Möglichkeiten der Zerstörung und Gewaltausübung nicht mehr aus der Welt zu schaffen sind, sondern als Gefahrenpotential erhalten bleiben, insbesondere wenn sie in die falschen Hände geraten. Die Relevanz der Idealvorstellung als Leitbild des Handelns wird dadurch aber nicht beeinträchtigt. Gestritten wird über die konkreten Maßnahmen, die zur Annäherung an das große Gesamtziel führen sollen, ebenso über die Priorisierung von darin enthaltenen Teilzielen, zumal der Fortschritt in Richtung auf die Lösung eines Teilproblems zumeist ein anderes, etwa sozialer Art, verschärft. Ferner kommt man bezüglich der Effizienz von Maßnahmen in der Regel über mehr oder weniger begründete Vermutungen nicht hinaus. Und schließlich ist die Frage, wie sich berechtigte nationale Interessen mit dem Interesse der Menschheit an einer Annäherung an das in der Idealvorstellung symbolisierte Gesamtziel zum Ausgleich bringen lassen, ein Dauerthema aller einschlägigen internationalen Konferenzen.

In der Zusammenschau dieser vier Kennzeichen ergibt sich ein ungeheuer weites und differenziertes Problemfeld[95], das ganz verschiedene Subjekte in die Pflicht nimmt, die aber noch nicht eingebunden sind in eine ausgehandelte und transparente Gesamtstrategie, in einen abgestimmten ordo procedendi, in wel-

[95] Pandemien wie die derzeitige uns weltweit bedrohende und zahlreiche Opfer fordernde Infektion mit dem Coronavirus sind ein Sonderfall, der nur bedingt in dieses Feld gehört. Sie sind nicht neuartig und als Krisen von begrenzter Dauer. Es geht nicht um die Zukunft der Menschheit überhaupt, sondern um die Bewältigung einer akuten und alle Menschen bedrohenden Gefahr. Und bezüglich der zur Überwindung der Pandemie in Anspruch genommenen Handlungssubjekte (Bürger, Forscher, politische Entscheidungsträger, Behörden, Journalisten etc.) und hinsichtlich der Zweck-Mittel-Relation sind die Verhältnisse und Zusammenhänge trotz etlicher Unstimmigkeiten doch klarer als bei den eigentlichen Überlebensproblemen, so dass jeder je nach Maßgabe des aktuellen Erkenntnisstandes weiß, wofür er zuständig und was seine Aufgabe ist und was er daher zur Bewältigung der Krise tun kann, wobei die Rolle des Staates, der harte Entscheidungen zu treffen und zugleich für die Folgeprobleme in allen Bereichen der Gesellschaft einzustehen hat, wohl die schwierigste ist, weshalb hier auch die meisten Fehler in der Bekämpfung der Pandemie unterlaufen. Bezüglich der bei den Menschen ausgelösten Gefühle und existentiellen sowie ethischen Fragen – unser an dritter Stelle genanntes Kennzeichen – steht die Coronakrise den dauerhaften Menschheitsproblemen an Intensität freilich nicht nach. Auf der Grundlage des christlichen Menschen- und Gemeinschaftsbildes hätte die Kirche hierzu Wesentliches zu sagen, was wohl auf Gemeindeebene auch geschehen ist, aber bis dato leider noch nicht in der Form eines die breite Öffentlichkeit erreichenden Wortes der Bischöfe oder des Rates der EKD.

chem man sich nicht mehr gegenseitig blockiert und wertvolle Zeit durch immer neue Vertagungen verstreichen lässt. So jedenfalls stellt es sich Laien und Fachleuten, die hier manches präziser beschreiben können, dar. Was kann da die Kirche, die ja nicht zu den mit entsprechender Befugnis ausgestatteten Hauptakteuren gehört[96], und speziell die Kanzelrede ausrichten? Inwiefern ist die Kirche hier überhaupt zuständig?

Für konkrete Strategien zur Lösung der anstehenden Probleme sind Theologie und Kirche nicht unmittelbar zuständig. Sofern sie sich dazu äußern wollen, und das müssen sie wohl, können sie das in der Regel nur in hypothetischer Form tun, will sagen: in Wenn-Dann-Sätzen: Wenn diese oder jene Experten mit ihren Analysen und Prognosen Recht haben, dann sollte man dies oder das tun, befürworten, versuchen. Die Kanzel ist für solche Erwägungen sicher nicht der primär geeignete Ort.

Wohl aber sind Theologie und Kirche und auch die Predigt grundsätzlich zuständig aufgrund des im christlichen Gottesbewusstsein gründenden Ethos, welches sich – über alle regional, national und kulturell verwurzelte Sitte hinaus – auf Menschsein und Menschheit überhaupt bezieht, indem es insbesondere jedem Menschen die gleiche „unantastbare" Würde (GG Art. 1) als Gottes Geschöpf attestiert[97] und auch entsprechende konkrete Forderungen bezüglich der Achtung und des Schutzes dieser Würde formulieren muss. Und im Zusammenhang dieser Forderungen kann dann auch die Predigt der guten Werke zum Zuge kommen: Wo und wann immer die Menschenwürde missachtet und die Menschenrechte, die sie schützen sollen, verletzt werden, oder wo Notsituationen akut auftreten, da ist unmittelbarer Handlungsbedarf gegeben und da sollten gerade Christenmenschen etwas unternehmen. Und in manchen Fällen, so etwa bei der Unterstützung von kirchlichen bzw. diakonischen oder anderen Hilfsprojekten, ist auch der jeweilige Handlungserfolg ersehbar.

Ausgesprochen schwierig für die Predigt der guten Werke ist jedoch der Bereich der eigentlichen Überlebensprobleme, weil dabei die Zweck-Mittel-Relation besonders kompliziert ist und sehr vielfältige und gegensätzliche Interessen und akute Konflikte zwischen Staaten und Völkern ins Spiel kommen. Hier ist es jedenfalls wichtig, dass kirchliche und homiletische Appelle *richtig adressiert* werden. Zwar müssen hier alle Privatpersonen und alle Institutionen in Politik, Wirtschaft und auch in den einschlägigen Forschungszweigen in die Pflicht genommen werden, ihren jeweiligen Beitrag zu leisten, aber die Ursachen für die Gefahren, welche die Menschheit als ganze bedrohen, können nicht allen

[96] Hauptakteure sind die regulären Teilnehmer an internationalen Wirtschafts-, Sicherheits- und Klimakonferenzen.

[97] Ich sage bewusst nicht „zuspricht" oder „zuerkennt", weil das den Eindruck erweckt, als erhielte der Mensch seine Menschenwürde überhaupt erst durch solche Anerkennung.

Personen und Institutionen *in gleicher Weise* zur Last gelegt werden. Der Prediger muss sich daher hüten, zu viel oder gar die ganze Schuld auf seine Hörer abzuladen, um dann auch allein oder hauptsächlich von ihnen eine Wende zum Besseren zu erwarten. Die im Zuge des sogenannten „konziliaren Prozesses" aufgebrachte Regel „Viele kleine Leute an vielen kleinen Orten, die viele kleine Schritte tun, können das Angesicht der Erde verändern" ist zwar richtig, verkürzt aber zugleich das Problem. Würde sie hinreichend befolgt, was wenig wahrscheinlich ist, so könnte dadurch schon etliches in Bewegung gebracht werden, aber ohne die „großen Leute" kommt man auch nicht zum gewünschten Erfolg. Der Einzelne jedenfalls, der z.B. vieles unterlässt, was der Umwelt und dem Klima schadet, kann sich über die Unverhältnismäßigkeit seines löblichen Verhaltens im Vergleich zu dem, was durch Politik und von bestimmten Chefetagen aus ins Werk gesetzt werden müsste, nicht hinwegtäuschen.

Dennoch muss man den Hörer, der in der Regel zu den „kleinen Leuten" gehört – von den „großen Leuten" wird nur ausnahmsweise jemand präsent sein – in der Predigt ermutigen, aus christlicher und humanitärer Gesinnung zu tun, was er vermag. Was das jeweils konkret sein kann, muss ihm überlassen bleiben, denn das kann er in Abwägung aller seiner Verpflichtungen nur selber entscheiden. Man sollte ihn auch nicht dazu drängen, noch viel mehr zu tun als bisher; es ist besser zu unterstellen, dass er sich schon Mühe gibt, und ihn dafür zu loben, so wie man üblicherweise ja auch in den Abkündigungen für die letzte Kollekte dankt. Lob und Dank sind auch Mittel der Predigt des Gesetzes und der guten Werke, oft sogar wirksamere als Beschuldigungen und Imperative, und ein Beispiel zur Nachahmung ist allemal zugkräftiger als ein „Du sollst", denn das Erste lockt von vorn, das Zweite ist eher ein Tritt von hinten.

Ferner darf man, entsprechende Sachkenntnis vorausgesetzt, auf der Kanzel auch sagen, was auf diesem ganzen Feld von Problemen und Aufgaben (Einsatz für Umwelt und Klima; Engagement für Frieden und Sicherheit; Artenschutz; Kampf gegen Armut, Unterdrückung und Ausbeutung; Durchsetzung der Menschenrechte) von den einflussreichen Personen in den betroffenen Institutionen zu leisten ist. Und auch hier kann gegebenenfalls auch einmal jemand gelobt und als Vorbild gewürdigt werden. In diesem Zusammenhang sollte auch darüber informiert werden, was es im Raum der Kirchen an entsprechenden Initiativen und Projekten, Hilfswerken und Organisationen schon gibt und für deren Unterstützung durch die Gemeinden geworben werden. Dabei kann auch auf öffentliche Verlautbarungen der Kirchen in Gestalt von Denkschriften, Memoranden, Studien, Voten der Kirchenleitungen und Synoden wie auch der katholischen Bischofskonferenz verwiesen werden, alles Veröffentlichungen, durch welche die in besonderer Verantwortung Stehenden erfolgreicher und publikumswirksamer angesprochen werden als durch die normale Sonntagspredigt. „Das rechte Wort zur rechten Zeit"[98] aus dem Munde bzw. der Feder von kirchlichen und anderen Prominenten, Experten und Gremien fällt ebenso unter den Begriff des guten Werkes wie konkrete Maßnahmen und Verhaltensweisen.

Wir haben es bei den hier in Rede stehenden globalen Problemen, die zwar als Probleme der „einen Welt" auf recht verschiedene Weise miteinander zusammenhängen und doch abgesehen von ihrem universalen geographischen und geopolitischen Bezug ganz heterogen sind, so dass sie eigentlich einer je gesonderten Behandlung bedürften, mit einem gegenüber den Zeiten der Reformation wie auch den nachfolgenden Epochen bis ins 19. Jahrhundert völlig neuem Gegenstandsbereich für die Predigt der guten Werke zu tun. Politik war für Luther und die anderen Reformatoren Sache der Fürsten, der Magistrate und des Kaisers, in die der Untertan nicht hineinzureden hatte, und Schutz der Umwelt und des Klimas, Folgen des technischen und industriellen Fortschritts, Schadstoffbelastung der Luft und des Bodens, Rüstungsbegrenzung, zunehmende Knappheit der Lebensgrundlagen und Bevölkerungsexplosion, das alles konnte für die Reformatoren und die Theologen der folgenden Jahrhunderte noch gar kein Thema sein. Wollen wir hier nur einigermaßen kompetent mitreden und gute Werke lehren, so müssen wir freilich *erstens,* ähnlich wie es die lutherische Ständepredigt tat, jeden immer noch an seinem Ort und hinsichtlich seiner Zuständigkeit und seinem Vermögen ansprechen, also außerordentlich differenziert. *Zweitens* dürfen wir nicht verschweigen, dass über Strategien zur Lösung der Probleme gestritten wird und dass sich selbst die Experten in vielen Fragen nicht einig sind, so dass es durchaus möglich ist, dass eine in guter Absicht unternommene Aktion das Gegenteil von dem bewirkt, was sie bewirken sollte, weil man etwa an regionalen Konflikten und blutigen Auseinandersetzungen oder an der Konkurrenz von Großmächten, die ihren Einflussbereich erweitern wollen, scheitert. Es braucht also bei vielen Entscheidungen Mut zum Risiko, wenigstens zu begrenzten und noch einigermaßen beherrschbaren Risiken. Aber solches Risiko ist ja nicht nur mit menschlichem Handeln in weiten Zusammenhängen, wie es bei den globalen Problemlagen mit besonders unübersichtlicher Zweck-Mittel-Relation der Fall ist, verbunden, sondern mit nahezu allem menschlichem Handeln, weil fast immer mit Nebenfolgen und unvorhersehbaren Faktoren, die den gewünschten Erfolg vereiteln, zu rechnen ist.

In dieser Situation kann die Kirche in ihrer Verkündigung dennoch durch Dreierlei zur Handlungsfähigkeit der Christen in der heutigen Welt beitragen: Einmal dadurch, dass sie sowohl Zielvorstellungen als auch mögliche Mittel und Wege zu ihrer Verwirklichung auf der Grundlage theologischer Ethik und an-

[98] Vgl. die gleichnamige Denkschrift der EKD, Gütersloh 2008 sowie das ebenfalls gleichnamige Kapitel bei W. Härle, Ethik (S. Anm. 90), 401–417.

hand von deren *Prinzipien* reflektiert und für die Vielfalt menschlichen Leidens sensibel macht; sodann dadurch, dass sie – so weit wie die dem Prediger eigene soziologische Einsicht reicht – nicht nur Einzelfälle, sondern *Strukturen unserer* Lebenswelt zur Darstellung bringt, um das Handlungsfeld, in dem wir uns bewegen, so weit wie möglich zu erhellen, denn Undurchsichtigkeit von Handlungszusammenhängen und daraus resultierende Verhaltensunsicherheit sind wenigstens teilweise immer auch durch mangelnde „soziologische Aufklärung" verursacht; und schließlich auch durch die Verkündigung der *Barmherzigkeit Gottes,* welche das mit allem menschlichen Handeln verbundene Risiko zu tragen hilft.

Dass die Predigt auf die Barmherzigkeit Gottes verweisen muss, um das menschliche Subjekt zu stärken und ihm Mut zum Risiko zu machen, zeigt schon, dass man bei den Weltproblemen nicht allein bei der Frage, was zu tun ist, stehen bleiben kann. Man muss auch etwas sagen können zu denjenigen Fragen, die aus der tiefen Beunruhigung und aus der Angst der Menschen entstehen, der ganze Weltprozess könne an einen point of no return gelangen, man könne ihn als dann gänzlich unsteuerbar nicht mehr in den Griff bekommen und er werde früher oder später zu katastrophalen „apokalyptischen" Zuständen führen. Wir haben uns ja bisher vorwiegend auf das erste, zweite und vierte Merkmal der neuen Handlungsprobleme – die planetare Reichweite, die Vielzahl und Diversität der Handlungssubjekte und die prekäre Zweck-Mittel-Relation – bezogen und haben das dritte Merkmal, den gefühlsmäßigen psychischen Reflex außer Acht gelassen. Der aber drängt in eine religiöse Deutung, die nicht mehr aus der Ethik und der Predigt des Gesetzes, sondern aus der damit verbundenen Glaubenslehre und der Predigt des Evangeliums gewonnen werden kann.[99] Wenn der Weltprozess, wie die eigentlichen Überlebensprobleme anzeigen, einen katastrophalen und nicht mehr korrigierbaren Verlauf nehmen kann, wie steht es dann mit der Geschichtsmächtigkeit Gottes? Ist er in solchem Geschehen nicht mehr präsent? Oder, biblisch formuliert: Gilt der noahitische Bund nicht mehr?[100] Hier kann man theologisch ordentlich ins Schleudern geraten, nicht nur

[99] Dieser Übergang entspricht auch dem in Kap. 2 über die Predigt als Kommunikationsform beschriebenen Sachverhalt, dass die Predigt es strukturell mit den großen Polaritäten der Existenz zu tun hat. Grundsätzlich gilt aus christlicher Sicht angesichts der Polarität und Verbindung von Gesetz und Evangelium, Glaube und Werk, dass, wer über Ethik reden will, über *mehr* als Ethik reden muss, nämlich über das, was sie fundamental begründet und was das, was durch ein ihr gemäßes Handeln bewirkt wird, begrenzt.

[100] Gen 9,8–17, aber auch schon vorher: „Solange die Erde steht, soll nicht aufhören Saat und Ernte, Frost und Hitze, Sommer und Winter, Tag und Nacht." Gen 8,22 – ein Text, der sich für eine Predigt zu den theologischen Herausforderungen durch die Überlebensprobleme unmittelbar anbietet.

der „Laie", der diese Fragen stellt, auch der „Profi", der sie beantworten soll. Ich muss es mit ein paar Hinweisen bewenden lassen:

Was den *noahitischen Bund* betrifft, so gilt er, „solange die Erde steht", deren Dauer also als begrenzt zu denken ist, was uns heute durch die moderne Kosmologie bestätigt und sogar mit Zeitangaben für die Zukunft versehen wird.

Zur Frage nach der *Geschichtsmächtigkeit Gottes* würde ich theologisch auf das zurückgreifen, was schon zum Theodizeeproblem ausgeführt wurde (s.o. 4.2.4). Ich füge dem nur hinzu: Die Frage nach der Treue Gottes zu seinen Geschöpfen, insbesondere zu denen, die nach seinem Bilde geschaffen sind (Gen 1,27), ist hinsichtlich eines sicheren Endes der Geschichte - wodurch auch immer es herbeigeführt wird - nicht prinzipiell von anderer Art als im Blick auf das individuelle Ende des irdischen Lebens jeder einzelnen Person. Seine Treue reicht über beides hinaus, den Tod des Einzelnen und den der Gattung.

Die Frage nach der *Präsenz Gottes in der Welt* kann man natürlich durch Rückgriff auf das dogmatische Lehrstück von der Allgegenwart Gottes beantworten, weiter auch durch den Gedanken, dass alles Geschehen in der Welt in einer Weise, die uns verborgen ist, einen Platz in Gottes umfassendem Heilsplan hat, demzufolge er in Treue zu sich selbst als schöpferischer Liebe sein Ziel, nämlich das vollendete Reich Gottes in Gestalt seliger Gemeinschaft zwischen ihm und seinen Geschöpfen - ob mit allen, möge hier offen bleiben[101] - unverbrüchlich verfolgt. Ich würde jedoch in der Predigt den Akzent darauf legen, dass Gott in erlebbarer Weise präsent ist in dem vom Vater und dem Sohn ausgehenden *Geist*, der in den Glaubenden lebendig ist, die als Einzelne wie in Gemeinschaft aus diesem Geist handeln und nicht zuletzt auch als Gegenkraft gegen alle in der Geschichte wirksamen zerstörerischen Kräfte und Elemente in Erscheinung und Aktion treten. In ihm, diesem Geist, wie schon in dem Christusgeschehen, ist der dreieinige Gott als innerweltlich wirkendes und liebendes Subjekt erfahrbar. Im Glauben, Lieben und Hoffen der Christenmenschen in der ganzen Ökumene sowie in ihrer Feier des Heiligen Abendmahls beginnt das Reich Gottes bereits mitten in dieser Welt mit all ihren Schrecken und Gefahren, ohne auf Bedingungen des irdischen und materiellen Daseins beschränkt zu sein. Es gewinnt erste und vorzeichenhafte Gestalt in der Zeit und wächst zugleich für die Ewigkeit, nicht aus menschlichem Vermögen, sondern durch die Kraft Gottes. Halten wir uns an den doxologischen Schluss des Vaterunsers: „denn dein ist das Reich und die Kraft und die

[101] Zur strittigen, aber aus guten Gründen immer wieder aufgenommenen und weitergeführten Lehre von der Wiederbringung aller bzw. von der Allversöhnung möchte und muss ich mich hier nicht äußern. Wer sich in diese Lehre vertiefen und sich darüber ein eigenes Urteil bilden möchte, sei verwiesen auf J. Chr. Janowski, Allerlösung. Annäherungen an eine entdualisierte Eschatologie, 2 Bde., Neukirchen-Vluyn 2000 sowie H. Rosenau, Allversöhnung. Ein transzendentaltheologischer Grundlegungsversuch, Berlin/New York 1993.

Herrlichkeit in Ewigkeit"! Wir können es auch mit Paulus auf den knappen Ausdruck bringen: „Die Liebe hört niemals auf." (1 Kor 13,8)

Abschließend können wir festhalten, dass die neuen globalen Probleme, die derzeit viele Menschen beunruhigen, zwar eine große Herausforderung für Theologie und Kirche sind, dass aber die Stimmigkeit der reformatorischen Theologie und die Vertretbarkeit ihrer Grundeinsichten über Gott, Mensch und Welt dadurch nicht angetastet werden. Es hat sich auch gezeigt, dass die Kirche auf diesem ganzen Gebiet durchaus gute Werke, und zwar ganz neuer Art, predigen und dabei auch selber mit gutem Beispiel vorangehen kann. Und was die Angst, Verunsicherung und Mutlosigkeit der Menschen betrifft, so wüsste ich auch nicht, wessen Wort hier - ohne Verharmlosung, Beschwichtigung oder Vereinfachung - hilfreicher und tröstlicher sein könnte.[102]

4.3.2 Politische Predigt als reformatorische Predigt

Dieses Teilkapitel wächst aus dem vorhergehenden heraus, denn schon dort haben wir, zumal unter dem Titel der globalen Probleme, auch Fragen und Sachverhalte behandelt, welche unter den Terminus „politische Predigt" fallen, den wir aber dort noch nicht bestimmt (und daher auch nicht verwendet) haben. Das sei hier als Erstes nachgeholt (a). Danach rekapitulieren wir kurz einige reformatorische Prinzipien zur Predigt des Gesetzes, sofern sie Politik und Gesellschaftskritik betreffen (b), um uns abschließend zu Einzelfragen und Regeln heutiger politischer Predigt zu äußern (c).[103]

a) *Was ist politische Predigt?* Sie ist jedenfalls eine besondere Form der Predigt des Gesetzes, und wie diese grundsätzlich das menschliche Handeln in all seinen Gestalten und Bereichen zum Gegenstand hat, so ist der Gegenstand der politischen Predigt speziell das „politische Handeln". Da Politik - auf den Ebenen der Kommunen, der Bundesländer, des Nationalstaates und der internationalen Beziehungen - „betrieben" wird, kann man „Politik" nahezu vollständig durch

[102] Diejenigen aus dem psychischen Reflex auf die neuen Menschheitsprobleme entspringenden Fragen, welche die christliche Glaubenslehre betreffen, werden in der gegenwärtigen Verkündigung offenbar kaum aufgegriffen. Und dasselbe gilt für die homiletischen Standardwerke. Man beschränkt sich auf die Frage, was wir als Christen *tun* können. Damit wird eine Chance reformatorischer Predigt in der Gegenwart verpasst.

[103] Ich greife im Folgenden etliche Formulierungen aus einem gleichnamigen Aufsatz auf, den ich aus besonderem Anlass verfasst und an etwas entlegener Stelle veröffentlicht habe: K. Matthis / R. Schmidt-Rost (Hg.), Predigen in stürmischer Zeit. Begleittagung zum 16. Predigtpreis 2015, 38–52.

„politisches Handeln" ersetzen. Dieses tritt in zwei Grundformen auf: als *direktes* und als *indirektes* Handeln, wie ich es nennen möchte.[104]

Das *direkte* politische Handeln wird von rechtlich befugten Personen in ebenfalls rechtlich, besonders verfassungsrechtlich, vorgesehenen Institutionen und Ämtern in Legislative, Exekutive und Judikative ausgeübt. Die Auswirkungen solchen Handelns erstrecken sich auf das gesamte rechtlich verfasste Gemeinwesen, indem es entweder alle Bürgerinnen und Bürger - so etwa bei einer Geldabwertung oder einer Änderung der Straßenverkehrsordnung, im Extremfall auch bei einer Kriegserklärung - oder aber bestimmte Personengruppen betrifft - etwa die Steuerzahler, oder die Hausbesitzer oder die Unternehmer oder die Raucher oder bestimmte Straftäter usf. Das geschieht in der Regel durch Beschluss und Inkraftsetzung von Gesetzen und Verordnungen, die nun gelten, ob es den Betroffenen genehm ist oder nicht. Politisches Handeln im direkten Sinne schafft also einen für die jeweilige Gesamtheit gültigen, neuen und jeweils relativ dauerhaften Tatbestand. Es ist das positive Ziel allen direkten politischen Handelns, das auf verbindliche Weise die Handlungsmöglichkeiten und -erwartungen von Individuen, Gruppen, Verbänden und Institutionen regelt, indem es deren Ansprüche für sie selbst und gegeneinander in die Form von Rechten und Pflichten bringt, den individuellen und korporativen Handlungssubjekten in den verschiedenen Leistungsbereichen der Gesellschaft (Wirtschaft, Bildungswesen, Gesundheitswesen, Wissenschaft, Medien, Religionsgemeinschaften, Justiz, Verwaltung etc.) so zu optimalen Entfaltungsmöglichkeiten zu verhelfen, dass damit zugleich dem Gemeinwohl gedient ist.[105]

Der Normalbürger ohne besonderes politisches Amt nimmt nur auf *eine*, allerdings wesentliche Weise am direkten politischen Handeln teil, indem er oder sie durch Ausübung des Wahlrechts am Zustandekommen eines für das Gemeinwesen relevanten neuen Tatbestandes beteiligt ist; das Kräfteverhältnis zwischen den Parteien, in deren Hand alles Weitere für die Dauer einer Legislaturperiode gelegt ist, wird durch die Wählerinnen und Wähler bestimmt. Will der Einzelne darüber hinaus etwas bewirken, dann ist er auf die Möglichkeiten des in einer Demokratie nicht minder wichtigen *indirekten* politischen Handelns verwiesen. Dieses auf dem jedem Mitglied der Gesellschaft zugemuteten Interesse am Gemeinwohl beruhende Handeln besteht darin, dass er oder sie sich eine politische Meinung bildet und diese mehr oder weniger nachdrücklich, spontan oder orga-

104 Ausführlicher dazu: R. Preul, Kirchentheorie. Wesen, Gestalt und Funktionen der Evangelischen Kirche, Berlin/New York 1997, 332–336. Zur Geschichte und zur Vielfalt des Politikbegriffs sei verwiesen auf die Artikel „Politik" und „Politisch / das Politische" in: Historisches Wörterbuch der Philosophie, Bd. 7, Darmstadt 1989, 1038–1075.

105 Vgl. hierzu besonders E. Herms, Gemeinwohl - Zielperspektive des menschlichen Zusammenlebens und Leitbegriff der Sozialethik, in: MJTh XXV/2014 (Gemeinwohl), 17–40.

nisiert äußert, um dadurch das direkte politische Handeln zu beeinflussen: durch Kritik oder auch durch Zustimmung. Die Politiker sind auf ein solches kritisch-solidarisches Gegenüber angewiesen, was natürlich nicht heißt, dass sie sich von Stimmungen leiten lassen sollen. Die Medien als vornehmlicher Ort indirekten politischen Handelns haben hier eine wesentliche Rolle.[106]

Beide Formen politischen Handelns können in vielfältiger Weise auch missbraucht und korrumpiert werden: das direkte, wenn es nicht zum Wohl der Allgemeinheit und besonders auch der Schwachen, sondern zum Zwecke eigener Herrschaftssicherung oder etwa zum Nutzen einer Clique oder speziellen Klientel ausgeübt wird, das indirekte, wenn es, statt sich der Argumentation, Meinungsbekundung, Demonstration und anderer legaler Möglichkeiten zu bedienen, zu Mitteln der Verleumdung, Erpressung oder Bestechung greift oder sich gar zu Gewaltakten hinreißen lässt.

Das politische Handeln in beiden Formen und konkreten Erscheinungsweisen, natürlich einschließlich der jeweils handlungsleitenden Motive und Einstellungen, ist der faktische Gegenstand politischer Predigten, auch wenn die Predigenden die vorgeschlagene Unterscheidung nicht im Bewusstsein haben. Dabei ist die politische Predigt selbst ein Fall indirekten politischen Handelns, der sich aber als Predigt durch einen bestimmten inhaltlichen und stilistischen Zuschnitt von anderen Weisen politischer Meinungsbildung und Einflussnahme abhebt. Das ist hernach noch zu präzisieren.

Zuvor ist hier aber – nach der Differenz im Begriff des politischen Handelns – noch eine Differenz auf Seiten der politischen Predigt herauszustellen: nämlich die zwischen *thematischer* und *funktionaler* politischer Predigt. In der Regel denkt man hier ja nur an thematisch-politische Predigten, welche sich ausdrücklich auf politische Probleme und Aufgaben beziehen. Und da es uns in diesem Abschnitt um einen bestimmten Typus von Predigten geht, werden wir uns hernach gleichfalls darauf konzentrieren. Umso wichtiger ist es, sich darüber Rechenschaft zu geben, dass Predigten ohne solche inhaltliche Zuspitzung, und das ist die große Mehrzahl, ebenfalls eine politische Funktion bzw. Auswirkung haben. Und das ist, weil grundlegend, sogar wichtiger als pointierte Stellungnahmen zu diesem oder jenem politischen Problem oder Ereignis. Jede Predigt, die vom Heil und Verderben des Menschen handelt, ist auch für das Wohl und Gedeihen des Gemeinwesens von Belang, hat also eine, wenn auch zumeist unausgesprochene politische Funktion. Und die kann gar nicht hoch genug eingeschätzt werden. Denn es ist für den Staat, für die ganze politische Kultur und für das Zusammen-

[106] Sie deshalb als vierte Gewalt im Staat zu bezeichnen, wie es gelegentlich geschieht, hat zwar Anhalt am Gewicht der Auswirkungen der Medien bzw. des Journalismus, führt jedoch zu einer Verwirrung im System politischer Begrifflichkeit. Journalisten haben, zumal sie nicht vom Volk gewählt wurden, kein Amt im Bereich des direkten politischen Handelns.

leben der Individuen alles andere als belanglos, wie die Bürgerinnen und Bürger innerlich ausgerichtet sind, will sagen: was für ein Menschenbild die Leute in ihren Köpfen und Herzen haben, ob sie z.B. ihr Selbstwertgefühl allein aus dem schöpfen, was sie selber zustande bringen und wie das honoriert wird, oder ob ihnen noch eine Kraftquelle ganz anderer Art zugänglich ist, ob sie sich in ihrem Gewissen vor Gott verantwortlich wissen oder allein vor einem menschlichen Forum und damit nicht wirklich frei sind, ob sie ideologieanfällig sind oder ob sie über ein hinreichendes Maß an Standfestigkeit und eigenem ethischem Urteilsvermögen verfügen, ob sie einem Selbstverständnis folgen, das auf Konkurrenz und Rivalität und ein Siegenwollen auf Kosten andere gepolt ist oder ob sie zur Solidarität und Gemeinschaftlichkeit fähig sind. In unserem Zusammenhang ist das alles auch deshalb entscheidend, weil ja auch die explizit thematische politische Predigt ihre Zuhörer genau auf diese Alternativen anspricht, während zugleich *jede* Predigt darauf aus ist, sie im Verein mit aller kirchlichen Bildungsarbeit auf die aus christlicher Sicht jeweils richtige Seite zu bringen und entsprechende Tendenzen, die in ihnen schon wirksam sind, zu verstärken. Nicht nur die Predigt des Gesetzes, sondern gerade auch die des Evangeliums hat politische Auswirkungen.[107] Aus diesen Bemerkungen zur politischen Funktion jeder rechten christlichen Predigt erhellt auch, dass die gelegentlich von Politikern, insbesondere sofern sie sich kritisiert sehen, erhobene Forderung, die Geistlichen sollten sich aus allem Politischen heraushalten und sich allein dem „Seelenheil" der Menschen widmen, völlig unsachgemäß ist.[108]

Als *Fazit* unserer Bemühungen um eine für das Konzept der politischen Predigt erforderliche Begriffsklärung ist festzuhalten: Es gibt neben der Differenz und dem Zusammenhang von direktem und indirektem politischem Handeln als dem Gegenstand politischer Predigt die Differenz und den Zusammenhang von explizit thematischer und implizit funktionaler politischer Predigt, wobei letztere die Grundlage der ersteren ist.[109]

107 Würde diese implizite politische Funktionalität der kirchlichen Verkündigung und Lehre auch vom öffentlichen Bewusstsein klar erkannt werden, dann genösse übrigens auch der schulische Religionsunterricht deutlich mehr allgemeine Wertschätzung in der Gesellschaft.

108 Schon Schleiermacher hat sich, ohne den Terminus politische Predigt zu verwenden, gegen diese seinerzeit als Warnung vor dem „Politisieren" vorgebrachte Forderung vehement zur Wehr gesetzt: Der Geistliche „muss aber die politischen Fehler ebenso gut behandeln wie andere Fehler auf dem sittlichen Gebiet, und besonders hier keine Ungelegenheit scheuen, sondern sein Gewissen reden lassen." Friedrich Schleiermacher, Die praktische Theologie nach den Grundsätzen der evangelischen Kirche im Zusammenhange dargestellt, hg. von Jacob Frerichs, Berlin 1850, 212.

109 Unter Bezugnahme auf einen Beitrag von Johannes Greifenstein (Wie ist der Gottesdienst politisch? Versuch der Orientierung an einer Schnittstelle zwischen Liturgik und Ethik, in: ZEE 2018, 102–114) hat Konrad Stock in seiner Einleitung zum MJTh XXX/2018 (Gottesdienst) darauf aufmerksam gemacht, dass die „politische Dimension kirchlicher Pra-

b) Um politische Predigt theologisch zu fundieren, bedarf es nicht einer ganz neuen sogenannten politischen Theologie. Was unter diesem Titel auftritt, ist recht verstanden nichts anderes als eine Erinnerung an das, was in der für das evangelische Kirchentum maßgeblichen reformatorischen Theologie schon enthalten war, aber leider weithin vergessen wurde. Die dort, namentlich bei Luther, gewonnenen und formulierten prinzipiellen Einsichten zur Predigt der guten Werke einschließlich derjenigen, welche das politische Handeln betreffen, sind nun aber, und das ist das Neue, auf das Leben und Handeln des Menschen in einem *demokratisch* verfassten Gemeinwesen, in dem „alle Staatsgewalt vom Volke ausgeht" (Art. 20.2 GG) und dieses Ausgehen verfassungsrechtlich und institutionell geregelt ist, anzuwenden.

Was schon in Kap. 3 zur reformatorischen Predigt des Gesetzes dargestellt wurde und somit auch für die politische Predigt als einem Spezialfall dieser Predigt gilt, braucht hier nicht in Gänze wiederholt zu werden. Anknüpfend an dort Gesagtes füge ich nur einige weiterführende Bemerkungen hinzu.

Erstens: Politische Predigt auf reformatorischer Grundlage erfolgt zwar jeweils aus konkretem Anlass und hat damit ihre besonderen Hochzeiten, sie ist gleichwohl eine dauerhafte Spezialform der Predigt von den guten, dem Gemeinwohl dienenden und Gott wohlgefälligen, weil seinem Wollen und Wirken entsprechenden Werken.[110] Diese Regularität beruht darauf, dass es in der „gefallenen Welt" grundsätzlich Ämter, Recht und Herrschaft mit Sanktionsgewalt geben muss. Für diesen beständigen Sachverhalt gilt die Aussage des Apostels, dass alle Obrigkeit von Gott ist (Röm 13,1ff), auf die sich auch Luther immer wieder

xis" in der einschlägigen neueren praktisch-theologischen Literatur, und zwar nicht nur zum Gottesdienst, kaum wahrgenommen und reflektiert wird. Zur Zeit der 68er Bewegung oder auch noch des sogenannten NATO-Doppelbeschlusses war das bekanntlich ganz anders. Der starken Erregung des öffentlichen Bewusstseins, nicht zuletzt bei den Kirchenmitgliedern, durch diejenigen globalen Probleme, die wir am Ende des Teilkapitels 4.3.1 behandelt haben, ist man in der praktisch-theologischen Theoriebildung unbeschadet aller Bemühungen um Zeitgemäßheit nicht oder jedenfalls nicht hinreichend nachgekommen. Das gilt nach eigener Beobachtung in gewissem Maße auch für die Homiletik. In Wilhelm Gräbs Predigtlehre (s. Anm.1) jedenfalls findet sich keinerlei Bezugnahme darauf; hier fällt sogar die Predigt des Gesetzes als Predigt von den guten Werken komplett aus. Damit kommt aber die christliche Existenz in ihrer Ganzheit, wie sie paradigmatisch in dem von Luther formulierten dynamischen Zusammenhang „Wort Gottes - Glaube - Liebe - gutes Werk" zum Ausdruck kommt, nicht mehr in den Blick.

110 Manfred Josuttis, Gesetz und Evangelium im Politischen Nachtgebet, in: EvTh 33/1973, 566 wollte die politische Predigt „als eine moderne Form der aufdeckenden Gesetzespredigt verstehen." Im Unterschied dazu möchte ich die politische Predigt nicht nur als moderne, sondern als eine reguläre Form der Gesetzespredigt und auch nicht nur in ihrer die Sünde aufdeckenden Funktion verstanden wissen.

beruft.[111] Davon ist aber zu unterscheiden die konkrete Form staatlicher Herrschaft, die durchaus auch institutionalisiertes Unrecht sein kann. Diese Unterscheidung zwischen der Notwendigkeit des Staates überhaupt und der geschichtlichen konkreten Erscheinung von Staat und Herrschaftsausübung wird leider von Luther noch nicht klar durchgeführt. Er hat nur die dynastisch-monarchische Herrschaftsform vor Augen[112] und hält die Fürsten und den Kaiser[113], daneben freilich auch die Ratsherren in den Städten für die von Gott mit der Aufgabe des Regierens beauftragten Personen. Das hindert ihn freilich nicht daran, mit ihnen gelegentlich hart ins Gericht zu gehen, ihre Befugnis auf der Grundlage seiner Lehre von den zwei Reichen bzw. Regimenten zu begrenzen, dabei sogar Widerstand, allerdings nur passiven, zu fordern, wenn man sicher sei, dass die weltliche Obrigkeit Unrecht tut oder gebietet, und schließlich auch etliche Maßnahmen anzuregen, die, modern gesprochen, das Verhältnis von Staat und Kirche neu bestimmen, so z.B. die Unterstellung der Geistlichen unter die weltliche Gerichtsbarkeit oder die Inanspruchnahme der Obrigkeit für die Gestaltung des neu entstandenen evangelischen Kirchentums.[114]

Zweitens: Es wurde früher schon deutlich, dass es bei der Predigt des Gesetzes im usus civilis nicht einfach um die Einschärfung von Geboten als von der höchsten Autorität ausgehende Anweisungen geht, sondern dass jedenfalls Luther es für wichtig hält, dass die Lebensdienlichkeit der Gebotsbefolgung für das gesellschaftliche Ganze und für einzelne Personen erkannt wird, weshalb er seine Paränesen mit Erläuterungen versieht, welche die jeweiligen Bereiche der Lebenswelt und entsprechende Interaktionsverläufe durchsichtig machen. Es dient aber auch dem Verständnis des Sinnes der Gebote, wenn nach Möglichkeit das ganze *Ethos*, zu dem sie gehören, mit vermittelt wird. Dieser Begriff muss noch etwas präzisiert werden.

Jedes gelebte konkrete Ethos hat gleichsam vier Ebenen, die sich mehr oder weniger deutlich voneinander abheben und zugleich miteinander in Beziehung

[111] Besonders in der Schrift „Von weltlicher Obrigkeit, wie weit man ihr Gehorsam schuldig sei" (1523). WA 11, 245–280.

[112] Freilich wusste er, dass es auch anders möglich wäre. In der Streitschrift „Von dem Papsttum zu Rom wider den hochberühmten Romanisten zu Leipzig" (1520; WA 6, 285–324) hält er dem Argument des Römlings Augustin von Alfeld, jede Sozietät auf Erden benötige *ein* und *nur* ein Haupt, um nicht zu zerfallen, das Beispiel der Eidgenossen und des vom Senat und zwei Konsuln regierten alten Roms entgegen. AaO. 292.

[113] Von Karl V. sprach Luther zeitlebens mit Hochachtung. Er nennt ihn oft „unseren guten Kaiser Karl", obwohl er sein erbitterter und mächtigster Gegenspieler war.

[114] Das führte dann als Dauereinrichtung zum sogenannten landesherrlichen Kirchenregiment, das Luther ursprünglich nicht im Sinn hatte. Dazu immer noch lesenswert: K. Holl, Luther und das landesherrliche Kirchenregiment, in: ders., Gesammelte Aufsätze zur Kirchengeschichte, Bd. 1, zweite und dritte vermehrte und verbesserte Auflage, Tübingen 1929, 326–380.

stehen. Da gibt es genaue *einzelne Handlungsanweisungen*, wie sie besonders durch Sitte oder Moral gegeben sind, welche uns sagen, was „sich gehört" und was nicht: Tue dies und lass das! Darüber gibt es die Ebene von *Prinzipien* als Grundausrichtung der Gesinnung, nach denen die direkten Anweisungen beurteilt und gegebenenfalls auch korrigiert werden. Diese Prinzipien oder auch Maximen oder allgemein formulierten Imperative wie etwa das Doppelgebot der Liebe oder Forderungen von Treue, Aufrichtigkeit und Solidarität (im negativen gegenteiligen Fall etwa das Recht des Stärkeren) gründen ihrerseits in bestimmten *Sinn- und Werterfahrungen*, wie sie z.B. im Glauben enthalten sind, aber auch außerhalb seiner in der Lebensgeschichte gemacht werden. Und diese hängen noch einmal eng zusammen mit *religiösen, philosophischen und weltanschaulichen Einsichten und Gewissheiten* bezüglich dessen, was zutiefst wahr und wirklich und verlässlich ist. In Luthers schon mehrfach zitierter Kette von Bedingungen – Wort Gottes, Glaube, Liebe, gute Werke – scheint dieses vierstufige Schema von Voraussetzungen in umgekehrter Reihenfolge auf.

Bei diesem Schema geht es nicht um ein strenges Deduktionsverhältnis von oben nach unten, sondern um ein Verhältnis der wechselseitigen Verweisung aller Elemente, die in einem gelebten Ethos anzutreffen sind. Es folgt nicht strikt eins aus dem anderen, es muss nur alles zusammenpassen. Auch kann der ganze Verweisungszusammenhang von jeder Ebene aus in Bewegung gebracht werden, indem etwa konkrete Handlungsanweisungen obsolet werden oder Prinzipien infrage gestellt oder neue Werterfahrungen gemacht werden oder auch tragende Gewissheiten auf der „obersten" oder, wenn man will, „tiefsten" Ebene verloren gehen oder durch andere ersetzt werden. Statt von Ebenen eines Ethos kann man auch von seinen Dimensionen reden. Mir kam es nur darauf an, das Gesamtpanorama jeder Ethosgestalt sichtbar zu machen, das dann auch bei der ethischen Urteilsbildung, an der sich auch politische Predigten beteiligen müssen, zu bedenken ist.

Der *Nutzen* des Schemas besteht darin, dass es den ethischen Horizont des Subjekts erweitert – wer über Moral reden will, muss über mehr als Moral reden – und nicht zuletzt darin, dass es vor Kurzschlüssen bewahrt. Es ist ja ein regelmäßiges Kennzeichen des religiösen Fundamentalismus, dass er die oberste mit der untersten Ebene kurzschließt und damit die Freiheit des Subjekts, die ganz wesentlich durch die Beachtung der dazwischen liegenden Ebenen der Werte und Prinzipien (Was habe ich als wertvoll, beglückend und lebensdienlich erfahren, und welche dazu passenden Grundsätze haben sich bewährt?) gewährleistet wird, aufhebt.[115] Die Freiheit des ethisch reflektierenden Subjekts als Bedingung

[115] Bei der hier ausgesprochenen Warnung vor fundamentalistischen Kurzschlüssen ist freilich eine Ausnahme vom Verdikt zu berücksichtigen, nämlich wenn es um die Begrün-

seines verantwortlichen Handelns gegenüber Gott und den Menschen war und bleibt aber ein zentrales Anliegen der Reformation; denn wir haben im Protestantismus keine oberste kirchliche Autorität, welche in allen Fragen des Glaubens und der Sitte kraft Amtes das Richtige lehren könnte.[116]

Drittens: Den Rückbezug auf die Reformation beschließe ich mit einem eindrucksvollen Beispiel damaliger politischer Predigt, mit Luthers Sendbrief zur sogenannten Wurzener Fehde.[117]

Im Frühjahr 1542 stritten sich das albertinische und das ernestinische Sachsen um die kleine Stadt Wurzen, dessen Stift bisher von beiden Seiten verwaltet wurde, während der Ort selber ernestinischer Besitz war. Der evangelische Kurfürst Johann Friedrich, Luthers Landesherr, marschierte mit einem kleinen Heer ein, weil der albertinisch gesinnte Bischof der Stadt die Herausgabe der Steuern an ihn verweigerte; Herzog Moritz, auch evangelisch, trat ihm mit einem ebenfalls kleinen Aufgebot entgegen, sodass sich beide Heere kampfbereit gegenüber lagen. Luther knöpft sich zuerst die beiden Fürsten vor: sie benähmen sich wie zwei Raufbolde in der Kneipe, blamierten die ganze evangelische Partei und böten den Papisten ein ergötzliches Schauspiel. Für solche Streitfragen gebe es doch das Reichskammergericht. Luther verweist auf Friedrich den Weisen als leuchtendes Vorbild, der seinerzeit auf die gewaltsame Einnahme der Stadt Erfurt, was ein ganz anderer „Braten" war, verzichtet hatte, weil er nicht das Leben auch nur eines Soldaten aufs Spiel setzen wollte. Dann wendet er sich auch noch an die Kriegsleute und schärft jedem von ihnen ein: Wenn die andere Seite angreift, müsse er sich tapfer verteidigen. Wenn aber der eigene Fürst den Anfang macht, dann solle er seine Sachen nehmen und „aus dem Felde laufen, was er laufen kann", also desertieren! Dank der Vermittlung durch den eilig angereisten Landgrafen Philipp von Hessen kam es nicht zum Ausbruch der Kampfhandlungen, sondern zu einer vertraglichen Einigung. Die Wurzener Frauen buken

dung spezifisch religiöser Riten bzw. Rituale geht, also von in Geltung stehenden Formen von praxis pietatis im engeren Sinne. Diese werden in der Regel direkt auf den Willen Gottes zurückgeführt, etwa in Gestalt von ätiologischen Erzählungen. Das kann auch gar nicht anders sein. Luther weist jedoch im Anschlus an Augustin darauf hin, dass Christus nur zwei Riten eingesetzt hat, nämlich die beiden Sakramente der Taufe und des Abendmahls (WA 50,521), beides verbunden mit dem Auftrag der Lehre, und er wendet sich damit gegen die Fülle nicht vom Neuen Testament gedeckter Vorschriften und „Aufsätze", welche von den Bischöfen und Päpsten eingeführt worden sind, wodurch sie der Verkehrung des Glaubens in Gesetzlichkeit und unevangelische Werkerei Vorschub geleistet haben. Einschlägig sind hier besonders die kirchenkritischen Schriften „Von der Babylonischen Gefangenschaft der Kirche" (1520; WA 6, 497–573) und „Von den Conciliis und Kirchen" (1539; WA 50, 509–653).

[116] Vgl. dagegen Ziffer 3074 im Denzinger-Hünermann.

[117] Verwiesen sei auf die Wiedergabe des Textes in modernem Deutsch und auf dessen Interpretation bei W. Härle, Zum Beispiel Golfkrieg. Der Dienst der Kirche in Krisensituationen in unserer säkularen Gesellschaft, Lutherisches Verlagshaus, Hannover 1991, 47–59.

Osterfladen für die Soldaten beider Seiten, weshalb die Auseinandersetzung auch als „Fladenkrieg" in die Geschichtsbücher einging.

c) *Eigenart, Regeln und Aufgaben politischer Predigt in der Gegenwart* kann ich nur in einigen Punkten, die mir auf der Linie reformatorischer Predigt des Gesetzes als wichtig erscheinen, ohne Anspruch auf Vollständigkeit knapp skizzieren.[118]

Erstens: Wir unterscheiden uns von den meisten anderen Äußerungen zu politischen und gesellschaftlichen Fragen dadurch, dass wir *nicht nur für oder gegen etwas* Stellung beziehen, wobei wir uns zumeist mit vielen vernünftigen Zeitgenossen einig sein dürften, oder dass wir einfach nur ethische Forderungen erheben, die so auch von anderen befürwortet werden. Sondern wir müssen klarmachen, weshalb wir gerade *als Christen* so oder so Stellung nehmen und bestimmte Forderungen an Regierende oder an die Wirtschaft oder an die Allgemeinheit richten. Das heißt aber, wir müssen auf der Kanzel oder auch in öffentlichen kirchlichen Verlautbarungen die jeweils anstehenden Handlungsalternativen durch Rückbezug auf unser in Offenbarung und Glaube begründetes Ethos beurteilen und nach Möglichkeit - bei verwickelten Sachlagen ist es manchmal nicht möglich - auch entscheiden, weshalb dieses Ethos, wie früher schon gesagt, in seiner strukturellen Ganzheit und inhaltlichen Stimmigkeit, soweit es irgend geht, mit zu vermitteln ist. Auf diese Weise, und das ist eine wichtige Leistung der Predigt, *verwandeln wir bloße Meinungen aus christlicher Sicht in begründete Argumente und Überzeugungen*. Dabei dürfen wir uns als Predigende nicht dadurch beirren lassen, dass die Presse (und die ihr folgende breite Öffentlichkeit) sich für solche Hintergründe und Sinndimensionen oder gar für spezifisch theologische Begründungen von konkreten Optionen in der Regel wenig bis gar nicht interessiert, sondern nur zu berichten pflegt, wofür oder wogegen prominente Kirchenvertreter, etwa in ihren Weihnachtspredigten, sich ausgesprochen haben, wodurch die Kirchen auf die Rolle von bloßen Meinungsverstärkern reduziert werden.

Zweitens: Die politische Predigt muss selbstverständlich auf der Grundlage christlicher Ethik besonders für die Schwachen und Benachteiligten in der Gesellschaft und in der ganzen Welt eintreten. Dabei kann sie auch auf eine Fülle geeigneter Texte aus dem Alten und Neuen Testament sowie auch auf leuchtende Beispiele aus der Christentumsgeschichte zurückgreifen. Das Eintreten der Kirche für die Schwachen, Bedürftigen, Ausgegrenzten und Fremden hat eine lange Tradition, die unter neuen Bedingungen fortzuführen ist. Aber das erfolgt nun nicht im Sinne einer parteilichen Interessenvertretung, sondern im Rahmen

[118] Zur Ergänzung verweise ich auf den Abschnitt „Zur Funktion der politischen Predigt" bei W. Engemann, Einführung in die Homiletik, 2. vollständig überarbeitete und erweiterte Auflage Tübingen 2011, 299–303, in welchem auch auf das Genus der prophetischen Rede Bezug genommen wird.

und nach Maßgabe einer *alle* Mitglieder der Gesellschaft berücksichtigenden Gemeinwohlvorstellung. Es geht der so engagierten Predigt als reformatorischer Predigt um das gedeihliche, rechtlich und institutionell geordnete *Zusammenwirken aller zum Wohle aller.* Dabei steht es ihr gut an, die Geltung dieses Gemeinwohlgedankens auch über die nationalstaatlichen Grenzen hinaus zu betonen und entsprechendes politisches Handeln direkter und indirekter Art anzuregen.

Drittens: Die Politik hat regulierende Funktion für alle Bereiche des Lebens und der Gesellschaft. Daher muss sich auch die politische Predigt mit all diesen Bereichen befassen, natürlich jeweils in fallbezogener Auswahl. Angesichts der weithin unbestrittenen *Dominanz der Ökonomie,* wie sie insbesondere von multinationalen Konzernen und Kartellen sowie den Institutionen des Finanzmarktes gemanagt wird, muss besonderes Augenmerk auf die wirtschaftlichen Prozesse und ihre Hauptakteure sowie auf die Wirtschaftspolitik fallen. Nun ist es sicher nicht die Aufgabe eines Predigers, sich dazu im Einzelnen und unter den Gesichtspunkten des Wachstums, der Handelsbeziehungen, der Rentabilität und des Profits oder der nötigen Investitionen und Subventionen zu äußern; das ist den „Wirtschaftsweisen" zu überlassen. Wohl aber darf er auf ethisch verwerfliche Auswüchse des neoliberalen kapitalistischen Wirtschaftssystems sowie auch auf Folgen für die Umwelt und für die Arbeitsbedingungen und Lebensverhältnisse in ökonomisch und sozial rückständigen Ländern hinweisen. Auch die Skrupel der Konsumenten beim Kauf von Billigwaren, die durch die Ausbeutung von Arbeitskräften, gar von Kindern, hergestellt wurden, gehen ihn etwas an: Soll man durch Kauf die Ausbeutung unterstützen oder durch Boykott riskieren, dass die Ausgebeuteten auch noch ihre geringen Verdienstmöglichkeiten verlieren? Ehe die Kirche hier konkrete Ratschläge gibt, sollte sie die Gewissen dadurch ein wenig entlasten, dass sie an die Politik appelliert, deren Aufgabe es ist, darauf hinzuarbeiten, dass dieses Dilemma als solches verschwindet.

Viertens: Politische Predigt muss auf der Grundlage des ihr eigenen Menschen- und Gemeinschaftsbildes auch die derzeitigen *Voraussetzungen* des politischen Handelns direkter und indirekter Art ansprechen. Dazu gehören einerseits die Mentalität und konkrete Motivation der handelnden Subjekte, andererseits die äußeren institutionellen Rahmenbedingungen beider Formen des politischen Handelns. Hinsichtlich der Mentalitäts- und Motivationskritik muss die Predigt die gegenwärtig wahrnehmbaren Prinzipien, Denkmuster, Gesinnungen und Stimmungen zwar klar benennen und verdeutlichen, ob und inwiefern sie dem christlichen Ethos widersprechen oder mit ihm vereinbar sind, sie muss sich aber im Blick auf einzelne Personen vor allzu massiven und direkten Unterstellungen in Acht nehmen. Hier greift die biblische Mahnung „Richtet nicht!" Ein Verdacht – etwa dass es diesem oder jenem Politiker „nur" um die Macht oder um persönliche Vorteile oder auch sein Image gehe – ist leicht in die Welt gesetzt und ist doch *bloß als Verdacht*, zumal wenn er nicht als Vermutung sondern als Behauptung vorgebracht wird, niemals gerecht, denn die Gesinnung einer Person ist für uns Menschen im Unterschied zu Gott, der in das Herz sieht, nicht unmittelbar erkennbar; und der Verdächtigte befindet sich in der üblen Lage, dass er bloß verbal dementieren, nicht aber seine eigene Gesinnung demonstrieren, damit den Verdacht nicht wirklich ausräumen kann. Hier ist auch die reformatorische Unterscheidung von Person und Werk sowie von Amt und Person zu beachten, denn sie hilft, dem in der Mediengesellschaft herrschenden Hang zur Personalisierung politischer Auseinandersetzungen entgegenzuwirken und zu deren Versachlichung beizutragen.[119] Und hier ist dann gegebenenfalls auch das Gefüge der Ämter und Institutionen im Blick auf ihre Funktionsfähigkeit und Gemeinwohldienlichkeit zu hinterfragen. Denn die vita christiana ist als vita activa nicht nur der gewissenhafte Dienst in gegebenen Ordnungen, sondern auch die Arbeit an deren kontinuierlicher Verbesserung, so ansatzweise schon bei Luther und programmatisch dann im Neuprotestantismus und Kulturprotestantismus.[120]

Fünftens: Die oft gestellte Frage, ob und in welchem Maße ein Prediger seine persönliche Einstellung zu politischen (wirtschafts-, sozial-, familien-, bildungs- und militärpolitischen) Fragen und damit auch sein Verhältnis zu diesbezüglichen parteipolitischen Positionen auf der Kanzel klar aussprechen darf, ist nicht so oder so, etwa im Sinne grundsätzlicher Zurückhaltung zu beantworten, sondern muss der praktisch-theologischen Urteilskraft der Pastoren und Pastorinnen vor Ort überlassen bleiben. Die noch davor liegende Frage, ob Geistliche überhaupt ein politisches Interesse und Engagement (einschließlich der Mitgliedschaft in einer Partei) entwickeln dürfen, ist dagegen eindeutig zu bejahen auf der Grundlage, dass die Reformation durch die Aufhebung des Zwangszölibats und die Forderung der Unterstellung aller Geistlichen unter die weltliche Gerichtsbarkeit die Weichen zur vollständigen bürgerlichen Existenz des geistlichen Standes gestellt hat.[121]

[119] So auch A. Grözinger, Homiletik. Lehrbuch Praktische Theologie Bd. 2, Gütersloh 2008, 326f.

[120] Im Letzteren jedenfalls, wenn man nicht nur Ernst Troeltsch als dessen Hauptrepräsentanten betrachtet, sondern auch etwa an Albrecht Ritschl und Wilhelm Herrmann denkt. Vgl, dazu R. Preul, Aspekte eines kulturprotestantischen Bildungsbegriffs, in: H. M. Müller (Hg.), Kulturprotestantismus. Beiträge zu einer Gestalt des modernen Christentums, Gütersloh 1992, 150–164.

[121] In seiner siebten Augustanapredigt „Vom öffentlichen Dienst am göttlichen Wort“ (KGA III/2, 356–372) würdigt Schleiermacher diese Errungenschaft der Reformation unter dem Gesichtspunkt ihres großen Nutzens für die Berufsausübung des minister verbi, und er fügt hinzu, dass der Pfarrer, weil die Familie die Pflanzstätte aller bürgerlichen Tugenden sei, auch selber ein gesellschaftliches und politisches Interesse an den Tag legen *müsse*.

Bei allen Äußerungen der eigenen Einstellung zu Fragen der Politik, die in der Öffentlichkeit kontrovers diskutiert werden, ist Folgendes zu beachten. Auf jeden Fall muss vermieden werden, dass andersdenkende Gottesdienstbesucher sich brüskiert oder ausgeschlossen fühlen. Die Kirche ist als Volkskirche für alle da und offen, die ihre Botschaft hören wollen, und das muss auch immer wieder betont werden. Es ist Klarheit darüber herzustellen, dass der Glaube eine Gemeinschaft zwischen den Menschen stiftet, die jede andere Gemeinschaft und entsprechend auch Differenz – sie sei politischer, ethnischer, kultureller, milieuspezifischer, sozialer, gendermäßiger, in gewisser Weise auch konfessioneller Art – zwar nicht in die Bedeutungslosigkeit, wohl aber auf den zweiten Rang verweist. Daher ist es sogar wünschenswert, dass all diese Differenzen in der gottesdienstlich versammelten Gemeinde auch präsent sind. Denn gerade so kann zugleich die tiefere Gemeinschaft, in der durch Christus ermöglichten bewussten Gotteskindschaft leibhaft und konkret erfahren und Toleranz gelernt werden, die auf dieser tiefen Gemeinsamkeit beruht.[122] Paulus schon brachte es auf den Punkt: „Hier ist nicht Jude noch Grieche, hier ist nicht Sklave noch Freier, hier ist nicht Mann noch Frau, denn ihr seid allesamt einer in Christus Jesus." (Gal 3,28)[123] Und wo diese Toleranz, auch als Gestimmtsein im Gemüt, sich erfahrbar macht, da kann man auch die Differenzen aussprechen und einiges sogar aus der ganz eigenen Perspektive kritisch kommentieren, ohne das Zugehörigkeitsgefühl eines politisch andersdenkenden Zuhörers zu verletzen. Ohne die Beachtung dieser Einheit des Differenten und der entsprechenden Toleranz steht die politische und gesellschaftskritische Predigt immer in der Gefahr eines Abgleitens in Agitation und damit des Missbrauchs der Kanzel. Abzuwägen ist auch, ob Äußerungen, die zu unmittelbarem Widerspruch herausfordern, nicht besser in gemeindlichen Kommunikationssituationen getätigt werden sollten, in denen das möglich ist.

Sechstens: In der *Demokratie* muss politische Predigt sich in anderer Weise gestalten als in dynastisch oder vom Adel oder von Oligarchen und Plutokraten regierten Staaten. Die Demokratie ist auf das politische Interesse, Mitdenken und Engagement ihrer Bürgerinnen und Bürger angewiesen, ein Denken und Wollen und Handeln, das nicht einfach am Eigennutz, sondern an Vorstellungen vom Wohl des Ganzen orientiert ist. Sie muss daher *Gemeinsinn* als Kennzeichen

[122] Das begrenzt die Toleranz von Christenmenschen freilich nicht auf die Differenzen zwischen den Glaubensgenossen. Ihre Toleranz gegenüber Andersgläubigen, auch gegenüber Agnostikern und Atheisten beruht auf der allen Menschen eigenen Menschenwürde, welche ihrerseits theologisch in der geschöpflichen Gotteskindschaft auch derer, die davon nichts wissen, begründet ist.

[123] Paulus spricht hier *alle* aus seiner Sicht wesentlichen Unterschiede in der Gemeinde an: die ethnischen bzw. kulturellen, die sozialen und die biologischen.

mündiger Staatsbürgerschaft unterstellen, selbst wenn sich das teilweise als kontrafaktisch erweist. Entsprechend sollte auch die Kirche in ihren Predigten und sonstigen politischen Verlautbarungen an der Vorstellung des mündigen, urteilsfähigen und am Gemeinwohl - sogar über den nationalstaatlichen Bereich hinaus - orientierten Bürgers festhalten und alles tun, was sie für die Bildung solcher Subjektivität leisten kann. Diese Leistung wird freilich nicht allein durch thematisch-politische Predigten, sondern durch jede biblisch und reformatorisch fundierte Predigt sowie durch die gesamte Bildungsarbeit der Kirche erbracht.

An dem der Demokratie entsprechenden Bild des Bürgers festzuhalten, also nicht den Zynikern zu folgen, und zugleich an seiner Bildung zu arbeiten hat Auswirkungen auf den *rhetorischen Stil* der politischen wie jeder Predigt. Wie schon bei Glaubensfragen setzen wir den Hörerinnen und Hörern auch hier nicht mit einer Flut von Imperativen zu. Wir nehmen ihm das eigene politische Urteil nicht ab, sondern geben nur Gesichtspunkte zu dessen selbständiger Bildung an die Hand, zumal ohnehin in jede politische Option auf Seiten des Predigenden wie auf Seiten des Adressaten jeweils viel an individueller Wahrnehmung und Abwägung einfließt.[124] Der Hörer wird nicht genötigt, nicht geschulmeistert, auch nicht grob provoziert oder aufgeschreckt und mit diffusen Schuldgefühlen infiziert. Er wird *nicht instruiert, sondern gebildet.* Hier erweist sich auch die alte Rede vom „Wächteramt der Kirche" als missverständlich. Richtig daran ist, dass die Kirche alles Geschehen im öffentlichen Raum wachsam beobachten muss; aber die Kirche ist keine Kontrollinstanz, auch nicht die Gouvernante der Nation, sondern eine Bildungsinstitution mit Tradition und von Rang.

Siebtens: Bleibt noch die Frage, wodurch eine sich ihrer Bildungsfunktion bewusste Predigt ihren Hörerinnen und Hörern *hilfreich bezüglich ihrer eigenen politischen Urteilsbildung* sein kann. Das geschieht einmal dadurch, dass sie die im Glauben begründeten ethischen Maßstäbe in Erinnerung ruft, erläutert und sowohl kritisch als auch konstruktiv auf die geschichtliche Gegenwart anwendet.[125] Diese Anwendung kann und muss sich *negativ* in deutlichen Zurückweisungen und Verurteilungen aussprechen: Dies und das darf aus christlicher Sicht und

124 Diese Mahnung findet sich auch regelmäßig in den homiletischen Lehrbüchern. So etwa bei H. M. Müller, Homiletik. Eine evangelische Predigtlehre, Berlin/New York 1996, 253: „In der politischen Predigt kann es nicht darum gehen, die tagespolitischen Auffassungen des Predigers, der Synodenmehrheit oder der kirchenamtlichen Denkschriften zu propagieren. Vielmehr soll der Hörer angeleitet werden, zu einer selbständigen, im Gewissen verantworteten Entscheidung in den Fragen dieser Welt und im Leben mit anderen zu gelangen."

125 Wenn homiletische Lehrbücher auf die Systematische Theologie zurückgreifen, wird, zumeist zögerlich und mit Vorbehalten, fast allein auf die Dogmatik Bezug genommen, als ob nicht auch die theologische Ethik dazu gehörte und homiletisch relevant wäre.

unter Christenmenschen nie und nimmer akzeptiert werden.[126] Was aber *positiv* sein und als konkrete Handlung geschehen soll, das kann in der Regel nur als Empfehlung und Anregung für die individuelle Urteilskraft und Findigkeit vorgebracht werden. Dabei darf auch gern erwähnt werden, dass unsere ethischen Einsichten oft mit den Überzeugungen humanistisch gesinnter Zeitgenossen konvergieren. Man kann weiter darauf hinweisen, dass der christliche Glaube uns auch einen ganz allgemeinen Beurteilungsmaßstab für alle gesellschaftlichen Zustände an die Hand gibt. Gesellschaftliche Zustände - d.h. soziale, politische, bildungsmäßige und kulturelle Zustände - sind in dem Maße als gut zu bezeichnen, wie sie dazu geeignet sind, Personen zu ermöglichen, dass sie die Freiheit von Christenmenschen verstehen und ergreifen und leben können; und sie sind in dem Maße verderblich, wie sie ein Hindernis für die Erlangung solcher personalen Reife sind.[127]

Schließlich kann man auch - ob auf der Kanzel oder in außergottesdienstlichen Veranstaltungen, sei dahingestellt - Kriterien zum Wahlverhalten, die allgemein zustimmungsfähig sein dürften, benennen. Dieses kann sich orientieren erstens am Wahlprogramm der Parteien (der Wähler stimme also für diejenige Partei, die nach seiner Meinung das meiste tun will für das allgemeine Wohl und darin eingeschlossen das eigene Wohl, wobei Letzteres umso mehr Berücksichtigung finden darf, wie man sich selber in einer Lage befindet, die dringend nach Abhilfe verlangt); zweitens an den Personen, die zur Wahl stehen (man wähle diejenigen, denen man besonders vertraut, die sich vielleicht schon bewährt haben und die man für besonders fähig hält); drittens kann es auch darum gehen, den Stimmenanteil einer Partei, die man für schädlich hält, zu verringern (welche der anderen Parteien man dann wählt, bleibt gleichgültig, wenn man *nur* dieses Kriterium in Anwendung bringen kann). Also drei Kriterien, und zwar in der ge-

[126] Bevor man sich hier aber in Rage redet und die Hörer auffordert, ihrerseits bei jeder Gelegenheit „Kante zu zeigen", derzeit vor allem gegen Antisemitismus, Rassismus, Fremdenfeindlichkeit und Rechtsextremismus, sollte man sich klarmachen, dass diese Übel durch Widerspruch, Bekundung der Empörung und des Abscheus in Demonstrationen nicht wirklich zu überwinden, vielleicht nicht einmal einzudämmen sind und möglicherweise sich sogar kontraproduktiv auswirken können, indem sie der Gegenseite Anlass zu vermehrter Selbstdarstellung und Propaganda bieten. So nötig, schon aus Gründen der Solidarität mit den Angefeindeten, der Widerspruch ist, zu dem ja auch die höchsten Repräsentanten des Staates beständig aufrufen, wirklich heilsam ist Dreierlei: erstens die Erfahrung und Verbreitung von Beispielen gelingenden friedlichen Zusammenlebens mit denen, die da diskriminiert werden sollen, zweitens die Vermittlung eines Menschenbildes, welches, wie es exemplarisch bei dem auf die allen gemeinsame conditio humana zurückgreifenden christlichen Menschenbild der Fall ist, jenen verderblichen Vorstellungen und Tendenzen den Boden entzieht, was also durch Bildung und Erziehung zu leisten ist, und drittens durch die Pflege der Erinnerung an die Unheilsgeschichte, die aus jenen Einstellungen erwachsen ist.

[127] Daraus folgt natürlich kein politisches Programm, das auf eine Benachteiligung von andersgläubigen oder ganz areligiös eingestellten Personen hinausliefe.

nannten Reihenfolge. Gelangt man dann immer noch nicht zu einer eigenen Meinung, dann muss man auch nicht wählen, ja man sollte es auch nicht. Appelle von Politikern, man solle auf *jeden* Fall zur Wahl gehen, machen aus dem wichtigsten demokratischen Recht ein Würfelspiel und sind nicht im Sinne derer, die das Grundgesetz formuliert haben. Es gibt bei uns aus gutem Grund keine gesetzliche, sondern nur so etwas wie eine moralische Wahlpflicht, die aber die Pflicht sorgfältiger Urteilsbildung impliziert. Und für deren Befolgung kann die politische Predigt einiges tun.

4.4 Nachtrag: Zur kulturellen und gesamtgesellschaftlichen Relevanz von Predigt, Gottesdienst und Pfarramt in der Gegenwart

Man kann die Bedeutung des Pfarramtes und der damit verbundenen Praxis – besonders in Gestalt des Gottesdienstes und der Predigt, aber auch der Gemeinde-, Konfirmanden- und Jugendarbeit sowie der Seelsorge – unter zwei Fragestellungen erörtern und veranschaulichen: Was hat *der Einzelne* davon, dass es das gibt und professionell ausgeübt wird? Und: Was hat *die Gesellschaft als ganze* davon?[128]

Die erste Frage zieht naturgemäß und langer Tradition entsprechend sowohl innerkirchlich als auch in der gesamtgesellschaftlichen Öffentlichkeit die meiste Aufmerksamkeit auf sich, ist es doch die primäre Aufgabe der Kirche, sich der Probleme der menschlichen Existenz als individueller Existenz anzunehmen. Auch in unserer Darstellung stand sie voran, und was dazu aus meiner Sicht heute im Wesentlichen zu sagen ist, habe ich besonders in den Abschnitten zur Rechtfertigung und zur Gottesfrage schon ausgeführt. Das könnte in einer Theorie der auf Einschnitte und Stationen im Lebenslauf bezogenen Amtshandlungen weitergeführt und bis in konkrete biographiebezogene kommunikative Vollzüge hinein präzisiert werden, aber zur Kasualpraxis gibt es schon genügend Literatur.[129] Zur zweiten Frage haben wir uns schon in den Ausführungen zur politischen Predigt geäußert, aber nur ausschnittsweise, nämlich hinsichtlich der Politik. Das ist zu ergänzen. Denn jede Predigt hat nicht nur Auswirkungen, die politisch von Belang sind. Sie hat auch in Verbindung mit dem Gottesdienst, in dem sie stattfindet, kulturelle und gesamtgesellschaftliche Bedeutung.

Jeder Pastor und jede Pastorin hat zwar unmittelbar nur die jeweils anwesende Gemeinde vor Augen, leistet aber, vielleicht ohne sich dessen bewusst zu sein,

[128] Zu beiden Fragen vgl. R. Preul, Die Aktualität der Predigt, in: ders., Die soziale Gestalt des Glaubens. Aufsätze zur Kirchentheorie, Leipzig 2008, 269–282.

[129] Ich verweise hier nur auf das Kapitel über die Kasualien bei I. Karle, Praktische Theologie (Lehrwerk Evangelische Theologie 7), Leipzig 2020, 466–529. Dort auch weitere Literaturangaben.

auch etwas für die 95 bis 98 Prozent, die gerade nicht da sind, ferner auch nicht allein für die Abwesenden aus der eigenen Parochie, sondern ebenso für das große Heer von Leuten im ganzen Land, die selten oder nie den Gottesdienst besuchen. Das gilt in wenigstens dreifacher Hinsicht.

a) Jede Predigt und jeder Gottesdienst tragen dazu bei, dass die *Sprache der Bibel* überhaupt im deutschen Sprachraum erhalten bleibt und auch verstanden werden kann. Auch für den, der sie sich nicht zu eigen machen kann oder will, ist sie, vor allem in dem ihr von Luther gegebenen Wortlaut, ein wichtiges Kulturgut, das der Allgemeinheit erhalten bleiben muss. Welche Spuren sie in der Literatur, in der bildenden Kunst und Architektur, in der geistlichen Musik und auch in der Alltagssprache hinterlassen hat, braucht hier nicht im Einzelnen ausgeführt zu werden. Predigt und Gottesdienst sorgen jedenfalls dafür, dass es trotz der allgemeinen Unkenntnis immer noch Menschen gibt, denen biblische Texte (Psalmen, Redewendungen, Erzählungen, Gleichnisse, Kernsätze und Personen) einigermaßen vertraut sind. Und da die Geistlichen und ihre Gemeinde keine „geschlossene Gesellschaft" bilden, bleiben sie auch nicht unter sich. Zwar leisten auch der Religionsunterricht und der Konfirmandenunterricht ihren Beitrag zur Kenntnis der Bibel, aber wenn Gottesdienst und Predigt als kirchliche Begleitung durch das Erwachsenenleben ausfallen, wird das im Unterricht Gelernte offenbar schnell vergessen.

b) Mit der biblischen Sprache wird auch der *biblische Geist* oder, wie Paulus sich ausdrückt, „der Sinn Christi" (1 Kor 2,16) vermittelt, der besonders in Gestalt des christlichen Ethos der Allgemeinheit zugutekommt. Das öffentlich vertretene Ethos der unantastbaren Würde des Menschen, deren Achtung und Schutz alle staatliche Gewalt verpflichtet ist (Art1.1 GG) und auf das auch die ethischen Prinzipien der Solidarität und sozialen Gerechtigkeit, die allen Eigennutz begrenzen, verweisen – das ist ja faktisch das vom christlichen Menschen- und Gemeinschaftsverständnis begründete und durch nichts besser begründbare Ethos, das daher auch beständig der Erinnerung an diese Begründung bedarf. Denn als bloße Sitte und allgemeine Redensart ist es nicht resistent und kräftig genug. Natürlich erkläre ich damit nicht andere Begründungsversuche für wertlos. Humanes aus der Liebe zum Menschen motiviertes Denken und Handeln hat seine eigene, aus bestimmten elementaren Erfahrungen entspringende Evidenz.

Besonders ist auf das Verständnis des Begriffs der *Menschenwürde* hinzuweisen, das ihm aus christlich-theologischer Sicht zukommt und das auch die Verfasser von Artikel 1 des Grundgesetzes teilten, indem sie die Würde des Menschen für „unantastbar" erklärten.[130] Im Unterschied zu allen besonderen Würden, die einem Menschen aufgrund seiner Verdienste oder seines besonderen Amtes („in Amt und Würden", wie man sagt) oder seiner Stellung in einer Rangfolge zugesprochen werden, weil er sie sich erworben hat, kommt die Menschenwürde jedem Menschen als solchem zu, unabhängig von seinen Fähigkeiten und Leistungen und seiner Reputation. Sie wird ihm nicht verliehen durch andere oder durch die Gesellschaft als ganze, sondern sie eignet ihm als menschlicher Person und kann ihm daher auch nicht durch Menschen wieder genommen bzw. aberkannt werden; das ist ihre Unantastbarkeit. Wohl aber kann sie von ihnen missachtet und mit Füßen getreten werden, weshalb sie des Schutzes durch das Recht und durch staatliche Macht bedarf. Dieser fundamentale besondere Status der Menschenwürde im Unterschied zu allen Arten von erworbener und verliehener Würde war z.B. bei Cicero, bei dem der Begriff „dignitas hominis" zuerst belegbar ist[131], noch nicht im Blick. Das geschah erst und in nachhaltiger Weise dadurch, dass der christliche Glaube jeden Menschen als Gottes geliebtes Geschöpf und Gegenstand seines universalen Heilswillens und Vollendungshandelns verstand. Die Menschenwürde resultiert in christlicher Sicht unmittelbar aus der Relation des Menschen zur Ursprungsmacht allen weltlichen Seins und Werdens. Manche versuchen, die Menschenwürde auch aus der „Gottebenbildlichkeit" des Menschen (Gen 1,26f) zu begründen, wobei man sich dieses Theologoumenon auf dem Hintergrund seiner verwickelten Interpretationsgeschichte allerdings erst so zubereiten muss, dass es in den Begründungszusammenhang einrücken kann und nicht seinerseits auf Abwege führt. Ich würde lieber auf die paulinisch-reformatorische Rechtfertigungslehre zurückgreifen, weil sie mit ihrem klaren Aussagegehalt – dass nämlich der Mensch durch Gottes Gnade ohne vorherige eigene Anstrengung und Verdienste in die Wahrheit seiner bestimmungsgemäßen Existenz gebracht wird – die Ursprungsrelation so präzisiert, dass der Begriff der Menschenwürde sowohl definiert als auch religiös fundiert wird.

Nun geht es bei dem christlichen Beitrag zum Thema Menschenwürde aber nicht nur um den Begriff und seine theologische Begründung, sondern ebenso um eine dem entsprechende *Praxis*, also um ein aktives und wirksames Eintreten für die Achtung und den Schutz der Menschenwürde. Nicht allein der Staat ist hier gefordert. Es gibt auch einen die gesamte Zivilgesellschaft und alle Bürgerinnen und Bürger in Anspruch nehmenden – jedenfalls in Anspruch nehmen wollenden – *Dienst an der Menschenwürde*, d.h. eine Praxis der Liebe und Zuwen-

[130] Vgl. besonders E. Herms, Artikel „Würde des Menschen II Theologisch", in: RGG, 4. Aufl., Bd. 8, 1737–1739 sowie W. Härle, Würde. Groß vom Menschen denken, München 2010.

[131] De officiis I 30, 106.

dung, der Aufmerksamkeit und Wertschätzung, die bis in das Alltagsleben mit seinen interpersonalen Beziehungen hineinreicht, aber auch von Institutionen betrieben wird, die dieser Praxis eine organisierte Gestalt geben. Es ist dieser vielfältige Dienst an der Menschenwürde, der, so weit er reicht und funktioniert, unser Zusammenleben in allen Verhältnissen und auf allen Ebenen *humanisiert.*

Bezüglich der Institutionen sind natürlich diejenigen Einrichtungen besonders zu nennen, die sich um Menschen kümmern, die ganz auf die Hilfe der Mitmenschen angewiesen sind und die, etwa weil sie zur sogenannten Wertschöpfung keinen Beitrag mehr leisten, leicht in ein nicht mehr menschenwürdiges Abseits gestellt werden können, eventuell selbst an ihrer Menschenwürde zweifeln, indem sie ihr Leben in völliger Abhängigkeit als nicht mehr lebenswert empfinden. Solche Einrichtungen gibt es nicht allein, aber gerade auch im Raum der Kirchen, die hier schon besonders in der Geschichte der Diakonie Vorbildliches geleistet haben und immer noch leisten.[132]

Die Kirchen erbringen aber auch durch ihr *Wort* einen Dienst an Menschenwürde und Menschlichkeit, wo immer sie Einspruch erheben gegen gesellschaftlich verschuldete unwürdige Zustände und gegen Denkweisen, Ideologien und Redewendungen - etwa, wenn immer noch jemand von „lebensunwertem Leben" spricht. Dabei richtet sich das Wort der Kirchen aber auch an die Betroffenen, die schwer Leidenden und Verzweifelnden selbst. Sie sollen sich nicht als Bittsteller, die anderen zur Last fallen, fühlen, sondern sie haben ein *Recht* darauf, dass ihnen geholfen wird, und ihnen gilt die besondere Zuwendung Gottes. An sie richtet sich der Ruf Jesu „Kommt her zu mir alle, die ihr mühselig und beladen seid, ich will euch erquicken!" (Mt 11,28) Auch das Wort der Kirchen, das kritische wie auch das ermutigende, gehört fest zu diesem praktischen Dienst an der Menschenwürde, durch welchen sie, auch via Pfarrberuf, ganz wesentlich zur *humanen Substanz unseres Zusammenlebens* beiträgt.

c) Die Pastorinnen und Pastoren mitsamt ihren Gemeinden halten durch Gottesdienst und Predigt eine *Tradition* präsent und aktualisieren sie, die neben der griechisch-römischen Antike Europa und später auch die aus europäischer Eroberung und Besiedelung entstandenen Länder der Neuen Welt zutiefst geprägt hat. Wenn nun Europa nach einer langen leidvollen und von Hegemonialkriegen beherrschten Geschichte zusammenwachsen soll, trotz Brexit und vieler Interessenskonflikte, und wenn es dabei mehr sein soll als ein geregelter und erfolgrei-

[132] Das praktische und institutionelle Zusammenwirken von Kirche, ärztlicher Versorgung und klösterlichem Pflegedienst lässt sich zurückverfolgen bis in die Alte Kirche. Ich erwähne nur den Kirchenvater Basilius von Caesarea als Initiator und Organisator von Spitälern und Altersheimen. Vgl. zu dieser Tradition R. Staats, Krankenheilung und Heil in der Geschichte des Christentums, in: D. Bendrath (Hg.), Heil und Heilung, Nordelbische Reihe für Weltanschauungsfragen 5, Lübeck 1992, 5–27.

cher Wirtschaftsraum, nämlich auch eine Wertegemeinschaft, wie man sagt, dann bedarf es der Rückbesinnung auf die gemeinsamen geistigen, religiösen und kulturellen Wurzeln.

Was die vorchristliche Antike betrifft, so kann vor allem die Kunst ein Wegweiser zu ihr sein, im Übrigen aber bleibt sie eine Sache der wenigen, die eine klassische Bildung, wie man es nennt, erfahren haben, zuzüglich derer, die auch ohne Kenntnis der alten Sprachen ein historisches Interesse entwickeln. Die christlich-jüdische Überlieferung wird abgesehen davon, dass sie auch in der Kunst sich ein ästhetisches Zeugnis geschaffen hat, durch eine Institution, eben die Kirche in ihren Konfessionen, wobei auch die orthodoxen Kirchen nicht übersehen werden dürfen, am Leben erhalten und gepflegt. Und dabei geht es auch nicht nur um Erinnerung als Bewahrung vor dem Vergessenwerden oder, wie man zu sagen pflegt, um das kollektive kulturelle Gedächtnis. Vielmehr werden die Quellentexte auch *interpretiert* und auf das gegenwärtige Leben in allen Bereichen *bezogen*, und zwar nach Möglichkeit in einer *allen* Zeitgenossen verständlichen Weise. Ebenso werden Ereignisse aus der Christentumsgeschichte, wie besonders die Reformation, unter dem Gesichtspunkt ihrer Orientierungsleistung für die Gegenwart zur Sprache gebracht, freilich auch, sofern es sich um Verirrungen und Fehlentwicklungen handelt, kritisch dargestellt.

Aber nicht nur für das „Projekt Europa" ist das Wachhalten der uns bestimmenden beiden Traditionen von großer Bedeutung. Dasselbe ist auch hinsichtlich der Bildungsgeschichte und Identitätsvergewisserung des Einzelnen geltend zu machen. Persönliche Identitätsbestimmung erfolgt ja nicht allein dadurch, dass man ein individuelles Lebenskonzept – mehr oder weniger klar, dauerhaft oder nur auf Probe – entwirft und nach ihm zu leben und zu handeln versucht, so dass man dann am Ende vielleicht sagen kann: „I did it my way." Sie geschieht auch durch Akte der *Zuordnung* zu anderen Personen, zu Gruppen, Bewegungen und Richtungen in der Gegenwart und vielleicht noch mehr in der Vergangenheit, so dass das eigene Leben sich als in eine Kontinuität gestellt erfährt.[133] Dieser Modus von Identitätsbestimmung und -gewinnung wird in der einschlägigen psychologischen, soziologischen und pädagogischen Literatur oft übersehen, obwohl er von prägender Kraft für die Entstehung dessen, was man Persönlichkeit nennt, ist.[134] Natürlich bedeutet das Einstimmen in Gestalten der

[133] Dem unterschwelligen Bedürfnis nach Zuordnung entspricht übrigens auch die Inanspruchnahme der Kasualien, weshalb deren konkrete Ausgestaltung trotz aller notwendigen zeitgemäßen Ausrichtung sich nicht ganz und gar nach individuellen Wünschen richten darf.

[134] Dazu ein Beispiel aus meiner eigenen Biographie. Als ich das erste Mal den Schlusschor der Matthäuspassion hörte, in dem alle Erregung durch das dramatische Geschehen der Passion zur Ruhe kommt und die Beklemmung des Hörers sich löst, da dachte ich: In diesen Chor möchte ich mich einreihen, da gehöre ich hin und nicht dort, wo die Spötter sitzen.

Tradition keine vorbehaltlose Bejahung von allem, was einmal zu ihnen gehörte. Vielmehr gilt auch gegenüber der eigenen Tradition, zu der man sich bekennt, die apostolische Empfehlung: „Prüft aber alles, und das Gute behaltet!" (1 Th 5,21) Damit wird man auch fähig, die Tradition konstruktiv fortzuführen, nicht die Asche anzubeten, sondern das Feuer zu bewahren.[135]

Natürlich bewirkt der Umgang mit der Tradition auch eine erhebliche geistige *Horizonterweiterung*. Denn er ermöglicht es, dass wir uns selbst geistig, kulturell, religiös und weltanschaulich situieren können, und zwar auch sofern wir uns von ihr so oder so absetzen. Und die Maßstäbe, mit denen wir Gegenwärtiges beurteilen, stammen auch fast ausschließlich aus der Überlieferung und deren selbständiger Aneignung. Horizonterweiterung durch den Bezug auf Tradition, wobei deutlich wird, inwiefern die Gegenwart ein Produkt der Vergangenheit ist, gehört mit zur Identitätsbildung und Identitätsvergewisserung im Reifungsprozess der menschlichen Person.

Die durch Theologie und Kirche und besonders durch die Inhaber des geistlichen Amtes gepflegte und laufend in Bezug auf die gegenwärtige Lebenswelt aktualisierte Tradition hat auch ihre Auswirkungen auf den *öffentlichen Diskurs*, indem sie mit dafür sorgt, dass bestimmte allgemein und existenziell relevante Themen auf der Tagesordnung bleiben und mit einigem Tiefgang jedenfalls diskutiert werden *können*. In der kirchlichen und theologischen Tradition, insbesondere im Protestantismus, geht es seit Luthers Schrift „Von der Freiheit eines Christenmenschen" (1520) immer wieder um das für die gesamte Neuzeit zentrale Thema der *Freiheit*. Diese Koinzidenz wird völlig übersehen, wenn behauptet wird, die Kirche habe dem modernen und auf seine Autonomie und Selbstbestimmung pochenden Menschen nichts mehr zu sagen. Was die Kirche und ihre Theologie zu dem Themenkomplex Freiheit, Autonomie und Selbstbestimmung zu sagen hat, ist sehr viel und auf der Grundlage der in ihre Lehre eingegangenen Unterscheidungen sehr differenziert, weshalb es hier nicht ausgebreitet werden kann. Es wäre jedoch schon einiges gewonnen, wenn die Menschen merken würden, dass kirchliche Äußerungen hierzu nicht darauf hinauslaufen, anstelle von Autonomie und Selbstbestimmung irgendeine Form von Heteronomie und Fremdbestimmung zu befürworten und die Freiheit unter klerikale Autorität zu beugen, wie oft vermutet wird, sondern dazu anleiten wollen, über jene Begriffe tiefer nachzudenken, statt mit ihnen als mit Schlagworten zu hantieren.[136]

[135] Nach einem Diktum von Gustav Mahler.

[136] Insbesondere der Begriff der Selbstbestimmung ist außerordentlich erklärungsbedürftig, und diese Aufgabe ist mit dem Karlsruher Urteil zum Recht auf selbstbestimmtes Sterben vom Februar 2020 alles andere als erledigt. In meiner Evangelischen Bildungstheorie, Leipzig 2013 habe ich in dem Abschnitt „Bildung und Selbstbestimmung" (aaO. 155-175) eine Analyse des besagten Terminus vorgelegt.

Die von der Kirche, ihren Pastoren und Pastorinnen und den Gemeinden geleistete Traditionsvermittlung ist umso notwendiger, als Tradition insgesamt in unserer Gegenwart erst einmal schlechte Karten hat; man spricht ja nicht ganz unbegründet vom Traditionsabbruch als einem Signum der sogenannten Postmoderne. Zu den vielen und ganz verschiedenen Gründen für diese Sachlage gehört sicher nicht zuletzt, dass uns die modernen Medien – Funk, Fernsehen, Internet, aber auch die Tageszeitungen und die Boulevardpresse – tagtäglich mit einer Fülle von aktuellen Informationen und Impressionen beliefern. Das Gros des Faktenwissens bezieht der Zeitgenosse nicht mehr aus der Schule, sondern aus den Medien. Diese Überfülle an Faktenwissen und überwiegend chaotischen, unsortierten Informationen verlangt schon als solche nach einem Orientierungswissen, d.h. einem Wissen, das handlungsrelevant ist und das es ermöglicht, das Lebensdienliche vom Überflüssigen und Abseitigen, das Aufschlussreiche und Paradigmatische vom Ephemeren und Belanglosen, das bloß Unterhaltsame vom Bildenden zu unterscheiden. Solches Orientierungswissen wird zwar nicht nur, aber in erheblichem Maße aus der Überlieferung dessen, was schon in der Vergangenheit erarbeitet wurde und sich bewährt hat, gewonnen. Die Medien polen ja unser Bewusstsein gleichsam horizontal auf das Gegenwärtige und Gleichzeitige in aller Welt, und das verlangt nach einem Gegengewicht, durch das die Zeitlichkeit und Geschichtlichkeit unseres Existierens anschaulich wird und so zu einer das Bewusstsein formenden Wirkung gelangt. Hier waltet auch eine eigentümliche Dialektik: Gerade indem immer Neues, Brandneues, aufgetischt und überall der rasante Wandel vorgeführt wird, regt sich auch wieder die Frage nach dem Beständigen, nach Altem und Bewährtem. An diese Dialektik kann die kirchliche Verkündigung anknüpfen.

5. RÜCKBLICK UND AUSBLICK: DAS ZIEL REFORMATORISCHER PREDIGT IN DER GEGENWART UND IHRE THEOLOGISCHE GRUNDLAGE

Wir verbinden in diesem abschließenden Kapitel noch einmal homiletische Überlegung mit systematisch-theologischen Einsichten, die uns als Fundament für eine zielstrebige und ihrer Aufgabe bewusste Predigt dienen können. Dass Grundlage jeder Predigt wie der gesamten Kirche die Heilige Schrift Alten und Neuen Testaments bzw. das darin enthaltene Zeugnis von Jesus Christus ist, und zwar so, wie es die in Geltung stehenden Bekenntnisschriften zu verstehen lehren[1], bleibt natürlich unangetastet. Wir begnügen uns aber nicht mit dieser formalen Referenzbestimmung, sondern setzen aus eigener gegenwartsbezogener Überlegung gewonnene inhaltliche Akzente. Die wichtigsten Gedanken hierzu wurden bereits im vorigen Kapitel, insbesondere bei der Behandlung der zeittypischen vier inneren Barrieren, welche den Zugang zum christlichen Gottesglauben erschweren, entwickelt. Die Argumentationslinien müssen nur noch etwas weiter ausgezogen und zu einem stimmigen Gesamtbild zusammengeführt werden. Wir beginnen mit der Frage nach der allgemeinen Zielsetzung der Predigt im Rahmen ihrer Möglichkeiten; denn daraus ergibt sich alsbald die Frage, welchen Zuschnitt eine „Theologie für die Kanzel" derzeit haben muss. Der Schluss des Kapitels wie des ganzen Buches richtet den Blick auf die Funktion der Predigt hinsichtlich der Bildung des Christenmenschen im Kontext spezifisch moderner Bewusstseins- und Gefühlslagen.

5.1 Was unsere Predigt erreichen will und was sie vermag

Die Predigt ist auf ein Ziel bezogen, für dessen Erreichung sie bestenfalls ein notwendiges, aber kein hinreichendes Hilfsmittel ist. Sie kann den Glaubensakt, der in der Annahme des Evangeliums mit dem Herzen, dem Denken und dem Wollen besteht und der durch eine letztlich geheimnisvolle Verbindung zwischen dem Wirken des göttlichen Geistes und der willentlichen Zustimmung sich vollzieht, nicht zielsicher hervorbringen – sie sei theologisch noch so korrekt und rhetorisch im Blick auf ihre Adressaten und deren Lebenswirklichkeit und Verstehensmöglichkeiten noch so perfekt. Ohne alle kirchliche Bildungsarbeit, deren Herzstück die Predigt ist, könnte der Glaube nicht entstehen, mit ihr muss

[1] So ist es in den Präambeln unserer meisten Kichenverfassungen zu lesen.

er es nicht. Alle Religiosität entzieht sich als *Innerlichkeit* dem methodischen Eingriff.

Man tut aber gut daran, Schleiermachers Empfehlung folgend bei den Hörerinnen und Hörern vorauszusetzen, dass sie in der Regel vom Wirken des Geistes Gottes schon erfasst wurden und nun, weil ihr Glaube auch immer wieder angefochten und von Zweifeln infrage gestellt wird, der Kräftigung und der Ermutigung bedürfen, damit sie gleichsam in der Spur bleiben können. Das geschieht am wirksamsten dadurch, dass man, deskriptiv predigend, den Blick auf Personen richtet, denen es nicht anders ergangen ist und die dennoch in der Nachfolge Christi „bestanden" haben bis ans Ende.

Bei der Frage, was denn die Predigt ausrichten kann, wenn sie ihrem aus der Schrift gewonnenen Inhalt treu bleibend von ihren rhetorischen und dialektischen Möglichkeiten Gebrauch macht[2], muss unterschieden werden, was sie in Bezug auf ein *sachgerichtetes und interessiert betrachtendes Bewusstsein* der Hörerinnen und Hörer und was sie hinsichtlich ihrer *existenziellen inneren Ausrichtung* zu leisten vermag.

Sofern sich die Predigt an die interessierte Aufmerksamkeit richtet, kann sie sich sehr vielen kleineren und größeren Aufgaben der Information, Belehrung und Aufklärung widmen und diese grundsätzlich auch lösen. Sie kann ihre Hörerschaft über alles belehren, was den christlichen Glauben und das christliche Leben im Ganzen und im Einzelnen betrifft: wie die Bibelstelle, die gerade zugrunde liegt, zu verstehen ist und wie sie missverstanden würde, wie sich der christliche Glaube von anderen religiösen Positionen und von säkularen Existenzverständnissen unterscheidet und wo es einzelne Berührungspunkte und praktische Koalitionsmöglichkeiten gibt, wie man zwischen Glaube, Irrglaube und Aberglaube differenzieren kann[3] und weiteres mehr. Man kann auch Szenen aus der Christentumsgeschichte, erfreuliche und unerfreuliche, durch lebendige Darstellung in Erinnerung rufen und zeigen, was man daraus lernen kann. Auch über Interessantes und Relevantes aus der Ökumene kann berichtet werden. Nicht zuletzt sollte der Pastor oder die Pastorin sich bei der Vorbereitung der Predigt fragen, von welchen Klischees, falschen Voraussetzungen, irrigen Assoziationen und Konnotationen, Fehl- und Kurzschlüssen, wie sie im Alltagsbewusstsein und in der Alltagssprache beständig reproduziert werden, die Zuhö-

[2] Ich erinnere an die alte, auch von Luther übernommene Formel „Dialectica docet, rhetorica movet" (Dialektik lehrt, Rhetorik bewegt). WAT 2, 359, Nr. 2199a.

[3] Natürlich kann die Differenzierung nur perspektivisch, bedingt durch den eigenen Standpunkt, vorgenommen werden; für manchen Atheisten ist jede Form religiösen Glaubens eine Gestalt des Aberglaubens bzw. falsches Bewusstsein. Der Prediger darf hier, wie auch schon bei interreligiösen Vergleichen, hypothetisch reden: Wer Christ ist, wird so und nicht anders urteilen müssen.

rer aus Anlass des Predigttextes und des Themas der Predigt befreit werden könnten. Sofern der Predigende seine Kunst beherrscht, kann er zu etlichen intellektuellen Aha-Erlebnissen verhelfen. Der Wirksamkeit der Predigt sind hier, wo es „nur“ um Information, Vergegenwärtigung und Klarstellung geht, kaum Grenzen gesetzt, sowohl hinsichtlich ihrer inhaltlichen Reichweite als auch ihres möglichen Erfolges. Besonders die Themen- oder Lehrpredigt, für deren zeitgemäße Erneuerung ich plädiert habe (s. o. 2.3), vermag hier sehr viel.

Über die Grenze, die der Predigt in Bezug auf die Erweckung des Glaubens selbst gesetzt ist, war eben schon die Rede, wobei ich mich ganz der traditionellen theologischen Auskunft zu diesem Punkt angeschlossen habe. Dem möchte ich aber noch einen eigenen Aspekt hinzufügen, der die Frage nach der Leistungsfähigkeit der Predigt hinsichtlich der existenziellen Grundausrichtung des Menschen m. E. ebenfalls berührt. Ich möchte die These vertreten, dass die Predigt *stärker ist im Niederreißen des aus theologischer Sicht Falschen als im Aufbau des Richtigen.*

Bei der Erläuterung dieser Behauptung schließe ich mich an Luthers Aussage in seiner Auslegung des Ersten Gebots im Großen Katechismus an, dass das „Trauen und Glauben“ des menschlichen Herzens beides macht: „Gott und Abgott“, wobei er für die Position des Abgotts etliche Kandidaten aufzählt, wie Geld bzw. Mammon, eigenes Können, Klugheit, Macht. Gunst, Freundschaft und Ehre.[4] In dem lebensgeschichtlich entscheidenden Prozess der beständigen Ausdifferenzierung, Symbolisierung und Verteilung von Vertrauen muss es zwangsläufig dazu kommen, dass das für Sinn oder Absurdität des Daseins insgesamt ausschlaggebende Grundvertrauen – mit Erik H. Erikson: „basic trust“ – so oder so investiert wird, obwohl in Wahrheit nur der dreieinige Gott der angemessene Adressat sein kann. Wenn nun die Predigt das Vertrauen auf den wahren Gott zwar lehren und beschreiben, aber nicht ziel- und ergebnissicher bewirken kann, so kann sie doch mit einigem Erfolg das Vertrauen auf die Gestalten des Abgotts – auf die Götzen, die dadurch entstehen, dass das Grundvertrauen falsch investiert wird, indem quasi-religiöse Leidenschaft und oft auch Elemente der religiösen Sprache auf innerweltliche Größen und Instanzen übertragen werden – untergraben und erschüttern. Denn es lässt sich zeigen und mit Erfahrungen bele-

[4] BSLK 560f. – Es zeugt von Luthers großer Vertrautheit mit der menschlichen Psyche, dass er hier einen an sich zu erwartenden Kandidaten auslässt: „Weib und Kind“. Denn er spürt offenbar, dass man zwischen der Liebe zu Gott und der Liebe zu denjenigen Personen, mit denen man sich aufs Engste verbunden fühlt, kein Konkurrenzverhältnis aufmachen darf; Gott würde dabei unterliegen. Hingegen ist die Nennung „Kind und Weib“ in der letzten Strophe von „Ein feste Burg ist unser Gott“ (EG 326), woran sich Walter Jens gestört hat, berechtigt, ja sogar notwendig; denn der Vers will ja sagen, dass die Feinde, und *darauf* bezieht sich das Relativpronomen in „sie haben's kein Gewinn“, nicht obsiegen, wenn sie uns alles und sogar das Liebste nehmen, sondern „das Reich muss *uns* doch bleiben.“

gen[5], dass diese Adressaten des Grundvertrauens unwürdig sind und entsprechende Lebenskonzepte scheitern lassen und früher oder später in eine existenzielle Katastrophe führen. Im Unterschied zum Vertrauen auf Gott, das sich auf Unsichtbares richtet und selbst verborgene Innerlichkeit ist, kann bei der Demontage von Illusionen, Ideologien und Lebenslügen auf offen zutage liegende Sachverhalte und Schicksale Bezug genommen werden. Auf diese Weise lässt sich gewissermaßen der Wirksamkeit des Geistes das Feld bereiten. Aber natürlich ist bei solchem Entlarven und Abräumen des Falschen mit Vorsicht, denn die Destruktion von „Lebenslügen" schmerzt zunächst einmal, und ohne Pathos und Panikmache zu verfahren, nur dass unsere Rede dem christlichen Realismus verpflichtet bleiben muss. Mit dem Aufweis des Untauglichen muss auch immer der einladende Verweis auf die bessere Möglichkeit in Gestalt des Evangeliums verbunden sein.[6] Für beides ist der Gottesdienst der geeignetste Ort, da er überwiegend von Menschen besucht wird, die mit dem Glauben an Jesus Christus schon Erfahrungen gemacht haben - sonst könnten wir mit ihnen auch nicht beten und singen und das Abendmahl feiern -, die aber auch nicht völlig immun gegen die Verlockungen illusionärer Lebenskonzepte sein dürften und immer wieder in der Gefahr stehen, ihr Grundvertrauen falsch zu adressieren, wenn sie sich auch wohl kaum so weit verrennen und sich selbst belügen werden wie die in der letzten Anmerkung erwähnten tragischen Helden.

Welche Wirkung dürfen wir uns von einer Predigt erhoffen und daher auch - gewiss im Vertrauen auf die Mithilfe des göttlichen Geistes - als Ziel anstreben, die in Bezug auf das objektive Interesse wie auch hinsichtlich der inneren existenzbestimmenden Ausrichtung der Hörerinnen und Hörer ihr Bestes gibt? Mir selbst geht es so: Wenn ich eine gute Predigt gehört habe, oder auch, wenn ich mit mir selbst als Prediger einigermaßen zufrieden bin, was nicht immer, aber gelegentlich der Fall ist, dann stellt sich bei mir ein *Gefühl der Richtigkeit* ein, d.h. ein Gefühl, als Christ auf der richtigen Spur zu sein, der Spur, die Christus durch sein Lebenszeugnis in der Welt gezogen und in ihr hinterlassen hat und auf der ich nun weitergehen möchte.[7] Mit dem Gefühl der Richtigkeit verbindet sich das Gefühl der Sicherheit und eine innere Ruhe, in der alle Angst, Aufregung und

[5] Man kann dabei auch auf Romane zurückgreifen oder auf Filme. Bezüglich der Filme nenne ich als besonders eindrückliche Beispiele „La Strada" von Federico Fellini und „Die Katze auf dem heißen Blechdach" nach Tennessee Williams, in denen uns das Scheitern des „großen Zampano" und von „Big Daddy", der allerdings ganz am Schluss noch zur Einsicht kommt, vorgeführt wird.

[6] Es dürfte deutlich sein, dass das gerade beschriebene Verfahren nichts mit einer fundamentalistischen Predigtweise zu tun hat, die den Leuten die Hölle heiß macht, indem sie ihnen mit Gottes Zorn und ewiger Verdammnis droht.

[7] Das entspricht ganz der Art von Wahrheit und Wahrheitserkenntnis, von der im Johannesevangelium die Rede ist.

Anspannung von mir ablässt und der „Geist der Kraft, der Liebe und der Besonnenheit" (2 Tim 1,7) in mir Raum gewinnt, ein Geist, in welchem ich drohenden Schicksalsschlägen zwar nicht ganz ohne Zittern und Zagen, aber auch nicht ohne Zuversicht auf ein Bestehenkönnen entgegensehe.

Grundlegend und umfassend, weil alles begleitend, ist dabei aber das Gefühl, auf dem *richtigen Wege* zu sein, das sich in vielen Bestätigungs- und Bekräftigungsakten wiederholt und spezifiziert: Ja, es ist richtig, dass ich Christ bin und bleiben will, dass ich bete, dass ich mich zur Kirche halte, mit der Gemeinde singe, das Abendmahl feiere, das apostolische und nizänische Glaubensbekenntnis mit der ganzen Christenheit auf Erden spreche und mich damit in die Glaubenstradition hineinstelle, auch wenn ich einzelne Aussagen in den Bekenntnissen für fragwürdig halte, dass ich als Theologe und Pfarrer mich meinen Aufgaben im Gottesdienst mit Hingabe widme, auch dass ich mich politisch und sozial engagiere im Dienst an der Menschenwürde und so fort. Wenn ich hier überall „ich" sage, dann deshalb, weil ich nur ausgehend von der Selbsterfahrung das gleiche Gefühl und Bewusstsein auch bei anderen, den sogenannten Laien wie auch den Schwestern und Brüdern im Amt, unterstellen und wiederfinden kann.

Dieses Gefühl der Richtigkeit gilt es durch die Predigt zu bestärken.[1] Es ist das eigentliche Predigtziel. Und manchmal, wenn die Leute sich nach dem Gottesdienst bei mir bedanken, habe ich auch den Eindruck, hier etwas - in welcher Intensität auch immer - bewirkt zu haben. Die gerade eingefügte Parenthese ist nötig, denn die im Richtigkeitsgefühl sich ausdrückende Zustimmung kann natürlich schwanken zwischen „Ja, so ist es!" bis zu einem schwachen „Es ist nicht einfach von der Hand zu weisen". Deshalb spreche ich auch von *Bestärkung* des Gefühls oder Bewusstseins, auf der richtigen Spur zu sein.

Aber wie sollte und könnte die Theologie derer, die den Predigtdienst versehen, zugeschnitten bzw. akzentuiert sein, wenn sie dieses Ziel anstreben?

5.2 Konturen einer Theologie für die Kanzel

Ich kann hier auf die schon früher, besonders in Kap. 4.2 und 3 gewonnenen Einsichten zurückgreifen. Die zunächst nahe liegende Antwort auf die gestellte Frage lautet, dass die Menschen durch die Predigt und die in ihr zur praktischen Anwendung kommende Theologie in ihrer eigenen existenziellen Situation sich angesprochen finden können. Diese spätestens seit Ernst Lange[9] allgemein vertretene Ansicht samt entsprechenden homiletischen Empfehlungen ist natürlich

[1] Es ist übrigens, weil so viele Lebensmomente begleitend, von größerer Extension als der assensus in der traditionellen den Glauben beschreibenden Trias „notitia, assensus, fiducia" (Kenntnis bzw. Erkenntnis, Zustimmung, Vertrauen).

[9] E. Lange, Predigen als Beruf, hg. von R. Schloz, Stuttgart 1976.

richtig und so selbstverständlich, dass ich hier nicht noch einmal in dasselbe Horn stoßen muss. Außerdem wurde ja bereits in der Einführung zu unserer ganzen Abhandlung verdeutlicht, dass die reformatorische Theologie selber schon – insbesondere durch ihre Konzentration auf das Rechtfertigungsthema und auf eine dem Heil des Menschen dienliche Sakramentspraxis – die Hinwendung zur menschlichen Existenz coram Deo als ihren Grundgegenstand und hermeneutischen Ausgangspunkt vollzogen hat, statt sich in davon losgelösten Spekulationen über Gott und die Welt zu ergehen.

Die erste Bedingung für die Möglichkeit einer dem Predigtziel dienende Theologie besteht darin, dass sie in der Lage sein muss, die christliche Glaubensposition als eine *intellektuell redliche Position* zu erweisen und das auch über die kirchliche Verkündigung verstehbar zu kommunizieren. „Intellektuell redlich" heißt, gegen folgerichtiges Denken nicht durch irgendwelche Mauscheleien zu verstoßen und keine Erfahrung unbeachtet zu lassen oder sie sogar systematisch auszuklammern, die dem Menschen in Sachen des Glaubens zu schaffen macht. Und schließlich gehört auch die Bereitschaft der Diskussionsoffenheit gegenüber Einwänden aller Art dazu.[10] Diese drei Redlichkeitsbedingungen – Logizität, Erfahrungsbezug und Gesprächsoffenheit – gelten übrigens auch für die Vertretung aller, also auch nichtchristlicher und antichristlicher weltanschaulicher Positionen.

Für die Erfüllung dieser Redlichkeitsbedingungen im Falle der christlichen Rede von Gott, wie sie ihren Inhalt letztgültig durch die Offenbarung im Christusgeschehen erhalten hat, haben wir die nötigste Vorarbeit bei unserer Beschäftigung mit den zeittypischen inneren bewusstseins- und gefühlsmäßigen Barrieren geleistet. So ist keine gegen die Regeln folgerichtigen Denkens nicht verstoßende Rechenschaft über den christlichen Gottesglauben möglich, solange man im Banne der Alltagsontologie verbleibt, die nur auf einzelnes innerweltlich Seiendes und Werdendes ausgerichtet ist und versucht, Gott *auch noch* irgendwie

[10] Es kann aber nicht verlangt werden, dass jemand sich mit allen tatsächlichen und denkbaren Einwänden schon auseinandergesetzt haben muss, ehe er seine Position in intellektueller Redlichkeit vertreten könne. Denn das kann nicht einmal vom theologischen Experten, geschweige denn vom „Laien" erwartet werden. Allerdings sollte die Beschäftigung mit den wichtigsten Arten von Religionskritik fester Bestandteil in der theologischen Ausbildung und Fortbildung sein. Insbesondere mit Nietzsche sollte sich jeder angehende minister verbi auseinandergesetzt haben, weil Nietzsche, wenn auch oft in aphoristischer Form, die konsequenteste Gegenposition entworfen hat, die auch immer noch nicht wenige Anhänger findet. Er hat jedenfalls klar gesehen, dass „Gott" weder ersatzlos verabschiedet, noch durch bürgerliche Wertvorstellungen und Lebensziele ersetzt werden kann, was ihn dann zu seiner visionären Konzeption des an Gottes Stelle tretenden Übermenschen geführt hat. Leider hat er, im Unterschied zu etlichen Philosophen vor ihm wie etwa Fichte und Hegel, keine Staatslehre entwickelt, weshalb er dem Missbrauch durch die nationalsozialistische Ideologie ziemlich schutzlos preisgegeben war.

darin unterzubringen. Ein Durchbruch wird erst möglich, wenn man sich für eine gleichsam „höhere" Ontologie mit Gott als Ursprungsmacht alles innerweltlichen Seins und Geschehens entscheidet, welche die Alltagsontologie zwar nicht zerstört, aber in die Klammer nimmt, indem sie sie samt aller in ihr waltenden empirisch-erfahrungswissenschaftlichen Rationalität auf die ihr eigene phänomenale Gegenständlichkeit beschränkt und somit relativiert, d.h. ihre spezifische Leistungsfähigkeit nicht bestreitet, wohl aber ihren zumindest latenten Absolutheitsanspruch, sofern sie nämlich auch über Sinn oder Unsinn des Gottesbewusstseins entscheiden soll, aufhebt. Eine solche das empiriebezogene Alltagsbewusstsein übersteigende und relativierende Ontologie war und bleibt durchaus auch dem philosophischen, auf die Möglichkeiten der Vernunft gegründeten und sie ausmessenden Denken möglich. Es kann, wie die Philosophiegeschichte belegt, zu einer Lehre von Gott als Ursprung und Einheit von Sein und Bewusstsein vordringen, wissend, dass sie dabei von demjenigen Allerrealsten redet, auf das sich auch das religiöse Bewusstsein im Kontext einer positiven, geschichtlichen Religion bezogen weiß, weshalb sie die Reflexion über die die Gottesbeziehung weiter spezifizierenden Eigenheiten der positiven Religion, vorab der christlichen, auch der Theologie überlassen kann. Mit dem Gottesbegriff operierende philosophische Systeme bleiben, vom theologisch entfalteten christlichen Wirklichkeitsverständnis aus betrachtet, zumeist im Bereich des Ersten Artikels im Glaubensbekenntnis.[11]

Fazit: Wir können das christliche Wirklichkeitsverständnis als eine der Vernunft und Rationalität nicht widersprechende intellektuell redliche und respektable Position präsentieren, zu der man sich ohne sacrificium intellectus bekennen kann und die auch als den Bereich des rational Erfassbaren und Beweisbaren überschreitende Glaubensposition jedenfalls nicht weniger für sich hat und nicht weniger plausibel ist als irgendeine Gott verneinende weltanschauliche Position, die als solche ebenfalls den Bereich des rational Begründbaren überschreitet. – Dabei ist es hier auch irrelevant, wie viele Menschen sich noch zu unserer Position bekennen. Statistische Befunde und Prognosen zur zahlenmäßig geringer werdenden Kirchenmitgliedschaft sind zwar wichtig für kirchliche Strategien, Strukturreformen und Handlungskonzepte, sie bekümmern uns Kirchentreue auch persönlich, aber sie tun hier doch nichts zur Sache. Denn eine prinzipielle und damit immer bestehende und intellektuell redlich vertretbare Möglichkeit

[11] Die prominenteste Ausnahme ist die Interpretation der christlichen Religion in Hegels Religionsphilosophie. Verwiesen sei jetzt auch auf H. Tetens, Gott denken. Ein Versuch über rationale Theologie, Stuttgart 2015.

wird nicht aufgehoben, wenn nur wenige von ihr Gebrauch machen. Auch das sollte man den Gottesdienstbesuchern gelegentlich sagen.[12]

Mit der zweiten und auch der etwas nachrangigen dritten Redlichkeitsbedingung – dass man die Augen nicht verschließen darf vor Erfahrungen, die vielen Glaubenden, wenn nicht jedem, zur Anfechtung werden und zahlreichen Zeitgenossen auch den Zugang zum Glauben versperren, und dass man offen sein muss für den Dialog mit konträren Positionen und mit durch den Zeitgeist propagierten Meinungen – haben wir uns im Hauptkapitel auch schon intensiv beschäftigt, insbesondere bei den Überlegungen zur Theodizeefrage. Das ist hier nicht zu wiederholen und ließe sich auch schwerlich kurz zusammenfassen. Würden der christliche Glaube und die christliche Lehre über all jene Erfahrungen und Einwände hinwegsehen, dann würde sie den Bezug verlieren zur Tiefe des menschlichen Lebens, wie es von vielfältigen Übeln – moralischen, physischen und metaphysischen – bedrängt und bedroht wird, ebenso den Bezug zum zeitgenössischen Denken, wie es sich in den Medien und in kulturellen Erzeugnissen Gehör verschafft. Und dann könnte die christliche Position, weil mit Blindheit geschlagen, sich auch nicht als intellektuell redlich präsentieren. Mehr noch: Sie könnte sich auch nicht als *Wirklichkeitsverständnis* bezeichnen und empfehlen, weil wesentliche Bereiche der menschlichen Erfahrungswirklichkeit von ihrer Deutungskompetenz gar nicht erfasst würden.

Diese Erkenntnis führt uns zu einem weiteren Schritt. Es reicht noch nicht für die Vertretung des christlichen Wirklichkeitsverständnisses, dass es nichts ausblendet und zu allem auch etwas zu sagen, zu allem auch geeignete Texte zur Verfügung hat, es muss auch *in sich selbst stimmig* sein, muss mehr sein als eine Addition von jeweils selbständigen und fragmentarischen Weisheiten, Sprüchen und Antworten zu allen möglichen Lebensfragen. *Stimmigkeit*[13] ist aber eine Ei-

[12] Im Übrigen kann man dem deprimierenden Befund, dass wir prozentual weniger werden, auch eine erbaulichere Perspektive entgegensetzen. Zur Christenheit gehören nämlich nicht allein die gegenwärtigen christlichen Zeitgenossen, sondern auch die verstorbenen Schwestern und Brüder früherer Zeiten, und so gesehen nimmt die Gesamtzahl derer, die zum Reich Christi gehören, immer noch zu. – Es besteht ferner auch kein Anlass, den Begriff der „Volkskirche" grundsätzlich zu verabschieden und etwa durch „Minderheitskirche" zu ersetzen. Denn es geht bei diesem Begriff recht verstanden nicht um Quantität. Volkskirche heißt nicht, dass alle ihr angehören, sondern dass die Kirche sich in ihrer Arbeit so gestaltet, dass alle – unabhängig von Milieu, sozialem Status, Alter, Geschlecht und sexueller Prägung, Bildung, ethnischer Herkunft, ästhetischen Vorlieben und was es sonst an Unterschieden geben mag – in ihr sein und sich wohlfühlen *können,* wenn sie nur überhaupt etwas mit der Sache, für die die Kirche steht, anfangen können. So verstanden ist „Volkskirche" eine praktisch-theologische Konzeption, an der – man mag den Ausdruck mögen oder nicht – auf jeden Fall festzuhalten ist. Ausführlich dazu: R. Preul, Kirchentheorie. Wesen, Gestalt und Funktionen der Evangelischen Kirche, Berlin/New York 1997, 178–203.

[13] Stimmigkeit ist nicht nur Widerspruchsfreiheit, sondern enthält auch den Aspekt gegenseitiger Verweisung bzw. positiver Ergänzung und Konsistenz.

genschaft bzw. Qualität von *Systemen*, sofern sie Bestand haben sollen. Es gibt eine Vielzahl ganz unterschiedlicher Systeme, in deren allgemeine Klassifikation wir uns aber nicht vertiefen müssen. In unserem Zusammenhang haben wir es mit drei untereinander verbundenen Systemen zu tun.

Das erste System (Sys 1) ist das der *gesamten Wirklichkeit* selbst, die als *eine* gedacht werden muss und die ihren Daseinsgrund, ihre Erhaltung und ihr Vollendungsziel im Wirken der Ursprungsmacht hat, die von uns als dreieiniger Gott verehrt und angerufen wird. Auch wir selbst als geistige Wesen sind natürlich ein Teil dieses Systems der Wirklichkeit als Schöpfung. Das zweite System (Sys 2) ist das der Gedanken, Vorstellungen und Aussagen über die gottbestimmte Wirklichkeit, also die *Theologie,* mit der wir das erste System, soweit es uns als Menschen möglich ist, zu erfassen und abzubilden suchen, wobei dann die Stimmigkeit des theologischen Systems, des Systems der christlichen Lehre, der des Schöpfungssystems entsprechen sollte. Das dritte System (Sys 3) ist das der Kommunikation des christlichen Wirklichkeitsverständnisses - in der üblichen Zuspitzung: der Kommunikation des Evangeliums - , also die *Kirche,* in der es verschiedene Kommunikationssituationen, Kommunikationspositionen und Kommunikationsmedien und -formen gibt, die aufeinander abgestimmt sein müssen, wenn ein widerspruchsfreies, stimmiges und zielgerichtetes kirchliches Handeln möglich sein soll.[14] Das kirchliche Handeln orientiert sich wiederum inhaltlich an der christlichen Lehre.

Das zweite und das dritte System sind natürlich im ersten, alles umfassenden System als Subsysteme neben vielen anderen Subsystemen enthalten. In Sys 1 finden wir uns gleichsam von Natur aus vor; wir produzieren es nicht selber, sondern spielen in ihm nur unsere eigene Rolle. Sys 2 und Sys 3 verdanken sich menschlichem Denken und Handeln; sie sind künstliche Systeme, teilweise sogar mit künstlerischem Einschlag (Predigt als Kunstwerk, Gottesdienst als eine Art Gesamtkunstwerk, religiöse Dichtung, geistliche Musik, Bildwerke und etliches mehr); die Individualität und Kreativität, der in ihnen handelnden und ihnen dadurch Gestalt und Subsistenz verleihenden Personen verschafft sich Geltung. Alle drei Systeme unterliegen in ihrer Erscheinungsweise beständiger Veränderung, sie haben kraft ihrer prozessualen Verfasstheit ihre Geschichte in der Zeit. Die Frage nach ihrer internen Stimmigkeit und Konsistenz bezieht sich dabei vorab auf ihren vom Betrachter in seiner Erlebnisgegenwart wahrnehmbaren

[14] Genaueres zum System Kirche in meiner Kirchentheorie, aaO. 152–159. Soziologisch-systemtheoretisch habe ich dieses System als Bildungsinstitution klassifiziert und zusammen mit anderen Bildungsinstitutionen in das Spektrum der gesellschaftlich notwendigen Institutionen eingeordnet; aaO. 140–152. Bildungsinstitutionen beziehen sich auf das Erleben und das Bewusstsein der Menschen, indem sie es durch die Medien der Sprache, der Kunst, des Spiels, des Ritus zur Darstellung bringen und zugleich beeinflussen, somit bildend wirken.

und aussagbaren derzeitigen phänomenalen Zustand. Ferner gebe ich gern zu, dass die Rede von der einen zusammenhängenden Wirklichkeit als einem „System" recht ungewöhnlich ist, ich kann mich aber nicht anders ausdrücken[15], um im Folgenden die Stimmigkeit des christlichen Wirklichkeitsverständnisses zu veranschaulichen, wie sie innerhalb der drei Systeme und auch zwischen ihnen zu entdecken ist.

Diese Stimmigkeit wird sichtbar und erfahrbar in einer Reihe von *Korrelationen* beziehungsweise, sofern es dabei um das Verhältnis von Fragen und Antworten geht, von *Korrespondenzen.*

a) Der Mensch fragt in vielfältiger Weise und aus vielfältigem Anlass nach *Sinn*: nach dem Sinn oder Zweck dieser oder jener Handlung, nach dem Sinn des ganz persönlichen Lebens, nach dem Sinn des menschlichen Daseins überhaupt in Verbindung mit der Frage nach der „Bestimmung des Menschen", schließlich auch nach dem Sinn allen welthaften Seins und Geschehens. All diese Erscheinungsweisen der Frage nach Sinn ließen sich noch weiter ausdifferenzieren, etwa als Frage nach dem Sinn des Leidens oder als Frage nach dem Sinn der Kunst und einzelner Kunstwerke, als Frage nach dem Sinn bzw. der Bedeutung eines schwer verständlichen Textes oder auch als Frage nach Sinn und Funktion von Wissenschaft und Technik.

Die Frage nach dem Sinn einzelner Handlungen dürfen wir übergehen, denn hier geht es primär um *Zweckdienlichkeit* in Bezug auf die Erreichung konkreter Ziele in Gestalt veränderter innerweltlicher Zustände. Diese empirischen Prozesse planmäßiger Veränderung verlangen auch nicht unmittelbar nach einer religiösen Deutung oder Bewertung, solange sie nicht mit Zielen oder Nebenfolgen verbunden sind, zu denen theologisch etwas gesagt werden muss, etwa weil sie mit dem christlichen Menschenbild nicht vereinbar sind. Anders steht es mit den Fragen nach dem Sinn des individuellen eigenen Lebens, des menschlichen Lebens überhaupt und der universalen Wirklichkeit als ganzer. Augustin hatte *diese* Fragen im Blick, wenn er am Anfang seiner Confessiones sagt: „... denn du (sc. Gott) hast uns auf dich hin erschaffen, und unruhig ist unser Herz, bis es Ruhe

[15] Der informative Wikipedia-Artikel „System" definiert „im Sinne eines größten gemeinsamen Nenners": „Als System wird im Allgemeinen ein abgrenzbares, natürliches oder künstliches 'Gebilde' bezeichnet, das aus verschiedenen Komponenten besteht, die aufgrund bestimmter geordneter Beziehungen untereinander als gemeinsames Ganzes betrachtet werden (können)." Eine Abgrenzbarkeit unseres ersten Systems (Schöpfer – Schöpfung) kann, da es nichts Reales außer ihm gibt, allenfalls in Bezug auf das in ihm selbst auftretende Differenzverhältnis zur theologischen Lehre, die sich als menschliches Unternehmen auch irren kann, festgestellt werden.

findet in dir."[16] Dass und wie der Kirchenvater mit diesen Fragen gerungen hat, wird durch seine in den Confessiones vorgetragenen autobiographischen Betrachtungen bezeugt.

Bleiben wir noch etwas bei diesem berühmten, z.B. von Rudolf Bultmann im Zusammenhang seiner Existenztheologie gern zitierten Spruch, denn er formuliert eine erste und grundlegende Korrelation im System des christlichen Wirklichkeitsverständnisses, genauer: im System der christlich verstandenen Wirklichkeit (Sys 1). Gott hat uns „auf ihn hin" erschaffen. Das heißt, wir müssen gleichsam von Natur aus uns nach ihm sehnen, nach ihm suchen und nach ihm fragen – obwohl wir, wie es viele tun, diese Suche mutwillig auch aussetzen oder ganz einstellen können –, indem wir nach dem Sinn des eigenen Lebens, der menschlichen Existenz überhaupt und der Welt im Ganzen fragen. Und diesem Suchen des Herzens und Fragen des Verstandes *entspricht* dann auch ein vom Schöpfer ermöglichtes Finden, indem wir Ruhe finden in Gott, und eine Antwort, wie sie uns durch die Offenbarung in Christus zuteilwird. Die ganze menschliche Existenz samt der Schöpfung, in die sie eingebettet ist, wäre eine ungeheure Fehlkonstruktion, wenn wir suchen und fragen müssten ohne jede Aussicht auf einen vom Schöpfer gewährten Erfolg. So zeigt es sich jedenfalls dem Glaubenden. Ein Atheist kann und wird diese Korrespondenz natürlich abstreiten. Aber es geht uns ja hier nicht um einen Beweis, dem alle zustimmen müssten, sondern um Stimmigkeit innerhalb des christlichen Wirklichkeitsverständnisses (in Sys 1 und Sys 2 sowie dann auch in der kirchlichen Glaubenskommunikation in Sys 3) als einer der Bedingungen für die Möglichkeit des Gefühls der Richtigkeit.

Augustin liefert mit seinem grandiosen Satz so etwas wie eine ontologische – im Sinne der von uns geltend gemachten „höheren" Ontologie – Grundlage für Jesu Anweisung: „Bittet, so wird euch gegeben; suchet, so werdet ihr finden; klopfet an, so wird euch aufgetan!" (Mt 7,7) So jedenfalls, wenn man diese Empfehlung des Erlösers nicht nur auf dies und das, sondern auf die großen Existenzfragen bezieht, wobei das Bitten, Suchen und Anklopfen eine schöne Veranschaulichung für die Leidenschaftlichkeit dieses Fragens nach Sinn ist. Jesu Empfehlung ist auf der Grundlage des augustinischen Satzes ganz *realistisch*.

Das Zur-Ruhe-Kommen-in-Gott ist – das ist noch nachzutragen – für Augustin kein rein passiver Zustand in dem Sinne, dass, nachdem die Fragen eine Antwort gefunden haben, die Sache nun abgeschlossen wäre. Das zeigt der im Zitat bisher ausgelassene Vordersatz: „Du (Gott) selber reizest an, dass dich zu preisen Freu-

[16] Im Original: „... quia fecisti nos ad te et inquietum est cor nostrum donec reqiescat in te." – Dass und wie jene Sinnfragen sich immer noch im Leben der Menschen stellen, wird in Wilhelm Gräbs Predigtlehre, Göttingen 2013, bes. 194–209 sehr gut beschrieben.

de ist, denn ..."[17] Am Ende allen Suchens und durch Gottes Gnade gewährten Findens steht das *Gotteslob.* Darin besteht die eschatologische Vollendung des gläubigen Menschen in Zeit und Ewigkeit als Komponente seiner Seligkeit.

b) Das Stichwort „Gotteslob" führt uns zu einer weiteren Korrelation im Gesamtsystem der gottgewirkten und -bestimmten Wirklichkeit. Die Frage nach dem Sinn der menschlichen Existenz impliziert auch die Frage nach dem *Sinn der Sprache*; denn Sprache ist ein wesentliches Merkmal der Spezies Homo Sapiens. Aus evolutionstheoretischer Sicht ist die Sprache vor allem ein Mittel der Verständigung zwischen den Individuen, ohne die die Gattung Mensch nicht bestehen könnte, weil die Menschen auf Kooperation angewiesen sind und dieser kommunikationsvermittelten Kooperation auch alle Weiterentwicklung hinsichtlich der Befriedigung ihrer physischen, sozialen und auch kulturellen Bedürfnisse verdanken. Hier empfängt die Sprache ihren Sinn aus dem Denkschema der Zweckmäßigkeit für dies und das, für immer größere und verfeinerte Bedürfnisse. Diese Zweckmäßigkeit ist unbestreitbar, und es gibt etliche Theorien, vor allem soziologische und anthropologische, die das detailliert beschreiben und besonders im Vergleich zur Verständigung zwischen Artgenossen im Tierreich präzisieren.

Sieht man den Menschen aber nicht nur als ein Wesen mit seinen spezifischen Fähigkeiten im Prozess der Evolution, sondern zugleich als ein Wesen im Zusammenhang der Deo creante existierenden, erhaltenen und auf ein vom Schöpfer verfolgtes Ziel gerichteten Schöpfungswirklichkeit, dann erhält die Sprache sowie auch das mit ihr verbundene Gefühlsleben des Menschen einen „Zweitsinn"[18], der den als Zweckmäßigkeit verstandenen Sinn von Sprache übersteigt, ihn übertrifft an Reichweite und Bedeutung: In der Sprache gewinnt die gesamte Schöpfung eine *Stimme,* mit der sie sich bewusstermaßen zurückwenden kann und soll an ihren Schöpfer, Erhalter und Vollender: in der Klage, im Gebet, im Zweifel, aber auch im Dank, in der Hoffnung und im Lobpreis. Das ist, weil im Schöpfungsplan – wir können auch sagen: in dem oben bezeichneten ersten System – selbst vorgesehen, der *eigentliche und tiefste* Sinn der Sprache. Sie ist uns gegeben, weil wir mit Gott und dann auch untereinander sowie an andere gewendet von und über Gott, sein Schöpfungs- und Erlösungs- und Vollendungshandeln reden können und sollen.

[17] „Tu excitas, ut laudare te delectet, quia ..."

[18] Auf diesen Ausdruck, mit dem Niklas Luhmann die Bedeutung und Leistung von Transzendenz in seiner für Religion konstitutiven Leitdifferenz Immanenz / Transzendenz charakterisiert, hat mich aufmerksam gemacht: I. Karle, Die markante Physiologie der Religion, in: Systematisch praktisch. FS für Reiner Preul, hg. von W. Härle, B.-M. Haese, K. Hansen und E. Herms, Marburg 2005, 305–314.

Eine Ahnung, dass das der eigentliche Sinn der Sprache ist, überkommt manchen beim Beten, wenn er spürt: Es ist richtig, dass ich das tue, auch wenn ich vielleicht nicht die richtigen Worte finde.[19] Und besonders dürfte das beim Sprechen des Vaterunser der Fall sein, denn hier hat man auch die richtigen Worte – Worte, durch die man sich als geliebtes Kind Gottes weiß, der unser aller Vater ist, die man vom Sohne Gottes übernimmt und mit ihm und mit der ganzen Christenheit auf Erden spricht, durch die man seine Abhängigkeit von Gott eingesteht, sich zu seiner Schuld und Angewiesenheit auf Vergebung bekennt und zugleich seine zwischenmenschliche Versöhnungsbereitschaft bekundet, mit denen man das Kommen des Gottesreiches, zu dem man schon unterwegs ist, erhofft und sich dem Geschehen des Willens Gottes im Himmel und auf Erden anvertraut. In diesem Gebet als einer performativen Sprachhandlung kehrt der Mensch, sooft es mit dem Herzen gesprochen wird, in die Wahrheit seiner geschöpflichen Existenz immer wieder zurück und nimmt die ihm ontologisch zugewiesene Stelle im Ganzen der von Gott bestimmten und durchwirkten Wirklichkeit wissentlich und willentlich ein. Hier wird die ultimative Korrespondenz zwischen Schöpfer und Geschöpf nicht nur gewusst, sondern realisiert. Und deshalb *muss* dieses Gebet, das empfindet der Beter, gleichsam aus höherer Notwendigkeit gesprochen werden.[20]

An dem hier aufgewiesenen tieferen Sinn der Sprache partizipiert auch die *Kunst*, auch wo sie sich wie in der Dichtung nicht mehr des Wortes bedient, sondern ihre ganz eigene Sprache spricht wie in der bildenden Kunst und in der Musik. Diese Partizipation kommt natürlich in der sakralen Kunst am deutlichsten zur Erscheinung, gilt aber auch für die Kunst als solche, welche dank ihrer eigenen Ausdrucksmittel auch dort noch etwas darstellen, aussagen und kommunizieren kann, wo Begriffe, Wörter und Sätze nicht mehr hinreichen.[21] Mehr noch: Während prosaische und begriffliche Sprache beispielsweise so etwas wie

[19] Hier gilt Röm 8,26: „Desgleichen hilft auch der Geist unserer Schwachheit auf. Denn wir wissen nicht, was wir beten sollen, wie sich's gebührt, sondern der Geist selbst vertritt uns mit unaussprechlichem Seufzen."

[20] Das Vaterunser ist wohl der markanteste Fall für ein Dominantwerden des Zweitsinns der Sprache als ihrem tiefsten Sinn. Es lässt sich, um noch ein Beispiel zu nennen, auch manchmal bei einer bewegenden Trauerfeier beobachten, wenn die Leute doch irgendwie spüren, dass, wenn überhaupt menschliche Worte angesichts des Todes und vielleicht sogar besonders bei diesem Todesfall angemessen sind, dann die hier gesprochene biblische Sprache, etwa die der Psalmen.

[21] Die Affinität des künstlerischen Ausdrucks zu Religion bzw. Frömmigkeit wurde von Schleiermacher unter dem Gesichtspunkt des für beides charakteristischen „individuellen Symbolisierens" dargelegt. Ferner und speziell für die moderne bildende Kunst und ihre Theorie sei verwiesen auf M. Moxter, Zur Eigenart ästhetischer Erfahrung, in: MJTh XXII/2010 (Ästhetik), 53–78. Zum Verhältnis von Musik und Glaube vgl. R. Preul, Luthers Musikverständnis, im gleichen Band, 107–118.

Wohllaut, Schönheit und Vollkommenheit allenfalls definieren und umschreiben kann, ist Kunst in der Lage, das mit diesen Worten Gemeinte wirklich präsent und zum Erlebnis werden zu lassen, indem sie es an Beispielen der künstlerischen Erfindung, Darstellung oder Aufführung ganzheitlich, nämlich leibhaft und das Vermögen der Fantasie und der Ideenbildung in Anspruch nehmend, erfahrbar macht.

Aus christlich-theologischer Sicht genügt es nicht, Sprache und Kunst allein anthropologisch als artspezifische Möglichkeiten des Menschen qua vernünftigem und geistbegabtem Wesen zu interpretieren und zu würdigen. Mir kommt es hier auf die Korrespondenz dieser Möglichkeiten innerhalb des Gesamtsystems der christlich verstandenen Wirklichkeit an bzw. auf den *Zusammenklang* dessen, was durch Gottes Schöpfermacht ist (Sys 1), was vom menschlichen Subjekt erfasst und ausgedrückt (Sys 2) und was intersubjektiv kommuniziert wird (Sys 3).

c) Von dem über die Sprache und die Kunst Gesagten aus fällt auch ein Licht auf den, verbale und nonverbale Zeichen aller Art miteinander verbindenden, *Gottesdienst*, besonders in seiner Vollgestalt als Abendmahlsgottesdienst. Er ist, und mag er noch so schlecht besucht sein - oder wie jetzt gerade unter den einschränkenden Bedingungen der Corona-Krise stattfinden –, ein *Optimum und Maximum in der Welt.* Größeres und Besseres und Wahrhaftigeres ist in der gefallenen Schöpfung nicht möglich. Versteht und erlebt man einen gelungenen Gottesdienst als ein von Gott gewährtes Ereignis der Erfüllung in der Zeit, dann zeigt sich, dass es in Abwandlung eines bekannten Diktums aus Adornos „Minima moralia" eben doch ein richtiges Leben im falschen gibt, was sich freilich nur theologisch, nicht im Zusammenhang sozial- und kulturkritischer Analysen sagen lässt. Dem von der Sünde gekennzeichneten falschen Leben tritt ein Leben in momentan und proleptisch vollendeter Gemeinschaft zwischen Gott und Mensch sowie zwischen Schwestern und Brüdern gegenüber, in welchem Empfangen und Tun, göttliches Geben und menschliches Verhalten sich zu einem einheitlichen Geschehen verbinden. Die hier aktualisierte Korrespondenz ist die *zwischen der gottesdienstlich versammelten Gemeinde und der eschatologischen Vollendung im Reiche Gottes.*[22]

d) Fragen wir nach einem in der *Natur* und im *Kosmos* erkennbaren Sinn, also nach dem Sinn der Welt, der wir als leibliche Lebewesen angehören, dann führt uns deren unmittelbare Betrachtung wie auch deren wissenschaftliche, etwa evolutionsbiologische, Erforschung zunächst nur zu einer Unzahl von Zweckmäßig-

[22] Mehr zu dem hier vertretenen Verständnis des Gottesdienstes in meinem Aufsatz: Zur Morphologie und zum Erleben des evangelischen Gottesdienstes, in: MJTh XXX/2018 (Gottesdienst), 99–123.

keiten[23], und die Physik führt uns zu bestimmten Grundkräften (Gravitation, Elektromagnetismus, große und kleine Wechselwirkung), die überall im Kosmos dieselben sind, ferner zu Einsichten über die materielle Beschaffenheit vieler in ihm anzutreffender Körper und über Veränderungsprozesse, denen sie nach Naturgesetzen unterliegen. Ein „Sinn" in der Bedeutung eines definitiven und für alle Dinge geltenden Endziels ist hingegen nicht zu erkennen.[24]

Eine solche Sinngebung wird erst möglich, wenn man die „Welt" - als Inbegriff alles im Einzelnen Beobachtbaren und Erfahrbaren, zum Verstehen Vorgegebenen und als Einheit Denkbaren - auf Seiendes bezieht, dem der Charakter von *Personalität* und damit die Fähigkeit bewusster und verantworteter Zielsetzung zukommt. Das trifft zu einerseits auf Gott und andererseits auf den Menschen als - in der Terminologie von Eilert Herms - schaffendes und geschaffenes Personsein.

Für das geschaffene menschliche Personsein ist die Welt qua Natur notwendige Lebensgrundlage und zugleich Erfahrungsraum und Anschauungsgegenstand. Als Lebensgrundlage ist die Natur zu erhalten und durch Wissenschaft und Technik unserer physischen Existenz dienstbar zu machen; ferner verlangt sie aus ästhetischen, ethischen und religiösen Gründen auch nach einem pfleglichen Umgang, besonders unter dem Gesichtspunkt des Schutzes der Artenvielfalt. Der Mensch ist mit dem dominium terrae beauftragt (Gen 1,28). Als Erfahrungsraum und Anschauungsgegenstand inspiriert die Natur die Poesie, die bildende Kunst und die Musik und richtet auch das Denken und Sinnen des Menschen auf philosophische und religiöse Fragen, initiiert und bildet im Verein mit der Anschauung der unerschöpflichen Erscheinungsvielfalt der Menschenwelt den „Sinn und Geschmack für das Unendliche" (Schleiermacher). Sofern der Mensch in seiner individuellen Bildungsgeschichte nach personaler Reifung und - folgt man den großen Denkern des Deutschen Idealismus - als Gemeinschaftswesen nach einem Reich des Friedens und der Freiheit als gewünschtem Ziel der Geschichte strebt, erhält die Welt als Ganzes kraft ihrer vielfältig differenzierten Beziehung auf das geschaffene Personsein tatsächlich einen finalen Sinn.

Diese Teleologie, die alles welthaft Seiende und Werdende auf Endziele des Menschen als natürlichem und geistigem Wesen bezieht, erscheint ganz schlüs-

[23] Aus ihr erklärt sich auch alle Grausamkeit in der Tierwelt, wie sie uns besonders durch immer neue Filme und Dokumentationen vorgeführt wird und auf die wir mit zwiespältigen Gefühlen reagieren: Wir freuen uns, wenn eine Maus ihrem Verfolger entwischt, wollen uns aber auch an der Possierlichkeit der Katzen und ihren niedlichen Babys delektieren.

[24] Das hat auf seine Weise bereits Kant in seiner „Kritik der teleologischen Urteilskraft", dem zweiten Teil seiner „Kritik der Urteilskraft" (1790), festgestellt.

sig[25]; im Horizont des christlichen Wirklichkeitsverständnisses kann sie jedoch nur gleichsam *mittelbare* und *relative* Geltung beanspruchen. Der Mensch, mag er auch die „Krone der Schöpfung“[26] sein, kann, weil immer noch ein Teil derselben, nicht Sinngeber und Sinngarant des Wirklichkeits*ganzen* sein. Und außerdem kann er als sündiges und fehlbares Wesen jedenfalls aus biblischer und reformatorischer Sicht weder seine eigene Bildung zur Vollendung bringen, weil dazu eine Wiedergeburt durch den Glauben, den er sich nicht selber geben kann, erforderlich ist, noch wird er hinlänglich befähigt sein, ein Reich des ewigen Friedens und der Freiheit zustande zu bringen. Beides wäre allenfalls einer mit Gott versöhnten und ganz zum Werkzeug seines Willens gebildeten Menschheit möglich. Selbst wenn es dem Menschen gelänge, durch den Fortschritt von Wissenschaft und Technik die ganze äußere und materielle Natur zum Organ des Geistes – auch das ein Gedanke aus der idealistischen Philosophie – zu machen, so wird ihm das mit der eigenen Natur nicht gelingen. Eine *absolute* Finalität der gesamten geschaffenen Weltwirklichkeit kann also nur vom Schöpfer selber als dem schaffenden Personsein gestiftet und verbürgt werden. Sofern dem Menschen im Glauben an den dreieinigen Gott diese absolute Finalität als ein Geschaffensein aller Dinge auf Gott hin, auf dass sein Wille geschehe im Himmel wie auf Erden, aufgeht, kann er auch die auf das geschaffene Personsein bezügliche relative und mittelbare Finalität sich praktisch zu eigen machen und in die absolute, weil göttliche, Finalität hineinnehmen, wissend, dass Gottes zielstrebiges Wirken das Wirken des Menschen segnen kann und zugleich durch das Heraufführen der vollendeten Gottesherrschaft in Gestalt seines ewigen Reiches weit übertrifft.

Sachlich sind wir durch diese vielleicht etwas komplizierte Überlegung wieder einmal bei dem angelangt, was nach reformatorisch-paulinischer Rechtfertigungslehre über die guten Werke als planvollem und verantwortlichem menschlichem Handeln in ihrem Verhältnis zum göttlichen Handeln zu sagen war.

Erst der Glaube an das schöpferische, erlösende und vollendende Wirken des dreieinigen Gottes befreit alle Wirklichkeit, das gesamte Sys 1, von dem Verdacht absoluter Sinnlosigkeit bzw. Absurdität und macht es zu einem mit finalem Sinn begabten System, einem Sinn, der alle innerweltliche Zweckmäßigkeit und menschlich-willentliche Sinngebung in die Klammer nimmt und übersteigt und damit zugleich auch auf das Gottes Wirken vorbehaltene Eschaton hin öffnet.

e) In dem auf diese Weise gewissermaßen sinndurchfluteten Universum fängt nun auch die Natur an, uns in Korrespondenz zur menschlichen Stimme auch

[25] Jedenfalls in der Theorie, wie es in der Praxis mit ihrer Realisierung bestellt ist, zeigen die schon erörterten aktuellen Menschheitsprobleme!

[26] Der Ausdruck ist selbst nicht in der Bibel zu finden, kann sich aber außer auf Aristoteles auf die erste Schöpfungsgeschichte in Gen 1 stützen.

ohne Worte etwas zu sagen. Sie erhält gleichsam eine eigene Stimme dadurch, dass wir sie und ihre Laute mit frommem Sinn wahrnehmen. So singen nach Auskunft christlicher Lieder, wie sie im kirchlichen Kommunikationssystem (Sys 3) regelmäßig und klangvoll zu Worte kommen, die Vögel zum Lobe Gottes, obwohl sie biologisch betrachtet, nur ihr Revier markieren, sich also bloß zweckmäßig verhalten. Und um vom Kleinen aufs Große zu kommen: „Die Himmel rühmen des Ewigen Ehre"[27], obwohl uns aus dem Kosmos kein Ton unvermittelt erreicht und selbst der Urknall wohl kein Knall war.

f) Das führt uns zu einer weiteren Korrespondenz. Die moderne Vorstellung vom Kosmos mit seinen ungeheuren Dimensionen bezüglich Raum, Zeit, Masse und Energie, wie sie uns durch die Teleskope und die Berechnungen der Astrophysiker vermittelt wird, verlangt nach theologischer Deutung. Wir sehen das All dank dessen, was wir durch die technischen Hilfsmittel und die Wissenschaft der Astronomie wissen, anders als die Menschen in biblischen Zeiten, und was wir da sehen, will nun auch religiös begriffen werden. Für die biblischen Schöpfungserzählungen, die bekanntlich auf den Menschen zulaufen, und entsprechend für die traditionellen dogmatischen Schöpfungslehren in Sys 2 ist die Schöpfung einerseits die Lebensgrundlage des Menschen und andererseits das Feld seiner Praxis und Verantwortung (dominium terrae), das er „bebauen und bewahren" soll (Gen 2,15). Und demgemäß ist die Schöpfung, als freilich durch Sonne, Mond und Sterne beleuchtete Erde, genau so groß, wie sie als Bühne für die menschliche Geschichte und Heilsgeschichte benötigt wird. Demgegenüber nun der diese traditionelle Zuordnung überschreitende gewaltige Überschuss des modernen naturwissenschaftlich-physikalischen Weltbildes! Weshalb diese gigantische Kulisse, in der wir uns selbst wahrnehmen, die für unsere Lebenspraxis wie für das ganze Gott und Mensch verbindende Drama überflüssig zu sein scheint und in der wir uns als winzig und verloren vorkommen?[28]

Meine persönliche Antwort liegt auf der Linie der Bemerkung des Apostels Paulus in Röm 1,20: „Denn Gottes unsichtbares Wesen, das ist seine ewige Kraft und Gottheit, wird seit der Schöpfung ersehen aus seinen Werken, wenn man sie wahrnimmt ..." Dabei sind mir zwei Wörter besonders wichtig: „unsichtbar" und „ersehen". Etwas, das unsichtbar ist, wird paradoxer Weise doch ersehen![29] Ent-

[27] So in Gellerts gleichnamigem nach Psalm 19,1–6 gestalteten und von Beethoven vertonten Gedicht.

[28] Es ist merkwürdig, dass diese Frage in keiner mir bekannten Dogmatik der Gegenwart behandelt wird, obwohl sie sich doch dem frommen Gemüt aufdrängt, für das vermutlich die Evolution religiös weniger irritierend ist – hier helfen einige Grundunterscheidungen epistemologischer Art – als die unauslotbare und für das Sein und Geschick des Menschen offenbar irrelevante Größe und Tiefe des Alls.

[29] Die Formulierung des Apostels hat im Zusammenhang von Röm 1,18-32 die Funktion, den heidnischen Götzendienst durch ein fundamentaltheologisches, man könnte auch sagen:

sprechend meiner Antwort: Wir sehen, unterstützt durch die modernen technischen Instrumente, die ungeheure Kulisse, weil wir Gott selbst, dem wir aus unaufgebbaren Gründen die Eigenschaften der Allmacht, Allwissenheit, Allgegenwart und Ewigkeit zuschreiben, in dieser seiner Vollkommenheit *nicht* sehen können, ihn aber dennoch auf gleichsam indirekte Weise sehen *sollen*, nämlich in dem unser Leben und Handeln enorm übersteigenden *Gesamt*werk der Schöpfung. Man kann und muss diese Antwort als ernsthaft gelten lassen, wenn man sich im Glauben getraut, Gott einen Willen und ein intentionales Wirken zuzuschreiben und ihn damit von einem blinden Fatum zu unterscheiden, welches auch der Gesamtwirklichkeit allen finalen Sinn entzöge. Gott will, dass sich die Ahnung und Vorstellung von ihm als überlegener Ursprungsmacht an etwas entzünden kann; und dieses Etwas ist nicht nur das Rätsel des Seins überhaupt – Warum ist überhaupt etwas und nicht nichts? – sondern auch und in Verbindung mit dieser Frage die konkrete und sich im Zuge der Erforschung des Alls beständig weiter anreichernde Anschauung des Universums mit seinen ungeheuren Dimensionen.

g) Die Himmel rühmen des Ewigen Ehre – diese Korrespondenz, der wir im Vorhergehenden nachgegangen sind, vermittelt uns zwar eine Vorstellung von der „ewigen Kraft und Gottheit" des Schöpfers, auch wohl von seinem Erfindungsreichtum, die sich in der unendlichen Varietät in der geschaffenen Erscheinungswelt manifestiert, und – vielleicht darf man auch das noch sagen – von seiner vollkommenen Intelligenz, aber sie lässt uns als solche noch nicht in das „Herz" Gottes blicken. Und die absolute Finalität des ganzen Schöpfungsprozesses ist zwar als von der Ursprungsmacht gestiftete Finalität ein notwendiger Gedanke, aber sie vermittelt als solche noch keine Hoffnung für unser verängstigtes Herz, solange wir noch keine Gewissheit haben über die *Intention* der Ursprungsmacht, die diese Finalität gesetzt hat. Solche Gewissheit wird uns erst zuteil durch den Blick auf etwas bestimmtes *Einzelnes* innerhalb des Weltprozesses, auf das, was wir *die definitive Offenbarung Gottes in Jesus Christus* nennen.

philosophisches Argument als unentschuldbare Sünde zu entlarven. Obwohl den Heiden eine adäquate Gotteserkenntnis bezüglich Gottes ewiger Kraft und Majestät durch das Zeugnis seiner und nur ihm möglichen Werke zugänglich war, sind sie „dem Nichtigen verfallen", indem sie „die Herrlichkeit des unvergänglichen Gottes vertauschten mit einem Bild gleich dem eines vergänglichen Menschen und der Vögel und der vierfüßigen und der kriechenden Tiere." (Röm 1,23) Auch dieses Argument des Apostels können wir uns ganz zu eigen machen. Der Blick auf das Gesamtwerk des Schöpfers in seiner unausschöpflichen räumlichen und zeitlichen Tiefe kann in uns zumindest die *Ahnung* von der Erbärmlichkeit gegenwärtigen Götzendienstes erwecken, der sich auf die bereits von Luther aufgezählten Kandidaten des Abgotts erstreckt und insbesondere in der mittlerweile schon ideologisch gewordenen Rede von Selbstverwirklichung und Selbstbestimmung samt entsprechender Lebenspraxis sich manifestiert.

Man blicke also auf den Mann aus Nazareth, der Werke der Liebe tat in großer Zahl und zugleich bezeugte, dass er damit die Werke seines himmlischen Vaters tut. Die Gottesherrschaft ist in seinem Reden und Handeln schon da als ein neuer Anfang in der Weltgeschichte. Und zugleich vertiefe man sich in das allgemeinmenschliche Phänomen der Liebe, das wir alle schon kennen – und sei es auch nur als Sehnsucht nach Liebe als Lieben und Geliebtwerden –; denn ohne diese vorherige Kenntnis der Liebe würden wir auch die Rede von Gottes Liebe zum Menschen und zur Schöpfung sowie auch das Lebenszeugnis Jesu als Zeugnis von dieser Liebe nicht verstehen können.[30] Hier stoßen wir auf die unverbrüchlich geltende *Korrespondenz und innere Verbindung von menschlicher und göttlicher Liebe,* die uns zum Schlüssel für das Geheimnis des Wirklichkeitsganzen, seiner Herkunft und seines andauernden Daseins und seiner Zielrichtung wird und die uns, wenn sie uns aufgeht, sagen lässt: „Gott ist Liebe, und wer in der Liebe bleibt, der bleibt in Gott und Gott in ihm." (1 Joh 4,16b) Damit verliert auch die absolute Finalität des in Gottes Macht liegenden Weltprozesses seinen abstrakten und, weil formal, kalt anmutenden Charakter: Der Prozess läuft nicht nur auf einen definitiven Machterweis des Schöpfers, sondern auf den definitiven Erweis seiner Liebe zur Schöpfung, insbesondere zum Menschen als seinem Ebenbild, zu.

Übrigens wird uns durch den Blick auf Christus als die Person gewordene Liebe Gottes zu seiner Schöpfung und insbesondere zu seinem Ebenbild auch die Antwort auf eine Frage gegeben, die wohl mancher Predigthörer gelegentlich haben dürfte, die aber in unseren Predigten nach meiner Beobachtung so gut wie nie aufgegriffen wird: Gott lieben, wie wir es nach Mk 12,30 (vgl. Mt 22,37; Lk 10,27) sollen – wie macht man das eigentlich? Gott der Vater und Schöpfer des Himmels und der Erde ist ja als solcher keine Person wie wir, die wir einfach so lieben könnten wie unseren Nächsten; aber er ist in Christus Mensch geworden und damit zu einem unserer Liebesfähigkeit entsprechendem Liebesobjekt. Indem wir Christus, den Sohn, lieben, weil er als ein Liebender unser Herz gewinnt und damit unsere Liebe auf sich zieht, lieben wir zugleich auch den Vater, der ihn gesandt hat und in ihm präsent ist. Hier zeigt sich auch, dass und wie wir

[30] Diese doppelte Empfehlung – Blickt auf Jesus von Nazareth und auf das Phänomen der Liebe als das Beste in der Welt! – habe ich oft in meinen eigenen Predigten, besonders zu Weihnachten, gegeben als Antwort auf die Frage, wie man am besten hineinfindet in das ganze System des christlichen Wirklichkeitsverständnisses als Gottes-, Welt- und Menschenverständnisses oder auch, wie man trotz des uns immer wieder bedrängenden Theodizeeproblems an Gottes Güte glauben kann.

von der in Chalzedon formulierten und beschlossenen Zwei-Naturen-Lehre homiletischen Gebrauch machen können.[31]

Unsere Überlegungen zum Sinn des menschlichen Lebens und des dynamisch verfassten Wirklichkeitsganzen sind damit zu einem das Denken und das menschliche Herz, jedenfalls mein Denken und Herz, befriedigenden Abschluss gelangt. Bevor ich nun noch einmal auf die reformatorische Theologie zurückkomme, die ja in ihrer Zuwendung zu den existenziellen Fragen bereits voll und ganz Theologie für die Kanzel war, möchte ich noch kurz zu einem möglichen Einwand Stellung nehmen.

Haben wir vielleicht die Liebe überfordert, wenn wir sie zum hermeneutischen Schlüssel für das Verständnis Gottes und seiner Absicht mit der Schöpfung erklärten? Es gibt Leute, die die Liebe depotenzieren wollen, indem sie behaupten, dass der Mensch grundsätzlich und immer aus letztlich eigennützigen Motiven handelt. Und alles, was wir für Erscheinungsformen der Liebe halten, was so aussieht wie ein Handeln aus Barmherzigkeit, Zuneigung oder Sorge um andere, sei in Wahrheit doch nur der Ausdruck eines groben oder auch subtilen Egoismus. Das ist eine These der sogenannten Hedonisten aller Zeiten, die freilich über den Status einer möglichen Unterstellung oder Vermutung nie hinauskommen kann, weil sie sich in ihrer Pauschalität einer empirischen Überprüfung grundsätzlich entzieht. Mit Verifikation und Falsifikation ist hier nichts zu machen. Wer also so denkt, dem ist rational nicht beizukommen. Man kann diese Position nur in toto als Irrlehre zurückweisen und im Übrigen auf den Schaden aufmerksam machen, den sie anrichten kann. Denn sie untergräbt das für alles gedeihliche Miteinander unerlässliche Vertrauen; man muss ja beständig vor dem unterstellten Egoismus auch aller anderen auf der Hut sein. Und so funktioniert auch das zu dieser Position passende Do-ut-des-Prinzip[32], das man als für den Ausgleich von Interessen und für Kompromisse sorgendes Regulativ für hinreichend halten möchte, nicht zuverlässig, weil es nämlich immer wieder durch egoistische Übervorteilungsmanöver unterlaufen wird.[33]

[31] Das Problem, wie wir den unsichtbaren Gott lieben können, scheint auch schon den Verfasser des 1. Johannesbriefes umgetrieben zu haben, und er löst es in 1 Joh 4,20f in ähnlicher Weise, indem er darlegt, dass Liebe zu Gott und Bruderliebe ein einziger existenzieller Vollzug sind. Vgl. hierzu die Auslegung zur Stelle bei G. Schunack, Die Briefe des Johannes, Zürich 1982, 86–88.

[32] Dessen Logik wird auch zumindest unterschwellig bemüht, wenn Politiker immer wieder betonen, man müsse den Entwicklungsländern *deshalb* helfen, weil das letzten Endes – etwa durch Erschließung neuer Absatzmärkte – zu unserem eigenen Vorteil wäre. Der Sachverhalt eines Sichauszahlens ist in solchen Appellen zwar richtig erfasst, aber soll denn der Eigennutz die alleinige und eigentliche Triebfeder der Hilfeleistung sein?

[33] Dazu ein kleines Gedankenexperiment. Stellen wir uns vor: Zwei überzeugte Vertreter der These vom Primat des Eigennutzes treffen sich zu Weihnachten. A schenkt B etwas in der Erwartung einer entsprechenden Gegengabe, nicht um ihm eine Freude zu machen. B nimmt

Wir lassen uns also von dem Einwand nicht beeindrucken und bleiben bei unserer Position, die wir einerseits aus Überlegungen zu Grundfragen, die aus dem Rätsel des Daseins entspringen, und andererseits aus dem Phänomen der Liebe gewonnen haben. Was sich uns ergeben hat, ist eine in sich stimmige, in etlichen Korrespondenzen sich manifestierende und als ein Ganzes für Kopf und Herz prinzipiell zustimmungsfähige große, weil auf alles Wahrnehmbare sich erstreckende, *Vision einer von Gott gewirkten* und, insbesondere durch das in Christus erfolgte Offenbarungsgeschehen, *gepflegten und auf seine eschatologische Vollendung ausgerichteten Wirklichkeit,* in der wir als Glaubende unseren Platz einnehmen und unter dem Beistand des göttlichen Geistes unsere eigene Rolle spielen.

Dass uns eine solche Vision aufscheint, bedeutet natürlich nicht, dass wir nun alles wüssten über die Wege oder Umwege, die Gott in der Verfolgung seines Zieles einschlägt. Viele Warum- und Wozu-Fragen bleiben offen. Ein „Ihr werdet sein wie Gott und alles wissen über Gut und Böse" bleibt uns nach Gen 3, jedenfalls für dieses Leben, verwehrt. Aber im Blick auf das gütige Wesen und Wollen Gottes und auf das heilvolle Gesamtziel seines Wirkens an und in der Welt werden die vielen nicht auflösbaren Warum- und Wozu-Fragen doch aushaltbar, auch wenn wir erst einmal stumm und stumpf werden, wenn die Ereignisse, die sie auslösen, uns mit Macht überfallen und dabei zwar unser theologisches System nicht sprengen, aber unsere höchsten christlichen Wertigkeiten für eine Weile ins Schwimmen geraten lassen. In der dogmatischen Gotteslehre wird das Verhältnis dessen, was wir als endliche Wesen nicht erkennen können, zu dem, was uns im Glauben zur Gewissheit wird, im Anschluss an Luther oft auch unter Bezugnahme auf das Begriffspaar Deus absconditus / Deus revelatus (verborgener und offenbarer Gott) reflektiert. Entscheidend ist dabei aber, dass der uns hienieden noch verborgene Gott wesensmäßig kein anderer ist und keine anderen Ziele verfolgt als der uns in Christus offenbar gewordene Gott.

Auf der Grundlage und im Rahmen unserer Vision einer von Gottes Walten und Wirken aus dem Motiv seiner Liebe zur Schöpfung getragenen und der Vollendung entgegen geführten welthaften Wirklichkeit kann nun auch all das zur Geltung kommen, was die reformatorische Theologie auf biblischer Basis über Heil und Unheil des Menschen, über die Sünde als Abkehr von Gott und falsch ausgerichtetes Vertrauen, über Rechtfertigung und Erlösung, über Schuld

das Geschenk entgegen und sagt: „Besten Dank, aber ich schenke dir heute nichts. Ich weiß natürlich, dass du mir dann nächstes Jahr auch nichts schenkst." „Worauf du dich verlassen kannst," knurrt A. Darauf B: „Ja, aber wer weiß denn, ob du dann überhaupt noch am Leben bist!" Na dann frohe Weihnachten, kann man dazu nur sagen. Aber in der Tat: Wenn es letztlich nur um den eigenen Vorteil geht, dann ist es eben am klügsten, auf den *augenblicklich* größten Vorteil bedacht zu sein. Zum Glück sind nicht alle Anhänger der Irrlehre so konsequent, was dann auch zeigt, dass sie über ihren Basissatz nicht gründlich nachgedacht haben.

und Vergebung sowie über das Leben von Christenmenschen und ihre guten Werke gesagt hat. Das wurde in Kapitel 3 bereits knapp dargestellt und in Kapitel 4 im Blick auf gegenwärtige Schwierigkeiten und Möglichkeiten weiter diskutiert und braucht daher hier nicht wiederholt zu werden.

Wir können aber heute die Theologie der Reformatoren nicht einfach auf der Kanzel repetieren. Denn ohne Bezugnahme auf die spezifisch modernen Verstehensprobleme und subjektiven Barrieren einerseits und die Einbettung in die entworfene Gesamtvision des durch Gott bestimmten Schöpfungsprozesses, also die im jetzigen Kapitel hinzugefügten Überlegungen und Einsichten, andererseits erhielte die reformatorische Theologie die Gestalt eines Narrativs, das sich von antiken, das Verhältnis und Geschehen zwischen Göttern und Menschen schildernden Mythen formal nicht unterscheidet.

Ferner bekräftigt diese Einbettung die reformatorisch-paulinische Rechtfertigungslehre und -botschaft noch einmal und verleiht dem sola fide und sola gratia gleichsam eine tieferliegende Plausibilität. Denn gegenüber einem aus Liebe zum Menschen bezüglich seines zeitlichen und ewigen Heils wirksamen Gott ist nichts anderes angebracht als Vertrauen, Glaube als fiducia, nicht aber ein Handel nach Werken und Verdiensten, der hier ganz unangemessen erscheint.[34] Schon die Gewährung des kreatürlichen Lebens ist eine Gestalt der göttlichen Gnade. Und indem ich mich im Glauben dem heilvollen Wollen und Wirken des dreieinigen Gottes ganz anvertraue und überlasse, nehme ich die mir zukommende Stelle und Funktion im ontologischen System der von Gott bestimmten Gesamtwirklichkeit (Sys 1) wissentlich und willentlich ein und an, werde damit diesem System der wahren Seinsordnung gerecht. Und indem dieser Vertrauensakt des Glaubens mit dem Eingeständnis des eigenen Sünderseins, des bisherigen und auch noch künftigen, verbunden ist, gebe ich Gott die Ehre und, sofern ich immer noch nicht frei von der Versuchung zur Selbstrechtfertigung bin, gebe ich ihm gegen mich Recht, der mich daraufhin auch seinerseits für gerecht erklärt. Insofern ist der Glaube nicht Ersatz für mangelnde Gerechtigkeit vor Gott, sondern er ist selbst ein Gerechtsein.[35]

[34] Besser passte er in ein von einigen Philosophen der westeuropäischen Aufklärung entworfenes Religionssystem, in welchem ein allmächtiger Gott als Garant der Sittlichkeit dem Menschen Gesetze und Gebote verordnet und am Ende die Guten belohnt und die Bösen bestraft, wie er auch in die Gesetzesreligion passt, die der „natürliche Mensch" immer wieder von selbst erfindet.

[35] Ich kann mich bei diesem den Aspekt der Sündenvergebung enthaltenden und zugleich überschreitenden Verständnis von Rechtfertigung nicht nur auf Schleiermacher, sondern auch schon auf Luthers eigene Worte in seiner Freiheitsschrift (1520) berufen: „Wenn nun Gott sieht, dass die Seele seine Wahrheit anerkennt und ihn darin durch ihren Glauben ehrt, so ehrt er sie umgekehrt und hält sie auch für gerecht und wahrhaftig durch den Glauben; denn dass man Gottes Wahrheit und Gerechtigkeit anerkennt, das ist Recht und Wahrheit

Schließlich befreit uns die Einbettung in die große Vision auch von dem vergeblichen Versuch, bestimmte einzelne Topoi des christlichen Bekenntnisses und der christlichen Lehre als ein isoliertes Problem behandeln und lösen zu wollen. Das betrifft vor allem die christliche Hoffnung über das irdische Leben hinaus. Wie soll man sich die Auferstehung und das ewige Leben vorstellen? Und wie soll so etwas überhaupt möglich sein?[36] Schon Paulus hatte seine Mühe mit der Vorstellung von Auferstehung, und er antwortet mit dem Gedanken eines geistlichen und unverweslichen Leibes (1 Kor 15,35-49), dessen Erschaffung dem zuzutrauen ist, der schon in der Erschaffung der natürlichen Welt einen unerschöpflichen Erfindungsreichtum (unterschiedliche Arten von Fleisch, Körpern und Glanz) bewiesen hat. Die hier aufscheinende Figur eines Rekurses auf die Kontinuität und Unversieglichkeit des göttlichen Wirkens als Schöpfer können wir übernehmen, denn sie verbindet das Thema der Auferstehung ganz in unserem Sinne mit dem Blick auf das von Gott gewirkte Wirklichkeitsganze; die Rede von einem geistlichen Leib (soma pneumatikon) ist dagegen nicht über weiteres Nachfragen hinaus, denn semantisch klar ist der „geistliche Leib" nur in seiner negativen Abgrenzung gegen Verweslichkeit, Niedrigkeit und Armseligkeit (1 Kor 15,42ff). – Vielleicht noch ergiebiger erscheint mir die auf der gleichen Linie der Einbettung in das Gesamtwerk des Schöpfers liegende beiläufige Bemerkung des Apostels in Röm 4,17b: Er nennt Gott den, „der die Toten auferweckt und das, was nicht ist, ruft, dass es sei". Das Wunder der Totenerweckung ist eine Fortsetzung des einen großen und nicht bestreitbaren, weil *schon geschehenen* Wunders der Schöpfung und bezieht von daher seine Glaubwürdigkeit. Das ist m.E. die theologisch beste Antwort auf die Möglichkeitsfrage.[37]

In der Predigt kann man den Übergang zum Gesamthorizont (Sys 1) auch durch den Hinweis vollziehen, dass von Auferstehung der Toten und vom ewi

und macht recht und wahrhaftig, weil es wahr und recht ist, dass Gottes Wahrheit anerkannt wird." WA 7, 26; hier zitiert nach: Martin Luther. Deutsch – deutsche Studienausgabe, Bd. 1, Leipzig 2011, 291. Leider wird diese Passage, die den Zusammenhang zwischen Glaube und Wahrheit – so wie wir das biblische Wahrheitsverständnis in Kap 4.2.3 in Anknüpfung an das Johannesevangelium gekennzeichnet haben – in der Regel übersehen, wenn es um die Darstellung der reformatorischen Rechtfertigungslehre geht. Sie ist allen Tendenzen zu einer bloßen als-ob-Gerechterklärung des Glaubenden durch Gott entgegenzuhalten.

[36] Man muss zuerst nach der Vorstellbarkeit fragen, um sagen zu können, *was* denn möglich sein soll.

[37] Ich gebe gern zu, dass ich mit den beiden paulinischen Texten etwas frei umgegangen bin, statt exegetisch sorgfältig zuerst einmal nach der „intentio auctoris" zu fragen. Was die Stelle aus dem Römerbrief betrifft, so habe ich meinen Gedanken zu meiner Freude wiedergefunden bei G. Theißen, Der Schatten des Galiläers. Historische Jesusforschung in erzählender Form, München 4. Aufl. 1987, 240. Hier wird dieselbe Verbindung zwischen Schöpfung und Auferstehung im Zusammenhang mit der Kunde von Jesu Auferweckung hergestellt. Ich habe also wenigstens *einen* Exegeten auf meiner Seite.

gen Leben (dogmatischer Fachterminus: De Novissimis) in den kirchlichen Bekenntnissen Apostololikum und Nizänum nicht von Ungefähr und vielleicht nicht allein aus Gründen der zeitlichen Abfolge erst ganz am Schluss die Rede ist. „Ewigkeit" ist auch das letzte Wort im Vaterunser, und der „Ewigkeitssonntag" beschließt das Kirchenjahr. Die kirchliche Lehre von den „letzten Dingen" erschließt sich, nachdem alles andere schon gesagt und gebetet wurde, nachdem das ganze System 1 in den Systemen 2 und 3 (also in der christlichen Lehre und in der gottesdienstlichen Kommunikation) durchwandert und ausgelotet wurde - freilich nicht im Sinne präziser und anschaulicher Aussagen darüber, wie es dann genau sein wird, sondern als eine gut, weil auf das ganze Handeln des dreieinigen Gottes begründete Hoffnung. Im Übrigen steht es uns natürlich frei, zur Befriedigung unseres Verlangens nach Konkretion die poetische Phantasie in Dienst zu nehmen, um auf symbolische Weise zum Ausdruck zu bringen, dass die Seligkeit, die uns im vollendeten Gottesreich zuteilwird, jedenfalls nicht hinter den Erlebnissen von Glück und Seligkeit zurückbleibt, die uns schon in seltenen Momenten der irdischen Existenz gewährt wurden - Momenten, die mit Liebe und Kunst, für mich insbesondere mit der Schönheit und tief in die Seele eindringenden Kraft der Musik zu tun haben.[38]

5.3 Abschließende Betrachtung: die reformatorische Predigt in der Gegenwart als Bildungssprache

Mit „Bildungssprache" meine ich keine schöngeistige und mit Zitaten und Lesefrüchten prunkende Redeweise. Das entspräche nur einem elitären und somit partikularen Bildungsverständnis, wonach Bildung vor allem in der persönlichen Aneignung von Kulturgütern, beispielsweise in Gestalt von belletristischer Literatur, bestünde. Demgegenüber plädiere ich für einen fundamental anthropologischen, auf die conditio humana - also auf alles, was unaufhebbar zum Sichvorfinden der menschlichen Person in der Welt gehört - bezogenen Bildungsbegriff, der uneingeschränkt alle Menschen als bildsame, also bildungsfähige und bildungsbedürftige Personen im Blick hat. Bildung im Sinne von Menschenbildung oder Bildung zur Menschlichkeit hinsichtlich ihrer besten Möglichkeiten ist dann zu denken als *Verwirklichung der Bestimmung des Menschseins* am Ort des Indivi-

[38] Die Lieder „Wachet auf, ruft uns die Stimme" von Philipp Nicolai (EG 147) und „Jerusalem, du hochgebaute Stadt" von Johann Matthäus Meyfart (EG 150) beschreiben jeweils in ihren letzten Strophen das selige Leben als geistliches Konzert, und nach Karl Barth spielen bekanntlich die Engel unter den Augen des Allmächtigen Bach, aber Mozart, wenn sie unter sich sind.. Falls jemand lieber möchte, dass sie auch Heavy Metal und Ähnliches veranstalten, so wäre das zwar nicht meine Wahl, aber im Hause Seines Vaters sind viele Wohnungen und vielleicht auch Musikräume. Jedenfalls: In der Transparenz der Musik für die Ahnung vollendeter Glückseligkeit stoßen wir noch einmal auf eine der vielen Korrespondenzen.

duums. Diese Bestimmung wird in dem Maße ergriffen und erfüllt, wie der Mensch seine geschöpfliche und daher endliche und immer situativ begrenzte Freiheit als der wohl entscheidenden Komponente der conditio humana versteht und in verschiedenen und immer neuen Lebens- und Handlungssituationen angemessenen und verantwortlichen Gebrauch von ihr macht – verantwortlich gegenüber sich selbst, gegenüber Anderen und nicht zuletzt auch gegenüber Gott. Bildung, so kann man auch sagen, ist insofern über sich selbst aufgeklärte Handlungsfähigkeit. Man ist nicht umso gebildeter, je mehr man weiß, je mehr man gelehrt ist, je mehr Kultur man in sich aufgenommen hat, sondern je mehr man – auch durch Wissen und Erfahrung, Gelehrsamkeit und Kultur – „handlungsfähig“ ist.

Auf der Grundlage dieses Verständnisses von Bildung ist Bildungssprache dann eine solche Sprache, in der mit eigenen oder auch geliehenen, aber zu eigen gemachten Worten tragfähiger und konkreter handlungspraktischer Lebenssinn, der uns durch eigene Erfahrung und Reflexion wie auch durch das Wahrnehmen und Bedenken von Erfahrungen anderer Menschen aufgegangen ist, formuliert und kommuniziert wird. Solche Sprache, die festhält, was für die eigene Person in ihrem Reifungs- und Bildungsprozess bestimmend war und bleibt und deren Mitteilung dann auch in den Bildungsprozess anderer Personen eingreifen kann, wurde besonders in Tagebüchern und Briefen gepflegt, als die entsprechende Kultur noch in Blüte stand. Heutzutage, wo man sich auf elektronischem Wege schnellstmöglich verständigen kann, verkümmert die Fähigkeit zu bildungssprachlicher Besinnung und Kommunikation immer mehr. Ausgetauscht werden vor allem Daten, Fakten, kurze Mitteilungen und Informationen, nur selten noch Gedanken oder gar ganze Gedankengänge, was im elektronischen Bereich nur über das Telefon gelegentlich noch geschieht, wobei man sich aber in der Regel keiner besonderen sprachlichen Sorgfalt und Disziplin mehr unterziehen muss.

In der Kirche – nicht allein, aber vor allem in ihr und speziell auf der Kanzel – wird Bildungssprache noch gepflegt. Deshalb darf man die Kirche auch als eine Bildungsinstitution bezeichnen. Nahezu alles, was sie tut, dient der Bildung der menschlichen Person, damit sie zu derjenigen Reife gelangen kann, die ihr als Geschöpf bzw. Kind Gottes in dieser Welt möglich ist. Das in der gefallenen Schöpfung erreichbare Gute soll an der gebildeten Person selbst zum Vorschein und durch sie zur Wirkung kommen. Dabei ist der Glaube selbst ein ganz elementarer Bildungsfaktor, denn er formt die Person zutiefst: ihr Denken, Fühlen und Wollen, ihren Charakter und ihr Handeln als wissentlichen und willentlichen Gebrauch ihrer endlichen Freiheit. Deshalb sollten wir, jedenfalls aus theologischer Sicht, nicht von Glaube *und* Bildung als einem Dual aus zwei getrennten Größen, die mehr oder weniger zufällig zueinander finden können, sprechen, wie es in der Religionspädagogik unter dem Einfluss des Barthianismus lange

Zeit der Fall war[39], sondern von Glaube *als* Bildung oder Bildung *durch* den Glauben.[40]

Ihre wirksamsten *Sprachmittel* schöpft die Predigt als Bildungssprache aus den Quellentexten des christlichen Glaubens. Dazu kommt einiges von dem, was in der langen theologischen Auslegungsgeschichte, besonders von den Reformatoren, zu diesen Texten gesagt wurde, sofern es sich auch für das gegenwärtige christliche Leben nach Meinung der Predigenden als immer noch orientierungskräftig und hilfreich erweist. Dabei ist nach den jeweils gegenwärtigen gesamtgesellschaftlichen, mentalitätsgeschichtlichen und durch das individuelle Erleben der Menschen bedingten Widerständen gegen die christliche Botschaft sowie nach Möglichkeiten ihrer Überwindung zu fragen, wie wir es in diesem Buch nach Kräften getan haben. Daraus ergeben sich bei gleichzeitiger Treue zur biblischen Botschaft und ihrer für die evangelische Kirche maßgeblichen Auslegungstradition bestimmte *Akzente inhaltlicher und stilistischer Art* für die gegenwärtige reformatorische Predigt.

a) Zur *Stilistik* heutiger Predigten haben wir bereits in Kap. 2 das Nötigste gesagt, dort bezogen auf die durch moderne Medien mitbedingten Rezeptionsschwierigkeiten. Damit die Predigt auch dem Anspruch von Bildungssprache genügt, ist hier nur noch hinzuzufügen, dass der Prediger bzw. die Predigerin grundsätzlich aus der *Perspektive eigener Wahrnehmung, eigenen Erlebens und eigener Reflexion* reden sollte, nicht aus irgendeiner hypothetischen Perspektive, etwa der des neuzeitlichen Menschen überhaupt oder eines Kirchenvaters oder eines gegenwärtigen Großintellektuellen oder auch als Amtsperson, um sich auf deren oder auf des Amtes Autorität zu stützen beziehungsweise sich dahinter zu verstecken. Nein, aus der *eigenen* Perspektive ist zu reden, was natürlich nicht ausschließt, dass man sich auch Einsichten anderer aus guten Gründen zu eigen gemacht hat, womit sie aber in die eigene Perspektive integriert wurden. Andernfalls wäre man als Kanzelredner nicht *authentisch.* Alles Denken über Gott und die Welt hat ja seinen Fußpunkt in der Erlebnisgegenwart und in der Selbstwahrnehmung des Denkenden; und im Vergleich damit versteht er auch, was andere denken, sagen und meinen.

In diesem Sinne authentisch zu reden bedeutet auch, vieles aus der eigenen Lebenserfahrung in die Predigt einfließen zu lassen, freilich nur so weit, wie man

[39] Einzige Ausnahme: Karl Barth selber, Evangelium und Bildung, Zürich 2. Aufl. 1947 (Vortrag aus dem Jahr 1938).

[40] Ausführliche Begründung und Entfaltung in meiner Evangelische(n) Bildungstheorie, Leipzig 2013. Vgl. auch ders, Gebildetes Christsein in der Gegenwart – Konturen, Bedingungen und Aufgaben, in: Religionspädagogik und evangelische Bildungsverantwotung in Schule, Kirche und Gesellschaft. Mit Karl Ernst Nipkow weiterdenken, hg. von F. Schweitzer, V. Elsenbast, P. Schreiner, Münster und New York 2016, 15–33.

damit auch die Zuhörer, ob alle oder nur manche, in ihrer Erlebnisgegenwart und Selbstwahrnehmung ansprechen zu können meint. Auch eigene Anfechtungen und Zweifel und eigener Verdruss über Unerfreuliches in der Kirche gehören dazu; würde man das verschweigen, verlöre man auch an eigener Glaubwürdigkeit. Es geht aber nicht allein um die *persönliche* Glaubwürdigkeit, sondern vor allem um die *Glaubwürdigkeit der Sache*, für die wir durch unser Zeugnis einstehen.[41]

b) Wollen wir durch unsere Predigten die Glaubwürdigkeit der Sache, um die es uns in der Kirche geht, stark machen, dann verlangt das nach einer *inhaltlichen Akzentuierung*, die der gewandelten religiösen Bewusstseinslage der Menschen Rechnung trägt, ohne freilich die biblische Botschaft zu verfälschen, um sie etwa dem sogenannten Zeitgeist genehm oder an ihn anschlussfähig zu machen.

Es kann der heutigen Predigt nicht mehr zentral darum gehen, die Menschen von der Angst vor Gottes Zorn und Strafgericht zu befreien. Das ginge an der gegenwärtigen Bewusstseins- und Gefühlslage vorbei und würde nur noch sehr wenige Leute direkt ansprechen. Anders war es im Mittelalter und besonders am Vorabend der Reformation, sonst wäre der Ablasshandel kein so einträgliches Geschäft gewesen. Auch in der Reformationszeit selbst und in dem darauf folgenden sogenannten konfessionellen Zeitalter war die Angst vor Gott – und vor dem Teufel! – noch ein starker bewusstseinsbestimmender Faktor, was u.a. zu einer Fokussierung oder sogar Reduktion der Rechtfertigungslehre auf Sündenvergebung – denn Christus habe die Schuld durch seinen stellvertretenden Sühnetod beglichen und damit vergebbar gemacht[42] – und der Gnade Gottes auf den Aspekt der Begnadigung führte, statt sie, die Rechtfertigungslehre, als existentielle Verbindlichkeitserklärung der Lehre von der Schöpfung und als konzentrierten Ausdruck des ganzen christlichen Wirklichkeitsverständnisses zu verstehen. Und der Teufelsglaube zeitigte die bekannten schlimmen Auswüchse des Hexenwahns.

[41] Wenn heute so viel von Glaubwürdigkeit, besonders der von Politikern, die Rede ist, denkt man in aller Regel nur an die persönliche Glaubwürdigkeit: Meinen diese Leute wirklich, was sie sagen, stehen sie selbst dahinter? Oder reden sie vielleicht nur aus taktischen Gründen so wie sie reden? Aber ist die Glaubwürdigkeit dessen, *was* sie sagen, nicht mindestens ebenso wichtig? Jeder Fantast, zumal wenn er dazu noch fanatisch ist, glaubt ja fest an das, was er verbreitet, ist also persönlich glaubwürdig, und doch werden seine Behauptungen dadurch kein bisschen glaubwürdiger. Umgekehrt lässt freilich der Verlust persönlicher Glaubwürdigkeit oft auch an der Sache, für die der Redner sich einsetzt, zweifeln.

[42] Die Rebellion des jungen Schleiermacher gegen diesen Typus der Christologie in dem oft zitierten Brief vom 21. 1. 1787 an seinen Vater (Briefe Schleiermachers. Ausgewählt und eingeleitet von Hermann Mulert, Berlin 1923, 16-21) gilt als entscheidender Beleg für Schleiermachers Bruch mit der orthodoxen und pietistisch-herrnhutischen Glaubenslehre.

Es wäre nicht nur aus Gründen der Zeitgemäßheit, sondern meines Erachtens auch im Blick auf das Wesen des christlichen Glaubens völlig verfehlt, die vormoderne Bewusstseinslage nach evangelikaler Manier homiletisch repristinieren zu wollen. Die Angst, auf die wir uns einstellen müssen, um sie zu überwinden, ist heute bei der Mehrzahl der Menschen von anderer Art. Wie lässt sie sich charakterisieren?

Paul Tillich hat drei Arten von Angst unterschieden, die er schwerpunktmäßig drei historischen Epochen zuordnete: die ontische Angst vor dem Schicksal und vor physischer Vernichtung als Grundangst der Menschen in der Spätantike, die im Mittelalter vorherrschende Angst vor Schuld und Verdammnis und die für den Menschen in der Moderne charakteristische Angst der Sinnlosigkeit.[43] Ich denke aber, dass man für die Gegenwart auch die Angst vor dem Schicksal und der physischen Vernichtung wieder hinzunehmen muss; denn der beängstigende Verlust von Sinnperspektiven, insbesondere solcher, die über das eigene irdische Leben hinausreichen, führt dazu, dass man sich umso intensiver an die physische Existenz und deren Güter klammert, womit auch die Angst vor deren Verlust bzw. Vereitelung gesteigert wird, manchmal bis ins Unerträgliche. So schwingt etwa in dem als ein bürgerliches Credo beständig wiederholten Spruch „Hauptsache gesund!" oder, wie man im Zeichen der augenblicklichen Corona-Pandemie zu hören bekommt, „Gesundheit hat oberste Priorität!" eine Kombination aus beiderlei Angst mit.[44] Aber das ist nur ein signifikantes Beispiel; denn es dürfte auf der Hand liegen, dass der latente Schrecken vor einem sinnentleerten Dasein auch der Produktion von Götzen, wie sie nach Luther durch falsch investiertes Grundvertrauen kreiert werden, einen kräftigen Schub verleiht.

Dieses *Amalgam aus physischer und metaphysischer Angst* – als Angst vor dem Zukurzkommen im Leben einerseits und vor der absoluten Sinnlehre, dem

[43] P. Tillich, Der Mut zum Sein, Stuttgart 5. Aufl. 1964 (am. 1952), bes. 28–49.

[44] Wenn der Spruch „Hauptsache gesund!" besagen soll, es sei besser, arm und gesund als reich und krank zu sein, kann man ihm wohl zustimmen. Aber er wird ja aus diesem konkreten Kontext herausgelöst und somit zu einer Aussage über das Leben und seine Wertigkeiten überhaupt verabsolutiert. Dann aber bedeutet „Hauptsache gesund!", dass jemand, der dauerhaft krank ist oder schon mit einer Krankheit bzw. Behinderung geboren wurde, die Hauptsache im Leben von vornherein verpasst. – Man sieht an diesem Beispiel auch, worin die Funktion vieler Sprüche, welche die Menschen so im Munde führen, besteht, wenn sie nicht mehr auf ihren ursprünglichen Sitz im Leben zurück bezogen sind: Statt Weisheit zu speichern, unterbinden sie das Denken und dienen u.U. zur Begründung törichter Handlungen. Daher meine Empfehlung an Prediger und Predigerinnen, besonders auf populäre Sprüche, die sich als grundsätzliche Lebensweisheiten präsentieren (im Unterschied etwa zu Bauernregeln, die sich nicht auf das Leben, sondern auf das Wetter und die Ernte beziehen), zu achten, um das durch sie blockierte Nachdenken wieder in Gang zu bringen. Der Einfluss der Sprache auf Denken und innere Einstellung der Menschen sollte nicht mehr nur thematisiert werden, wenn es um Genderfragen geht; die in Sprüchen und Parolen gefrorene Volksweisheit ist mindestens ebenso beachtenswert.

Nichts und dem Nihilismus andererseits – ist das bewusstseins- und gefühlsmäßige Terrain, auf dem wir uns bewegen, wenn wir durch Kräftigung des Glaubens den „Mut zum Sein", um noch einmal Tillichs Terminologie zu übernehmen, erwecken wollen. Und dieser psychischen Problemlage entspricht dann als Gegengewicht und mögliches Remedium auch nur voll und ganz die Präsentation eines von Gott bestimmten, alles Seiende und Werdende umfassenden Systems der Wirklichkeit, wie es faktisch gegeben ist (Sys 1), durch die biblische Sprache symbolisiert und durch Systematische Theologie – mehr oder weniger adäquat – als Wirklichkeitsverständnis ausformuliert (Sys 2) und durch das kirchliche Kommunikationsgeschehen (Sys 3) den Zeitgenossen im Modus von Bildungssprache vermittelt wird. Das christliche Wirklichkeitsverständnis, welches durch Bildungssprache den Hörern unserer Predigt verständlich gemacht und als Lebenskonzept angeboten wird, entspricht der in jener doppelten Angst befangenen modernen psychischen Bewusstseins- und Gefühlslage „voll und ganz", weil es im Blick auf das ganze Wirken des dreieinigen Gottes ebenso ewigen und absoluten Sinn, der den horror vacui vertreibt, erfahrbar und erkennbar macht, wie es auch in den alltäglichen Lebensvollzug orientierend und zum Tun des Guten durch Werke der Liebe motivierend eingreift und dort immer neu die Angst vor dem unberechenbaren Schicksal überwindet oder zumindest dämpft. Wird das Sinnsystem des christlichen Wirklichkeitsverständnisses vom menschlichen Herzen, Denken und Wollen unter der Einwirkung des göttlichen Geistes angenommen, dann tritt an die Stelle der doppelten Angst eine Verbindung von Gelassenheit, Tatkraft und Freude an allem Guten, sowohl alles Guten, das wir aus der Güte und Gnade des Schöpfers und Erlösers empfangen, als auch desjenigen Guten, das wir in der vita christiana activa selber zustande bringen. Und dazu tritt nicht zuletzt auch noch das tiefe Wohlgefallen an den in der Gemeinde gefeierten Gottesdiensten und allem, was zur Verbreitung der biblischen Botschaft beiträgt.

Das Wirklichkeitsverständnis des christlichen Glaubens als ein intellektuell redliches, in sich stimmiges und alle Dimensionen des Daseins in den Blick nehmendes Sinnsystem *steht grundsätzlich als ein geordnetes Ganzes zur Wahl* und kann auch nur als ein Ganzes angeeignet oder zurückgewiesen werden. Das ist so, weil jedenfalls für den heutigen Menschen, bei dem – wir haben es des Öfteren betont – nicht mehr eine vorab in Geltung stehende theologische Weltanschauung vorauszusetzen ist, es nicht allein um die Frage seines persönlichen Bestehenkönnens vor Gott als Bedingung eigener Seligkeit geht, sondern tatsächlich das Ganze in Gestalt des Gottesbezuges überhaupt auf dem Spiel steht.

Wird das Angebot unseres Wiklichkeitsverständnisses angenommen, so wird infolge seiner nur *individuell* möglichen Aneignung seine jeweilige sprachliche und vorstellungsmäßige Symbolisierung freilich auch individuelle Züge, Akzente und Vorlieben enthalten[45] – ohne darüber seinen Systemcharakter einzubüßen. Eventuelle durch den Begriff „System" ausgelöste Befürchtungen einer lehrmäßigen oder gar lehramtlichen Normierung und Bevormundung sind jedenfalls unbegründet. Im Falle der Zurückweisung bleibt man, sofern man nicht sein Heil in einer anderen Religion gefunden hat, im Wirkungsbereich jener doppelten Angst vor dem Schicksal und einer letztlich absurden Welt, in der man sich durch individuelle Sinnentwürfe geringer oder mittlerer Reichweite zu behaupten versucht – Entwürfe, die durchaus von hoher humaner Qualität sein können, was dann theologischerseits in Ehren zu halten ist, sich aber auch zu gefährlichen und verderblichen Ideologien auswachsen können.

Wie lässt sich das hier Vorgetragene in der Bildungssprache einer Kanzelrede ausdrücken? Wohl kaum in so verschachtelten und ausgefeilten Sätzen, wie ich sie im Vorhergehenden nicht ganz vermeiden konnte. Aber es gibt genug biblische Texte, die in ihrer Knappheit, Anschaulichkeit und Einprägsamkeit den Blick auf das Ganze des christlichen Wirklichkeitsverständnisses richten und zu Elementen christlicher Bildungssprache werden können und oft auch schon geworden sind. Ich nenne nur einen und empfehle darüber zu predigen, besonders in der Christvesper, die normalerweise gut besucht ist, darunter auch von Menschen, die keine regelmäßigen Kirchgänger sind und denen zu erklären ist, was das Christentum, das wir dem verdanken, dessen Geburt wir feiern, im Kern ist: „Das Gesetz ist durch Mose gegeben; die Gnade und Wahrheit ist durch Jesus Christus geworden." (Joh 1,17) Und dazu kann man natürlich den anderen Vers aus dem Prolog des Johannesevangeliums hinzunehmen, der ohnehin in jeder Christvesper verlesen wird: „Das Wort ward Fleisch und wohnte unter uns, und wir sahen seine Herrlichkeit, eine Herrlichkeit als des eingeborenen Sohnes vom Vater, voller Gnade und Wahrheit." (Joh 1,14)

Beide Male „Gnade und Wahrheit"! Das Wort „Evangelium", das man nach dem Halbsatz „Das Gesetz ist durch Mose gegeben" erwarten sollte, kommt im ganzen Johannesevangelium wie auch in den johanneischen Briefen kein einziges Mal vor. Stattdessen sagt der Evangelist, worin es besteht: im Erkennbar- und Wirksamwerden der göttlichen Gnade, aus der wir leben, und der Wahrheit, in die unsere Existenz durch Christus als dem „eingeborenen Sohn vom Vater" heimgeholt wird, damit wir in ihr unserer Bestimmung gemäß leben.[46] Beides. „Gnade" und „Wahrheit", ist so aufeinander bezogen, dass es gewissermaßen eine gedankliche oder systemische Einheit bildet. Denn die Gnade besteht darin,

[45] In der Pastoralpsychologie wurde dafür die Bezeichnung „persönlichkeitsspezifisches Credo" geprägt. Standardwerk: J. Scharfenberg, Einführung in die Pastoralpsychologie, Göttingen 1985, 2. Aufl. 1990.

[46] Der Untertitel der „Systematische(n) Theologie" von E. Herms könnte aus diesem Text genommen sein: „Das Wesen des Christentums: In Wahrheit und aus Gnade leben".

dass wir durch Christus in die Wahrheit gebracht werden, und die Wahrheit ist die Gnade und Barmherzigkeit Gottes, ist der gnädige und barmherzige Gott. Daher übersetzt Luther auch getreu der griechischen Verbform im Singular „ist" geworden, nicht „sind", wie es der Grammatik entspräche. Das „geworden" - auch hier übersetzt Luther wortgetreu - meint nicht nur „erschienen", sondern „realisiert". Die Gnade, so ist hinzuzufügen, ist aber nicht auf das Moment der gnädigen Annahme des Sünders beschränkt, sondern ihr ist schon unser natürliches Dasein samt dem der Welt als von Gott und auf ihn hin erschaffenes Sein und Werden zu verdanken; denn in Christus ist *dasjenige* Wort Fleisch geworden, welches schon „im Anfang war" und durch das „alle Dinge gemacht" sind (Joh 1,1-3). Gott war und ist gnädig in seinem gesamten Wirken und wird es auch in der ewigen Vollendung seines Werkes sein. Wir können es auch noch einmal mit Jak 1,17 sagen: „Alle gute Gabe und alle vollkommene Gabe kommt von oben herab, von dem Vater des Lichts, bei dem keine Veränderung ist noch Wechsel des Lichts und der Finsternis."

Indem auch das „Gesetz" in unserem kurzen Predigttext erwähnt wird, zeigt sich, dass der Vers tatsächlich die ganze christliche Existenz ausleuchtet, somit alles in sich begreift, was wir in den Kapiteln 3 und 4 berührt haben. Zur empfangenden Seite unseres Daseins gesellt sich die aktive Seite: das Handeln aus der Liebe, die des Gesetzes Erfüllung ist (Röm 13,10); und Liebe ist ja auch nach Gnade und Wahrheit ein weiterer Zentralbegriff bei Johannes.

Dazu will uns die Predigt als Bildungsmittel der Kirche, durch die ihr eigene Bildungssprache verhelfen: zu einem Leben in der Wahrheit und aus der Gnade und zum Dienst der Liebe am Nächsten und an der ganzen Schöpfung.

ANHANG: PREDIGTEN DES VERFASSERS AUS DEM LETZTEN JAHRZEHNT

Über Sinn und Zweck der folgenden Beigabe zur theoretischen Abhandlung habe ich bereits im Vorwort Auskunft gegeben. Darüber hinaus noch zwei Bemerkungen:

Die Kanzelrede ist im Ablauf des Gottesdienstes derjenige Ort, an dem die Individualität des Predigers / der Predigerin recht frei zum Zuge kommen darf, während man sich in der Liturgie damit zurückhalten muss. Von dieser Freiheit habe ich immer reichlichen Gebrauch gemacht und entsprechend meinen eigenen Predigtstil entwickelt, an den sich meine Gemeinde in der Kieler Universitätskirche auch gewöhnt hat. Diese mir ganz eigene Redeweise kann und will ich natürlich nicht zur Nachahmung empfehlen. Jeder soll seinen persönlichen Stil nach eigenem Vermögen und durch selbstkritisches Nachdenken ausbilden und vervollkommnen.

Unter den nachfolgenden Predigten ist die aus der Bonner Schlosskirche eines kurzen Kommentars bedürftig. Der vom „Verlag für die Deutsche Wirtschaft“ zur Förderung der Redekultur in den Kirchen gestiftete und seit 2000 jährlich am Buß- und Bettag vergebene „ökumenische Predigtpreis“ wurde mir 2015 für mein „Lebenswerk“ als Prediger und Predigtlehrer zuerkannt. Im Rahmen einer Orgelvesper am Vorabend zum Festakt der Preisverleihung in der Bonner Schlosskirche hatte ich eine zum Anlass passende Predigt zu halten. Die mir zuteil gewordene Ehrung hat mich sehr beglückt, war doch das Predigen für mich immer das Wichtigste in meiner Berufstätigkeit als praktischer Theologe. Ich war aber auch ein wenig beschämt; denn einerseits habe ich zwar häufiger gepredigt als meine Kollegen aus den anderen theologischen Disziplinen, aber beileibe nicht so oft wie die Schwestern und Brüder im Gemeindepfarramt, unter denen sich sicher etliche finden, die solche Anerkennung mindestens ebenso verdient hätten; und andererseits hatte ich damals zur Theorie der Predigt noch nicht viel veröffentlicht. Wenigstens diesem Mangel wollte ich abhelfen, und so gab ich in meiner Dankesrede vor großem Publikum ein Versprechen ab, das ich nun durch das vorliegende Buch mit nochmaligem Dank an die Jury einlöse.

Christvesper 2010 in der Kieler Universitätskirche. Predigt über 1 Tim 2,4

Gott will, dass allen Menschen geholfen werde und sie zur Erkenntnis der Wahrheit kommen.

Liebe Gemeinde!

Wir feiern Weihnachten, weil Christus geboren wurde. Und Christus wurde geboren, weil „Gott will, dass allen Menschen geholfen werde und sie zur Erkenntnis der Wahrheit kommen". So bin ich zu dem Text für meine vielleicht letzte Weihnachtspredigt in dieser Kirche gekommen. Er spricht von einer großen Hilfsaktion, deren Urheber Gott selber ist und die *allen* Menschen zugedacht ist.

Ich bin Luther dankbar, dass er hier wieder einmal sehr frei übersetzt. Im Urtext steht nämlich, genau genommen, nicht „geholfen", sondern „gerettet". Alle Menschen, so denkt es sich der Verfasser des 1. Timotheusbriefes, der im Namen des Apostels Paulus schreibt, sollen gerettet werden, und zwar dadurch, dass sie zur Erkenntnis der Wahrheit kommen. Das ist sicher ein guter und richtiger Gedanke; ich werde auf ihn noch zurückkommen.

Trotzdem gefällt mir Luthers Übersetzung. Aus drei Gründen. Erstens ist „helfen" weniger dramatisch als „retten", und das macht mir meine Aufgabe leichter. Man stelle sich vor, ich sage zu jemand: „Hör mal zu, Gott will dich retten!" Er wird antworten: „Wieso, was ist denn los? Was droht mir denn gerade?" Wenn ich aber sage: „Gott will, dass dir geholfen wird", dann habe ich bessere Karten. Denn jedem fällt wohl etwas ein, wo ihm Hilfe willkommen wäre. Zweitens: Helfen sagt tatsächlich mehr aus als Retten. Rettung heißt nur: Du bist heraus aus der Gefahr, und nun mach selber weiter! Hilfe von Gott her beschränkt sich aber nicht auf Rettung, sondern sagt darüber hinaus weiteren Beistand zu: dir wird auch etwas gegeben für dein Leben hier und jetzt. Und schließlich drittens und vor allem: Wenn es heißt, „Gott will, dass allen Menschen geholfen werde", dann schließt das auch all die Hilfe mit ein, die wir uns gegenseitig leisten können und sollen. Gott will eine *Kultur und Gemeinschaft des Helfens*, die alle Menschen einbezieht. Man könnte auch sagen: der Humanismus wird ins Boot geholt, nicht der Humanismus als Theorie oder Weltanschauung – der sieht den Menschen zu blauäugig –, aber der Humanismus als Praxis, als gelebte tätige Menschenliebe. Der christliche Glaube ist koalitionsfähig im Blick auf den praktischen Humanismus. Wir Christen sind nicht allein. Wir haben Partner jedenfalls in Sachen Menschenliebe. Luthers freie Übersetzung macht uns diese erfreuliche Sicht möglich. Bleiben wir noch etwas bei ihr.

Sprechen wir also zuerst von der Kultur des Helfens, die Gott will. Fragen wir dann danach, was derjenige, dessen Geburt wir heute feiern, mit dieser Kultur des Helfens zu tun hat. Und drittens wollen wir den Gedanken „Erkenntnis der Wahrheit für alle" aufnehmen. –

Also: Eine *Kultur des Helfens*, in der alle bedacht sind, das will Gott. Und das wollen wir auch. Träumen kann man freilich von mehr. Träumen kann man von einem vollendeten paradiesischen Zustand, in welchem niemand mehr einer Hilfe bedarf und daher auch kein Helfer mehr benötigt wird. Aber ein solcher Traum von einem ewigen Reigen seliger Geister ist ein poetischer Vorgriff auf die uns verheißene Vollendung im Reich Gottes jenseits von Raum und Zeit, er lässt sich aber nicht in eine klare und intellektuell befriedigende Vorstellung übersetzen. Wo man das versucht, wird auch immer gleich geargwöhnt, das ewige Leben könne auf die Dauer irgendwie langweilig werden, weshalb man die Engel wenigstens Musik machen lässt. Bleiben wir realistisch und richten wir den Blick auf die Welt, in der wir *jetzt* leben. Und diese Welt schreit überall nach Hilfe, nach einer Kultur des Helfens.

Diese Kultur hat nun offenbar ihre beste Zeit zu Weihnachten. Vielleicht, weil Helfen und Schenken miteinander verwandt sind. Weihnachten und schon Advent, das ist nicht nur die große Zeit des Konsums und des Kaufrausches, sondern auch des Schenkens und Helfens. Ich denke, ich muss nicht im Einzelnen beschreiben, was da alles unterwegs ist an Hilfsaktionen, kirchlichen und anderen. Zahllose Weihnachtsgeschichten – ich meine jetzt nicht die aus der Bibel – sowie etliche Filme zur Weihnachtszeit wie etwa „Der kleine Lord" erzählen, wie die härtesten Burschen plötzlich weich werden, von ihrer eigenen Menschlichkeit überrumpelt, überrascht und beglückt werden. „Edel sei der Mensch, hilfreich und gut", schreibt Goethe; das passiert am ehesten zu Weihnachten.

Ja, der Mensch ist das Wesen, das helfen kann, in der Nähe und in der Ferne, wenn er nur will. Tiere helfen sich zwar auch, aber das bleibt auf den Nahbereich beschränkt, auf die eigene Brut oder die Herde wie bei den Elefanten; und es ist auch keine Frage, ob sie es wollen. Der Mensch ist zwar auch das einzige Lebewesen, das z.B. Witze machen kann im Unterschied zum tierischen Ernst, aber das definiert ihn nicht aus. Im Helfen aber verwirklicht er seine Natur, jedenfalls den besseren Teil seiner Natur. Denn im Helfen wird die Liebe, die an sich unsichtbar ist wie alles Seelische, sichtbar und konkret. Das dämmert uns zu Weihnachten.

Und diese humane Substanz, dieses Helfenwollen und Helfenkönnen, das aus dem Herzen kommt, teilen wir als unsere beste Möglichkeit mit allen Menschen. Das ist – ich sag es noch einmal – die große Koalition mit dem gelebten Humanismus, die wir als Christen schließen, auch wenn wir über diese humane Substanz mehr zu sagen wissen, weil wir sie mit der Liebe Gottes in Zusammenhang bringen. Mir liegt viel an dieser großen Koalition! Wir haben Partner weltweit.

Zu dieser Kultur des Helfens, wenn sie im menschlichen Herzen verwurzelt ist, gehört noch dreierlei:

Erstens der *Schmerz*, wenn wir nicht helfen können, obwohl wir es wollen. Ärzte zum Beispiel sind nicht selten in dieser Situation: Ich kann hier leider nicht mehr helfen, jedenfalls nicht so, wie der Patient es möchte. Das tut weh.

Zur Kultur des Helfens gehört *zweitens*, dass man sich auch *helfen lässt*. Sich beschenken zu lassen ist leichter als sich helfen zu lassen. Ein Geschenk bekommt man obendrein. Sich helfen lassen heißt immer auch, der eigenen Hilfsbedürftigkeit, der eigenen Schwäche ins Auge sehen und sie eingestehen, und das fällt vielen schwer. Ich vergesse nicht den Talk-Show-Auftritt einer alt gewordenen und von der ganzen Nation wegen ihrer direkten Art verehrten Schauspielerin. Nein, sie habe immer selbstbestimmt gelebt, und deshalb wolle sie nie in eine Lage kommen, wo sie nur noch von der Hilfe anderer abhängig sei. Und daher trage sie in ihrem Handtäschchen - sie hob es hoch - immer ein Mittel bei sich, mit dem sie jederzeit Schluss machen könne. Betretenes Schweigen in der Runde. Sie hat dann zum Glück doch keinen Gebrauch davon gemacht, als sie in die befürchtete Situation kam. Ich kann nur sagen: Nein, so darfst du nicht denken! Du hast ein *Recht* auf Hilfe wie jeder Mensch. Nicht weil du den Menschen vorher so viel gegeben hast. Diese Hilfe ist keine Vergütung, sondern ein Anrecht. Und das ist in der Menschenwürde begründet, und sonst in gar nichts. Und im Übrigen, so setze ich als Christ hinzu, entspricht es dem Willen Gottes, der den Menschen so geschaffen hat, dass er sein Leben nicht als Einzelkämpfer, jeder gegen jeden, bestehen kann, sondern nur in einer Kultur des Helfens.

Zur Kultur des Helfens aus christlicher Sicht gehören *drittens* auch noch kritische Fragen. Wenn Gott tatsächlich will, dass allen Menschen geholfen werde, warum sorgt er nicht dafür, dass es geschieht? Ist das, was unser Text sagt, nicht auch nur so ein Traum, nur weniger poetisch als der Traum von einem glückseligen Endzustand? Man vergleiche doch die Welt, wie sie ist, mit der Vision des Textes! Wenn ich mein Enkelkind betrachte, heute gerade vier Monate alt, wie es da vergnügt planscht und zappelt in der Badewanne, noch ganz diesseits von Gut und Böse, und wenn ich dann daran denke, dass dieses Kind in eine Welt mit den abscheulichsten Verbrechen hineinwächst, mit Mördern, Betrügern, Erpressern, Kinderschändern, Sadisten, Terroristen, Heiratsschwindlern und so weiter und so fort, dann wird mir auch ganz mulmig. Ja, warum hat Gott nicht wenigstens mit einem Schlag all diese Abscheulichkeiten unterbunden? Ich weiß es nicht. Ich kann nur sagen: Wir leben als Christen mit offenen Fragen an Gott, ohne dabei den Glauben an die Güte Gottes, den Glauben, dass Gott als Ursprung von allem auch die Quelle alles Guten ist, aufzugeben. - Es gibt auch noch andere theologische Fragen, die ich nicht beantworten kann. Zum Beispiel, wie es mit dem Seelenheil der Steinzeitmenschen bestellt ist oder, noch viel früher, der Urmenschen, etwa des Homo Heidelbergensis. Das wissen nicht mal die Theologen in Heidelberg. Es ist jedenfalls besser, offene Fragen an Gott zu haben, als fraglos in den Tag hinein zu leben; es ist sogar besser, gelegentlich mit Gott zu hadern wie Hiob, als Gott zu ignorieren.

Eine Frage aber *kann* ich beantworten. Man bekommt ja immer wieder den Satz um die Ohren gehauen, durch den christlichen Glauben sei die Welt keinen Deut besser geworden. Da kann man nur zurückfragen: Woher weißt du das? Woher weißt du, wie die Welt andernfalls aussähe? Denk dir doch mal die ganze Diakonie und das christliche Liebeshandeln weg, vom Urchristentum über den Kirchenvater Basilius, über Franz von Assisi bis zu Wichern, von Bodelschwingh, Albert Schweitzer und Mutter Teresa! Denk dir das christliche Hospizwesen und die Gefangenenseelsorge weg! Denk dir „Brot für die Welt" und „Adveniat" weg! Denk dir auch Luther und Schleiermacher weg, deren Wohltat auf geistigem Gebiet lag! Denk dir auch die christliche Kunst und die geistliche Musik weg, die vielen etwas bedeutet, das Weihnachtsoratorium zum Beispiel, aus dem wir diese großartige Arie gehört haben! Denk dir das alles weg, und dann wiederhole deinen blöden Satz! Ja, wird gesagt, aber es dürfte doch gern mehr sein. Ich antworte: Sicher, dürfte es; aber du hast doch gesagt: keinen Deut besser, das war doch die Pointe. Und die ist nun dahin.

Wir bleiben dabei: Mit Christus, mit seiner Geburt beginnt eine große göttliche Hilfsaktion in der Welt, die sich zur großen Koalition auswächst, bis heute anhält und alle erreichen will. –

Wir kommen zur zweiten Frage: *was denn Jesus von Nazareth mit dieser Kultur des Helfens zu tun hat.* Brauchen wir ihn, um sie überhaupt zu begründen? Nicht unbedingt. Aber wir brauchen ihn, um sie richtig zu *verstehen.* Begründungsversuche gibt es auch andere. Die klassischen Humanisten begründen die Kultur der praktischen Menschenliebe mit dem Glauben an die Güte der Menschennatur. Sie können darauf verweisen, dass jeder die Liebe und die Freude des Helfens schon irgendwie kennt, müssen sich aber auch fragen lassen, ob sie die dunklen und dämonischen Seiten der menschlichen Natur nicht unterschätzen. Es gibt aber auch pessimistische Humanisten. Herbert Rosendorfer, der große Humorist, den ich sehr schätze, beginnt einen Text mit der Überschrift „Woran ich glaube" folgendermaßen: „Ich glaube, dass die Menschen schlecht sind. Dennoch soll man sich gegenseitig nicht schlecht behandeln, weil alle ungefähr gleich schlecht sind. Das ist das Fundament meiner humanitären Anschauung." Ein immerhin interessanter Gedanke und witzig formuliert, wenn mir auch lieber gewesen wäre, wenn er nicht alle, sondern fast alle für ungefähr gleich schlecht erklärt hätte; denn mit Figuren wie Himmler möchte ich doch nicht moralisch auf die gleiche Stufe gestellt werden.

Jesus Christus brauchen wir, ich wiederhole es, um zu begreifen, *was* die Liebe und ihre konkrete Form, das Helfen, eigentlich *ist*: dass diese helfende Liebe nämlich nicht nur eine menschliche, sondern eine göttliche Erscheinung und Kraft ist, ja, dass Gott der Schöpfer, Erhalter und Vollender aller Dinge selber in ihr präsent ist, weshalb umgekehrt diese Liebe auch wieder der Schlüssel zu dem großen Weltgeheimnis ist, das wir alle irgendwie spüren, der Schlüssel zu Gott. Wenn diese Dimension der Liebe uns aufgeht, dann bedeutet das die Versöhnung mit Gott, ein Sichtragenlassen von Gott in allem, was geschieht, und ein Wollen mit Gott, der auf die Verwirklichung des Guten in allen menschlichen Verhältnissen aus ist. Wie Jesus das zustandebringt, wie er unser Herz erreicht, wie er dabei die Werke des Teufels zerstört (1 Joh 3,8) und Seligkeit bringt (1 Tim 1,15), darüber habe ich in den letzten Weihnachtspredigten genug gesagt, und ich will das jetzt nicht wiederholen. Wir wollen uns heute nur kurz ansehen, wie Jesus denn als Helfer konkret auftritt.

Der Säugling in der Krippe hilft freilich noch nicht – abgesehen davon, dass er zahllosen Malern und Krippenschnitzern ein dankbares Motiv geliefert hat. Er *lässt* sich helfen durch die Eltern, lässt sich bewundern und verehren durch die Hirten, lässt sich beschenken durch die Weisen aus dem Morgenland, wenn man Matthäus hinzunimmt, lässt sich bejubeln durch die himmlischen Heerscharen. Er empfängt alles, was nötig ist und mehr als das – was soll er denn mit Weihrauch und Myrrhe! Diese helle Seite der Weihnachtsgeschichte wird übrigens notorisch übersehen, weil man immer nur die äußerliche Armseligkeit der Szene weiter ausmalt: den Stall, die Krippe mit dem Stroh, und das alles in der Fremde und „mitten im kalten Winter, wohl zu der halben Nacht". Aber dem Kind geht es gut. Es empfängt die nötige Liebe, Wärme und Aufmerksamkeit. Und so hat ja, hoffe ich, auch unser Leben angefangen.

„Siehe, dein König kommt zu dir, ein Gerechter und ein Helfer" – das gilt von dem erwachsenen Jesus von Nazareth. Und der hilft ganz wesentlich durch das *Wort*: durch seine Verkündigung der Nähe Gottes, durch seine Gleichnisse vom Gottesreich, durch die Seligpreisungen, durch Streitgespräche, durch das Gebet, das er uns hinterlassen hat. Freilich hilft er nicht nur durch das Wort. Aber wenn er zum Beispiel heilt – wie immer er das gemacht hat, aber er *hat* geheilt –, dann *sagt* er etwas dazu, das mit dem Gottesverhältnis zu tun hat: „Dein Glaube hat dir geholfen", oder: „Dein Glaube ist groß, dir geschehe wie du willst", oder: „Geht hin und zeigt euch den Priestern" (heißt wohl: dankt Gott), oder: „Dir sind deine Sünden vergeben. Und nun nimm dein Bett und wandle". Es geht immer zugleich um Heilung des Gottesverhältnisses. Man kann sagen: Er hilft „ganzheitlich". Er isst und trinkt mit Zöllnern und Sündern und lässt sie spüren, dass das schon Gemeinschaft im Reiche Gottes ist. Und denen, die sich darüber das Maul zerreißen, stopft er es: „Die Starken bedürfen des Arztes nicht, sondern die

Schwachen." Er legt den Kindern die Hände auf und sagt: „Solcher ist das Himmelreich. Und wenn ihr nicht werdet wie die Kinder, so werdet ihr nicht hineinkommen." Also werdet wie sie! Und schließlich hilft er durch sein Leiden, seinen Gehorsam bis zum Tode am Kreuz, wie Paulus es ausdrückt. Denn dadurch ermöglicht er der Menschheit ein ganz neues Gottesverhältnis, ein Gottesverhältnis, das nicht untergeht in den Katastrophen der Welt, ein Gottesverhältnis frei von der Qual der Selbstrechtfertigung, ein Gottesverhältnis, das die Liebe Gottes auch im Leiden verstehen und das die menschliche Liebe voll zum Zuge kommen lässt. Ja, er war ein Gerechter und ein Helfer, der größte, den wir kennen. –

Damit sind wir beim letzten Abschnitt der Predigt angekommen. Jesus von Nazareth lässt uns die Liebe verstehen und *bringt uns damit in die Wahrheit*. „Kultur des Helfens", in der die Liebe konkret wird, und „Wahrheit" gehören zusammen. „ ... dass allen Menschen geholfen werde und sie zur Erkenntnis der Wahrheit kommen", sagt ja der Text. Uns ist noch nicht von Grund auf geholfen, wenn wir diese oder jene Wohltat empfangen oder selber tun; uns ist erst wirklich geholfen, wenn wir Wahrheit und Klarheit über unser Leben erlangen.

Das heute zu behaupten, ist nicht gerade populär. Es gibt jede Menge Einwände. *Die* Wahrheit sei sowieso nicht zu finden. Wer behauptet, sie gefunden zu haben, mache sich verdächtig, ein Wahrheitsfanatiker zu sein, intolerant und gefährlich. Es sei besser, nach der Wahrheit zu suchen als sie zu besitzen, wie schon Lessing gesagt habe. Aber wenn sie doch nicht zu finden ist, die Wahrheit, dann ist wohl auch die Suche danach sinnlos. Die Lösung des Wahrheitsproblems besteht dann für viele Zeitgenossen, besonders die Intellektuellen unter ihnen, darin, dass sie ein *ästhetisches* Verhältnis zu allem einnehmen. Das heißt nicht, dass sie Ästheten reinsten Wassers wären, aber alles wird nun nach Gusto entschieden, durch Geschmacksurteile. Und so, wie man in Sachen Kunst sich nicht auf *einen* Maler oder *einen* Komponisten oder *eine* Stilrichtung festlegt, das wäre töricht, so hält man sich auch in Fragen der Religion und Weltanschauung alle Türen offen und bedient sich nach Gusto. Der moderne Ästhetizismus lässt alle Gegensätze verschwimmen. Man muss sich nicht grundsätzlich entscheiden und Position beziehen. Und alles mit Maßen: Du kannst ruhig religiös oder fromm sein, aber doch bitte nicht allzu sehr, indem du etwa dauernd in die Kirche rennst. So wird gedacht und geredet.

Die leidenschaftlichen Wahrheitssucher sind heute wohl seltene Vögel. Aber, liebe Freunde, wenn ihr in die Kirche kommt, und sei es nur zu Weihnachten, dann wollt ihr doch nicht nur ästhetisch bedient werden, jedenfalls nicht vom Prediger, dann ist da doch irgendwo und irgendwie die Frage nach der Wahrheit im Hintergrund, die Frage nach Gott, die Frage nach eurer Bestimmung und der aller Menschen. Und dann habt ihr auch Verständnis für Leute, die hier eine gewisse Leidenschaft entwickeln.

Einen solchen Menschen führt uns Tolstoj in dem Roman „Anna Karenina" vor in Gestalt des Gutsbesitzers Konstantin Dimitrejewitsch Lewin, einer Nebenfigur, in der aber viel von Tolstoj selber steckt. Dieser Lewin ist hilfsbereit, gerecht und wohltätig gegen alle, die er unter sich hat. Und doch gerät er in eine tiefe Lebenskrise. Ausgelöst durch den frühen Tod seines Bruders stellt er immer dringlicher die schlichte Frage nach dem Sinn seines im übrigen ganz befriedigenden Lebens. Und so fängt er an zu lesen wie ein Besessener: Platon, Spinoza, Kant, Schelling, Hegel, Schopenhauer, russische Religionsphilosophie. Er beschäftigt sich auch mit den Materialisten und - ganz modern - mit Darwinschem Gedankengut. Was er liest, leuchtet ihm jeweils ein, vor allem die polemischen Passagen. Aber die Antwort, die ihn zur Ruhe kommen lässt, kommt schließlich von einem Bauern, was einen nicht wundert bei Tolstoj: Die erdverbundenen schlichten Menschen sind der Wahrheit am nächsten. Der Bauer sagt: Du musst für Gott leben und für die Seele. Und nun begreift Lewin schließlich, dass das ja auch die Quintessenz all dessen ist, was die Kirche lehrt, von der er sich entfernt hatte. „Und es dünkte ihn jetzt", schreibt Tolstoj, „als gäbe es keinen Glaubenssatz der Kirche, der den wichtigsten zerstören könnte - den Glauben an Gott und an das Gute als den einzigen Daseinszweck des Menschen."

Ich erzähle euch zum Schluss eine weitere Geschichte auf dieser Linie. Es bleibt ja noch das rätselhafte Wort „Gott" - manchmal ganz naheliegend, manchmal fast unverständlich. Ja, wenn wir mit diesem Wort nur besser zurechtkämen! Die Geschichte ist eine Anekdote, aber keine erfundene, sondern von einem Augenzeugen schriftlich überliefert.[1]

Der Theologe Ernst Fuchs, vor einem halben Jahrhundert Neutestamentler in Marburg, steht nach einem Gottesdienst in der Elisabethkirche noch mit einigen Leuten im Kirchenraum zusammen. Da fragt ihn ein Student ganz unvermittelt, um nicht zu sagen etwas dreist: „Herr Professor - Gott, wer oder was ist das eigentlich?" Das ist ja die Art von Fragen, die wir Theologen so lieben. Direkt auf den Kopf zu. Gott, wie kann er das zulassen? Siehst du, das weißt du auch nicht! Oder eben: Gott, was soll das überhaupt heißen? Ja, was soll man darauf sagen? Mir fallen natürlich brauchbare Formeln aus der Theologiegeschichte ein: Gott ist das, was uns unbedingt angeht. Oder: das, woran du dein Herz hängst. Oder: die Macht über alle Wirklichkeit. Oder: das, im Vergleich zu dem, Größeres nicht gedacht werden kann. Oder: der Bezugspunkt unseres Gefühls schlechthinniger Abhängigkeit. Und weitere Formulierungen, die allesamt richtig sind, zu denen man aber jeweils einen ganzen Vortrag halten müsste. Der Fragende aber will es

[1] Dieter Nestle, „Aber wir verdanken ihm doch alles!" Erinnerungen an Ernst Fuchs (1903-1983), in: Der bezwingende Vorsprung des Guten. FS Wolfgang Harnisch, hg. von U. Schoenborn u. S. H. Pfürtner, Münster und Hamburg 1994, 1-9.

ja ganz knapp und handfest. Was sagt Fuchs? Nach beängstigend langem Schweigen knurrt er: „Gott? Gott ist eine Kartoffel." Der Berichterstatter fand das, wie wohl alle Umstehenden, zunächst schockierend, ganz unerhört. Ist das nicht geradezu blasphemisch: Gott, eine Kartoffel! Dann aber beginnt der Spruch in ihm zu arbeiten. Er erinnert sich an Zeiten, in denen Kartoffeln ein überlebenswichtiges Nahrungsmittel waren, denkt an Kartoffelfeuer, denkt an eine russische Bäuerin, die den Kriegsgefangenen heiße Kartoffeln über den Stacheldraht zuwirft. „Licht fällt auf das tägliche Brot, und der Blick geht hinüber zum Brot des Altars." Wenn Jesus sagt: „das ist mein Leib", dann ist das doch eine ganz ähnliche Verknüpfung. Denkt also an das Lebensdienliche, an das Notwendige für Leib und Seele, an Erfahrungen von Wärme und Zuwendung, und seht: dahinter steht schon Gott. Man muss die richtige Kartoffel finden, dann findet man auch Gott, dann funktioniert der Spruch.

Liebe Freunde, das geht natürlich nicht nur mit Kartoffeln, sondern zu Weihnachten zum Beispiel auch mit Christstollen und Weihnachtsgebäck, liebevoll hergestellt und angerichtet. Lasst also von da aus eure Gedanken wandern zu Gott, dem Vater, dem Schöpfer und Geber aller guten Gaben, zu Jesus, dem Sohn, in dem die Menschenfreundlichkeit Gottes Person geworden ist, und zum Heiligen Geist, der vom Vater und vom Sohne ausgeht und der uns zur „Erkenntnis der Wahrheit" bringt. Ich habe das einmal den weihnachtlichen Schritt vom Spekulatius zur Spekulation genannt. Diesen Schritt empfehle ich euch auch heute. Macht ihn, und ihr werdet eine gesegnete Weihnacht haben! Amen.

Christvesper 2017 in der Universitätskirche. Predigt über 1 Joh 4,9

Darin ist erschienen die Liebe Gottes unter uns, dass Gott seinen eingeborenen Sohn gesandt hat in die Welt, damit wir durch ihn leben sollen.

Zu Weihnachten, liebe Gemeinde, muss man jedesmal versuchen, irgendwie das ganze Christentum zu erklären, den ganzen christlichen Glauben. Denn die entscheidende Frage zu Weihnachten ist ja doch, was denn durch die Geburt Jesu eigentlich in die Welt gekommen ist. Und die Antwort darauf kann nicht sein, jedenfalls nicht in erster Linie: die Weihnachtsbäume, die Weihnachtsmärkte und was sonst noch alles zur äußeren Erscheinung des Weihnachtsfestes gehört. Die Antwort kann nur lauten: das Christentum, der christliche Glaube als eine neue Art der Gottesbeziehung und eine neue Epoche in der Weltgeschichte, weshalb wir auch unsere Zeitrechnung an dieser Geburt und nicht mehr an der Gründung der Stadt Rom ausrichten. Das ist nun also zu erklären, und zwar so, dass man nach Möglichkeit zustimmen kann, dass wir sehen: der christliche Glaube als Folge dieser Geburt ist ein Segen, ein Segen für jeden Einzelnen und für die Welt.

Dazu dient uns der ausgewählte Spruch aus dem 1. Johannesbrief. Ich habe ja auch in meiner früheren Zeit als Universitätsprediger für die Christvesper immer wieder einen einzelnen Spruch ausgesucht, der den Blick auf das Wesentliche des christlichen Glaubens lenkt, jeweils unter einem bestimmten Gesichtspunkt. Unser heutiger Spruch tut das, indem er von der *Liebe* spricht: von der Liebe Gottes zunächst und dann auch von der Liebe, die unser durch Christus gewonnenes Leben bestimmen soll.

Nun können wir aber nicht sofort mit der Liebe Gottes beginnen. Denn das ist doch klar: Wir könnten nichts, rein gar nichts von der christlichen Botschaft von der Liebe Gottes - seiner Liebe zum Menschen, zur Welt und zu allen Kreaturen - verstehen, wenn wir nicht schon die menschliche Liebe kennen würden, wenn wir mit ihr nicht schon bestimmte Erfahrungen gemacht hätten. Von diesen Erfahrungen aus machen wir uns auch eine Vorstellung von der Liebe Gottes zu seinen Geschöpfen. Denn diese Liebe kann ja nicht etwas gänzlich anderes sein als unsere Liebe, die wir schon kennen. Ein wesentlicher Unterschied ist nur, dass uns die Liebe Gottes oft ungewiss ist, während wir die menschliche Liebe - dass es sie gibt, wenn auch zu wenig - nicht bezweifeln können. Aber die Liebe Gottes, gibt es die überhaupt? So fragen wir gerade als Christen immer wieder, während dezidierte Atheisten sich diese Frage abgewöhnt haben, weil Gott für sie eine Illusion ist.

Reden wir also in einem ersten Schritt von der *menschlichen Liebe*, die wir alle schon kennen, um dann im zweiten Schritt die Frage nach der *Liebe Gottes* zu stellen, die mit der Erscheinung Christi in der Welt eine präzise Antwort erhalten hat. Und ganz zum Schluss kehren wir noch einmal zur menschlichen Liebe, wie sie nun besonders das *Leben von Christenmenschen* bestimmen soll, zurück.

Also - Punkt 1 - die *menschliche Liebe*, die wir schon kennen. *Wie* kennen wir sie denn? Wir kennen sie wohl schon aus allerfrühesten Erlebnissen, noch bevor wir sprechen konnten, als die Eltern, besonders wohl die Mutter, sich uns leiblich zu erleben gaben. Da spürten wir bereits die Liebe, ihre Wärme und Wohltat. Und von daher entwickelt sich auch das lebenslange Bedürfnis nach Liebe, gerade indem auch immer wieder ihr Mangel erlitten wird. Wenn wir dann über die Liebe reden wollen, dann helfen Begriffe und Definitionen nur wenig. Die Liebe ist so vielfältig in ihren Erscheinungsformen, dass sie sich kaum definieren lässt. Versuchen wir es mal kurz, dann können wir etwa sagen: Liebe ist Hilfeleistung, die nicht einfach aus Pflicht, sondern aus Neigung geschieht. Oder: Liebe ist das Gegenteil von Hass und mehr als Gleichgültigkeit. Wir sehen, das ist zwar richtig, auch nicht ganz nutzlos, aber es führt nicht sehr weit. Paulus definiert die Liebe gar nicht in seinem berühmten Hohenlied der Liebe in 1 Kor 13, sondern er zählt auf, was sie tut bzw. nicht tut: „Die Liebe ist langmütig und freundlich, sie eifert nicht, sie treibt keinen Mutwillen, sie bläht sich nicht auf, sie verhält sich nicht ungehörig, sie sucht nicht das Ihre, sie lässt sich nicht erbittern, sie rechnet das Böse nicht zu, sie freut sich an der Wahrheit" und noch einiges mehr.

Wir orientieren uns entsprechend an konkreten Beispielen, Vorstellungen, Szenen oder Schicksalen. Wir sagen bezeichnenderweise: Liebe ist, wenn ... Oder, sprachlich besser: Es ist Liebe, wenn ... Wenn was? Es ist Liebe, wenn zum Beispiel zwei Menschen in Zuneigung und Vertrauen ein Leben lang verbunden bleiben und vielleicht am Ende einer den anderen in Geduld und Hingabe pflegt. Oder es ist Liebe, wenn Eltern ihre Kinder so erziehen, dass sie zwar immer für sie da sind und die Kinder das auch spüren, aber sie nicht an sich binden, sondern ihnen zu einem selbständigen Leben verhelfen. Es ist auch Liebe, wenn man wirklich und tief trauert, denn ohne Liebe könnten wir gar nicht trauern, sondern allenfalls bedauern. Ich könnte mehr Beispiele nennen. Liebe ist ein unerschöpfliches Thema. Ich füge nur noch hinzu, dass, wo Liebe ist, nicht immer Eintracht herrschen muss. Auch Don Camillo und Peppone lieben sich eigentlich, obwohl sie sich permanent beharken.

Natürlich wäre auch von der Pathologie der Liebe zu reden. Liebe kann misslingen, sie kann erkalten zur Gleichgültigkeit oder sogar in Hass umschlagen. Sie kann auch als Zwangsmittel eingesetzt werden, indem man – etwa die Eltern den Kindern – mit Liebesentzug droht. Und da wir uns Liebe immer an konkreten Beispielen vergegenwärtigen, kann man daraus auch Bedingungen ableiten, durch deren Erfüllung jemand seine Liebe beweisen soll. Nun sei mal auch so ein Held! Wenn du mich liebst, musst du das und das tun. Das können große Forderungen sein. Du musst dich von deinen Freunden trennen, wenn du mich liebst. Oder – nicht ganz so schlimm, aber doch ziemlich happig –: du musst das Rauchen aufgeben. Es kann auch ganz albern werden. Wenn du mich liebst, musst du Knoblauch mögen; ich fand dieses skurrile Beispiel für die Tücken der Liebe in einem einschlägigen psychologischen Buch.

Dennoch: Trotz aller Tücken ist die Liebe, behaupte ich, wenn sie gelingt – was viel mit Vergebung und Vertrauen zu tun hat – das mit Abstand *Beste in der Welt*. Kant meinte, nur ein guter Wille könne uneingeschränkt als gut gelten. Ich denke, die Liebe ist besser. Sie ist auch ein höheres Gut als der Frieden; pax optima rerum, so heißt es ja im Wappen unserer Universität. Aber Frieden ist nur Waffenstillstand, äußere Sicherheit. Und das mag wohl das Höchste sein, was der Staat zustande bringen kann. Aber im Sinne von Humanität und der Bestimmung des Menschen ist die Liebe das höchste Gut, weil sie Inbegriff alles Guten ist. Sie ist Motiv und Kraft zur Verwirklichung all dessen, was gut für die Menschen und für die Gesellschaft und für die Schöpfung ist. Sie ist die Substanz, von der wir leben.

So viel erst einmal zur menschlichen Liebe, die wir immer schon kennen. Die Frage ist nun: Wo kommt sie eigentlich her? Und dazu nun gleich meine zweite

Behauptung, mit der wir zum zweiten Punkt, der *Liebe Gottes* übergehen. Die erste Behauptung war ja, dass sie, die Liebe, überhaupt das Beste ist, was in der Welt anzutreffen ist. Die zweite Behauptung lautet: Die Liebe kommt *aus dem Ursprung aller Dinge*, den wir *Gott* nennen, sie kommt direkt von Gott. Das würde bedeuten, dass Gott, der Schöpfer, immer schon mit dabei ist, wenn und wo und in welcher Form und Beziehung Liebe von Menschen empfunden und gelebt wird.

Darüber kann man natürlich streiten, während die erste Behauptung, dass die Liebe das Beste in der Welt ist, eigentlich unstrittig sein sollte. Denn was den Ursprung der Liebe und alles Guten, dessen Inbegriff sie ist, betrifft, so könnte man auch eine Erklärung ganz ohne Gott versuchen. Das Gute wie die Liebe entstünde dann einfach dadurch, dass die Menschen sich gegen das Böse und das Leiden, das sie beständig bedroht, zur Wehr setzen, Mittel dagegen erfinden, und die Summe all dieser Mittel wäre dann das Gute. Daran ist sicher einiges richtig, aber dennoch kann ich diese Lösung, die dem Bösen in der Welt gleichsam den absoluten Primat gibt, nicht als *die* Lösung gelten lassen. Denn wir erleben und erkennen ja sehr viel Böses überhaupt nur, weil wir das Gute und insbesondere die Liebe schon kennen und dann erleben, dass uns das genommen, vereitelt oder zerstört werden kann. Das Böse ist Raub am Guten, privatio boni, so der Fachausdruck. Nein, die Liebe ist etwas Ursprüngliches, und sie wird ja auch in jedem Leben, beginnend schon im Mutterleib, zuerst erfahren.

Damit ist aber noch nicht erwiesen, dass die Liebe aus Gott und Gott in aller Liebe präsent ist, so wie es wenige Verse nach unserem Text heißt: „Gott ist Liebe, und wer in der Liebe bleibt, der bleibt in Gott und Gott in ihm." Denn wir fragen natürlich: Wie und wo ist denn diese Liebe, in der Gott anwesend ist, zu erkennen? In der Geschichte mit all ihren Verbrechen doch wohl nicht! Dann vielleicht in der Natur? Das meinten etliche Philosophen, Theologen und Poeten in der Zeit der Aufklärung und Empfindsamkeit, denn in der Natur wie im ganzen Kosmos sei doch alles so sinnvoll und wunderbar ineinandergefügt. Nun, vielleicht ist die natürliche Welt ein Spiegel oder Abglanz der Größe, der Majestät, der unerschöpflichen Kraft und Erfindung ihres Schöpfers, vielleicht auch seiner Weisheit. Als Theologe kann ich auch nicht anders, als das zu bejahen. Auch die Intelligenz des Schöpfers, der alle Wissenschaften hinterherforschen, ohne sie jemals ganz einzuholen, scheint in der physischen Schöpfung auf. Aber auch seine Liebe? Nein, jedenfalls nicht eindeutig. Denn dazu sind neben allem, was uns in der Natur entzückt, doch zu viele zerstörerische Kräfte in ihr: tödliche Strahlen und Gifte, Tsunamis, Vulkanismus, Erdbeben, Tornados, Überflutungen und so weiter – und nicht zuletzt unendlich viel Grausamkeit, ich meine dieses pausenlose Fressen und Gefressenwerden, das mir aufs Gemüt geht. Diese Grausamkeit wird uns ja auch in entsprechenden Naturfilmen beständig vor Augen geführt. Das Tollste, was ich mal gesehen habe, war eine etwa drei Meter lange Schlange, die eine andere etwas kürzere Schlange in sich hineinzog. Wenn man – mir gehen ja immer wieder schräge Gedanken durch den Kopf – das senkrecht zerschneiden würde, erhielte man, etwas unappetitlich zu Weihnachten, einen perfekten Rollbraten. Abgesehen von solchem Unsinn, wüsste ich weder theologisch noch sonstwie weltanschaulich irgendetwas damit anzufangen. Auch Luther hat übrigens diese Art des Stoffwechsels irritiert. Die armen Tiere, bemerkt er, hätten nicht eine Stunde Ruhe voreinander. Wissen Sie z.B., wie die Kraniche schlafen? Sie schlafen im Stehen, und zwar stehen sie im flachen Wasser, damit der Fuchs nicht herankann. Sei also froh, dass du kein Kranich bist, sondern dich heute Abend nach der Bescherung vergleichsweise sicher in deinem Bett ausstrecken kannst! Ich habe mir mal übermütigerweise vorgestellt, ich dürfte Gott beraten, falls er die Welt noch einmal erschüfe. Lass alle Karnivoren, alle fleischfressenden Arten zu Lande, im Wasser und in der Luft weg, würde ich ihm empfehlen, das wäre doch schon etwas! Aber dann stellt sich gleich die Frage, ob er dann nicht auch den Menschen weglassen müsste; denn wir sind ja biologische Allesfresser wie die Bären und Wildschweine, damit auch Karnivoren – gerade zu Weihnachten. Das gilt auch für mich, der obligate Vogel für morgen und übermorgen taut gerade auf. Rousseau meinte ja, der Mensch sei von Natur aus kein Fleischfresser; wer anders denke, der könne ja mal versuchen, mit seinen bloßen Händen und Zähnen so ein Tier auf der Weide anzufallen. Die Belastungsfähigkeit eines solchen Experiments erscheint mir allerdings zweifelhaft.

Aber wie dem auch sei: Ohne das permanente Fressen und Gefressenwerden, ohne die schauerliche Seite der Natur, die ich hier so ausführlich geschildert habe, weil sie von allen Naturschwärmern, den poetischen wie den prosaischen, in aller Regel ausgeblendet wird – ohne das bliebe immer noch ungeheuer viel Leid, Unglück, Brutalität und Elend in der Welt, insbesondere das vom Menschen selbst angerichtete, so dass, trotz allem, wofür wir dankbar sein können, die Liebe Gottes bzw. dass Gott Liebe ist, wie es die Bibel bezeugt und wie ich es auch behauptet habe, aus der Welt und aus dem Kosmos nicht evident zu machen ist.

Und daher musste sie – die Liebe Gottes – eigens unter uns *erscheinen* und uns durch Gottes Geist selbst gewiss gemacht werden. Das ist, in unserem Zusammenhang, die Pointe unseres Textes. „Unter uns", das heißt in der Menschenwelt und in Menschengestalt. Gott schickte einen Abgesandten seiner Liebe in die Welt, der das Wesen und Wollen des Schöpfers als Liebe klar macht, indem er sie selber in persona und rein verkörpert. Auf ihn allein müssen wir also schauen, wenn uns die ansonsten verborgene Liebe Gottes aufgehen und ergreifen soll. Denn er ist gesandt und kommt direkt aus dem liebenden Herzen des barmherzigen Vaters. Deshalb kann man ihn auch den eingeborenen Sohn nennen.

In ihm kommt die Liebe Gottes vorwiegend in der Form von Gnade und Barmherzigkeit zum Ausdruck und zur Wirkung. Denn er, der Sohn, ist allen Mühseligen und Beladenen zugewandt: den Kranken, die er heilt; den Geächteten und Ausgegrenzten, die er an seinen Tisch holt; den Armen, Hungernden, Leidtragenden, den in ihrer Sanftmut, Friedfertigkeit und Demut von den Starken Unterdrückten, die er selig preist; den an ihrer Schuld Tragenden und sich vor Gott Fürchtenden, denen er einen Zugang zu Gottes Gnade und Reich eröffnet. Allen, die nicht wussten, wie man richtig zu und von Gott redet, gab er die rechte Sprache: das Vaterunser und die Gleichnisse vom Gottesreich. Zugleich entlarvte er in Streitgesprächen mit seinen Gegnern deren lieblose und verderbliche Einstellungen und die Lebenslügen seiner Zeitgenossen; denn Liebe geht nur zusammen mit Wahrheit und Aufrichtigkeit.

Ja, der Sohn, dieser Jesus von Nazareth, dessen Geburt wir zu Weihnachten feiern, er tut Werke der Liebe in großer Zahl und Vielfalt. Und er bezeugt, dass diese Werke der Liebe zugleich und eigentlich Werke seines Vaters sind. Liebe Freunde, ich kann hier nicht alles aufzählen, was die vier Evangelisten über diese Werke berichten. Ich kann euch nur empfehlen: Lest die Evangelien unter dieser Leitidee: Er tut, handelnd und redend, Werke der Liebe als Werke seines Vaters. Dabei kann man offenlassen, ob das eine oder andere historisch zutreffend ist; es kommt auf das Gesamtbild, den Gesamteindruck an, und da darf man der Überlieferung trauen. Blickt also auf diesen Jesus von Nazareth, wie er euch in den Evangelien entgegentritt. Und wenn jemand da gar nichts sieht und spürt von der Liebe Gottes, dann ist ihm vorerst nicht zu helfen - wohlgemerkt: vorerst, denn die Wege Gottes zum Menschen sind so vielfältig und unvermutet, dass es uns nicht ansteht, irgendjemand ein für allemal aufzugeben.

Jesus Christus als Präsenz und Personifikation der Liebe Gottes, dazu gehört freilich auch sein Geschick, sein Leiden und Sterben für uns. Indem er sich über rabbinische Vorschriften hinwegsetzte - der Sabbat ist für den Menschen da und nicht umgekehrt - und indem er sich mit den Autoritäten seines Volkes anlegte, riskierte er sein Leben. Und er gab es schließlich hin, wenn auch nach Zittern und Zagen in Gethsemane, im Gehorsam gegen den Willen des Vaters gab er es hin. Und die Osterbotschaft besagt dann, dass das Geschick Jesu mit seinem Kreuzestod nicht beendet ist: Gott, der Vater identifiziert sich definitiv mit Jesus und nimmt ihn zurück in sein ewiges Leben und seine ewige Liebe, den Ursprung, aus dem er gekommen war.

Am Ende des zweiten Teils, bei dem wir jetzt angelangt sind, halte ich kurz inne, um noch einmal den Überblick herzustellen. Wir hatten uns im ersten Teil klar gemacht, dass die Liebe, wie wir sie schon kennen, das Höchste und Beste in der Welt und in unserem gemeinsamen Leben ist. Die anschließende Behauptung, dass diese Liebe aus Gott stammt, weil Gott selbst Liebe ist, konnte aus Natur und Menschenwelt nicht eindeutig bestätigt werden, sondern musste vorerst eine Frage bleiben. Erst wenn uns die Liebe Gottes an der Person Jesu evident wird und Macht über unsere Herzen und Sinne gewinnt, verschwindet das Fragezeichen und wird zum Ausrufungszeichen. Unsere Liebe ist damit zwar noch unsere, an unsere begrenzten Möglichkeiten gebundene Liebe, aber sie ist zugleich mehr als ein rein menschliches Phänomen, weil sie mit Gottes unbegrenzter und bedingungsloser Liebe ursprunghaft und dauerhaft verbunden ist. Diese Verbindung spitzt die Liebe zu zur *christlichen Liebe.*

Über diese christliche Liebe, also die Liebe in unserem Leben als Christenmenschen, zum Schluss noch zweierlei in Kürze. Sie will *bedacht* werden und sie will *getan* werden. Für beides ist die Weihnachtszeit besonders geeignet.

Denkt man nach über die Liebe, vielleicht auf dem Hintergrund dessen, was darüber in der letzten Viertelstunde schon gesagt wurde, dann kommt man zu weiteren Einsichten, die außerordentlich hilfreich und tröstlich sind. Denn die Liebe macht nicht blind, wie der Volksmund sagt, richtige Liebe macht sehend, bedachte Liebe macht einsichtig. Ich kann diese Einsichten hier nur andeuten. Es ist die Liebe, die unsere Gottesvorstellung über rein philosophische Gottesbegriffe hinausführt: Gott als das Absolute, die Einheit von Denken und Sein, der verborgene Grund von allem, was ist und geschieht ... Das sind Grenzbegriffe des Denkens, die auch in der Theologie eine Rolle spielen müssen, also keineswegs zu verachten sind, aber für Glaube und Frömmigkeit allein nicht hinreichen, weil dieser Gott gleichsam noch ohne Herz ist. Erst die Liebe gibt ihm ein Personsein, wozu man sich verhalten kann. Die Liebe erweist und bewährt sich dann als ein *Schlüssel* zum Geheimnis der Welt, ein Schlüssel zum Ganzen der Schöpfung und ihres Procedere in der Zeit. Eine Gesamtvision scheint uns auf: Denn kommt die Welt aus einem guten Grund, von einem Schöpfer, der seine Schöpfung liebt und ihr treu bleibt, sie erhält, dazu in aller Liebe präsent ist, dann führt er sie auch zu einem guten Ende, und zwar trotz aller Katastrophen zwischendurch. Das meint auch der Apostel Paulus, wenn er sagt: „Die Liebe hört niemals auf." (1 Kor 13,8) Diese Vision lässt uns aufatmen. Diesem Walten Gottes kann man sich überlassen und sich hingeben. Und man kann ihm dienen, daran aktiv mitwirken, indem man selbst Liebe übt.

Wunderbarerweise beginnt nicht nur unser eigenes Leben mit der Erfahrung von Liebe, man kann auch, wenn man Glück hat, in der Geborgenheit der Liebe sterben; denn die Fähigkeit, Liebe zu empfangen, zu spüren und in Zeichen auszutauschen, bleibt bis zum letzten Atemzug erhalten, auch wenn die körperlichen und geistigen Fähigkeiten dahinschwinden. Ja, die Liebe hört niemals auf. Das gilt schon anthropologisch; und wo die menschliche Liebe nichts mehr vermag, nämlich im Tode, da wirkt noch die göttliche Liebe, die schon in der menschlichen präsent war, aber darüber hinausreicht mit ihren unbegrenzten und ewigen Möglichkeiten. Und sofern man das weiß, weil einem die menschliche Liebe transparent geworden ist für die göttliche, ist sogar ein seliges Sterben möglich.

Die christliche Liebe als Verbindung von menschlicher und göttlicher Liebe will *getan* werden in guten Werken, die nach Luther allesamt aus dem Glauben und der Liebe fließen. Dann sollte unser von der Liebe motiviertes und geleitetes helfendes Handeln aber auch einen Verweis auf diesen Zusammenhang mit Glaube, Liebe Gottes und mit der christlichen Botschaft enthalten.

Ich erzähle dazu nur ein einziges Beispiel. Es ist nicht aus der Diakonie genommen, wo man reichlich fündig würde (bei den Mönchen der Alten Kirche, die die ersten Hospitäler einrichteten, über die Sozial- und Armenordnungen der Reformation bis zu Wichern und Bodelschwingh und zu Aktionen wie Brot für die Welt und Adveniat), auch nicht aus dem privaten Leben, sondern ausgerechnet aus der politischen Geschichte und zwar Preußens. Friedrich Wilhelm I, der Vater Friedrichs des Großen, ist bekannt geworden als der „Soldatenkönig", weil er das preußische Heer aufbaute, wobei man aber wissen muss, dass er keinen einzigen Krieg führte, sondern nur gierige Nachbarn wie August den Starken abschrecken wollte. Bekannt ist hier auch seine Mustergarde der „langen Kerls"; er selbst war eher klein und dazu ziemlich korpulent. Bekannt ist ebenso, dass er seinen Sohn, den Kronprinzen, äußerst streng erzog, um nicht zu sagen drangsalierte, um ihn nach seinen rigorosen Vorstellungen, wie ein Thronfolger zu sein hätte, zu formen. Er war aber auch ein zutiefst frommer Mann, und als solcher hatte er noch andere Seiten. Im Jahr 1731 wurden zwanzigtausend Protestanten aus dem Fürstbistum Salzburg ihres Glaubens wegen vertrieben. Die rief Friedrich Wilhelm nach Preußen, gab ihnen Arbeit, Land aus den königlichen Domänen und integrierte sie auf vielfältige Weise. Bei einer Fahrt über Land begegnet ihm zufällig ein Trupp dieser Flüchtlinge. Der König lässt anhalten, steigt aus der Kutsche, begrüßt die Ankömmlinge, sagt ihnen verbindlich seine Hilfe zu und meint dann, man solle doch nun noch zusammen einen Choral singen, um gemeinsam Gott zu danken, dem hier alle Ehre gebührt. Könnt ihr „Auf meinen lieben Gott trau ich in Angst und Not. Er kann mich allzeit retten aus Trübsal, Angst und Nöten. Mein Unglück kann er wenden, steht alls in seinen Händen"? Natürlich kennen die Salzburger dieses aus Lübeck stammende Lied nicht. Da bringt der König es ihnen an Ort und Stelle bei und singt es ihnen höchstpersönlich vor. Hier ist alles zusammen: die tatkräftige Hilfe und der Verweis auf Gottes Liebe, und dazu kommt noch die Gemeinschaft, die so entsteht, eine Gemeinschaft zwischen oben und unten, fremd und einheimisch. Besser kann man es nicht machen als dieser kleine dicke König.

Ja, doch: Was durch die Geburt Jesu in die Welt gekommen ist, das hat sich immer wieder als wahrer Segen erwiesen und wird es weiter tun. Freue dich, o Christenheit! Amen.

Gottesdienst zum Sonntag Jubilate 2014 in der Universitätskirche. Predigt über Phil 4,4–7

Freuet euch in dem Herrn allewege, und abermals sage ich: Freuet euch! Eure Lindigkeit lasst kund sein allen Menschen! Der Herr ist nahe! Sorgt euch um nichts, sondern in allen Dingen lasst eure Bitten in Gebet und Flehen mit Danksagung vor Gott kund werden! Und der Friede Gottes, welcher höher ist als alle Vernunft, bewahre eure Herzen und Sinne in Christus Jesus.

Liebe Gemeinde, liebe Schwestern und Brüder!

Ein bekannter Theologe der Gegenwart gibt gern zu, dass seine bibelkundlichen Kenntnisse nicht optimal sind, und er illustriert das durch einen Bericht von seiner Prüfung in Bibelkunde. Jeder Theologiestudent muss ja während seines Studiums so eine Prüfung ablegen. Er wurde also gefragt: „Sagen Sie mal, was steht denn im Philipperbrief?" Antwort: „Freuet euch!" – „Ja, und steht vielleicht noch etwas darin?" – „Doch. Und abermals sage ich, freuet euch!"

Mir scheint nun aber, dass der Kollege mit dieser kessen Antwort den Inhalt des Philipperbriefes doch ganz gut zusammengefasst und den Nerv des Briefes getroffen hat. Denn immer wieder heißt es in diesem Brief: Freut euch! Das ist dem Apostel selber aufgefallen. Ein Kapitel vorher sagt er: Ich schreibe euch ja immer wieder dasselbe: freut euch in dem Herrn! Wir nehmen dieses Hauptthema des Briefes auf, wie es in unserem Text kulminiert, und stellen drei Fragen: Erstens: Was ist das für eine Freude, und worauf beruht sie? Zweitens: Wie tritt sie in Erscheinung, wie stellt sie sich dar in ihren Folgen? Schließlich drittens: „Der Herr ist nahe", gemeint ist: er kommt bald wieder – inwiefern sagt uns das etwas Erfreuliches oder Tröstliches, nachdem er ja nun schon zweitausend Jahre lang nicht wiedergekommen ist? Jedenfalls nicht so, wie Paulus es hier erwartet.

Also *erster Punkt*: Was für eine Freude ist das, und worauf beruht sie? „Freut euch in dem Herrn allewege!" Das ist nach der Grammatik ein Imperativ: ihr sollt euch freuen. Nun kann man Freude nicht fordern oder verordnen. Jubel kann man verordnen oder inszenieren, wenn z.B. ein Diktator eine Jubeltruppe zu seiner Begrüßung braucht. Man kann auch Frohsinn, etwa den rheinischen, organisieren. Man kann Leute zum Lachen bringen, einigermaßen zielsicher, sofern sie nicht eine innere Sperre dagegen haben. Aber sich richtig freuen auf Befehl, das geht nicht, wie man ja auch nicht auf Befehl etwas oder jemanden wirklich lieben kann. Wohl kann man anderen eine Freude machen und daraufhin erwarten, dass sie sich freuen. Man kann sie auch auf einen Grund verweisen, weshalb sie Anlass zur Freude hätten. Letzteres ist hier der Fall. Der Imperativ „Freut euch!" ist also ein verkappter Indikativ und lautet im Klartext: Ich, Paulus, wünsche mir, dass ihr euch freut, denn ihr habt allen Grund dazu.

Freude ist von ihrem Grund abhängig. Und da sie alle möglichen Gründe haben kann, kann man sich auch auf ganz unterschiedliche Weise freuen. Natürlich ist das eine Binsenweisheit. Ich musste euch aber damit behelligen, weil ich auf einen ganz bestimmten und zwar fundamentalen Unterschied hinauswill, ohne den man unseren Text nicht angemessen verstehen kann. Es gibt nämlich grundsätzlich zweierlei Freude. Die unendlich vielen Möglichkeiten sich zu freuen – nämlich je nach ihrem Anlass – zerfallen in zwei Klassen: Es gibt *vorübergehende* Freude, die auf einem vorübergehenden Anlass beruht, und es gibt *dauerhafte* Freude, weil sie auf dauerhaftem Anlass beruht.

Die *vorübergehende Freude*, sie sei klein oder groß, wechselt sich ab mit vorübergehendem Ärger oder Verdruss. Wer z.B. an der Börse spekuliert – ich rede nicht von mir –, freut sich, wenn seine Aktien steigen und ärgert sich, wenn sie fallen. Man freut und ärgert sich oder ist betrübt über dies und das, und das geht immer hin und her bzw. auf und ab; darin besteht unsere innere Lebendigkeit, das bewahrt uns auch vor Apathie und Melancholie, jedenfalls solange diese sich nicht zu einer chronischen Krankheit ausgewachsen hat.

Dauerhafte Freude, die immer groß ist, heißt demgegenüber nicht, dass sie immer da wäre, in jedem Augenblick da wäre, aber sie kann immer wieder aufflammen als dieselbe Freude, weil sie auf dauerhaftem und ganz weitreichendem, ja alles betreffendem Grund beruht und nicht auf einer erfreulichen Einzelheit. Und deshalb wechselt sich diese dauerhafte, große und nachhaltige Freude auch nicht einfach ab mit unerfreulichen Erlebnissen. Sie hat vielmehr, wo und sooft sie aufbricht, die Kraft, sich gegen Widerständiges aller Art durchzusetzen, es sogar zu verwandeln, indem sie die zeitlichen Ärgernisse und Leiden aushaltbar macht, indem sie Glück ermöglicht, auch wenn wir, was einzelne Glückserlebnisse betrifft, zu kurz kommen. Sie vertreibt den tiefsitzenden Trübsinn, besiegt die Melancholie, verscheucht die Lustlosigkeit oder Null-Bock-Stimmung – es habe ja alles keinen Sinn. Eben weil sie auf einem dauerhaften und alles betreffenden Anlass zur Freude beruht, sich daraus speist, hat sie lebensbestimmende, existenzbestimmende Kraft, kann sie dem ganzen Leben und Lebensgefühl eine bestimmte Tönung, eine positive Grundstimmung geben.

Von einer Freude dieser Art spricht unser Text: „Freut euch in dem Herrn allewege!" „Allewege" soll heißen: immer und überall. Mag sein, dass das Böse auch immer und überall ist, wie es in einem Hit aus den achtziger Jahren hieß, wenn ich mich nicht irre, von der „Ersten allgemeinen Verunsicherung". „Das Böse ist immer und überall" war der Refrain. Dagegen wird nun diese Freude gesetzt, die einem Christenmenschen möglich sein soll. Der Grund dafür, von dem alles abhängt, ist der Herr. „Jesus ist kommen, Grund ewiger Freude", heißt es in dem bekannten Epiphaniaslied. Es bedarf eines Grundes, der etwas mit Gott zu tun hat, mit nichts Geringerem als mit Gott und mit seiner Zuwendung zum Menschen, wenn diese ganz große und nachhaltige Freude überhaupt möglich sein soll. Nebenbei bemerkt: auch in Schillers Ode „Freude, schöner Götterfunken" ist das so. „Brüder, überm Sternenzelt muss ein lieber Vater wohnen" lautet da die Begründung. Mit der bloßen Empfehlung, doch immer „positiv zu denken", geht es nicht. Auch nicht mit „Don't worry be happy", ohne jede Begründung. Happy ist man bestenfalls, solange man das singt. Also keine bodenlose Freude oder Ausgelassenheit. Der Boden ist das Gekommensein Christi und sein Heilswerk.

Bemerkenswert ist hier die Formulierung „*in* dem Herrn". Das klingt ja zunächst nach Pfaffendeutsch. Kein Mensch würde sich sonst so ausdrücken und etwa sagen: Freut euch in Merkel, freu dich in Albig, unserem Ministerpräsidenten! Aber das „in" in unserem Satz ist ganz wörtlich zu verstehen und daher nicht durch „wegen" oder „über" zu ersetzen. Durch das Christusgeschehen von Karfreitag und Ostern ist eine neue Wirklichkeit, eine neue Gesamtlage entstanden, die uns von allen Seiten umfängt: ein neues Verhältnis zwischen Gott und Mensch ist geschaffen, in dem wir mit Gott und damit mit allem versöhnt sind. So heißt es ja auch in unserem Wochenspruch: „Ist jemand *in* Christus, so ist er eine neue Kreatur." An sich stehen alle Menschen in dieser neuen Wirklichkeit, auch wenn sie es nicht wissen. Im Glauben beziehen wir uns bewusst darauf, und das entbindet diese große und dauerhafte Freude.

Zu diesem ersten Punkt noch ein kleiner Nachtrag. Auch von den nicht dauerhaften Freuden ist im Philipperbrief ausführlich die Rede, und sie werden keineswegs geringgeschätzt. Der Apostel, der ja aus der Gefangenschaft schreibt – wahrscheinlich in Ephesus – freut sich und bedankt sich herzlich bei den Philippern, weil sie sich um ihn kümmern, Boten zu ihm schicken und ihm auch materielle Unterstützung zukommen lassen. Vor allem aber ist diese Gemeinde in Philippi, an der er nichts auszusetzen hat, selbst eine einzige Freude für den Apostel, der des Lobes voll ist. Zwar beschwert sich der Apostel auch in diesem Brief, schimpft sogar recht kräftig, aber das gilt nicht der Gemeinde, sondern bestimmten Leuten, die sich von außen an die Gemeinde heranpirschen, um sie irrezumachen. Er nennt sie Hunde, wir könnten auch sagen Hundesöhne, aber die Gemeinde ist in Ordnung. Kirche und Gemeinde sind eben manchmal auch Anlass zur Freude, und nicht nur zum Meckern und Motzen. Vielleicht ist das öfter der Fall, als man meint, und wir sollten einen Blick dafür entwickeln. –

Zum *zweiten Punkt*, wie die dauerhafte Freude in Erscheinung tritt und welche Folgen sie hat, können wir uns kürzer fassen. Natürlich könnte man sich viel dazu denken und es ausmalen. Aber der Text macht hier nur wenige Andeutungen, und bei denen wollen wir bleiben. Keineswegs folgt, dass wir nun eine Fete nach der anderen veranstalten müssten. Wir müssen auch nicht die Zahl der österlichen und nachösterlichen Hallelujas vermehren oder unsere Liturgie auf mehr Jubel stimmen. Gern setzt man uns hier auch mit dem bekannten Nietzsche-Spruch zu: „Die Christen müssten erlöster aussehen, wenn ich an ihren Erlöser glauben soll". Ja, liebe Freunde, was soll man damit anfangen? Seht gefälligst erlöster aus! Unter allen denkbaren Imperativen wäre das so ziemlich der blödeste. Nietzsche hat Besseres gesagt als das. Er hielt ja nicht viel vom Mitleid. Wir Christen lassen uns aber das Leiden in der Welt zu Herzen gehen, und das hinterlässt Spuren, auch in der Physiognomie. Wenn jemand immer nur strahlt und zugleich, wie man das nennt, ein religiöser oder spiritueller Mensch sein will, dann erinnert mich das weniger an Jesus von Nazareth, eher vielleicht an Buddha.

Die Anregungen des Apostels gehen in zwei Richtungen. Sie betreffen unseren Umgang einerseits mit den Menschen: „Eure Lindigkeit lasset kund sein allen Menschen". Und sie betreffen andererseits unseren Umgang mit Gott, nämlich im Gebet, auch im gottesdienstlichen Gebet: „in allen Dingen lasst eure Bitten in Gebet und Flehen mit Danksagung vor Gott kund werden." Und dazwischen steht als Verbindungsstück noch dieses „Sorgt euch um nichts". Beginnen wir damit!

„Sorgt euch um nichts!" Das kann sicherlich nicht heißen: kümmert euch um nichts, lasst alles so laufen! Lebt in den Tag hinein und verjubelt, was ihr gerade habt, Jubilate als Verjubeln. Wäre solche Sorglosigkeit gemeint, dann hätte Paulus die Philipper nicht loben können, die sich ja um ihn kümmern, sich Sorge um ihn machen. Dass und wie das Sichsorgen zum Menschsein gehört, und zwar unaufhebbar, das kann man, wenn man will, bei Heidegger nachlesen (in den Paragraphen 41 und 42 in „Sein und Zeit"), aber das will ich jetzt nicht referieren. Sorge ist danach jedenfalls ein Existential. Und so spricht auch Paulus mit seinem „Sorget nicht!" die Philipper auf dieses Existential an, sogar auf ihre Sorge um sich selbst, wenn er ihnen zuruft: „Schaffet, dass ihr selig werdet mit Furcht und Zittern. Denn Gott ist's, der in euch wirkt beides, das Wollen und das Vollbringen, nach seinem Wohlgefallen." Mit diesem Nachsatz „denn Gott ist's, der ..." ist dann auch gesagt, wie man sich *nicht* sorgen soll - nicht um etwas, nicht um andere und nicht um sich selbst -: nämlich nicht so, als hätte man jeweils die ganze Last allein zu tragen, als müsste man alles, was Anlass und Gegenstand der Sorge ist, allein bewältigen. Diese Last ist uns abgenommen durch Gott, an den wir uns auch wenden können.

Und deshalb fährt der Apostel an unserer Stelle auch fort: „sondern in allen Dingen lasst eure Bitten in Gebet und Flehen mit Danksagung vor Gott kund werden." Der Ton liegt auf der *Danksagung*, denn Gott ist der eigentliche Akteur, der Geber und Vollender aller guten Dinge. Die christliche Freude äußert sich als Dank.

Es ist ja eine große Wohltat, Gott danken zu können. Wer nicht an Gott glaubt, bekommt bestimmte Probleme mit dem Danken. Nicht dass Atheisten überhaupt undankbare Menschen wären. Aber da sagt etwa ein alt gewordener Prominenter in einer Talkshow: „Ich glaube zwar nicht an Gott, aber ich bin dankbar für mein Leben, wenn ich so zurückblicke." Ich nehme ihm das auch ab, aber die Frage ist doch: wohin nun mit *diesem* Dank? Dank braucht ja immer einen Adressaten. Dank geschieht in der Grundform „Ich danke dir dafür, dass du..." Sich hier nur bei seinen leiblichen Erzeugern bedanken zu wollen, wäre ziemlich albern, zumal die ja gar nicht mehr ansprechbar sind. Auch an viele einzelne Personen zu denken, mit denen man gute Erfahrungen gemacht hat, denen man jeweils etwas Bestimmtes verdankt, holt den Satz „Ich bin dankbar für mein Leben" nicht ein; der ist überschüssig gegenüber noch so vielen Einzelnen, an die man sich dankbar erinnern kann und soll. Für uns Christenmenschen gibt es keinen Dank, an dem nicht auch Gott Anteil hätte, der sogar in einem tieferen Sinne primär ihm gebührt, wobei der Dank gegenüber einzelnen Personen nicht vernachlässigt oder geschmälert wird. Also: die christliche Freude als Dank an Gott! Das ist hier die Pointe.

Nun das andere Verhältnis, das zu den Menschen. „Eure Lindigkeit lasset kund sein allen Menschen!" Man beachte übrigens: unser Text ist voll von All-Aussagen: „allewege", „in allen Dingen", „allen Menschen", „höher als alle Vernunft". Das passt ganz zum Thema der dauerhaften Freude, die auf einem dauerhaften und alles betreffenden Grunde beruht. Aber zurück zu unserem Satz von der *Lindigkeit*. Das Wort ist ja nicht mehr im Gebrauch, auch wenn die Älteren unter uns es noch kennen; auch Albert Schweitzer hat es sehr geliebt, wie ich kürzlich gehört habe. In der neuen Lutherbibel lautet der Satz: „Eure Güte lasst kund sein allen Menschen!" Das ist zwar nicht ganz falsch übersetzt, aber einseitig, außerdem kein gutes Deutsch: Güte kund sein lassen. Dann hätte man schon schreiben sollen: Seid gut zu allen Menschen. Das wäre zwar noch einseitiger, aber wenigstens korrektes Deutsch. Luther meint mit Lindigkeit mehr: eine freundliche Zugewandtheit, Nachsicht und Lauterkeit, wie es aus dem *Gutsein* des Christenmenschen entspringt, daraus, dass er mit sich und mit Gott im Reinen ist, z.B. weil er Gott danken kann und jene Freude kennt. Und dieses Gutsein und Ganzsein sowie das entsprechende Verhalten soll offen zutage liegen, als konkrete Anschauung des Christlichen für alle Welt. Die christliche Botschaft wird eben nicht nur verbal vermittelt, sondern auch personal durch das Lebenszeugnis von Christenmenschen. Ohne das klare Wort freilich bliebe das Lebenszeugnis undeutlich; und ohne den personalen Kommentar bliebe das Wort abstrakt. Aber das will ich jetzt nicht weiter ausführen. –

Letzter Punkt: „Der Herr ist nahe!“ Paulus begründet seinen Aufruf zur Freude im Herrn nicht nur mit dem Gekommensein des Gottessohnes und seinem schon vollbrachten Heilswerk samt dessen erlebbaren Folgen, wodurch wir „in“ Christus sind, sondern auch mit seiner bevorstehenden Wiederkunft. Aber kann man sich darauf freuen?

Ein mit mir befreundeter Theologe, nicht unbekannt, aber ein anderer als der eingangs erwähnte, entwickelte in seiner Kindheit eine entsetzliche Angst vor der Wiederkunft Christi. Das hing mit dem streng pietistischen Milieu zusammen, in dem er aufwuchs. „Von dort (oder wie es früher hieß: von dannen) wird er kommen, zu richten die Lebenden und die Toten.“ Und das könnte ja jeden Augenblick passieren. Um Gottes willen! Ja, lässt sich dagegen nichts unternehmen? Und da ist ihm tatsächlich etwas eingefallen, wie die Wiederkunft Christi zu verhindern wäre. In den Evangelien steht doch, er würde kommen wie ein Dieb in der Nacht, wenn man nicht damit rechnet. Daher wachet und betet, damit ihr nicht böse überrascht werdet! Man müsste also nur ununterbrochen daran denken und dazu beten, dass er sich und uns noch etwas Zeit lassen soll, dann kann er nicht kommen. Also organisierte der fromme Knabe mit einigen Gleichaltrigen und Gleichgesinnten aus dem pietistischen Umfeld einen kleinen Gebetskreis als Wachdienst, wo immer einer den anderen ablösen sollte, damit keine Gedenkpause entstünde. Das hielten die dann auch einige Tage durch, und die Sache funktionierte auch, denn Jesus kam da tatsächlich nicht - nach Abbruch des Experiments allerdings auch nicht.

Uns, die wir nicht mehr in der Naherwartung leben, fällt es schwer, uns hier in den Apostel hineinzudenken bzw. hineinzufühlen. Aber ich gebe Folgendes zu bedenken. Es ist zwar auch nicht ganz einfach, aber ich kann es nicht besser sagen, und ich muss es sagen, wenn ich diesem wichtigen Punkt in unserem Text – Wiederkunft Christ – nicht ausweichen will.

Für Paulus ist die Wiederkunft Christi das *definitive und gute Ende aller Dinge.* Auch das Sehnen der außermenschlichen Kreatur nach Befreiung vom Leiden kommt zur Erfüllung in der vollkommenen Gottesherrschaft. Siehe Römerbrief. Die Wahrheit über alles, wie es wirklich war und ist, kommt an den Tag. Das ist der Gerichtsgedanke. Die vollendete Gemeinschaft des Schöpfers mit seiner Schöpfung und insbesondere mit dem Menschen als dem bewusstseinsbegabten Teil der Schöpfung ist das Ziel des gesamten Schöpfungsprozesses, das Gott von Anfang an verfolgt. Und dieses Ziel, das für den Menschen, jedenfalls für den durch Christus zum Glauben gebrachten Menschen, die ewige Seligkeit ist, das verwirklicht Gott auf geheime, aber unaufhaltsame Weise. Wie diese Seligkeit dann genau aussehen wird, bleibt uns vorerst verborgen. Man könnte nur aufzählen, was uns dann alles nicht mehr beschweren wird, und positiv lässt sich wohl sagen, dass der Schöpfer nicht hinter denjenigen Möglichkeiten von Seligkeit zurückbleiben wird, die er uns jetzt schon gelegentlich, an Höhepunkten des Lebens, wenn wir richtig glücklich sind, gewährt. Mehr müssen wir darüber auch nicht wissen.

Die Rede von der Wiederkunft Christi - das ist hier das Entscheidende - lenkt unseren Blick nicht auf ein Einzelereignis, das irgendwann und irgendwie stattfinden wird, sondern auf den Weltprozess als ganzen, der aus der Macht des Schöpfers existiert und abläuft und - dafür bürgt uns die Offenbarung Gottes in Christus, seine Menschwerdung in Christus - ein gutes und seliges Ende haben wird. Und dieser Blick auf das Ganze, diese unser Alltagsbewusstsein übersteigende Perspektive lässt uns wirklich aufatmen, gibt uns Mut und Hoffnung und Gelassenheit, so dass wir uns auch unserem eigenen Lebensprozess, der auf sein irdisches Ende zuläuft, vertrauensvoll überlassen können. Da kann man auch altern, ohne beständig zu jammern, vielleicht kann man es sogar spannend finden.

Du kommst nicht weiter, wenn du in die Welt und Weltgeschichte mit ihren vielen Einzelheiten schaust und versuchst, das Gute und Böse, das Schöne und Entsetzliche gegeneinander aufzurechnen, in der Hoffnung, dass das Positive bei dieser Bilanz überwiegt. Mit welchem Maß willst du das messen, und in welcher Währung willst du das verrechnen? Nein, nur der Blick auf das Ganze, das im Handeln des dreieinigen Gottes, der seine Schöpfung liebt, seinen Ursprung, seinen Zusammenhang und sein Ziel hat, befreit wirklich, beseitigt zwar nicht die vielen Anfechtungen und Mühen und Plagen im Einzelnen, aber macht sie aushaltbar. Es ist diese - erschreckt nicht über den Ausdruck - es ist diese theologische Metaphysik oder Ontologie, die mir in meiner Frömmigkeit am meisten hilft. Und wir müssen als Christen und Theologen den Mut haben, sie zu vertreten, und weiter auszuformulieren, wenn wir nicht intellektuell bodenlos werden und nur mit frommen Sprüchen hantieren wollen. Wo dieser Blick, der durch einen Satz wie „der Herr ist nahe" ausgelöst wird, uns gefangen nimmt und mitnimmt, da zieht dann auch der Friede Gottes, der höher ist als alle Vernunft, in unsere Herzen und Sinne ein und bewahrt uns bis ans Ende. Amen.

Gottesdienst zum Sonntag Exaudi 2012 in der Universitätskirche. Predigt über Jer 31,31-34

Der uns für heute vorgegebene Predigttext steht im Buch des Propheten Jeremia, im 31. Kapitel, die Verse 31-34. Dabei müssen wir offenlassen, ob der Text von Jeremia selbst formuliert wurde oder ob er sehr viel jüngeren Datums ist. Obwohl ich mehr zu der zweiten Annahme neige, werde ich in der Predigt der Einfachheit halber immer „der Prophet" sagen. Hören wir den Text!

Siehe, es kommen Tage, spricht der Herr, da will ich mit dem Hause Israel und mit dem Hause Juda einen neuen Bund schließen, nicht wie der Bund gewesen ist, den ich mit ihren Vätern schloss, als ich sie bei der Hand nahm, um sie aus Ägyptenland zu führen, ein Bund, den sie nicht gehalten haben, ob ich gleich ihr Herr war, spricht der Herr. Sondern das soll der Bund sein, den ich mit dem Hause Israel schließen will nach dieser Zeit, spricht der Herr: Ich will mein Gesetz in ihr Herz geben und in ihren Sinn schreiben, und sie sollen mein Volk sein, und ich will ihr Gott sein. Und es wird keiner den andern noch ein Bruder den andern lehren und sagen: „Erkenne den Herrn!", sondern sie sollen mich alle erkennen, beide, klein und groß, spricht der Herr; denn ich will ihnen ihre Missetat vergeben und ihrer Sünde nimmermehr gedenken.

Liebe Gemeinde!

Da uns dieser Text für den Sonntag vor Pfingsten gegeben ist, soll uns wohl folgender Gedanke nahegelegt werden: Der Prophet verheißt einen neuen Bund, nachdem der alte Bund von Seiten des Menschen gebrochen worden ist. Und dieser neue Bund, der deshalb Bestand hat, weil Gott selbst den Menschen zur Bundestreue befähigt, indem er seinen Willen in das Herz des Menschen hineinschreibt, der ist nun in Christus da, der ja selbst sagt: „Dieser Kelch ist der neue Bund in meinem Blut." Und er wird vollends Realität, auch bei uns, durch Pfingsten, durch die Ausgießung des Heiligen Geistes in unsere Herzen. So ist also die prophetische Verheißung erfüllt, und darüber sollen wir uns freuen.

Jedenfalls sollen wir darüber nachdenken unter dem Stichwort „Bund". Und das wollen wir auch einen Augenblick lang tun, ehe wir dann nach dem eigentlichen Lebensbezug des Textes, wo er uns also direkt berührt, fragen. Das wird im zweiten und wichtigeren Teil der Predigt unter dem Stichwort „Gemeinschaft mit Gott" geschehen. Aber erst müssen wir gleichsam unsere Hausaufgabe machen.

Mit der Verheißung des neuen Bundes verhält es sich so wie mit allen anderen alttestamentlichen Verheißungen, etwa den messianischen, und ihrer Erfüllung in Christus: Die Sache geht nicht glatt auf. Da ist wohl eine gewisse Schnittmenge, aber zugleich sind da auch Unterschiede zwischen der Verheißung oder Erwartung einerseits und deren Erfüllung andererseits. Zunächst die Unterschiede:

Der neue Bund in Christus, der dann durch den Heiligen Geist besiegelt wird, der ist doch nicht ein Bund nur mit dem Hause Israel oder mit den Häusern Israel und Juda, wie der Prophet es sich denkt, sondern mit *allen* Menschen, zumindest mit allen, die an Christus glauben, wie dann ja zu Pfingsten auch alle, jeder in seiner Sprache, die Apostel von den großen Taten Gottes reden hören, Griechen und Juden, Parther, Meder, Elamiter und so weiter. Dass der neue Bund mit allen geschlossen wird, das ist ein ganz großer Segen. Denn partikulare Bündnisse bedeuten immer eine Abgrenzung oder Abstufung, wenn sie nicht gleich gegen jemand gerichtet sind. Das ist schon bei Bündnissen zwischen einzelnen Personen, zwischen Parteien und zwischen Staaten so, und wenn dann auch noch Gott ins Spiel kommt - Gott mit uns, und nicht mit den anderen, nicht mit dem Feind, oder Gott mehr mit uns als mit anderen -, dann kann es geradezu fatal werden. Wenn dagegen Gott in Christus einen Bund mit *allen* schließt, weil er will, „dass allen Menschen geholfen werde und sie zur Erkenntnis der Wahrheit kommen", wie es im 1. Timotheusbrief heißt, dann ist das eine solide Grundlage für unbeschränkte Brüderlichkeit oder Geschwisterlichkeit, für einen weltumspannenden Frieden. Hier bleibt also die Vision des Propheten, wonach Gott den neuen Bund mit demselben Partner schließt wie den alten, hinter ihrer Erfüllung zurück.

Auf der anderen Seite schießt sie aber auch darüber hinaus. Denn dass alle, klein und groß, Gott erkennen, so dass jede Belehrung „Erkenne den Herrn!" hinfällig geworden wäre, das ist ja auch nach dem Auftreten Christi in der Welt immer noch nicht der Fall, und es wird wohl auch innerhalb der Weltzeit nicht mehr der Fall sein. Der Prophet scheint das freilich zu meinen, wenn er sagt: „Es kommen Tage". Tage im Plural gibt es nur innerhalb der Weltzeit. Nein, dass alle Gott vollkommen erkennen, das wird, wenn überhaupt, erst im vollendeten Reiche Gottes nach aller Zeit möglich sein. Dann, im ewigen Leben, wird es auch keine Religionslehrer mehr geben und auch keine Pastoren und keine Predigt mehr, sondern vielleicht nur noch Liturgie. Es wird keine Kurse mehr geben und keine Klausuren und keine Prüfungen. Studierende dürfen sich die ewige Seligkeit als examensfreien Zustand vorstellen und können vielleicht nach einem hier und jetzt bestandenen Examen einen Vorgeschmack davon erleben. Man muss das Heil ja ganz handfest und ad personam formulieren. Aber mal ganz im Ernst: Da es schon so schwer ist, sich die ewige Seligkeit positiv vorzustellen, es sei denn, wir wären Phantasten, so sollte man sich doch gelegentlich klarmachen, was dann alles als überwundenes und bewältigtes Übel hinter uns liegt, welche Ängste, welche Schmerzen, welche Konflikte und so fort. Melanchthon freute sich auf das ewige Leben, weil er dann von dem tollwütigen Gezänk der Theologen, der „rabies Theologorum", befreit wäre. In diesem Fall sind wir wohl weniger; es gibt Schlimmeres, auf dessen Überwindung und vielleicht auch Ablage in einem ewigen Gedächtnis wir uns freuen können. Aber zurück zu unserem Punkt! Jedenfalls: hier in dieser Zeit muss es weiterhin Lehre geben unter der Devise „Erkenne den Herrn!" Und deshalb muss die Kirche auch gewissen Leuten entschieden widersprechen, die den üblichen verfassungsgemäßen Religionsunterricht abschaffen wollen, um ihn durch einen religionskundlichen Unterricht von Staats wegen zu ersetzen, in dem es keine Lehrerinnen und Lehrer mehr gibt, die ein solches „Erkenne den Herrn!" im Sinne haben.

Also: das Vollkommene, die Vollendung des Reiches Gottes ist noch nicht da. Wir sind, das dürfen wir als Christen allerdings glauben, nur auf die richtige

Spur gesetzt, wir sind auf dem Weg dahin, und auf diesem Weg gibt es noch viel zu tun, gerade in Sachen Lehre.

Wir haben bis jetzt die Differenzen hervorgehoben zwischen der Vision des Propheten und der Erfüllung in Christus und dem Heiligen Geist, dem neuen Bund, wie er schon da ist. Und wir haben gesehen, dass der Prophet da einerseits zu kurz greift, indem er nur an einen neuen Bund mit Israel denkt, andererseits über das Ziel hinausschießt, indem er einen Zustand erwartet, der erst am Ende aller Zeit möglich und wirklich wird.

Aber es gibt nun auch eine *Übereinstimmung* zwischen dem neuen Bund in der Vision des Propheten und dem neuen Bund, an dem *wir* teilhaben. Es gibt eine gemeinsame Schnittmenge. Und die liegt in der Art, wie der Prophet sich die neue Gemeinschaft zwischen Gott und Mensch denkt: „Ich will mein Gesetz in ihr Herz geben und in ihren Sinn schreiben." Und so „sollen sie mein Volk sein, und ich will ihr Gott sein." Das, scheint mir, ist das Zentrum des Textes. Und das *ist* in Erfüllung gegangen. Das betrifft den Christenstand. Und damit gleiten wir auch in den zweiten Teil der Predigt hinein, wo es um den Lebensbezug des Textes geht.

Nun könnte man zwar gleich wieder mit einem Einwand kommen und sagen: Aber es ist doch immer noch das *Gesetz*, das da in Herz und Sinn geschrieben wird; *wir* müssten doch sagen: das *Evangelium*. Wenn dieser Einwand sticht, dann bleibt freilich gar nichts Brauchbares mehr übrig von der Vision des Propheten. Aber er lässt sich entkräften, wenn man statt Gesetz einfach sagt: der Wille Gottes. Der lautet bekanntlich: „Du sollst Gott lieben von ganzem Herzen und deinen Nächsten wie dich selbst." Darin ist ja auch das ganze Gesetz zusammengefasst nach Paulus wie auch schon bei Jesus und auch bei etlichen jüdischen Schriftgelehrten seiner Zeit. Und genau das, Gott zu lieben und den Nächsten wie uns selbst, dazu befähigt uns keine moralische Anstrengung, indem wir etwa ein Gebot nach dem anderen abarbeiten, dazu befähigt uns das Evangelium, das uns die Liebe Gottes zu uns und unseresgleichen verstehen und erfahren lässt. Indem Gott als liebender und barmherziger Gott, der auch die Missetaten vergibt und der Sünde nimmermehr gedenkt, als ein Gott, der seinem Geschöpf die Treue hält und daher als vertrauenswürdige Instanz in allen Widerwärtigkeiten des Daseins durch Christus und seinen Geist in unser Leben tritt, pflanzt er zugleich seinen Willen ein in unser Herz und unseren Sinn. Wo ich Gott so erkenne als den mir wohlwollenden Gott, da willige ich auch ein in seinen Willen.

Der neue Bund, den der Prophet ansagt und der in Christus geschlossen und durch den Geist ratifiziert wird, der realisiert sich als neue Gemeinschaft mit Gott, nämlich als *Willensgemeinschaft*, als ein velle cum Deo / Wollen mit Gott, wie die Reformatoren sagen. Und deshalb können wir den Ausdruck „Bund" jetzt auch beiseitelegen und uns auf diese Willensgemeinschaft – Gottes Wille in unser Inneres eingeschrieben – konzentrieren. Man darf die Kategorie „Bund“ ja auch nicht überbelasten, und sie taucht, nebenbei bemerkt, auch in der Frömmigkeits- und Theologiegeschichte Israels erst relativ spät auf.

Diese Gemeinschaft mit Gott als Willensgemeinschaft – sein Wollen in unser Herz geschrieben – was bringt sie uns nun, sooft sie uns durch den Glauben ermöglicht wird? Wieso ist sie etwas Heilsames, ein Segen?

Der Gewinn ist ein dreifacher und lässt sich auf drei Stichworte bringen: 1. *Selbständigkeit,* nämlich eine in Gott gegründete, 2. *Versöhnung,* nämlich Versöhnung mit Gott und daher auch mit dem sogenannten Schicksal, mit allem, was unausweichlich ist, 3. eine *Lebenslinie,* der wir von innen her folgen. Gehen wir das durch!

Erstens: *Selbständigkeit.* Wenn wir den Willen Gottes, nämlich Gott zu lieben und den Nächsten, in uns haben, dann haben wir ihn nicht mehr gegen uns und uns gegenüber in Gestalt einzelner autoritativer Gesetze, denen wir vielleicht folgen, ohne es selbst zu wollen, nur um uns Ärger mit Gott zu ersparen, seinem Zorn zu entgehen, oder auch, um uns einen Vorteil bei Gott zu erarbeiten, eine Belohnung zu kassieren. Man nennt das Gesetzesreligion. Oder aber man folgt ihnen, den Geboten und Gesetzen, nicht, weil wir ja etwas anderes wollen. Dass dieses Verhältnis von Gott und Mensch, wo Wille gegen Wille steht und dem Menschen gesagt wird: unterwirf dich, auch wenn du das nicht willst – der Prophet nennt es den alten Bund bzw. den Bund mit den Vätern – dass das nicht klappt, sondern das Unheil in sich trägt, das hat der Prophet offenbar klar erkannt. Und so wünscht er sich einen neuen, in und durch Gott selbst gegründeten und dadurch selbständigen Menschen, der aus jenem Krampf befreit ist und der übrigens auch nicht mehr „bei der Hand genommen“ werden muss wie ein Kind, also Reife und Freiheit erlangt hat.

Versöhnung mit Gott und dadurch auch mit dem Schicksal, das war der zweite Punkt. Wo ich willenseins werde mit dem Willen des Schöpfers, weil er sich mir in Christus als liebend zugewandter Gott, als Ursprung und treibende Kraft alles Guten vertraut gemacht hat, da bin ich mit meinem Schöpfer versöhnt. Das aber ist die Versöhnung mit allem: mit dem, was das Leben mir schuldig bleibt, mit den Grenzen des eigenen Könnens, mit dem, was ich trotz aller Anstrengung nicht ändern kann, dem Älter- und Schwächerwerden, auch mit dem Sterbenmüssen, dem eigenen und dem von Menschen, die ich liebe. Das alles geht natürlich nicht einfach von der Hand, auch nicht ohne Sträuben, nicht ohne Schmerzen und ohne Trauer – und doch kann man im Blick auf Jesus Christus schließlich einwilligen im Vertrauen auf den Schöpfer, der die Welt und das Leben nun einmal so eingerichtet hat, dass wir alle unser Schicksal erleiden, und der dabei doch seine guten Absichten verfolgt. Und dieses Einwilligen ist etwas anderes als bloße Kapitulation und Resignation. Es ist kein trostloses und hoffnungsloses Sichfügen. Es gibt doch nichts Schlimmeres, keine größere Verzweiflung, als sich mit Händen und Füßen gegen das Unvermeidliche zu stemmen und dann doch überwältigt zu werden, als zu fliehen und dann doch eingeholt und niedergemacht zu werden, als zu verdrängen und dann brutal aus seinen Träumen gerissen zu werden. Dieses Schlimmste jedenfalls wird uns erspart durch das glaubende Einwilligen im rechten Augenblick. Und dass das möglich ist, bezeugen zahllose Christen in der Nachfolge Jesu. – Damit ist übrigens, um nicht missverstanden zu werden, nichts gesagt gegen Tatkraft und Kämpfernaturen, nichts gegen Lebensmut und Lebenslust. Andererseits wird auch nicht behauptet, dass das christliche Leben ein andauerndes „Don't worry be happy" sein solle. Aber das letztendliche Einwilligenkönnen, wie es sich besonders im Gebet ereignet, ist doch ein Segen und etwas Beseligendes.

Dritter Punkt: eine *Lebenslinie*, die uns von innen her bestimmt und der wir folgen. So etwas wie ein innerer Kompass oder Leitfaden also als Resultat der Willensgemeinschaft mit Gott. Damit wollen wir uns zum Schluss beschäftigen. Ja, wie steht es mit diesem Thema bei uns und anderen Zeitgenossen? Gibt es nicht auch andere innere Linien? Wir müssen hier etwas Menschenkunde betreiben. Oder haben vielleicht manche so etwas, eine solche Linie, gar nicht? Das mag wohl sein, beginnen wir mit denen.

Solche Menschen ohne dauerhafte innere Ausrichtung gleichen dem, was Mark Twain über die Ameisen schreibt. Ich gestatte mir diese kurze humoristische Abschweifung. Bei seiner Wanderung durch Europa im Jahr 1878 stößt Mark Twain im Schwarzwald auf echte deutsche Waldameisen und vertieft sich in ihr Treiben. Er kommt zu dem Ergebnis, dass eine lebende Ameise zwar fleißig ist, wie das Sprichwort sagt, weil sie rastlos herumwuselt, auch dass sie über enorme physische Kraft verfügt, dass sie aber doch nicht mehr Sinn und Verstand hat als eine tote Ameise. Das demonstriert er über mehrere Seiten an einem einzelnen Exemplar, das da mit einem abgerissenen Heuschreckenbein zugange ist. Bei jedem Hindernis, etwa einem Kieselstein, wechselt die Ameise entweder ganz die Richtung und läuft nun ganz woanders hin, oder sie versucht es frontal zu nehmen und ihre schwere Beute darüber hinwegzuwuchten. Es kommt ihr dann schließlich auf ihren endlosen Irrgängen eine zweite Ameise zu Hilfe, aber die Verständigung klappt nicht, jede zieht an einem Ende des Beins, und dann kommen sie auch noch miteinander ins Handgemenge, bis die zweite Ameise aufgibt und die erste ihr planloses Transportunternehmen fortsetzt. Schließlich verliert sie den Drittelgrashüpfer ungefähr an der Stelle, wo sie ihn aufgegriffen hatte, und bringt nichts nach Hause. Es dürfte wohl sein, dass Mark Twains vergnügliche Ameisentheorie aus der Sicht fortgeschrittener Insektenforschung nicht zu halten ist. Aber ich hatte je länger je mehr den Eindruck, dass Twain eigentlich weniger von Ameisen spricht als von Menschen, zumal er dauernd Verben gebraucht, die nur auf menschliches Handeln voll zutreffen. Ja, es dürfte in der Tat solche Leute geben: ohne erkennbare innere Linie und Richtung, im Geschiebe und Gedränge sich nach Druck und Gegendruck verhaltend, arglos nur die jeweilige Gegenwart im Blick draufloswuselnd, wobei sie aber auch mal mit dem Kopf durch die Wand wollen wie die Ameise vor dem Stein, aber nichts nach Hause bringend.

Dem nah, aber doch davon zu unterscheiden, kommen als nächste Gruppe die Opportunisten. Der reine Opportunist hat zwar ein Prinzip in sich, allerdings ein böses; es geht ihm nur um sich. Aber im Verfolg dieses Prinzips handelt er weniger als dass er gehandelt wird, indem er den Weg des geringsten Widerstandes geht. Das heißt, er weicht den Hindernissen aus, die andere aufrichten und schlüpft durch die Löcher, die sie ihm offenhalten. Damit ist er vollkommen berechenbar und manipulierbar. Biete ihm etwas, und er tut, was du willst! Ein Opportunist ist jemand, der sich selbst meistbietend versteigert. Man darf immerhin fragen, ob dieser Typ nicht kräftig gefördert wird, wenn die ökonomischen Gesichtspunkte überall die Oberhand gewinnen. „Wachstum durch Bildung“ las ich auf einem Wahlplakat. Wie muss sich da jemand fühlen, der z.B. ein humanistisches Gymnasium absolviert hat und sich so einen gewissen geistigen Eigenstand und Horizont erarbeitet hat? Und das alles nun nur für das Wirtschaftswachstum?

Bei unserer Tour d'horizont zum Thema eigene Lebenslinie stoßen wir auch auf zwanghafte Charaktere. Die haben eine feste innere Linie, die sie oft moralisch legitimieren und zementieren, sie erkaufen diese Stabilität aber durch einen hohen Verlust an Freiheit. Ähnlich steht es mit Leuten, die, ohne Zwangsneurotiker zu sein, von irgendeiner fixen Idee besessen sind, der sie alles unterordnen, oder einem Spleen nachjagen, von dem sie nicht lassen können.

Und dann gibt es natürlich viele - und die kommen uns nahe -, die sich einer vernünftigen Aufgabe verschreiben, sich ein honoriges Ziel setzen, das nun für sie Priorität hat; dazu natürlich die normalen Pflichten in der Familie. Die haben durchaus eine eigene Linie. Um sich darauf, auf eine solche alle Kräfte in Anspruch nehmende Aufgabe konzentrieren zu können, kann es sinnvoll sein, sich von vielen kleinen Entscheidungen zu entlasten durch Regeln und Routine. Von dem Philosophen Ludwig Wittgenstein, der in Cambridge lehrte, wird die Anekdote überliefert, dass seine Wirtin ihn fragte, wie sie ihn denn beköstigen solle - man denke nur an das englische Frühstück: ob nun mit mushrooms oder mit baked beans, und wie die Eier sein sollen: fried, boiled, scrambled oder poached -, und er soll geantwortet haben, das sei ihm ganz egal, wenn's nur immer dasgleiche ist. So weit würde ich nicht gehen, aber eine gewisse Regelmäßigkeit ist jedenfalls nicht zu verachten, wenn man sich ganz seiner eigentlichen Aufgabe widmen, wenn man auf der Linie bleiben will. Und für den Christenmenschen könnte dazu auch der regelmäßige Gottesdienst gehören, ganz egal, wer predigt, wenn's nur immer der gleiche vertraute evangelische Gottesdienst ist.

Damit sind wir bei uns angekommen. Unsere Position in puncto Lebenslinie, die uns von innen her bestimmt, ist eine Vertiefung der zuletzt skizzierten Position. Auch wir haben ja unsere Aufgaben, und wenn die Liebe zu Gott und zum Nächsten in der Willensgemeinschaft mit Gott unser Herz und unseren Sinn bestimmt, dann suchen wir uns solche Aufgaben, in denen wir Gott und dem Nächsten zweifelsfrei dienen können. Daneben darf sich jeder zu seinem Privatvergnügen auch noch irgendeinen Spleen, eine nutzlose Verrücktheit leisten, oder besser noch mehrere, dann wird keine dominant. Gedankenloses Draufloswursteln wie die Ameisentypen und Opportunismus kommt nicht infrage. Und auch Zwanghaftigkeit möge uns erspart bleiben. Also: eine Vertiefung derjenigen Position, in der die eigene Linie durch die Wahl einer vernünftigen Aufgabe zustande kommt.

Die *Vertiefung*, das christliche Plus, besteht dann darin, dass wir wissen: wir dienen *zugleich Gott*, wenn wir dem Nächsten dienen. Wir sind dazu berufen, Mitarbeiter Gottes in der Welt zu sein. Oder wie Luther es immer wieder sagt: wir leben und handeln „dem Nächsten zum Nutz und Gott zur Ehre". Wir können Gott dabei helfen, sein Reich zu bauen, wie Luther ebenfalls sagt. Diese Verbindung unseres Tuns mit den Zielen des Schöpfers und Vollenders der Welt, das gibt unserem Handeln Tiefe und in aller augenscheinlichen Geringfügigkeit auch eine ewige Bedeutung.

Alles in allem: Freue dich also in der vom Propheten angesagten und im Glauben an Christus erfüllten Willensgemeinschaft gleich dreimal: erstens über deine Selbständigkeit, deine Freiheit von der Plage unter dem Gesetz, zweitens über die Versöhnung mit Gott und mit dem Schicksal und drittens darüber, dass du auch etwas tun kannst, was im Sinne Gottes ist. Und wenn dir das gerade *nicht* möglich ist – wir haben ja alle immer wieder unsere Zweifel, vor allem wenn wir arg gebeutelt werden vom Leben –, dann begib dich in die Nähe derer, die sich so freuen können und bitte um den Geist.

Liebe Freunde, in der kurhessischen Kirche singt man zu Beginn jedes Gottesdienstes ein Lied mit nur einer Strophe und mit einer altertümlichen Melodie, das etliches aus unserer Predigt aufnimmt, auch den Gedanken des Bundes mit allen, allerdings nicht ausdrücklich den der Willensgemeinschaft mit Gott.

Lasst uns dieses Lied jetzt auch singen:

Komm heiliger Geist, erfüll die Herzen deiner Gläubigen
und entzünd in ihnen das Feuer deiner göttlichen Liebe,
der du in Mannigfaltigkeit der Zungen
die Völker der ganzen Welt versammelt hast
in Einigkeit des Glaubens. Halleluja. Amen.

Pfingstgottesdienst 2016 in der Universitätskirche. Predigt über die Pfingstgeschichte

Liebe Gemeinde!

Wir haben den für heute vorgeschlagenen Predigttext (Apg 2, 1–18) schon als Evangeliumslesung gehört. Aber damit ist ja die Pfingstgeschichte noch nicht zuende. Wir müssen noch einige Verse hinzunehmen. Petrus tritt also vor das Volk und hält eine Predigt. Er beruft sich zunächst auf prophetische Verheißung und wendet sich dann speziell an die jüdischen Zuhörer mit folgenden Worten:

„Ihr Männer von Israel, hört diese Worte: Jesus von Nazareth, von Gott unter euch ausgewiesen durch Taten und Wunder und Zeichen, die Gott durch ihn in eurer Mitte getan hat, wie ihr selbst wisst – diesen Mann, der durch Gottes Ratschluss und Vorsehung dahingegeben wurde, habt ihr durch die Hand der Heiden ans Kreuz geschlagen und umgebracht. Den hat Gott auferweckt und hat aufgelöst die Schmerzen des Todes, wie es denn unmöglich war, dass er vom Tode festgehalten werden konnte." Das untermauert er wieder mit einem Schriftzitat, und er schließt seine Predigt mit dem Satz: *„So wisse nun das ganze Haus Israel gewiss, dass Gott diesen Jesus, den ihr gekreuzigt habt, zum Herrn und Christus gemacht hat."* Ob der Vorwurf an die Juden zu Recht erhoben wird, muss uns jetzt nicht beschäftigen. Wichtig ist, dass ihnen die Predigt „durchs Herz ging" und sich eine große Menge taufen ließ. Von der so entstandenen Gemeinde heißt es dann am Schluss: *„Sie blieben aber beständig in der Lehre der Apostel und in der Gemeinschaft und im Brotbrechen und im Gebet."* Worauf dann noch ihre Gütergemeinschaft zur Versorgung der Bedürftigen erwähnt wird.

Ihr seht: Die Pfingstgeschichte ist eine außerordentlich reichhaltige Erzählung, so dass man sie in einer Predigt kaum ausschöpfen kann. Um trotzdem möglichst viel aus ihr herauszuheben, so dass wir uns an ihr erfreuen und in ihr einrichten können, will ich die Geschichte, jeweils als ganze, unter drei Aspekten in den Blick nehmen: als eine *Erfolgsgeschichte*, als eine *Wundergeschichte* und in alldem als eine *Geistgeschichte*, eine Geschichte über den Heiligen Geist und seine Wirkungen.

Die Pfingstgeschichte ist eine phantastische und grandiose *Erfolgsgeschichte*. Sie ist gewissermaßen das Gegenstück zum Verhalten der Jünger am Karfreitag. Während sie dort flohen, sich verkrochen und Petrus den Herrn verleugnete bis der Hahn dreimal krähte – nur einige Frauen getrauten sich unter das Kreuz –, während dort für die Jünger alles zuende schien, ein großer Irrtum und Fehlschlag, so treten sie nun zu Pfingsten vor das versammelte Volk, reden von den großen Taten Gottes, und besonders Petrus läuft zu großer Form auf als Bekenner seines Meisters. Und er hat überwältigenden Erfolg. An die 3000 Seelen kommen nach dem Text auf einen Schlag hinzu; sie werden Christen, indem sie sich taufen lassen und empfangen die Gabe des Heiligen Geistes. Und das geht ja dann nach Pfingsten und jenseits unseres Textes noch weiter. Lukas, der Autor der Apostelgeschichte, beschreibt, wie sich vor allem durch den Apostel Paulus und seine Gefährten der Glaube an Jesus Christus über den ganzen östlichen Mittelmeerraum ausbreitet, wie überall sich Gemeinden bilden, auch in der Hauptstadt Rom, obwohl hier ohne Paulus. Aber es geht immer noch weiter, nun jenseits der biblischen Berichterstattung. Das Evangelium überquert die Alpen und kommt noch im ersten Jahrhundert bis nach Trier. Von da brauchte es allerdings noch fast ein Jahrtausend, bis es hier oben bei uns richtig ankam. Jedenfalls, dass wir hier heute beisammen sind im Gottesdienst, ist immer noch ein Ausläufer der Pfingstgeschichte.

Dabei darf man auch feststellen, dass die Ausbreitung des christlichen Glaubens, jedenfalls in den ersten Jahrhunderten, ohne Zwang und Gewalt, „nicht durch Heer oder Kraft" erfolgte – im Unterschied zum Islam. Erst als das Christentum in die Hände von Herrschern und Eroberern geriet, bis hin zu den Conquistadoren, da lief die Sache aus dem Ruder, da war es nicht mehr nur das Wort und das persönliche Beispiel, was die Leute unter der Wirkung von Gottes Geist zum christlichen Glauben brachte. Obwohl man auch hier sagen muss: wo die Menschen unter jenen Gewaltbedingungen tatsächlich *zum Glauben* kamen und nicht nur zu äußerlicher Observanz, da waren es auch hier die genannten sachgemäßen Mittel und der Heilige Geist, die das bewirkten.

Also: eine Erfolgsgeschichte. Und ich denke, das tut uns gut, wo wir doch beständig mit Nachrichten überschwemmt werden, wie die Kirche schrumpft, wie viele Leute jährlich aus ihr austreten, dass die Kirche an Einfluss verliert, dass sie ihre Botschaft nicht mehr an den Mann oder die Frau bringt und dergleichen mehr. Nein, liebe Freunde, wir befinden uns immer noch *innerhalb* der Pfingstgeschichte, die eine Erfolgsgeschichte ist, die damals in Jerusalem begann und immer noch andauert und weiter andauern wird. Es kommen ja auch immer noch neue Christen hinzu, mag auch dieser Zuwachs hierzulande – hierzulande! – schwächer sein. Aber die Gesamtzahl, der an Christus und an den dreieinigen Gott Glaubenden nimmt beständig zu; denn wir dürfen ja die früheren, die schon verstorbenen Schwestern und Brüder nicht vergessen, die ja auch zum Reiche Gottes gehören. Aber das tun die Leute dauernd, indem sie nur die Gegenwart in Betracht ziehen. Sie glauben lieber an die Statistik als an den Heiligen Geist, der die Kirche erhält und wachsen lässt in aller Zeit.

Die Pfingstgeschichte ist zweitens eine *Wundergeschichte*. Das Wunderhafte in ihr zieht ja auch die ganze Aufmersamkeit auf sich: das gewaltige Brausen, die Feuerzungen und dann vor allem das Sprachenwunder. Jeder hört die Jünger in seiner eigenen Sprache reden, und hier wird alles an Völkern aufgezählt, was es überhaupt gab im Horizont des Erzählers. Und man fragt sich, wie das zu erklären oder zu verstehen sein soll. Nun, zu erklären ist es nicht, wenn es so geschehen wäre. Wohl aber zu verstehen, auch wenn es so nicht geschehen ist.

Was das *Erklären* betrifft, so sind mir nur abwegige und alberne Einfälle gekommen. Der Papst ist mir eingefallen, wie er, jedenfalls in früheren Jahren, man denke besonders an Johannes Paul II, vom Balkon der Peterskirche aus die Osterbotschaft in über hundert Sprachen in die Welt hineinruft, ohne diese Sprachen selber zu verstehen. Aber hier wandelt der Papst in den Spuren unseres Textes, nimmt dessen Impuls auf, die Botschaft in allen Sprachen zu Gehör zu bringen. Und dann gibt es ja Leute, Komiker wie Hape Kerkeling und Mathias Richling, die in der Lage sind, das Klangbild von allen möglichen Sprachen zu erzeugen, ohne deren Worte zu benutzen. Das Phänomen erklärt natürlich auch nichts. Ich bin darauf gekommen, weil im Text ja Spötter erwähnt werden, die die Sache in etwa so vernommen haben müssten und sich entsprechend amüsieren.

Will man aber *verstehen*, weshalb die Pfingstgeschichte gerade so erzählt wird, wie sie erzählt wird, egal was da im Einzelnen passiert sein mag, so kann man doch Folgendes sagen: Wenn das Pfingstgeschehen selbst, also die Sendung des Geistes, ein Wunder ist, das Gott vollbringt, dann darf man es auch mit den typischen Mitteln von Wundergeschichten erzählen, und zwar ziemlich genau mit den hier gewählten Mitteln: Brausen vom Himmel, Feuerflammen und Sprachereignis besonderer Art.

Ich muss hier eine kurze Katechese zum Thema „Wunder" folgen lassen. Das ist ja auch von Interesse. Das Wunder ist nach Goethe des Glaubens liebstes Kind, fragt sich, ob es auch sein Erzeuger ist. Es gibt neben den vielen biblischen Wundergeschichten jedenfalls drei ganz große Wunder, an die jeder Christ glaubt, so wahr er Christ ist. „Wunder" heißt dabei, dass es nicht selbstverständlich ist und dass es Anlass zum Staunen und zur Dankbarkeit gegen Gott gibt.

Da ist als Erstes das große Wunder der *Schöpfung*, also dass es das Universum gibt, mit allem, was darin ist, samt uns selbst, die wir das alles wahrnehmen. Das ist sozusagen das *Wunder des Vaters*. Man nimmt dieses Wunder wahr, indem man nicht nur die einzelnen endlichen Gegenstände, wie sie uns im Alltag begegnen, in den Blick nimmt, sondern das Ganze der Schöpfung bedenkt und betrachtet, indem man nämlich das aktiviert, was Schleiermacher den „Sinn und Geschmack für das Unendliche" bzw. für das „Universum" genannt hat. Wer diesen Sinn nicht aufbringt, wird mit dem Wort „Gott" nichts Gescheites anzufangen wissen. Dieses große Gesamtwunder der Schöpfung ist seinerseits voll von kleineren Wundern, die unser Staunen und Entzücken erregen: die Pracht der Blüten etwa, wie wir sie besonders in dieser Jahreszeit erleben, überhaupt alles Schöne und Anmutige und Erhabene; für mich gehören vor allem meine beiden Enkelkinder zu diesen innergeschöpflichen Wundern.

Dann haben wir zweitens das große *Wunder des Sohnes*, die *Menschwerdung* Gottes und die durch Jesus Christus vollbrachte *Erlösung* der Menschen aus ihrer Sünde und Gottferne. Auch dieses große Wunder ist wieder mit einer Vielzahl von kleineren, weil auf einzelne Menschen bezogenen Wundern verbunden. Ich meine die in den Evangelien berichteten vielen Wunder Jesu. Ob sie historisch so geschehen sind, ob Jesus z.B. den Lazarus tatsächlich aus dem Tode auferweckt hat oder ob er das Brot vermehrt hat und so weiter, darf dem frommen und kritischen Urteil des einzelnen Gläubigen überlassen bleiben. Ihm den Glauben daran zur Pflicht zu machen, würde ihm das Christsein unnötig erschweren. Dass Jesus jedenfalls Kranke geheilt hat, ist aber unbestritten. Das große Wunder des Christusgeschehens zu glauben, ist für jeden Christenmenschen zentral, kann gar nicht von seinem Glauben abgelöst werden.

Und dann natürlich drittens das *Wunder des Heiligen Geistes*. Es ist ebenso unselbstverständlich wie die beiden anderen großen Wunder. Es ist ganz und gar nicht selbstverständlich, dass jemand zum Glauben an Gott und Jesus Christus kommt, dass er oder sie im Tun und im Geschick Jesu den ewigen Liebes- und Gemeinschaftswillen Gottes erkennt, selbst wenn er oder sie aus einem christlichen Elternhaus kommt. Dazu kann man sich nicht einfach entschließen, sondern das muss einem durch den Geist Gottes, der vom Vater und dem Sohne ausgeht, erschlossen werden. Dass man das Vaterunser mit Hingabe des Herzens beten kann, ist auch nicht selbstverständlich. Ein Christ, jedenfalls ein zu gewisser Reife gelangter Christ, glaubt immer *dennoch*, dennoch gegen den Schrecken, den die Welt mit all ihrem Elend uns einjagt, und gegen den daraus entstehenden Zweifel. Dieses „dennoch" stammt letztlich nicht aus eigener Kraft, sondern es ist die Kraft des Geistes Gottes, die uns sagen lässt mit dem Psalmisten: „Dennoch bleibe ich stets an dir; denn du hältst mich bei meiner rechten Hand, du leitest mich nach deinem Rat und nimmst mich am Ende mit Ehren an."

Das Wunder des Heiligen Geistes, das Pfingstwunder: Will man das nun auch noch bildlich und szenisch darstellen, dann kann man schon einen Sturm vom Himmel herab brausen lassen. Denn der Geist kommt *über* die Jünger, von oben, unvermutet und mit Macht. Und wie die Feuerzungen sich auf jeden Einzelnen setzen, so kommt der Geist zu jeder einzelnen Person und nimmt innerlich Besitz von ihr, löst ihr die Zunge, so dass sie von den großen Taten Gottes redet. Und dass diese Rede in allen Sprachen erklingt und von einer Menge aus allen Völkern verstanden wird, das bedeutet nichts anderes, als dass die Wahrheit des

Evangeliums an keine sprachlichen und kulturellen Grenzen gebunden ist, wie denn ja auch die Bibel später in alle Sprachen übersetzt worden ist. Das Evangelium ist für die Welt, ist für alle da als die für alle und jeden Einzelnen heilsame Wahrheit. Zu ihrem Verständnis ist auf Seiten des Menschen nicht mehr erforderlich, als dass man ein Mensch ist mit den Grundfragen, die zur conditio humana gehören.

So viel also zur Pfingstgeschichte als Wundergeschichte. Eine Frage ist hier noch offen: ob es auch im Gefolge oder Sog dieses dritten großen Wunders wieder viele kleinere Wunder gibt. Die gibt es, aber das nehmen wir in den letzten Teil der Predigt hinein. Noch einmal Bezug nehmend auf Goethes Diktum beschließe ich meine Katechese zum Thema Wunder mit der Feststellung, dass die drei großen Wunder tatsächlich den Glauben erzeugen, während die jeweiligen kleinen Wunder des Glaubens liebe Kinder sind.

Die Pfingstgeschichte ist drittens und alles in allem eine *Geschichte über den Heiligen Geist*, oder sagen wir, weil sich das besser zur Erfolgs- und Wundergeschichte fügt, eine *Geistgeschichte*. Vom Heiligen Geist war ja schon die ganze Zeit die Rede, so, dass er nicht aus dem Menschen kommt wie alle möglichen anderen Geister und Ungeister, sondern von Gott gesandt wird, von außen kommt und in den Menschen eindringt, sein Denken und sein Herz ausrichtet und nun in und durch Menschen wirksam wird. Ich erinnere auch noch einmal an die dem Geist zu verdankende Erfolgsgeschichte, von der wir selber ein Teil sind. Das ist nun nur noch zu vervollständigen und zwar im Blick auf Wirkungen des Geistes im Einzelnen, wobei es wiederum etliches zu bewundern gibt, weil es wunderbar ist. Sehen wir in den Text!

Da ist zunächst das, was Luther, der zu Pfingsten 1534 über Apostelgeschichte 2 predigte, besonders wichtig an diesem Text war: nämlich, dass aus den Jüngern, diesen nach Karfreitag völlig verstörten und verzagten Figuren plötzlich „eitel kühne Helden" werden, wie Luther sagt. Plötzlich sind sie sich ihrer Sache gewiss, und sie treten in die Öffentlichkeit und wagen etwas. Dabei bringt Petrus die zu verkündigende Christusbotschaft auf den Punkt: Gott hat den durch Taten, Zeichen und Wunder ausgewiesenen Jesus von Nazareth, den Männer von Israel durch die Römer ans Kreuz gebracht haben, nicht im Tode gelassen und hat ihn zum Herrn und Christus gemacht. Damit bringt er sich und seine Mitstreiter natürlich in Gefahr. Die Herren Kaiphas, Hannas und Pilatus lassen mit ihrer Reaktion auch nicht lange warten, wie der Fortgang der Apostelgeschichte zeigt. Auch riskiert er, sich lächerlich zu machen, Spötter sind immer gleich zur Stelle. Aber andererseits hat er großen Erfolg; denn den Hörern geht es „durchs Herz". Für Luther ist diese radikale Verwandlung der Jünger und dann natürlich auch der Zuhörer das eigentliche Pfingstwunder. Man könnte sagen: nicht das Feuer *über* den Köpfen ist das Wesentliche, sondern das Feuer *in* den Köpfen und

Herzen. Und dieses Feuer, will sagen: der individuell empfangene und Denken und Fühlen und Wollen bestimmende Geist, lässt den Christen auch die richtigen Worte finden.

Fündig werden wir dann noch einmal am Ende der Erzählung, wo es über die neue Gemeinde heißt: „Sie blieben aber beständig in der Lehre der Apostel und in der Gemeinschaft und im Brotbrechen und im Gebet." Was dann noch durch eine kurze Schilderung der sogenannten urchristlichen Gütergemeinschaft ergänzt wird. Hier haben wir gewissermaßen *nachhaltige* Wirkungen des Geistes, während das Erkennen, Reden und Bezeugen augenblickliche, unmittelbare Impulse des Geistes sind.

„Sie blieben beständig in der Lehre der Apostel" heißt: sie hielten sich an die Überlieferung von Jesus, die sie durch die Apostel empfingen, und sie glaubten wie sie an ihn. Und das taten sie „beständig". Aber wie geht das? Wie ist das möglich, *beständig* im rechten apostolischen Glauben zu bleiben? Denn der Glaube, das wissen wir moderne Menschen besonders gut, aber auch Luther wusste es, der Glaube ist beständig der Anfechtung ausgesetzt und wird vom Zweifel attackiert. Natürlich wollen wir ihn loswerden, den Zweifel, aber er kommt von selbst immer wieder, um dann vom Glauben, von der Glaubensgewissheit überwunden zu werden. Das gibt der Christlichen Existenz eine besondere Erlebnistiefe und Spannweite und Ernsthaftigkeit, wovon rein säkulare Zeitgenossen in unserer Konsum- und Spaßgesellschaft keine Ahnung haben. Das Bleiben ist also eine beständige Überwindung des Zweifels durch den Glauben, besser: durch den Glauben erweckenden Geist Gottes, der uns das mutige „dennoch" sagen lässt. Man meint ja in der Regel, Glaube und Zweifel schlössen sich aus. In gewisser Weise stimmt das auch, weil sie Opponenten sind. Aber man muss auch sagen: es ist das Privileg des glaubenden Menschen, überhaupt richtig zweifeln zu können, so dass es dramatisch wird und weh tut. Wenn dagegen ein religiös gleichgültiger Zeitgenosse uns Christenmenschen aus der Ferne betrachtet und sagt: wer weiß, ob die auf dem richtigen Dampfer sind, ob das stimmt, was die so glauben, dann ist das kein richtiger Zweifel, kein Zweifel mit Leidenschaft, kein Zweifel, der weh tut – so wenig wie der methodische Zweifel des Wissenschaftlers weh tut, der alles auf den Prüfstand stellt, was ja eine wissenschaftliche Tugend ist. Ganz anders der Zweifel, der den Glauben anfällt. Deshalb: wenn dir das passiert, ein Zweifel, der die Leidenschaft und alle Sinnfragen aufwühlt und schmerzt, ein Zweifel, der auf Verzweiflung hinauszulaufen droht, dann darfst du wissen: Du bist ja eben damit *dran* an der Sache des Glaubens, ganz nah, und deshalb darfst du auch hoffen, dass Gottes Geist dir beisteht und deiner Schwachheit aufhilft.

Sie blieben „in der Gemeinschaft", hieß es weiter. Zu dieser Gemeinschaft, an der wir auch immer noch teilhaben, eine kurze persönliche Erinnerung. Im vorletzten Sommer waren meine Frau und ich auf der Insel Jersey im Ärmelkanal. Wir waren in einem christlichen Hotel untergebracht, das von Methodisten geführt wurde. Das bedeutete: keine alkoholischen Getränke, dafür aber jeden Morgen vor dem Frühstück eine Andacht, die von einem Reverend gehalten wurde. Wir sind dahin gegangen und waren, obwohl das Hotel fast zur Hälfte mit deutschen Urlaubern belegt war, die einzigen Nicht-Briten bei der Andacht. Ich hatte spontan das Gefühl, dass mir diese Engländer, die uns freundlich zunickten, sich freuten über zwei Christenmenschen vom Festland samt ihrem Reverend, der sich erkundigte, ob wir alles verstehen, näherstanden als die eigenen Landsleute, obwohl die im Übrigen ganz nett waren. Der Glaube stiftet Gemeinschaft über alle Grenzen hinweg, auch die konfessionellen, und er rückt alle anderen Gemeinsamkeiten ins zweite Glied.

Der solche Gemeinschaft schaffende Geist ist dann auch ein Geist des Teilens, daher auch die urchristliche Gütergemeinschaft (das war ja so ziemlich das Einzige, was den 68ern in der Bibel gefiel). Der Geist, der vom Vater und vom Sohne ausgeht, wie es im Bekenntnis von Nizäa und Konstantinopel heißt, stiftet ein universales Nächstenschaftsgefühl, das dazu bereit macht, dass einer des anderen Last trägt, auch dafür, dass wir uns überall für gerechte Verhältnisse und für den Frieden einsetzen.

Schließlich, weil sie den Geist empfangen hatten, hielten sie fest „am Brotbrechen und am Gebet". „Brotbrechen" meint das Abendmahl. Diese Feier, in der die Gemeinschaft mit Jesus Christus als dem gekreuzigten und erhöhten Herrn praktisch vollzogen und erlebt wird, und die Jesus selbst uns hinterlassen hat, sie gibt der christlichen Gemeinde ihre dauerhafte Identität in der Welt. Und das Gebet ist aus christlicher Sicht die höchste und wichtigste Weise, die menschliche Sprache zu gebrauchen. Betet ein Mensch im Sinne Jesu, also vor allem das Vaterunser, und tut er das aus dem Antrieb des Geistes und mit seinem ganzen Herzen, dann ergreift er in dieser Sprachhandlung seine zeitliche und ewige Bestimmung, nämlich die Gemeinschaft mit seinem Schöpfer und dem Schöpfer der ganzen Welt. Gott ließ das sprachfähige Wesen Mensch im Laufe der Evolution entstehen, damit die Schöpfung eine Stimme bekommt, mit der sie sich auf den Schöpfer beziehen kann, damit die Schöpfung im Gebet insgesamt ins Lot kommt, in den Einklang mit ihrem Schöpfer, der am Ende alle Dinge zum Besten führen will und wird.

So, liebe Freunde, ich habe nun genug über den Heiligen Geist gesagt, der ja zu Pfingsten unser Thema ist. Vielleicht war es etwas zu viel, aber der Text ist nun einmal so reichhaltig. Wir haben die Pfingstgeschichte in drei Durchgängen vor uns ausgebreitet: als Erfolgsgeschichte bis heute, als Wundergeschichte und als Geschichte über die Wirkungen des Heiligen Geistes. Fragen wir zum Schluss noch einmal, was wir heute eigentlich feiern, so kann ich auch antworten: wir feiern die *Präsenz Gottes in der Welt, genauer: seine manifeste Präsenz.* Die Präsenz Gottes ist natürlich in verborgener Weise überall gegeben, aber sie wird für uns dort eindeutig fassbar und erlebbar, wo das geschieht, was wir im letzten Teil der Predigt beschrieben haben: wo man bleibt in der Lehre und im Glauben der Apostel, wo man die Gemeinschaft der Christenmenschen pflegt im Geist der Liebe und des Teilens und wo man das Abendmahl feiert und betet, im Sinne Jesu. Das wollen wir dann nach den Abkündigungen auch tun. Uns allen ein gesegnetes Pfingstfest! Amen.

Orgelvesper in der Bonner Schlosskirche am 17. 11. 2015. Predigt über Lk 1,51 und Luthers Auslegung zur Stelle

Liebe Gemeinde!

Ich habe einmal auf einer Tagung des Evangelischen Bundes, es war 1991 in Ratzeburg, eine Bibelarbeit über das Magnifikat gehalten, und zwar, weil da viele Pastorinnen und Pastoren saßen, in Gestalt einer Predigtmeditation, also einer Überlegung, wie man über diesen Text predigen könnte. Dabei habe ich mich besonders an Luthers Auslegung des Magnifikat orientiert, die er vor dem Wormser Reichstag angefangen und direkt danach auf der Wartburg vollendet hat. Daneben habe ich auch andere theologische Zugänge zum Magnifikat kurz in Betracht gezogen: die katholische Mariologie, die befreiungstheologische und die feministische Aneignung des Textes, habe diese anderen Zugänge aber zurück gestellt, denn ich bin bei Luther schon reichlich fündig geworden, bis hin zu einem sogenannten Predigteinfall. Die entsprechende Predigt habe ich aber nie gehalten. Als ich nun das musikalische Programm der Orgelvesper mit Samuel Scheidts Vertonung des Magnifikat im Zentrum erhielt, war klar: jetzt soll es sein!

Ich verlese zunächst das ganze Magnifikat nach der Lutherbibel, um mich dann auf einen Vers daraus zu konzentrieren.

Und Maria sprach:
Meine Seele erhebt den Herrn,
und mein Geist freut sich Gottes, meines Heilandes;
denn er hat die Niedrigkeit seiner Magd angesehen.
Siehe, von nun an werden mich selig preisen alle Kindeskinder.
Denn er hat große Dinge an mir getan,
der da mächtig ist und dessen Name heilig ist.
Und seine Barmherzigkeit währt von Geschlecht zu Geschlecht
bei denen,die ihn fürchten.
Er übt Gewalt mit seinem Arm
und zerstreut, die hoffärtig sind in ihres Herzens Sinn.

Er stößt die Gewaltigen vom Thron
und erhebt die Niedrigen.
Die Hungrigen füllt er mit Gütern
und lässt die Reichen leer ausgehen.
Er gedenkt der Barmherzigkeit
und hilft seinem Diener Israel auf,
wie er geredet hat zu unsern Vätern,
Abraham und seinen Kindern in Ewigkeit.

Der Text hat zwei Teile. Im ersten Teil dankt Maria für das, was Gott an ihr getan hat, und preist Gott für seine grundlose Barmherzigkeit. Im zweiten Teil geht es um Gottes Wirken und seine Werke in der Menschenwelt, unabhängig von Maria. Ich wähle den Vers aus, mit dem der zweite Teil beginnt:

Er übt Gewalt mit seinem Arm
und zerstreut, die hoffärtig sind in ihres Herzens Sinn.

Bei Scheidt war das das Stück „Fecit potentiam". Der Vers klingt im ersten Moment nach politischer Theologie. Gott wird dreinschlagen und mit gewaltigem Arm allerlei in Ordnung bringen, so wie es ja auch sofort weitergeht: „Er stößt die Gewaltigen vom Thron und erhebt die Niedrigen. Die Hungrigen füllt er mit Gütern und lässt die Reichen leer ausgehen." Aber Luther führt uns in seiner Auslegung des Verses auf eine ganz andere Spur und erschließt damit Neuland für die Frömmigkeit.

Er unterscheidet zweierlei Handeln Gottes. Einmal handelt er mittelbar, vermittelt durch das Handeln seiner Geschöpfe. Gott „schafft und zerbricht eine Kreatur durch die andere." „Welcher Fürst den Krieg gewinnt, durch den hat Gott die anderen geschlagen." Ob dabei etwas Gutes oder Gerechteres herauskommt, ist eine ganz andere Frage. Überhaupt ist es außerordentlich problematisch, Gottes Handeln mit Vorgängen in der Geschichte, gar mit gewaltsamen, in Verbindung zu bringen. Vor allem aber: die Unterlegenen, überhaupt alle Schwachen gingen leer aus, solange sie schwach sind, wenn es nur dieses Handeln Gottes gäbe. Denn Gott wäre dann immer nur bei den Starken, den Siegern, den Erfolgreichen. Aber es gibt für Luther noch ein anderes Handeln Gottes, ein unmittelbares durch seinen eigenen Arm. Gott greift mit seinem Arm direkt in die Seele des Menschen hinein, und zwar auf Kraft verleihende Weise. Und das gilt besonders für die Schwachen und Leidenden.

Luther beschreibt das in einer faszinierenden Passage. Sie lautet in nur leicht modernisiertem Lutherdeutsch und etwas verkürzt: *„Denn wo Menschenkraft ausgeht, da geht Gottes Kraft ein, so der Glaube da ist und wartet des. ... Siehe, also ward Christus kraftlos am Kreuz, und eben daselbst tat er die größte Macht, überwand die Sünde, Tod, Welt, Hölle, Teufel und alles Übel ... Wiederum, auf der anderen Seite, lässt Gott sie sich groß und mächtig erheben. Er zieht seine Kraft heraus und lässt sie nur aus* *eigener Kraft sich aufblasen. Denn wo Menschenkraft eingeht, da geht Gottes Kraft aus. Wenn nun die Blase voll ist und jedermann meint, sie liegen oben, haben gewonnen, und wenn sie selbst nun auch sicher sind und es zu Ende gebracht haben, so sticht Gott ein Loch in die Blase, so ist's gar aus. Die Narren wissen nicht, dass eben indem sie aufgehen und stark werden sie von Gott geäußert sind und Gottes Arm nicht bei ihnen ist."*

Ich finde: eine hinreißende Passage, in der natürlich das Pauluswort nachklingt, dass Gottes Kraft in den Schwachen mächtig ist, hier ergänzt um das Pendant, dass Gottes Kraft in den Starken, den Selbstmächtigen schwach, ja gleich Null ist. Und das wird in ein gleichsam physikalisch-hydraulisches Bild gefasst. Unsere Seele ist kein Kraftvakuum, sondern so etwas wie ein Hohlraum, in welchem zwei Kräfte aufeinanderdrücken: Gottes Kraft und die des selbstmächtigen, hoffärtigen Menschen, und die entsprechend als Einströmen und Entweichen in Bewegung sind, ein Kontinuum bilden.

Dieses hydraulische Bild benötigt noch ein paar Ausführungen. Wir blicken zunächst auf das ganze Bild in seiner Zweiteiligkeit und nehmen uns danach die beiden Hälften einzeln vor und wollen sehen, was wir daraus lernen können für unser Leben als Christenmenschen.

Zunächst ist auf eine gewisse Asymmetrie aufmerksam zu machen. Dass Gottes Kraft in den Menschen hineingeht und die ausgehende menschliche Kraft ersetzt, ist ja an eine Bedingung gebunden oder sagen wir besser: an einen Begleitumstand: „so der Glaube da ist und wartet des." Der Glaube ist der nicht nur auf die eigene Schwachheit, sondern zugleich auf Christus, der in seiner Schwachheit am Kreuz alles Übel überwindet, blickende Glaube; „wartet des" heißt: rechnet damit und achtet darauf. Unter dieser subjektiven Voraussetzung, die freilich wiederum Gott zu verdanken ist, denn er entzündet ja den Glauben in uns durch seinen Geist, strömt Gottes Kraft ein und wird wirksam, spürbar und für uns bewusst. Diejenigen hingegen, die sich aus eigener Kraft aufblasen, merken gar nicht, dass Gott nicht bei ihnen ist. Luther nennt sie „Narren". Sie scheitern nämlich früher oder später an ihrer eigenen Hoffart. Beziehungsweise Gott lässt sie daran zu Fall kommen, was dann wohl durch sein indirektes Handeln mittels der Kreaturen geschieht, die den Stich in die Blase konkret ausführen. Ob man danach zu einer besseren Einsicht kommt und eine zweite Chance erhält, bleibt offen. Das Bild ist also einerseits, was das Kräfteverhältnis angeht, symmetrisch: Wo Menschenkraft ausgeht, geht Gottes Kraft ein, und wo Menschenkraft eingeht, geht Gottes Kraft heraus. Aber andererseits, was das Bewusstsein dieses Geschehens betrifft, ist der Spruch asymmetrisch. Die einen merken es, die anderen nicht.

Das Bild in seiner Ganzheit ist bildhaft vorgetragene Existenztheologie, indem die menschliche Existenz in ihren positiven und negativen Möglichkeiten ausgeleuchtet wird. Zugleich wird hier deutlich, dass die christliche Existenz nicht schon hinreichend gekennzeichnet ist, wenn man dem gewöhnlichen menschlichen Leben eine besondere Interpretation hinzufügt, es unter eine neue Perspektive stellt. Sondern es geht zutiefst um einen Austausch von Kräften, wodurch das Leben real verändert wird. –

Besehen wir uns nun die einzelnen Teile. Wir beginnen mit der negativen Seite: sich selbst aufblasen aus eigener Kraft, bis die Blase platzt.

An Anschauung für eine solche gottvergessene und gottverlassene Lebenspraxis besteht kein Mangel. Das rücksichtslose und in sich unersättliche Streben nach oben scheint zur Natur des Menschen zu gehören, jedenfalls – theologisch gesprochen – nach dem Sündenfall. Was steckt hinter diesem Streben nach Dominanz, nach Macht über andere, nach Reichtum, nach Bewunderung und allgemeiner Aufmerksamheit, nach unangreifbarer Sicherheit, nach Glanz und Repräsentanz, was Luther alles mit dem plastischen Ausdruck „oben liegen" zusammenfasst? Wie kommt es, dass es in jedem Kollegium, in jedem Verein, in jeder Fakultät, in jeder Partei immer wieder einen gibt, der den großen Zampano spielen will – auch in der geistlichen Zunft soll es vorkommen? Hinter all diesem Treiben steckt wohl einerseits ein gehöriges Maß von Angst, die Angst zu kurz zu kommen, Angst vor den Anderen, die einen übervorteilen und klein halten könnten, und das ist eine durchaus realistische und verständliche Angst. Andererseits steht dahinter das Bedürfnis, sich selbst zu beweisen, die eigene Kraft zu spüren, sich Leistung und Erfolg als Resultat eigener Kraft und eigenen Könnens anzurechnen, das Selbstwertgefühl zu stärken und auch die eigene Eitelkeit zu befriedigen, von der ja niemand ganz frei ist.

Dieses ganze selbstmächtige Treiben und Gebaren ist nun zum Scheitern verurteilt. „Gott zerstreut die Hoffärtigen". Gottes Kraft ist gewiss schon längst heraus, aber wann kommt der sichtbare Zusammenbruch, der Stich in die Blase? Davon ist doch wenig zu sehen. Der Volksmund sagt ja auch: „Hochmut kommt vor dem Fall", aber der lässt oft lange auf sich warten, und in mancher Biographie bleibt er offenbar ganz aus. Die Antwort gibt Luther selbst, der auch weiß, dass viele durchkommen mit ihrer Dreistigkeit. Die Blase platzt erst, wenn sie richtig voll ist. Erst wenn der Hochmut, die Selbstmächtigkeit, das Dominanzgebaren, die Unverfrorenheit ein für die Mitwelt unerträgliches Maximum erreichen, regt sich genug Widerstand, und es kommt zum Stich in die Blase. Und so können wir es in der Tat von Zeit zu Zeit beobachten. Hier deckt sich unsere Erfahrung ganz mit der Luthers.

Diese Antwort, dass die Blase erst platzt, wenn sie voll ist, hat nun auch etwas Erleichterndes und Tröstliches für uns selbst. Wir müssen nicht allzu streng mit anderen und auch nicht mit uns selbst sein. Was ich jetzt sage, steht zwar nicht in Luthers Text, auch nicht im Magnifikat, ist aber mit Luthers realistischem Menschenbild vereinbar. Es kann ja nicht darum gehen, jedes Aussein auf Erfolg und jede Freude daran theologisch madig zu machen. Ein Christenmensch darf auch Selbstbewusstsein entwickeln und einen Teil seines Selbstwertgefühls aus seiner Leistung beziehen – wohlgemerkt: einen Teil. Und er darf sich auch freuen, wenn andere das anerkennen und loben. Und wenn jemand seine Doktorarbeit tatsächlich allein geschrieben hat, was ja auch vorkommen soll, dann darf er oder sie darauf auch etwas stolz sein. Man will auch seine eigene Kraft spüren und Freude daran haben, andernfalls müssten wir z.B. den ganzen Sport einschließlich Denksport mit Kreuzworträtseln und Sudokus verteufeln. Und was die Eitelkeit betrifft, so kann jedenfalls die Eitelkeit anderer auch ganz vergnüglich sein. Man denke etwa an Professor Dr. Karl-Friedrich Boerne, Gerichtsmediziner und selbstgefälliger Bildungsbürger im Münsterschen Tatort. Man wäre enttäuscht, wenn der sich ändern würde. – Nur zweierlei ist erforderlich, damit die Sache mit der eigenen Kraft im Lot bleibt und es nicht zu jener Blasenbildung mit katastrophalem Ende kommt. Man muss seinen Perfektionsfimmel in Grenzen halten, indem man ihn auf ganz Weniges, auf die eigene Spezialität beschränkt; darin darf man Meister sein wollen. Und man muss wissen, dass alle eigene Kraft gegebene, zu gutem Zweck geliehene Kraft und jeder Erfolg gewährter Erfolg ist. Es nicht zu wissen wäre Gottvergessenheit und Seinsvergessenheit.

Nun aber zum Schluss und mit gehörigem Achtergewicht die andere Seite, die erste: „Wo Menschenkraft ausgeht, da geht Gottes Kraft ein, so der Glaube da ist und wartet des." Das ist nun ein noch viel größerer Trost. Zunächst und unmittelbar für jeden, der spürt, dass die eigenen Kräfte schwächer werden, die körperlichen wie die geistigen, sei es in einer vorübergehenden Krise, sei es dauerhaft und kontinuierlich auf das Ende zulaufend. Zu wissen, dass da Gottes Kraft hineingeht und einen trägt, spürbar in einem immer noch vorhandenen Mut zum Sein, aber auch hinüberträgt über die Schwelle des Todes, das ist für den Betroffenen wie auch für die dann Hinterbliebenen ein großer Trost und eine Wohltat. Ich habe den Spruch gelegentlich in Kondolenzbriefen verwendet, wenn ich wusste, dass der Empfänger sich als Christ verstand. Freilich ist es der Glaube, der auf Christus schauende Glaube, der dieses Einströmen der Kraft Gottes wahrnimmt, er lässt sie auch gewissermaßen herein. Unsere natürlichen Augen sehen nur Schwäche, Verfall und Erlöschen.

Ich nehme an, dass der Spruch sich auch noch in anderen Situationen bewahrheitet, nämlich in solchen, wo unsere Kraft selber zwar noch gar nicht schwächer geworden ist, aber die sich stellenden Probleme und Aufgaben uns einfach überfordern. Wenn wir uns in solcher Not an Gott wenden und damit unsere Schwäche vor ihm eingestehen, kann seine Kraft ebenfalls uns erfassen, wie es die Psalmen immer wieder bezeugen. Auch nahezu jedes Gebet ist ein Eingeständnis unserer Abhängigkeit und Hilfsbedürftigkeit, und auch hier empfängt der

Mensch Gottes Zuwendung unmittelbar im Vollzug des Gebets. Die Gabe des Geistes und der Kraft ist jedem Beter verheißen.

Der Mut zum Sein, den die Kraft Gottes uns gibt, kann sich manchmal auch noch in einer ganz bestimmten Ausprägung äußern. Dazu ein Beispiel. Vor einigen Jahren, als ich noch Universitätsprediger in Kiel war, besuchte ich unseren ehemaligen Küster, der seine letzte Bleibe in einem Altersheim in Laboe gefunden hatte. Er hatte das Küsteramt über fünfzig Jahre versehen, schon bevor es die neue Universitätskirche gab; er war ziemlich klein, etwa einsfünfundfünfzig, er war ein Original mit einigen Schrullen und vor allem, wie man sagt, eine Seele von Mensch: leutselig, freundlich und außerordentlich hilfsbereit. Er erkannte mich nur noch halb, seine Erinnerungen gingen durcheinander, er redete wirr, und auch äußerlich war er schon sehr gezeichnet. Aber: sein Gemüt war noch ganz dasselbe. Das habe ich dann auch dem Kirchenvorstand berichtet: Unser Paul ist gemütsmäßig noch ganz derselbe. Der Glaube kann die Seele konservieren.

Aber sofern die Leute alles nur mit ihren natürlichen Augen betrachten, auch solche Beispiele nicht vor Augen haben, sehen sie überall nur den Niedergang. Daher wohl auch diese panische Angst vor dem Altwerden und besonders vor der Altersdemenz. Die Angst, nicht mehr alles durch eigene Kraft zustande zu bringen, die Zügel nicht mehr in der Hand zu haben, nicht mehr auf der Kommandobrücke zu stehen, von anderen abhängig zu werden, als ob das etwas Unanständiges und Würdeloses wäre, das hält man für unerträglich.

Diese Angst zeitigt dann weitere Folgen. Etwa einerseits das krampfhafte Bemühen, den Alterungsprozess aufzuhalten. Wenn es um den Body geht, sind die Zeitgenossen erzkonservativ. Ich erspare mir, das hier näher zu beschreiben, es würde in Satire ausarten. Andererseits wird die Debatte um Sterbehilfe bzw. den assistierten Suizid emotional enorm aufgeladen, wobei man immer wieder in den Talkshows den Satz zu hören bekommt, wie ein Credo: „Weil ich immer selbstbestimmt gelebt habe, deshalb will ich auch selbstbestimmt sterben.“ Oder auch: „So wie ... so auch...“ Und niemand bemerkt, auch der Moderator nicht, dass das ein Scheinschluss ist, weil nämlich Selbstbestimmung im ersten Teil des Satzes etwas ganz anderes bedeutet als Selbstbestimmung im zweiten Teil. Ja, hätte ich mir mein Leben selbst gegeben aus Selbstbestimmung, wäre ich hier wenigstens gefragt worden, dann würde dem eine eigenmächtige Beendigung des Lebens in gleicher Selbstbestimmung entsprechen. Vielmehr habe ich nur mein mir *schon gegebenes* Leben selbstbestimmt gestaltet, was gut ist, wenn es so war. Zwischen dem „weil“ und dem „deshalb“ bzw. dem „so wie“ und „so auch“ besteht keine Entsprechung und daher auch keine Konsequenz.

Ich will diese Spuren aber nicht weiterverfolgen. Ich wollte nur zeigen, dass Luthers Text mit seinem hydraulischen Bild – wie ich es genannt habe – bis zu ganz aktuellen Beobachtungen und Überlegungen führt. Denn was hinter diesem ganzen Treiben der Zeitgenossen, hinter ihren Reaktionen auf das unvermeidliche Schwächerwerden steht, ist ja nichts anderes als der von Luther in seiner plastischen Sprache benannte Drang, sich aus eigener Kraft aufzublasen. Der zweite Teil des Bildes ist Diagnose auch und gerade unserer Zeit, und so könnte der erste Teil deren Therapie sein. „Wo Menschenkraft ausgeht, da geht Gottes Kraft ein, so der Glaube da ist und wartet des" – wenn das zur Geltung käme, dann würde sich vieles in der modernen Szene zumindest entkrampfen: die Angst vor dem Altern, vor dem Schwach- und Abhängigwerden, auch vor der Demenz samt allen Versuchen, dem Zahn der Zeit zu entkommen. Und auch für das Thema der Sterbehilfe wäre es ein Segen, wenn Luthers Einsicht sich hier auswirken könnte.

Aber das sind weitreichende Wünsche, die in der gegenwärtigen Mentalitätslage wohl vorerst illusorisch bleiben. Nicht illusorisch ist aber der Wunsch, dass der Segen, der in diesem Spruch ausgesagt ist, erst einmal uns persönlich erreicht. Die christliche Existenz, ich sagte es schon, ist nicht nur eine Sache von Worten und Interpretationen, sondern es geht zutiefst um das Verhältnis von Kräften, die das Leben bestimmen und real verändern. Und die Kraft, der wir uns überlassen dürfen, ist die Kraft des Schöpfers, aus der alle Dinge hervorgegangen sind, erhalten werden und ihrem vom Schöpfer vorgesehenen guten Ende entgegengeführt werden. „Wo des Menschen Kraft ausgeht, da geht Gottes Kraft ein, sofern der Glaube da ist und wartet des." Das ist gewisslich wahr. Amen.

Gottesdienst zum Sonntag Rogate 2011 im Melanchthon-Haus in Jena. Predigt über Lk 11,5–13 und Jer 29,13b–14a

Liebe Melanchthongemeinde, liebe Tauffamilie!

Da meine Predigt zugleich Taufansprache sein soll, haben wir zwei Texte, die aber sehr gut zusammenpassen. Der reguläre Predigttext zum Sonntag Rogate steht bei Lukas im 11. Kapitel, Verse 5–13. Er handelt vom Gebet und lautet:

Und er (Jesus) sprach zu ihnen: Wenn jemand unter euch einen Freund hat und ginge zu ihm um Mitternacht und spräche zu ihm: Lieber Freund, leih mir drei Brote; denn mein Freund ist zu mir gekommen auf der Reise, und ich habe nichts, was ich ihm vorsetzen kann, und der drinnen würde antworten und sprechen: Mach mir keine Unruhe! Die Tür ist schon zugeschlossen, und meine Kinder und ich liegen schon zu Bett; ich kann nicht aufstehen und dir etwas geben. Ich sage euch: Und wenn er schon nicht aufsteht und ihm etwas gibt, weil er sein Freund ist, dann wird er doch wegen seines unverschämten Drängens aufstehen und ihm geben, soviel er bedarf. Und ich sage euch auch: Bittet, so wird euch gegeben; suchet, so werdet ihr finden; klopfet an, so wird euch aufge-

tan. Denn wer da bittet, der empfängt; und wer da sucht, der findet; und wer da anklopft, dem wird aufgetan. Wo ist unter euch ein Vater, der seinem Sohn, wenn er ihn um einen Fisch bittet, eine Schlange für den Fisch biete? Oder der ihm, wenn er um ein Ei bittet, einen Skorpion dafür biete? Wenn nun ihr, die ihr böse seid, euren Kindern gute Gaben geben könnt, wieviel mehr wird der Vater im Himmel den heiligen Geist geben denen, die ihn bitten!

Die Eltern der kleinen Charlotte Elisabeth haben, schon vor Monaten, einen Spruch aus dem 29. Kapitel des Jeremiabuches für den Täufling ausgesucht. Er lautet:

Wenn ihr mich von ganzem Herzen suchen werdet, so will ich mich von euch finden lassen, spricht der Herr.

Man könnte fast vermuten, dass Jesus dieses Prophetenwort im Gedächtnis gehabt hat, als er seinen Zuhörern zurief: „Bittet, so wird euch gegeben; suchet, so werdet ihr finden; klopfet an, so wird euch aufgetan!" Dass wir *heute* diese beiden Texte zugleich haben, ist freilich der reine Zufall, weil nämlich aus äußeren Gründen nur dieser Sonntag für die Taufe infrage kam.

Nehmen wir uns zunächst den Text aus dem Lukasevangelium vor.

Wenn man ihn so hört oder wieder einmal hört, denn er ist ja ziemlich bekannt, dann regt sich vermutlich auch etwas Widerspruch. Und zwar an zwei Stellen. Jesus sagt, so sieht es doch aus, mit absoluter Gewissheit die Erfüllung von Bitten zu, die wir im Gebet vor Gott bringen. Die Personen, die hier um etwas bitten - der Freund, der um Mitternacht kommt, und das Kind -, erhalten ja genau das, worum sie bitten: Brot, Fisch, Ei. Auf der menschlichen Ebene, wenn wir uns also gegenseitig um etwas bitten, mag das wohl so aufgehen, oft jedenfalls. Man gibt, sofern man kann, das Erbetene entweder gern und selbstverständlich wie der Vater am Ende des Textes oder man gibt, weil Druck gemacht wird und man sich weiteren Ärger ersparen will, wie in dem Gleichnis vom bittenden Freund am Anfang des Textes. Aber lässt sich das so ohne weiteres auf das Gebet übertragen, also in die Dimension, wo Gott und Mensch miteinander zu tun bekommen? Ja, schön wär's, möchte man sagen. Oder: zu schön, um wahr zu sein. Hier haben wir also Schwierigkeiten. Jeder hat sie. Es gibt doch zu viele nicht erhörte Gebete, so scheint es jedenfalls. Ich komme gleich darauf zurück.

Der andere Punkt, der zum Widerspruch reizt, zumindest aber überrascht, ist der Schluss des Ganzen. Da wird uns plötzlich der Heilige Geist versprochen, wieder in genauer Entsprechung zur Bitte. Aber wollten wir den denn überhaupt? Wie passt denn das zu Brot, Fisch und Ei? Gewiss, im Gottesdienst wird des öfteren Gott gebeten, seinen Geist zu senden in unsere Versammlung oder in unsere Herzen. Aber auf unserer normalen Wunschliste steht der Heilige Geist nicht. Wir haben Mangel an vielen handfesten Dingen, wir haben ganz vitale Wünsche, mit denen wir wohl auch Gott bestürmen, aber dass jemand sich darüber beklagt, den Heiligen Geist nicht zu haben oder zu wenig davon – an einen solchen Fall kann ich mich nicht erinnern. Bei Matthäus, der diesen Text ebenfalls überliefert, lautet der Vers auch etwas anders. Da heißt es: „Wenn nun ihr, die ihr böse seid, dennoch euren Kindern gute Gaben geben könnt, wieviel mehr wird euer Vater im Himmel *Gutes* geben denen, die ihn bitten." Jesus dürfte eher *so* gesprochen haben. Lukas interpretiert, indem er den Heiligen Geist einsetzt. Dieser Geist, der Geist Gottes selber, ist ihm offenbar die beste aller guten Gaben oder der Inbegriff alles Guten. Wir werden noch sehen, wie sinnvoll und hilfreich dieser Gedanke ist, der uns zunächst fremdartig vorkam.

Doch greifen wir erst einmal das Thema der Gebetserhörung und damit auch der nicht erhörten Gebete auf. Danach reden wir von der Gabe des Heiligen Geistes, und das wird uns dann alsbald zum Taufspruch führen.

Als Christen bitten wir Gott grundsätzlich um alles, und wir dürfen das auch. Genauer: wir bitten um alles, was recht ist. Rachegebete, etwa den bösen Nachbarn betreffend – Gott möge ihm doch mal so richtig eins draufgeben –, sind nicht erlaubt, so verständlich der Wunsch manchmal sein mag. Aber sonst können wir um alles bitten, was eine gute Gabe sein kann, eine Wohltat für uns und andere. Jedes Fürbittengebet am Schluss des Gottesdienstes gibt unbeabsichtigt einen Überblick über solche Wohltaten: für Einzelne, für die Gemeinde, für die Gesellschaft, für die Welt.

Wenn es nun tatsächlich so kommt, wie der Gebetswunsch lautete, dann wird man als Christ sagen: Mein Gebet ist erhört worden. Und man wird Gott dafür danken. So geht es mir zum Beispiel mit diesem wunderbaren Enkelkind. Das wünschte ich mir – und nicht nur ich –, und da ist es nun, Gott sei Lob und Dank! Wenn nun aber einer kommt und sagt: Nein, nein, mit Gott und Gebetserhörung hat das nichts zu tun; es ist der reine Zufall, denn es hätte ja auch anders kommen können, wie es leider oft genug geschieht, dann bin ich dagegen natürlich machtlos. Beweisen lässt sich hier grundsätzlich nichts.

Man hat freilich immer wieder versucht, die Wirksamkeit von Gebeten mit Tests, Experimenten und Statistiken nachzuweisen, und das grenzte nicht selten ans Lächerliche. Englische Versicherungsgesellschaften wollten wissen, ob Leute, für deren Gesundheit und langes Leben regelmäßig gebetet wird, wie besonders für die königliche Familie, im Schnitt länger leben als andere. Dann würde sich die Versicherung von Christen besonders lohnen, und den Atheisten könnte man vielleicht höhere Beiträge abknöpfen. Aber obwohl die derzeitigen Windsors hier Anlass zum Optimismus geben – die Queen ist 85, der Herzog von Edinburgh ist fast 90, und Queen Mum wurde über 100 –, ergibt sich in the long run, also rückwärts bis etwa zu Heinrich VIII, für die Royals keine positive Bilanz. Und wenn es doch so wäre, dann könnte man sagen: Die hatten ja auch immer die besseren Ärzte, obwohl das in früheren Zeiten auch nicht immer von Vorteil gewesen sein muss. Amerikanische Forscher – um noch so etwas Schräges anzuführen – wollen statistisch nachgewiesen haben, dass ungläubige Nichtraucher zwar länger leben als ungläubige Raucher, aber doch eine kürzere Lebenserwartung haben als fromme, also betende, Qualmer. Ich befürchte, hier ist Wunschdenken im Spiel, obwohl mir als Pfeiferaucher dieses Ergebnis willkommen wäre. Nein, wissenschaftlich exakt zu beweisen ist hier nichts.

Ja, nützen dann Gebete überhaupt etwas, wenn ihr „Erfolg" unsicher ist? So wird ja immer gleich gefragt. Dazu möchte ich dreierlei bemerken:

Erstens: Die Auskunft „Schaden kann es ja auch nicht, also versuch es einfach, besser ist besser!" taugt nicht viel. Mit Gott sollte man nicht experimentieren. Das Gebet muss aus dem Herzen kommen, nicht aus einem Kalkül nach dem Schema „sicher ist sicher". Man kann nicht hypothetisch beten, jedenfalls nicht als Methode. In der Not freilich betet mancher: „Gott, wenn es dich gibt, dann hilf hier!" Aber auch das kommt ja dann aus dem Herzen und ist ernst gemeint. Nicht ernst gemeint war dagegen jenes hypothetische Gebet, das Voltaire vorgeschlagen haben soll: „Gott, wenn es dich gibt, rette meine Seele, wenn ich eine habe!"

Zweitens: Wer das Gebet allein beurteilt unter dem Gesichtspunkt der Übereinstimmung zwischen Gebetsanliegen und dem, was danach geschieht, sieht die Sache doch etwas einfältig an und handelt sich überdies Probleme ein. In einer Betrachtung zum Thema Gebetserhörung fand ich folgendes Beispiel: Ein Schuljunge betet, Gott möchte doch dafür sorgen, dass die Mathearbeit am nächsten Dienstag ausfällt. Sicher auch ein verständlicher Wunsch. Was passiert? Am Dienstagvormittag wird ein Kind des Lehrers angefahren und in die Klinik gebracht. Der Lehrer eilt sofort hin, und die Mathearbeit fällt aus. Ja, sollte das Gebetserfüllung sein? Sicher nicht! Denn *das* hatte der Junge ja nicht gewollt. Was lehrt uns das Beispiel? Es zeigt: Wenn wir auf der genauen Erfüllung eines Gebetswunsches bestehen wollten, dann müssten wir, da jedes Ereignis im Zusammenhang mit anderen Ereignissen steht, nur ein Glied in einer Ereigniskette ist, Gott zugleich sagen, wie er es genau machen soll. Wir müssten ihm Regeln zwecks Vermeidung von „Kollateralschäden", wie das in der Sprache des Militärs heißt, vorhalten. Und da merkt nun jeder: Das wäre ein ganz unwürdiger Umgang mit Gott. Wir müssen ihm schon das ganze unendliche Geschehen überlassen, das er in Händen hält, im Vertrauen auf seine unerforschliche Weisheit und Güte, auch wenn uns das oft schwerfällt. Jedes echte Gebet führt schließlich zur vertrauensvollen Hingabe unseres Willens an seinen Willen. Und schon deshalb ist

drittens kein Gebet einfach nutzlos oder sinnlos, egal ob und wie es erhört wird. Im Gebet wird man Realist und stellt sich der Wahrheit. Im Gebet erkennt man seine Schwäche, seine Hilfsbedürftigkeit, seine Abhängigkeit, seine Grenzen, und man erkennt das alles nicht nur, man erkennt es auch an – und ist zugleich dankbar für die Möglichkeiten, die man innerhalb seiner Grenzen immer noch hat. Im alltäglichen Leben kann man ja versuchen, den großen tonangebenden Boss zu spielen, obwohl das auf die Dauer da auch nicht gut geht. Vor Gott, wenn man ihn anredet im Gebet, hört alle Schauspielerei und alle Selbsttäuschung auf. Im Gebet bringen wir unser Leben in die Wahrheit. Denn hier nehmen wir wissentlich und willentlich genau diejenige Position ein, die uns im Gefüge der Welt, der Wirklichkeit im Ganzen tatsächlich zukommt: nämlich Geschöpfe zu sein, die aus der Kraft des Schöpfers überhaupt da sind und aus seiner Güte ein Leben führen und von ihm Gutes erwarten: Hilfe und Begleitung und auch die Kraft, nun selber auch Gutes zu tun. *Das* passiert im Gebet. *Wir kehren ein in die Wahrheit.* Nicht Gebet und Illusion gehören also zusammen, wie manche meinen, sondern das Gebet gehört zusammen mit Realismus, Wahrhaftigkeit und Wahrheit.

So gesehen sind wir im Gebet nicht nur Bittsteller, sondern auch schon Empfangende. Uns wird Wahrheit und Klarheit zuteil über Gott und unser Leben. Wo das geschieht, ist aber Gott selbst schon zur Stelle. Deshalb spricht Lukas hier vom Heiligen Geist, der uns im Gebet gegeben wird und der ja auch „Geist der Wahrheit" genannt wird. Gegeben wird uns vieles im Leben, aber speziell im Gebet und durch das Gebet kommt der Geist Gottes zu uns, dringt gleichsam in uns ein und bemächtigt sich unseres eigenen Denkens und Fühlens und Wollens. Und das gilt ausnahmslos für jedes ernsthafte Gebet. Das Verlangen des Christen nach dem Heiligen Geist, der uns führen und leiten, stärken und trösten und motivieren möge, wird auf der Stelle erfüllt.–

Damit sind wir schon in die Nähe unseres Taufspruchs gekommen, dem wir uns jetzt zuwenden: „Wenn ihr mich von ganzem Herzen suchen werdet, so will ich mich von euch finden lassen." Wir werden hier angesprochen als Suchende. Und diese Suche nach Gott geschieht vor allem mit dem Herzen.

Freilich ist „Gott" auch eine Aufgabe für das Denken. Das darf nicht ganz übergangen werden. Ich will das nur kurz andeuten. Das Wort „Gott" steht dafür, dass wir mit unserem Denken und Forschen und mit aller Wissenschaft das Rätsel des Daseins, dass überhaupt etwas ist und von uns wahrgenommen wird, nicht ergründen können. Prinzipiell nicht! Unser Denken stößt zwar immer weiter vor mit gut begründeten Theorien von der Evolution, vom Urknall vor 14 Milliarden Jahren, von den Elementarteilchen, aber das Grundrätsel, das wir alle irgendwie spüren, weil es uns überall umgibt – ob wir uns in das ganz Kleine vertiefen oder das ganz Große auf uns wirken lassen, etwa durch einen Besuch des Planetariums – das Grundrätsel des Seins und Bewusstseins wird durch die Wissenschaft nur weiter weg geschoben, es verschwindet aber nicht, wird auch nicht kleiner, sondern eher größer. Das Wort „Gott", das für dieses Rätsel an der

Grenze menschlicher Erkenntnis steht, ist auch und gerade für einen denkenden Menschen unverzichtbar. Das Denken läuft darauf zu. Dass man Religion durch Wissenschaft ersetzen könne, was man hier ja vierzig Jahre lang den Leuten einreden wollte, das ist ein trostloser Traum, der grundsätzlich nicht in Erfüllung gehen kann.

An solchen intellektuellen Anstrengungen muss sich nun nicht jeder intensiv beteiligen. Aber die Suche nach Gott mit dem Herzen – daran kommt keiner vorbei. Durch die Beteiligung des Herzens wird die Suche nach Gott leidenschaftlich. Denn das Herz fragt nach Sinn und Wert, nach Glück und erfülltem Leben. Von dem Kirchenvater Augustin (etwa um 400 n. Chr.) stammt der Satz: „Du (Gott) hast uns auf dich hin erschaffen; und unser Herz ist unruhig, bis es Ruhe findet in dir."

In diesem Prozess des Suchens nach Gott mit dem Herzen stehen wir von Anfang an. Wir setzen ihn nicht willkürlich in Gang, wir können ihn höchstens willkürlich abbrechen – ob auf Dauer, sei dahingestellt; denn mancher, der meint, er sei mit Gott ein für allemal fertig, findet ihn dann schließlich doch noch. Es gibt nämlich Gott sei Dank auch ein Finden ohne ausdrückliches Suchen.

Bei diesem Suchen des Herzens nach Gott muss auch nicht immer gleich ausdrücklich von Gott die Rede sein. Eine Lehrerin, wurde mir erzählt, ließ die Zehnjährigen malen, was ihnen das Wichtigste wäre. Was kann man da malen? Vielleicht Autos oder – besser – Vater, Mutter und Kind einträchtig beisammen? Ein Junge war nach wenigen Sekunden fertig. Er hatte einen blauen Kringel gemalt, so ein wolkenartiges Gebilde. Was denn das sei? „Das ist meine Seele", sagte er, „denn wenn ich die nicht hätte, wüsste ich gar nicht, wer ich bin." Ein angehender Philosoph! Oder auch Theologe! Denn wer die Seele findet, das eigene Seelesein und damit auch das der anderen – und das findet man ja auch nur, wenn man mit dem Herzen sucht – der findet wohl auch noch Gott. Ohne das Finden der Seele wäre die Rede von Gott jedenfalls unverständlich. Es gibt viele Schritte in die richtige Richtung. Dem Gott suchenden Herzen kommen viele Personen zu Hilfe, so sollte es jedenfalls sein: Eltern und Paten, Großeltern, hier sogar noch zwei Urgroßmütter, dazu weitere Verwandte, später dann Religionslehrer und Pfarrer oder Pfarrerinnen samt Gemeinde, und etliche unvermutet auftauchende Personen. All diese Helfer auf dem Weg sind umso wichtiger, als uns ja auch viele andere in die Quere kommen: Zyniker, Menschenverächter, Nihilisten, Religionsfeinde, Agnostiker und dazu noch Phantasten und Spinner aller Art, Geister, die wir gar nicht abwimmeln können und auch nicht sollen; das ergäbe eine engstirnige christliche Erziehung, die am Ende das Gegenteil von dem erreicht, was sie wollte. Umso wichtiger ist es, dass eben auch die richtigen Ansprechpartner zur Stelle oder in greifbarer Nähe sind, Menschen, die zwar auch ihre Zweifel haben, die aber zugleich in die richtige Richtung weisen, nämlich dorthin, wo Gott sich zu erkennen gegeben hat.

Denn das dürfen wir uns vor allem sagen lassen: Gott kommt uns *selbst* entgegen, er selbst will sich finden lassen. Das beginnt mit der Taufe, in der er uns in die Gemeinschaft mit sich und mit allen Christenmenschen weltweit beruft. Die Taufe ist der Beginn eines Lebens mit Gott. Und an diesen Beginn sollte immer wieder erinnert werden.

Dann aber kommt alles darauf an, dass wir dahin blicken, wo Gott sich selber sichtbar und erfahrbar gemacht hat, in Jesus von Nazareth, dem Sohn, in dem Gott Mensch geworden und als Liebe offenbar geworden ist. Das Gott suchende Herz wird dort fündig, wo es als Herz angerührt wird. Und das schafft dieser Mann aus Nazareth, der sich der Kranken angenommen hat, der die Ausgegrenzten in das Reich Gottes hineingenommen hat, der sich mit den Hartherzigen und Seelenverderbern seiner Zeit angelegt hat, der dem Glauben, der Liebe und der Hoffnung eine Sprache gegeben hat in seinen Gleichnissen und im Vaterunser, der für uns gelitten und sein Leben hingegeben hat und der – so glauben wir aufgrund der Osterbotschaft – von Gott bestätigt worden ist. An dieses leuchtende und ergreifende Bild Jesu können sich dann noch viele kleinere Bilder anschließen von Menschen, die ihm nachgefolgt sind und die ebenfalls unser Herz bewegen. So lässt Gott sich finden. Und so wird er gefunden. Immer wieder.

Liebe Freunde! Was haben wir gemacht in dieser Predigt? Wir haben vom Bittgebet gesprochen und gesehen, dass kein ernsthaftes Gebet ohne Gabe, nämlich die Gabe des Geistes, bleibt. Wir haben von der Suche nach Gott gesprochen, mit dem Verstand und vor allem mit dem Herzen, und haben gesehen, wo und wie Gott sich finden lässt, nämlich in Christus, der unser Herz am stärksten berührt. Obwohl das an sich schon genug war, möchte ich Ihnen und Euch zum Schluss noch einen Gedanken mitgeben, über den ich weiter nachzudenken bitte.

Unter denjenigen, die heute intellektuell tonangebend sind, gibt es nicht wenige, die meine Predigt etwa so kommentieren könnten: Na, dann sucht mal schön! Das hält euch wach und beweglich. Aber glaubt nicht, dass ihr jemals finden werdet! Bleibt unterwegs, unterwegs sein ist alles, aber erwartet nicht, dass ihr jemals ankommt! Wir stochern doch alle im Nebel herum. Deshalb legt euch nicht fest, auch nicht richtungsmäßig, sondern haltet euch offen nach allen Seiten! Und vor allem investiert nicht zu viel Leidenschaft in euer Suchen, ihr reibt euch nur auf! Sucht also nicht mit ganzem Herzen, halbherzig wäre klüger und reicht schon.

Was ist dazu zu sagen? Gewiss, man muss nicht immer mit Volldampf suchen. Das geht auch gar nicht. Und unser Spruch „Wenn ihr mich von ganzem Herzen suchen werdet..." will auch keinen Leistungsdruck aufbauen, es geht nur um ein

ernsthaftes Suchen. Aber was das Finden*können* betrifft, so gebe ich Folgendes zu bedenken: Wenn wir so geschaffen sind oder so angelegt sind, dass wir überhaupt suchen *müssen* nach Gott, wie Augustin behauptet, wenn man dazu noch in Rechnung stellt, dass die ganze Schöpfung im Menschen, diesem Spätling der Evolution, eine Stimme und Sprache erhält, mit der die Schöpfung nach Gott fragt und ruft und ihn anreden kann, dazu Gefühle, die nach ihm verlangen, dann müsste es mit dem Teufel zugehen, wenn es *keine* Antwort, *kein* Ziel, *kein* Ankommen gäbe. Die ganze Welt wäre dann eine Fehlkonstruktion, in der wir beständig an der Nase herumgeführt würden. Jesus war offensichtlich nicht dieser Meinung. Der Zusammenhang von Suchen und Finden ist für ihn durch den Schöpfer, den himmlischen Vater selbst garantiert. Auf *diesem* Hintergrund ist es dann geradezu realistisch und höchst vernünftig, wenn er sagt: „Bittet, so *wird* euch gegeben; suchet, so *werdet* ihr finden; klopfet an, so *wird* euch aufgetan!"
Amen.

Gottesdienst mit Taufe zum 21. Sonntag nach Trinitatis 2015 im Melanchthon-Haus in Jena. Predigt über Mt 5,43–48 und Mt 7,7

Ihr habt gehört, dass gesagt ist: „Du sollst deinen Nächsten lieben" und deinen Feind hassen. Ich aber sage euch: Liebet eure Feinde und bittet für die, die euch verfolgen, damit ihr Kinder seid eures Vaters im Himmel. Denn er lässt seine Sonne aufgehen über Böse und Gute und lässt regnen über Gerechte und Ungerechte. Denn wenn ihr liebt, die euch lieben, was werdet ihr für Lohn haben? Tun nicht dasselbe auch die Zöllner? Und wenn ihr nur zu euren Brüdern freundlich seid, was tut ihr Besonderes? Tun nicht dasselbe auch die Heiden? Darum sollt ihr vollkommen sein, wie euer Vater im Himmel vollkommen ist.

Liebe Gemeinde! Liebe Tauffamilie!

Dieser recht bekannte Text ist für mich mit einer Erinnerung verbunden, die 55 Jahre zurückreicht, bis in die ersten Semester meines theologischen Studiums. Die evangelische Studentengemeinde der Universität Heidelberg hatte den dort lehrenden Philosophen Karl Löwith zu einem Vortragsabend eingeladen. Löwith sprach zu dem Thema: „Warum ich kein Christ bin". Seine Begründung, weshalb er kein Christ sein könne, war, er könne nicht vollkommen sein, wie unser Text es erwartet. Nächstenliebe sei schon eine ziemliche Anforderung, aber nun auch noch Feindesliebe! Das sei etwas für Heilige, und ein Heiliger sei er nicht. Er hielt es für seine Person mit den griechischen Philosophen, besonders mit den Stoikern mit ihrer Empfehlung, „nach der Natur zu leben". Und Feindesliebe sei eben gegen die menschliche Natur.

Diese Begründung hat mich damals beeindruckt, aber auch etwas irritiert. Hier musste er doch irgendetwas falsch verstanden haben. Aber was? Ich hatte auch eine ganz andere Antwort erwartet. Löwith hätte sich darauf berufen können, dass man ihm wegen seiner jüdischen Herkunft im sogenannten christlichen Abendland übel mitgespielt hatte. Er verlor, obwohl er protestantisch getauft war, schon 1933 seine Lehrerlaubnis in Freiburg, wich zunächst nach Italien aus, dann nach Japan und nachdem Japan 1941 zum Kriegsverbündeten des Hitler-Reiches wurde, in die USA. Wenn er gesagt hätte, wegen dieser Erfahrungen sei es ihm nicht gegeben, Christ zu sein, dann hätte jeder das verstanden. Stattdessen diese prinzipielle Absage: das Christsein sei wider die Natur, da es Unmögliches verlange. Und das tat mir auch weh. Denn an sich schätzte ich den Mann sehr – schon wegen seiner Bücher –, obwohl er gelegentlich ironische Bemerkungen über die Theologen in seine mit leiser Stimme vorgetragenen Vorlesungen einfließen ließ, wie etwa diese: „Ich habe gehört, dass im theologischen Seminar wieder ein Buch geklaut wurde, das Kittelsche Wörterbuch zum Neuen Testament. Man sagt, es war ein Theologe. Vielleicht war es auch ein Christ."

Aber die entscheidende Frage ist ja nun, ob er in der Sache recht hat,wenn er behauptet, Feindesliebe sei eine unmögliche Zumutung, so dass man seine Natur, seine wirklichen Gefühle verleugnen müsste, vielleicht auch heucheln müsste, wenn man meint, man sei zur Feindesliebe fähig. Wir fragen ja auch selber: Den Feind *lieben*, wie soll das eigentlich gehen? Sollen wir uns verrenken, aus unserem Herzen eine Mördergrube machen? Und denken wir an die Christen in Syrien und im Irak, die gerade von diesen fanatischen Islamisten verfolgt werden, wie sollen sie diese Mörderbande lieben? Feindesliebe ist schon ein delikates Thema. Und hätte Löwith recht, dann müssten wir uns auch fragen, auf was für einen Weg wir denn den kleinen Johann Christoph schicken, den wir heute taufen werden. Legen wir ihm eine Last auf, die er nicht tragen kann? Muss er, wenn er denn Christ werden soll, sich verbiegen?

Was heißt denn Feindesliebe? Nun sagt Jesus zum Glück selbst, was er mit Feindesliebe wie auch mit der Nächstenliebe meint, er sagt es in diesem Text und an anderen Stellen. Und da ist festzustellen, dass das zunächst einmal gar nicht so viel mit Gefühlen zu tun hat, sondern mit ganz konkretem Verhalten gegenüber den Feinden wie allen Menschen. Liebet eure Feinde heißt z.B.: Bittet für sie! Nicht dafür, dass ihre Anschläge gelingen, sondern doch wohl, dass sie zur Einsicht kommen und das auch zu ihrem eigenen Wohl. Nicht zu hassen, heißt entsprechend: sich nicht rächen wollen, auf Vergeltungsaktionen Auge um Auge und Zahn um Zahn zu verzichten – wobei übrigens diese Formel, die als Inbegriff des Vergeltungsdenkens, des Nicht-vergeben-Könnens gilt, schon im Alten Testament eine maßvolle Einschränkung des Vergeltens meint, gegen eine maßlose Rache, etwa an der ganzen Sippe des Täters. Das war also schon ein wesentlicher Schritt in Richtung Humanisierung der Verhältnisse, besonders des Rechts. Aber er reicht noch nicht im Sinne Jesu und der christlichen Ethik. „Lass dich nicht überwinden vom Bösen, sondern überwinde das Böse mit Gutem" - unser Wochenspruch -, das ist die bessere Formel. Und man sage nicht, dass das ganz unmöglich sei. Denn wo immer, wenn es auch selten ist, der Automatismus von Schlag und Gegenschlag überwunden wird, so dass es schließlich sogar zu einer Versöhnung zwischen verfeindeten Parteien oder Völkern oder Familien kommt, da hat sich meistens auch schon irgendjemand nach dieser besseren Regel verhalten, auch wenn er sie gar nicht im Kopf hatte, er hat sich nicht vom erfahrenen Bösen das Gesetz des Handelns geben lassen.

Noch ein weiteres Beispiel gibt unser Text, sogar ein sehr leicht zu befolgendes: Wir sollen uns nicht nur gegenüber unseren Brüdern, die uns ohnehin nahestehen und sympathisch sind, freundlich verhalten. Im Urtext steht sogar: „sie freundlich grüßen." Auch das ist machbar. „Mit freundlichem Gruß" schreiben wir unter fast jeden Brief, auch wenn er an jemand gerichtet ist, den wir nicht mögen oder mit dem wir schlechte Erfahrungen gemacht haben.

Und dann gibt es ja noch einen viel besseren Anschauungsunterricht zum Thema Nächstenliebe und Feindesliebe. Nämlich das Gleichnis vom barmherzigen Samariter. Da wird unter dem Titel Nächstenliebe faktisch ein Fall von Feindesliebe erzählt. Denn Samariter und Juden waren sich ja spinnefeind, vor allem aus religiösen Gründen. Und es ist eben ein Samariter, der dem unter die Räuber gefallenen Juden, der da halbtot am Wege von Jerusalem nach Jericho auf dem Boden liegt, hilft, nachdem zuvor ein Priester und ein Levit achtlos an ihm vorübergegangen waren. Es wird nicht gesagt, dass er, der Samariter, besondere Sympathie für den verwundeten Juden entwickelte. Jesus beschreibt nur minutiös, was er tat: Er erbarmte sich, goss Öl und Wein auf die Wunden, verband den Verletzten, setzte ihn auf sein Lasttier, brachte ihn in eine Herberge und bezahlte den Wirt, damit er ihn weiter pflegt.

So also sieht Feindesliebe aus. Feindesliebe ist auch nicht etwas ganz anderes oder Höheres als Nächstenliebe, sondern ein Teil von ihr, ein Spezialfall und Ernstfall von Nächstenliebe. In dieser Geschichte vom barmherzigen Samariter, die der Mann aus Nazareth ersonnen hat und die eine außerordentlich segensreiche Wirkung hatte und immer noch hat, ist das ganze christliche Ethos anschaulich dargestellt. Lest sie nach, sie steht bei Lukas im 10. Kapitel, und bewundert sie Wort für Wort! Wo diese Geschichte sich einprägt, nicht nur ins Gedächtnis, sondern ins Gemüt, da wird es besser in der Welt. Wieviel besser, weiß ich nicht, aber es wird besser.

Mit dem Aufruf zur Feindesliebe ist also eine bessere und heilsame Praxis gemeint, die sich von eingefleischten Verhaltensweisen nach dem Schema „Wie du mir, so ich dir" unterscheidet, freilich eine Praxis, die sich an einer Gesinnung orientiert, wie sie in dem Satz des Apostels „Lasst euch nicht überwinden vom Bösen, sondern überwindet das Böse mit Gutem" zum Ausdruck kommt. Es mag wohl sein, kommt auch oft vor, aber nicht immer, dass sich daraus am Ende auch das Gefühlsleben des Menschen verändert, dass aus Feinden wirklich Freunde werden, die sich in den Armen liegen. Aber man kann nicht mit einem Appell an das Gefühl beginnen. Das hat offenbar Löwith missverstanden an unserem Text. In Sachen des Gefühls lässt sich ja auch gar nichts gebieten oder gar befehlen. Es wäre die denkbar falscheste Auslegung unseres Textes, wenn ich Ihnen und euch empfehlen würde: Nehmt euch mal jeder für sich so ein richtiges Ekelpaket von Mitmensch vor und macht den zur Nagelprobe eurer Nächstenliebe. Vielmehr soll man ihn freundlich behandeln, vielleicht verliert er dann irgendwann auch seine Widerwärtigkeit.

Nun gibt unser Text dieser besseren Ethik der Nächstenliebe einschließlich Feindesliebe auch noch eine theologische Begründung. Man kann fragen, ob das überhaupt noch nötig ist. Im Gleichnis vom barmherzigen Samariter kommt Gott ja auch gar nicht vor; nur in der Rahmenerzählung kommt er vor, nicht aber im Gleichnis selber; Jesus rechnet auf unmittelbare Zustimmung. Und es ist ja auch klar: Wenn es immer nur nach dem Schema „Wie du mir, so ich dir" und nach dem Kreislauf von Gewalt und Gegengewalt zugeht, dann ändert sich nichts zum Besseren, nichts in Richtung auf Frieden und Versöhnung. Und weil das allgemein plausibel ist, deshalb befürworten auch manche Nichtchristen die christliche Ethik, soweit sie uns hier in den Blick gekommen ist. Sie wird auch von nicht gläubigen Humanisten vertreten, weil ja alle Menschen Brüder seien. Und das können wir als Christen auch nur begrüßen. Ethisch sind wir nicht allein. Aber wir haben es auch erlebt, dass diese ganz allgemeine Brüderlichkeit und die darauf gestützte unbeschränkte Nächstenliebe als „Humanitätsduselei" verunglimpft wurde. Nämlich von den Nazis. Es gelte das Recht des Stärkeren wie sonst in der Natur, es gelte das Recht des vornehmer, nämlich arisch Geborenen. Gut sei, was dem Volke nützt, womit aber nur das eigene Volk gemeint war. Und da sind die Leute reihenweise umgefallen und haben sich wieder verhalten wie nach unserem Text die Heiden.

Deshalb ist es gut, dass unser Text über das allgemeine Wohlfahrtskalkül hinausgeht und die Ethik der Nächsten- und Feindesliebe über eine theologische Begründung mit dem Glauben an Gott verbindet und ihr damit ein festes Fundament und eine besondere Tiefendimension gibt. Die Begründung lautet: „Ihr sollt vollkommen sein, wie euer Vater im Himmel vollkommen ist."

Das klingt nun wieder überzogen. Wie kann ein Mensch vollkommen sein? Nobody is perfect, das wissen wir doch. Kurz vor dem Reformationstag denken wir auch an Luther, der als Mönch nach Vollkommenheit strebte und daran fast zerbrach, weil er sie nicht erreichen konnte. Bis ihm aufging, dass Unvollkommenheit und Christsein, Unvollkommenheit und Angenommensein von Gott sich nicht ausschließen. Man bleibt ja immer etwas schuldig. Und so kann auch der Kleptomane, über den Löwith sich lustig machte, durchaus ein Christ gewesen sein. Wohlgemerkt: nicht die Kleptomanie ist christlich, aber der Kleptomane kann es sein wie jeder, der von einer Manie oder Phobie befallen ist. Quer dazu steht nun dieser Satz: „Ihr sollt vollkommen sein." Aber von Vollkommenheit ist in unserem Text, wenn man genau hineinschaut, nur in einem ganz bestimmten und zugespitzten Sinne die Rede, von unserer Vollkommenheit wie von der Vollkommenheit Gottes, die wir gleichsam abspiegeln sollen. Und worin besteht hier Gottes Vollkommenheit?

Wenn sonst von Gottes Vollkommenheit die Rede ist, dann denkt man nach christlicher Lehre an die großen und Gott allein zukommenden Eigenschaften Gottes: Er ist allmächtig, allwissend, allgegenwärtig und von vollkommener Güte. Der Text schließt sich nur an Letzteres an. Die Vollkommenheit Gottes äußert sich darin, dass er „seine Sonne aufgehen lässt über Böse und Gute und regnen lässt über Gerechte und Ungerechte". Das will sagen: Gott ist *allen* Menschen zugewandt, unabhängig von ihrer Würdigkeit. Schon in der Schöpfung, die *alle* leben lässt und ihnen das zum Leben Notwendige gibt – Sonnenschein und Regen, Licht und Wasser sind die Bedingung, dass die Erde ihre Frucht hervorbringt – kommt Gottes Gnade zur Wirkung, wie sie dann im Wort von der Versöhnung vollends klar wird und auch sprachlich auf den Punkt gebracht wird. Dass er auch über Böse und Ungerechte seine Sonne scheinen und regnen lässt, sie nicht benachteiligt oder gar vom Erdboden vertilgt, wie man es sich manchmal wünschen mag, bedeutet, dass er *allen* eine Chance gibt. Nämlich die Chance, Gott zu erkennen als den liebenden Vater und sich selbst zu erkennen als seine Kinder, die untereinander Brüder und Schwestern sind, und entsprechend zu leben. Dass er so allen eine Chance gibt, das ist hier Gottes Vollkommenheit. Und der sollen und können wir entsprechen in einer Praxis der Nächstenliebe einschließlich Feindesliebe. Das ist die Verankerung unserer Ethik im Glauben. Damit rundet sich alles, und der Text ist ausgeschöpft.

Bleibt nur noch eine Frage unsererseits über den Text hinaus. Ich sagte: Gott gibt allen eine Chance, nämlich ihn und sich im Glauben zu erkennen. Aber wie können sie oder auch wir selber diese Chance ergreifen? Niemand kann ja beschließen zu glauben, die Wahrheit des Glaubens muss sich ihm erschließen, und das liegt letztlich nicht in unserer Hand. Es gibt auch viele, die sagen: ich würde gern glauben, aber es ist mir nicht möglich. Denn in der Welt gibt es ja nicht nur Sonnenschein und Regen, sondern auch Katastrophen und Verbrechen, Unglück noch und noch.

Hier darf ich nun abschließend den Taufspruch für den kleinen Johann Christoph einbringen, ebenfalls aus der Bergpredigt. „Bittet, so wird euch gegeben; suchet, so werdet ihr finden; klopfet an, so wird euch aufgetan!" Das ist eine Verheißung, das Versprechen, dass Gott sich finden lassen will. Übrigens, als ich vor viereinhalb Jahren hier die kleine Charlotte, Johanns Schwester, getauft habe, war dieser Spruch der reguläre Predigttext. Und so darf ich jetzt einen Gedanken von damals wiederholen. Ich habe mich auf den bekanntesten Spruch des Kirchenvaters Augustin berufen: dass Gott uns auf ihn hin erschaffen hat und daher unser Herz unruhig ist, bis es Ruhe findet in ihm. Wenn das so ist, wenn wir also immer schon unruhig sind und daher suchen *müssen* nach Gott, wenn es so ist, dass der Schöpfungsprozess – man darf auch sagen: die Evolution – ein Geschöpf hervorgebracht hat, das nach Gott, nach der Wahrheit, nach dem Sinn und Ziel unseres persönlichen und gemeinsamen Lebens fragen *muss*, dann darf man auch annehmen, dass es eine Antwort gibt. Wir wären samt unserer ganzen Welt ein auf Trug angelegtes Projekt, wenn wir immer nur suchen und fragen und anklopfen und bitten müssten, ohne jemals fündig zu werden, wenn wir immer nur unterwegs wären, ohne jemals ankommen zu können. Auf dem Hintergrund dieses Gedankens ist die Verheißung des Taufspruchs durchaus realistisch.

Freilich muss man an der richtigen Stelle suchen, indem man den Blick richtet auf den, der diese Verheißung ausgesprochen hat und dem auch der Predigttext zu verdanken ist. Dass wir unseren Blick auf ihn richten und dort auf die Suche gehen, dafür sind z.B. die Eltern und Paten da, sodann die Religionslehrer und Religionslehrerinnen, Pastoren und Pastorinnen sowie die Gemeinschaft aller Christen, die sich Kirche nennt.

Und wenn schließlich jemand sagt: ich mag nicht mehr suchen, es hat ja doch keinen Zweck, dann gibt es auch hier einen Trost. Denn man kann auch ganz unverhofft finden ohne vorheriges Suchen. So groß ist die Verheißung, so groß ist die Güte Gottes. Amen.

Gottesdienst mit Taufe zum Sonntag Kantate 2019 im Melanchthon-Haus in Jena. Predigt über Apg 16,23–34 und Spr. 2,10–11

Nachdem man sie (Paulus und Silas) hart geschlagen hatte, warf man sie ins Gefängnis und befahl dem Aufseher, sie gut zu bewachen. Als er diesen Befehl empfangen hatte, warf er sie in das innerste Gefängnis und legte ihre Füße in den Block. Um Mitternacht aber beteten Paulus und Silas und lobten Gott. Und die Gefangenen hörten sie. Plötzlich aber geschah ein großes Erdbeben, so dass die Grundmauern des Gefängnisses wankten. Und sogleich öffneten sich alle Türen, und von allen fielen die Fesseln ab. Als aber der Aufseher aus dem Schlaf auffuhr und sah die Türen des Gefängnisses offenstehen, zog er das Schwert und wollte sich selbst töten; denn er meinte, die Gefangenen wären entflohen. Paulus aber rief laut: Tu dir nichts an; denn wir sind alle hier! Da forderte der Aufseher ein Licht und stürzte hinein und fiel zitternd Paulus und Silas zu Füßen. Und er führte sie heraus und sprach: Liebe Herren, was muss ich tun, dass ich gerettet werde?

Sie sprachen: Gaube an den Herrn Jesus, so wirst du und dein Haus selig! Und sie sagten ihm das Wort des Herrn und allen, die in seinem Hause waren. Und er nahm sie zu sich in derselben Stunde der Nacht und wusch ihnen die Striemen. Und er ließ sich und alle die Seinen sogleich taufen und führte sie in sein Haus und deckte ihnen den Tisch und freute sich mit seinem ganzen Hause, dass er zum Glauben an Gott gekommen war.

Liebe Gemeinde! Liebe Tauffamilie!

Um es gleich zu sagen: Ich erwarte nicht, dass Sie glauben, dass diese Geschichte, so wie sie dasteht, tatsächlich passiert ist. Abgesehen von dem Erdbeben, das durch göttlichen Eingriff erfolgt sein soll und uns schon Schwierigkeiten bereitet, enthält die Geschichte auch etliche Unstimmigkeiten. Um nur eine zu nennen: Der Aufseher sieht ja nur die offenstehenden Türen des Gefängnisses, nicht auch die von allen Gefangenen abgefallenen Fesseln; wieso schließt er dann gleich, dass die Gefangenen entflohen seien, statt sich sofort das Licht geben zu lassen und erst einmal nachzusehen? Sicher ist, das wissen wir aus den Briefen des Apostels selbst, dass Paulus und seine Mitarbeiter mehrmals in Gefangenschaft gerieten und übel misshandelt worden sind, an verschiedenen Orten, vielleicht auch in Philippi.

Was macht man aber, wenn man Zweifel an der Historizität einer Geschichte hat und trotzdem darüber predigen will? Das, was sich immer, bei jeder Textauslegung empfiehlt. Man fragt nach der Absicht des Autors, nach der intentio auctoris, wie der Fachausdruck in der historischen Forschung heißt. Was will der Autor?

Der Autor der Apostelgeschichte, Lukas, der auch das entsprechende Evangelium geschrieben hat, will die Apostel und ihre Taten preisen und damit natürlich zugleich Gott, von dessen Geist die Apostel seit Pfingsten erfüllt und geleitet sind. Und sein Hauptheld das ist der Apostel Paulus, der das Evangelium im ganzen östlichen Mittelmeerraum verbreitet, überall neue Gläubige hinzugewinnt und ein Netz von Gemeinden gründet. „Held" ist insofern angemessen, als Paulus – wie auch die anderen Apostel – keine Mühen und Strapazen scheut, in Gefahren nicht wegläuft – wie auch hier nicht: „wir sind alle noch da!" – , überhaupt ein mustergültiger Christ ist und, nicht zuletzt, immer alles richtig macht. Wenn er einmal keinen Erfolg hat, dann liegt es jedenfalls nicht an ihm.

Schauen wir also, was der Apostel *tut* in unserer Erzählung, denn darauf lenkt Lukas unseren Blick. Und versuchen wir, daraus etwas zu lernen, denn die Apostel sollen uns ja auch Vorbilder sein.

„Um Mitternacht aber beteten Paulus und Silas und lobten Gott." Dieses Loben, vielleicht auch das Beten, muss man sich als einen einstimmigen Gesang, als Psalmodieren vorstellen. Das ist auch der Grund, weshalb man diesen Text für den Sonntag Kantate ausgewählt hat. Und zwar beten und loben sie öffentlich – wenn auch in beschränkter, so zu sagen knastinterner Öffentlichkeit, wenn ich mir den Ausdruck erlauben darf; die anderen Gefangenen hören sie, heißt es. Christen verstecken ihre Identität nicht schamhaft; und daran kann man sich ja schon ein Beispiel nehmen. Vor allem aber: Paulus und Silas beten und loben Gott in einer äußerst unangenehmen Situation: die Füße im Block, mit blutenden Wunden und Schmerzen, im Stockdunkeln und mit einer ungewissen Zukunft, sie müssen mit dem Schlimmsten rechnen. Und da beten sie nicht nur, sondern loben Gott!

Ist uns, ist allen Christen das zuzumuten? Das Beten gewiss. „Not lehrt beten", sagt der Volksmund. Und das stimmt nicht nur für Christen, sondern auch für zahllose andere Menschen, auch für solche, die sonst nichts mit Gott anzufangen wissen. Also beten ja, aber auch loben? Das Christentum, lehrt uns der Text, ist eine Religion, in der man Gott auch loben kann und sollte, wenn es einem selbst ganz schlecht geht. Das ist die Botschaft an uns, und das muss auch der Hauptpunkt unserer Predigt sein.

Gott loben, wenn es uns schlecht geht – ist das überhaupt möglich? Ja, aber man darf daraus keine Pflicht machen. Loben, Gott loben kann man ja nur ernsthaft und von Herzen, wenn es etwas gibt, wofür man danken kann. Lob und Dank gehören zusammen. Für Krankheit, Schmerzen, Schicksalsschläge, Verlust, für das ganze Elend, in das man geraten kann, dafür kann man aber nicht danken, sofern man drinsteckt und sich mit Händen und Füßen dagegen wehrt. Danken kann man nur, sofern man von all diesen Übeln verschont wird oder ihnen entkommt, nachdem man sie erlitten hat. Aber von jemand, den es gerade trifft, zu erwarten oder gar zu fordern, er möge nun Gott gefälligst loben, denn Gott loben, das sei ja „unser Amt" als Christenmenschen, das wäre unbarmherzig und unchristlich. Das könnte nur zu innerer Verrenkung und zur Heuchelei führen. Nein, wer gerade leidet, muss dafür nicht danken und loben. Er darf klagen und auch hadern mit seinem Schicksal oder auch mit Gott. Das christliche Gemüt unterliegt zunächst einmal denselben Gesetzen der Gefühlsbewegung, wie es auch bei anderen der Fall ist. So realistisch sah es übrigens auch schon Luther, der in seinen Tischreden im Blick auf den Tod, das größte aller Übel, bemerkt: „Ich sehe die Exempel ungern, dass man gern stirbt; aber die zagen, zittern, erblassen vor dem Tod und gehen dennoch hindurch, die sehe ich gern. Den großen Heiligen geschieht es, dass sie nicht gern sterben. Die Furcht kommt aus der Natur." Und damit ist sie unvermeidbar, will Luther sagen, unvermeidbar wie alle unmittelbaren menschlichen Gefühle.

Und doch ist zu wünschen, dass jemand auch in schlimmer Situation Gott danken und ihn loben kann. Und zwar, wohlgemerkt, nicht *wegen* dieser Situation, aber *in* ihr. Also gleichzeitig und trotzdem.

Nun kann man nicht danken und loben, solange man auf die üble Situation und das damit verbundene Leiden fixiert ist. Also muss man darüber hinausblicken. Dafür gibt es, so scheint mir, vier Möglichkeiten.

Als *Erstes* richtet sich der Blick wohl in die eigene *Zukunft;* denn der Leidende fragt ja: Wann hört das endlich auf? Da mag man ihm sagen oder auch er sich selbst: Es wird nicht so bleiben, es wird wieder besser werden. Außerdem reift der Mensch bekanntlich durch das Leiden und durch seine Krisen, indem er neue Einsichten gewinnt, vielleicht auch eine neue und bessere Haltung zum Leben insgesamt. Aber das sind nur Möglichkeiten, es kann auch ganz anders kommen oder sogar schlimmer. Deshalb ist der Blick in die Zukunft ein etwas wackliger Trost. Danken und Loben kann man vielleicht für Anzeichen einer Wendung zum Besseren, sofern sie sich zeigen. Aber am Ende jeder irdischen Lebensgeschichte steht jedenfalls der Tod. Wohl dem, der eine Hoffnung darüber hinaus hat!

Wir blicken - *zweitens* - in die persönliche *Vergangenheit.* Es war doch nicht immer so, du hast doch auch schon bessere Tage gehabt, für die du Gott danken kannst. Vielleicht hast du ja eine Familie, sogar prächtige Enkelkinder wie ich, worüber du dich freust und dem Schöpfer dankbar sein kannst. Vielleicht auch, wenn du schon in die Jahre gekommen bist und Bilanz ziehst, kommst du sogar zu dem Ergebnis, dass du dich über dein Leben insgesamt eigentlich nicht beschweren kannst. Das hilft sehr viel, denn dann bist du mit deinem Schicksal versöhnt und auch mit Gott, dessen Gnade und Güte du letztlich alles verdankst. Aber man kann sich so eine positive Bilanz auch selbst vermasseln, dann nämlich, wenn man zu viel Ehrgeiz entwickelt und sich zu hohe Ziele gesetzt hat, von deren Erreichen man den Sinn und Wert seines Lebens abhängig gemacht hat. In unserer nicht mehr von Standesgrenzen zerschnittenen Gesellschaft kann man ja im Prinzip alles werden mit entsprechendem Talent und etwas Fortune. Man könnte ein Superstar werden, man könnte irgendwie ganz groß herauskommen, in irgendeiner Sache Champion werden und so weiter. Aber dann klappt es doch nicht, und man fühlt sich als gescheitert, und das vermiest einem dann die Freude an allen kleineren Erfolgen und an dem Glück, das man sonst gehabt hat. Solchen Menschen ist schwer zu helfen. Man braucht also für eine positive Lebensbilanz und entsprechendes Gotteslob ein gewisses Maß an Bescheidenheit und Demut.

Aber es kommt leider auch vor, dass jemand sein ganzes Leben lang soviel Pech hatte, von der Natur benachteiligt wurde, dauernd den Kürzeren gezogen hat, dass ihm beim besten Willen keine positive Bilanz möglich ist. Was dann? Gibt es auch hier noch eine Möglichkeit, Gott zu danken und ihn zu loben?

Ja, es gibt sie! Man kann sich nämlich auch über das Glück anderer Menschen freuen und Gott dafür danken. Das versteht sich nicht von selbst, aber das gibt es. Das ist das *Dritte*, was mir zum Thema Gotteslob und seine Gründe eingefallen ist: Sich für und über andere freuen. Und das gilt natürlich auch für diejenigen, die mit ihrem Leben im Wesentlichen zufrieden sind. Damit ändern wir die Blickrichtung. Wir haben ja den Menschen bisher – beim Blick in die eigene Zukunft und Vergangenheit – isoliert als Einzelwesen betrachtet. Aber wir sind auch soziale Wesen. Wir leben in Gemeinschaft, in kleineren und größeren zwischenmenschlichen Beziehungen und Netzwerken, in familiären, bekanntschaftlichen und freundschaftlichen Kreisen von miteinander verbundenen Personen, die sich füreinander interessieren, sich austauschen und sich gegenseitig helfen, wenn es nötig ist. Und in solchen sozialen Gemeinschaften gedeihen dann auch die sozialen Gefühle: Sympathie, ein sich Mitfreuen und freilich auch Mitleiden. Ich weiß, dass solches Zusammenhalten hier im Osten unserer Republik, gerade in der ehemaligen DDR, recht gut entwickelt war – sofern man sich gegenseitig trauen konnte. Und wo das noch funktioniert, da ist das ein entscheidendes Gegengewicht gegen das Einzelkämpfertum, wie es durch die kapitalistische Konkurrenzgesellschaft in fataler Weise begünstigt wird.

Nicht zuletzt aber ist hier an die *Kirchengemeinde* zu denken, so wie sie schon Paulus charakterisiert hat, indem er sie mit dem menschlichen Leib und seinen aufeinander angewiesenen Gliedern und Organen verglich: „Wenn ein Glied leidet, so leiden alle Glieder mit, und wenn ein Glied geehrt wird, so freuen sich alle Glieder mit.“ So schreibt er im 1. Korintherbrief. Ein großartiges Bild gelingender menschlicher Gemeinschaft, ohne soziale Barrieren und Hierarchien, ohne Neid und Missgunst, ohne geltungssüchtige Leute, die überall den Ton angeben wollen, eine Gemeinschaft, die als Kirchengemeinde ihren tiefsten Grund und Zusammenhalt im Glauben an Jesus Christus hat, weshalb die Kirche ja auch der Leib Christi genannt wird. Wo man in solcher Gemeinschaft heimisch ist und sich als angenommen erfährt durch die Schwestern und Brüder und zugleich durch den gemeinsamen himmlischen Vater, da freut man sich auch über das Wohlergehen anderer, da kann, da wird man Gott danken und ihn loben, auch wenn es einem im Moment oder auch dauerhaft nicht gut geht. Sich über das Wohl, das Glück, die Erfolge der Anderen freuen zu können, das ist auch die Grundlage und Substanz der christlichen Nächstenliebe, die natürlich nicht nur auf den Nahbereich einzuschränken ist, sondern auch dem sogenannten fernen Nächsten gilt, selbst wenn der kein Christ ist.

Ist die Gemeinde ein so heilsamer und wohltuender Ort, dann freut man sich in ihr nicht nur mit den anderen und über sie, man freut sich zugleich über die Gemeinde selbst, dass es sie und die ganze Kirche überhaupt gibt. Es gibt sie dank der Wirksamkeit des Geistes Gottes, der das Zeugnis von Jesus Christus Glauben finden lässt in den Herzen der Menschen. Damit ändert sich – *viertens* – noch einmal unser Blick, und ein ganz anderes und ganz großes Feld des Gotteslobes kommt in Sicht. Der Glaube richtet sich nun auf das Wirken Gottes selber an und in der Welt, auf das, was Gott getan hat, tut und noch tun wird als Schöpfer, Erlöser und Vollender der Welt und aller Einzelschicksale in ihr. Und besonders blickt er auf das Christusgeschehen, in welchem Gott sich endgültig und eindeutig zu erkennen gegeben hat, nämlich als ewige Liebe zu seinen Geschöpfen und als unverbrüchlicher Wille zur Gemeinschaft mit ihnen. Und wenn wir fragen, woran wohl Lukas dachte, wenn er Paulus und Silas Gott loben lässt in ihrer Bedrängnis, so ist es sicher genau das, was sie von Christus her über Gott und die Welt und das ihr zugedachte Heil zu sagen wissen, so wie sie es etwas später dann auch tatsächlich tun, indem sie dem nach seiner Rettung fragenden Kerkermeister antworten: „Glaube an den Herrn Jesus, so wirst du und dein Haus selig!" Und sie sagten ihm „das Wort des Herrn und allen, die in seinem Hause waren."

Die aus der Christusbotschaft, dem „Wort des Herrn", sofern es in uns eindringt und Macht über uns gewinnt, entspringende Freude ist dauerhafter Art, weil sie auf einem dauerhaften Grund, nämlich der durch Christus geschaffenen neuen Gesamtlage im Verhältnis von Gott und Mensch, beruht – im Unterschied zu allen sonstigen Freuden, die auf vorübergehendem Grund beruhen und sich daher beständig mit Ärger und Verdruss abwechseln. Dauerhafte Freude heißt nicht, dass sie beständig da ist und sich vernehmlich äußert in Worten und Liedern des Dankes und des Gotteslobes; aber sie kann jederzeit hervorbrechen als die immer gleiche eine große Freude, insbesondere dann, wenn uns die Christusbotschaft nahegebracht wird. Diese große dauerhafte, weil auf dauerhaftem Grund fußende Freude hat nun auch die Verheißung, durch den Tod nicht definitiv beendet zu werden. Die Seligkeit, die dem Kerkermeister und seinem Hause zugesagt wird, beginnt zwar hier und jetzt – so wie sich die frisch Getauften miteinander freuen, „zum Glauben an Gott gekommen zu sein", wie es im letzten Satz des Textes heißt –, aber sie betrifft auch die Seligkeit in der vollendeten Gemeinschaft Gottes mit der ganzen Schöpfung im ewigen Leben. Und alle kleineren Freuden und Seligkeiten im irdischen Leben sind dafür ein Vorgeschmack.

Die wechselhaften Freuden in unserer Lebensgeschichte werden dabei nicht etwa geringgeschätzt, sondern in die große Freude über das, was Gott getan hat, mit hineingenommen, so dass Gott nun auch für alles gepriesen wird, was es Gutes und Schönes in der Welt gibt. Und da wäre vieles aufzuzählen, wenn wir die Zeit dazu hätten. Ich nenne nur das, was am Sonntag Kantate nicht unerwähnt bleiben darf: die Musik. Was gibt es Schöneres als so ein wohlklingender Geigenton, und die Kombination von Geige und Klavier wie bei den beiden Taufpaten, die uns Schubert und Mozart zu Gehör bringen, ist eine der bewährtesten Besetzungen, weil sie schon alle Möglichkeiten der Vielstimmigkeit enthält. Die Musik ist übrigens nach Luther das Zweitbeste direkt nach der Theologie, bzw. der

Wortverkündigung. Natürlich könnte ich hier auch noch in den Bereich der Natur gehen und herauspicken, was uns da besonders entzückt: „Wie lieblich ist der Maien aus lauter Gottes Güt!" Und so weiter.

Aber ich denke, ich habe jetzt genug gesagt zu den Möglichkeiten und Gründen des Gotteslobs, auch in der Not. Wir wurden fündig unter den vier Aspekten: die eigene Zukunft; die eigene Vergangenheit; das Leben in Gemeinschaft, besonders in der Kirchengemeinde, und die hier aufkommende Freude am Ergehen der Anderen und schließlich mit besonderem Gewicht der Blick auf das ganze Wirken Gottes und sein Heilswerk in Christus.

Das sieht nun so aus, als *müssten* wir nun doch Gott loben. Aber hier höre ich nun noch einen großen Einwand: Es gibt doch, werdet ihr sagen, insgesamt so viel Schreckliches in der Welt, bleibt uns da nicht *jedes* Gotteslob im Halse stecken? Wem sagt ihr das? Mir scheint es ja auch manchmal so, als würde die Welt vom Teufel regiert. Hier hilft es nun nichts, das Gute und das Böse gegeneinander aufzurechnen, in der Hoffnung, die Summe des Guten sei größer als die des Bösen. Nein, das sogenannte Theodizeeproblem – also die Frage, wie sich die behauptete Güte und Gerechtigkeit Gottes mit dem Bösen verträgt – das Theodizeeproblem, das jedem Christen zuschaffen macht, ist kein Rechenexempel, denn mit welchem Maß soll man hier messen! Was mir persönlich weiterhilft, ist folgender Gedanke: Ich halte mich an das, was eindeutig das Beste in der Welt ist. Und das ist nicht der gute Wille, wie Kant meinte, sondern die Liebe, wie Paulus behauptet und wie sie exemplarisch in der Person des Jesus von Nazareth in Erscheinung tritt. Und ich denke dann, dass die Liebe schon im Anfang aller Dinge, den wir Gott nennen, da gewesen sein muss. Wenn aber alles, der ganze Weltprozess, aus einem guten Ursprung, einem Gott, der Liebe ist, entstanden ist und fortbesteht, dann wird dieser Gott auch alles zu einem guten Ende führen, trotz aller Katastrophen zwischendrin. Das ist der Kern meiner Theologie und die Grundlage meiner Hoffnung und meines Gotteslobes.

Unsere Geschichte endet mit einem happy end: der Taufe des Kerkermeisters und seines Hauses samt anschließender Familienfeier mit ordentlichem Festessen. Wir haben heute ebenfalls eine Taufe samt anschließendem Festessen, aber nicht als happy end, sondern als ein happy beginning. Denn die Taufe ist der Anfang eines Lebens mit Gott unter der Mitwirkung von Eltern und Paten, Kirche und hoffentlich auch Schule und dazu weiterer Personen wie vor allem der Geschwister und wer sonst noch eine Rolle spielen wird auf dem Lebensweg.

Werfen wir noch kurz einen Blick auf den Taufspruch, den die Eltern für die kleine Luise Friederike ausgesucht haben! Er steht im Alten Testament im Buch der Sprüche und lautet: *„Weisheit wird in dein Herz eingehen und Erkenntnis wird deiner Seele lieblich sein. Besonnenheit wird dich bewahren und Einsicht dich behüten."*

Weisheit, Erkenntnis, Besonnenheit, Einsicht! Mein erster Gedanke war: Ist das vielleicht ein Spruch für Intellektuelle oder Akademiker? In der Tat wimmelt es ja in der Tauffamilie von Medizinern, und auch weitere Intelligenz ist reichlich vorhanden. Aber das wäre eine falsche Spur. Vielmehr liegt der Spruch ganz auf der Linie der Taufsprüche, die die beiden älteren Geschwister erhalten haben und die ich hier auch getauft habe: „Wenn ihr mich von ganzem Herzen sucht, so will ich mich von euch finden lassen." Sowie: „Bittet, so wird euch gegeben; suchet, so werdet ihr finden; klopfet an, so wird euch aufgetan!" In allen drei Sprüchen geht es nicht um äußere Bewahrung vor Unglück und Gefahr, auch nicht um Gesundheit und Wohlstand, was bei viel Glück und viel Segen auch mit dabei sein soll. Dass man einem Kinde das wünscht, versteht sich ja von selbst. Unser Taufspruch legt den Akzent auf das, was wohl das Wichtigste ist für ein gelingendes Leben, nämlich – erschreckt nicht – Bildung. Bildung freilich nicht in dem Sinne, wie heute zumeist in der Politik und in den Medien davon geredet wird, nämlich als Voraussetzung für beruflichen Erfolg in der Arbeitswelt, auch nicht Bildung in einem elitären Sinne, wobei sogenannte Gebildete auf angeblich Ungebildete herabsehen; sondern ich meine das, was man früher als Menschenbildung oder Bildung zu wahrem Menschsein bezeichnete. Das heißt ein Reifen der Person durch Erfahrung und Einsicht, durch Erkenntnis des Wahren, Guten und Schönen, ja durch Gotteserkenntnis, was dann auch zur Besonnenheit führt, die vor vielen Fehlern bewahrt. Es geht also im Kern wieder darum, dass Gott gefunden wird. Das ist das Entscheidende! In der Kirche dürfen wir durchaus von einer christlichen Bildung reden, die unser Herz und unser Denken und Sinnen bestimmt. Solche Bildung ist dem Täufling zu wünschen, aber auch uns allen! Amen

BIBELSTELLENREGISTER

PERSONENREGISTER

SACHREGISTER

MARBURGER THEOLOGISCHE STUDIEN

begründet von
Hans Graß und Werner Georg Kümmel

ab Band 19 herausgegeben von
Wilfried Härle und Dieter Lührmann

ab Band 100 herausgegeben von
Friedhelm Hartenstein und Michael Moxter

AUSGEWÄHLTE TITEL

Band 139: Christentum im Werden. Theologische Theoriebildungen. Festschrift für Konrad Stock. Hrsg. von Bernd Harbeck-Pingel und André Munzinger, 2021.

Band 138: Pumperla, Anne: Innen und Außen. Differenztheoretische Alternativen einer Religionstheologie, 2020.

Band 137: Marburger Jahrbuch Theologie XXXII. „Geschichte“. Hrsg. von Elisabeth Gräb-Schmidt und Volker Leppin, 2020.

Band 136: Goertz, Harald: Allgemeines Priestertum und ordiniertes Amt bei Luther, 2020.

Band 135: Ugi, Dorothea: Den Tod vor Augen. Sytsmetisch-theologische Blicke auf thanatologische Entwürfe, 2020.

Band 134: Firchow, Markus; Moxter Michael (Hrsg.): Vernunft – Fiktion – Glaube, 2020.

Band 131: Marburger Jahrbuch Theologie XXXI. „Kanon“. Hrsg. von Elisabeth Gräb-Schmidt und Volker Leppin, 2019.

Band 130: Marburger Jahrbuch Theologie XXX. „Gottesdienst“. Hrsg. von Elisabeth Gräb-Schmidt und Reiner Preul, 2018.

Band 129: Rationale Erkenntnishorizonte zwischen Exegese und Systematischer Theologie. Hrsg. von Walter Bührer, Raphaela J. Meyer zu Hörste-Bührer, 2017.

Band 128: Marburger Jahrbuch Theologie XXIX. „Anthropologie". Hrsg. von Elisabeth Gräb-Schmidt und Reiner Preul, 2017.

Band 127: Walter Sparn: Gott, Tugend und Unsterblichkeit. Theologische Aufsätze II: Protestantisches Christentum und die Herausforderung „Aufklärung", 2016.

Band 126: Rationalität im Gespräch – Rationality in Conversation. Philosophische und theologische Perspektiven – Philosophical and Theological Perspectives. Hrsg.

Band 125: Marburger Jahrbuch Theologie XXVIII. „Wunder". Hrsg. von Elisabeth Gräb-Schmidt und Reiner Preul, 2016.

Band 124: Fickert, Valerie: Erfahrung und Offenbarung, Ingolf U. Dalferths Beitrag zur Debatte, 2016.

Band 123: Leibhaftes Personsein, Theologische und interdisziplinäre Perspektiven. Hrsg. von Elisabeth Gräb-Schmidt, Matthias Haesch, Friedrich Lohmann, Dorothee Schlenke, Christoph Seibert, 2016.

Band 122: Marburger Jahrbuch Theologie XXVII. „Natur". Hrsg. von Elisabeth Gräb-Schmidt und Reiner Preul, 2015.

Band 121: Marburger Jahrbuch Theologie XXVI. „Gemeinwohl". Hrsg. von Elisabeth Gräb-Schmidt und Reiner Preul, 2014.

Band 120: Lührmann, Dieter: Theologische Exegese im Horizont von Text und Geschichte. Gesammelte Aufsätze. Hrsg. von Egbert Schlarb, 2014.

Band 119: Marburger Jahrbuch Theologie XXV. „Das Alte Testament in der Theologie". Hrsg. von Elisabeth Gräb-Schmidt und Reiner Preul, 2013.

Band 118: Mätzke, Verena: Gerechtigkeit als „fromkeit". Luthers Übersetzung von *iustitia dei* und ihre Bedeutung für die Rechtfertigung heute, 2013.

Band 117: Feindschaft. Theologische und philosophische Perspektiven. Hrsg. von Markus Firchow und Michael Moxter, 2013.

Band 116: Marburger Jahrbuch Theologie XXIV. „Auferstehung". Hrsg. von Elisabeth Gräb-Schmidt und Reiner Preul, 2012.

Band 115: Werries, Holger: Alles Handeln ein Handeln der Kirche. Schleiermachers Ekklesiologie als Christologie, 2012.

Band 114: Tippmann, Cornelia: Die Bestimmung des Menschen bei Johann Joachim Spalding, 2011.

Band 113: Marburger Jahrbuch Theologie XXIII. „Christologie". Hrsg. von Elisabeth Gräb-Schmidt und Reiner Preul, 2011.

Band 112: Selbstbestimmung in der Perspektive theologischer Ethik. Hrsg. von Frank Martin Brunn und Alexander Dietz, 2011.

Band 111: Marburger Jahrbuch Theologie XXII. „Ästhetik". Hrsg. von Elisabeth Gräb-Schmidt und Reiner Preul, 2010.

Band 110: Anknüpfung und Aufbruch. Hermeneutische, ästhetische und politische Perspektiven der Theologie. Hrsg. von Cornelia Richter, 2011.

Band 109: Warnemann, Alexander: Der Marburger Theologe Hans Graß. Die entmythologisierte Dogmatik, 2012.

Band 108: Zerrath, Martin: Vollendung und Neuzeit. Transformation der Eschatologie bei Blumenberg und Hirsch, 2011.

Band 107: Marburger Jahrbuch Theologie XXI. „Wahrheit". Hrsg. von Wilfried Härle und Reiner Preul, 2009.

Band 106: Riede, Peter: Schöpfung und Lebenswelt. Studien zur Theologie und Anthropologie des Alte Testaments, 2009.

Band 105: Marburger Jahrbuch Theologie XX. „Sünde". Hrsg. von Wilfried Härle und Reiner Preul, 2008.

Band 104: Dahnelt, Reiner: Funktion und Gottesbegriff. Der Einfluss der Religionssoziologie auf die Theologie am Beispiel von Niklas Luhmann und Falk Wagner, 2009.

Band 103: Sparn, Walter: Frömmigkeit, Bildung, Kultur. Theologische Aufsätze I: Lutherische Orthodoxie und christliche Aufklärung in der frühen Neuzeit, 2012.

Band 102: Preul, Reiner: Die soziale Gestalt des Glaubens. Aufsätze zur Kirchentheorie, 2008.

Band 101: Marburger Jahrbuch Theologie XIX. „Personalität Gottes". Hrsg. von Wilfried Härle und Reiner Preul, 2007.

Band 100: Menschenbild und Theologie: Beiträge zum interdisziplinären Gespräch. Hrsg. von Frank Martin Brunn, Alexander Dietz, Christian Polke, Sibylle Rolf und Anja Siebert, 2007.

Band 99: Härle, Wilfried: Willensfreiheit und Prädestination, 2009. *vergriffen*

Band 98: Haigis, Peter: Pluralismusfähige Ekklesiologie. Zum Selbstverständnis der evangelischen Kirche in einer pluralistischen Gesellschaft, 2008. *vergriffen*

Band 97: Ethik im Kontinuum: Beiträge zur relationalen Erkenntnistheorie und Ontologie. Hrsg. von Wilfried Härle, 2008.

Band 96: Stock, Konrad: Die Gegenwart des Guten. Schriften zur Theologie, 2006.

Band 94: Marburger Jahrbuch Theologie XVIII. „Verstehen über Grenzen hinweg". Hrsg. von Wilfried Härle und Reiner Preul, 2006.

Band 93: Bäder-Butschle, Ivo: Interpretation der moralischen Welt. Michael Walzers Philosophie der moralischen Praxis als Impuls für die theologische Ethik, 2006.

Band 92: Lehmeier, Karin: Oikos und Oikonomia. Antike Konzepte der Haushaltsführung und der Bau der Gemeinde bei Paulus, 2006. *vergriffen*

Band 91: Künstliche Intelligenz und menschliche Person, Hrsg. von Wolfgang Achtner, Johannes Dittmer, Anja Haag, Christoph Keil, Martin Jung, Heike Preising, Axel Schumann-Luck und Vladislav Soskin, 2006.

Band 90: Theologie zwischen Pragmatismus und Existenzdenken. Festschrift für Hermann Deuser. Hrsg. von Gesche Linde, Richard Purkarthofer, Heiko Schulz, und Peter Steinacker, 2006.

Band 89: Marburger Jahrbuch Theologie XVII. „Menschenwürde“. Hrsg. von Wilfried Härle und Reiner Preul, 2005.

Band 88: Spengler, Franziska Friederike: Kindsein als Menschsein. Beitrag zu einer integrativen theologischen Anthropologie, 2005. *vergriffen*

Band 87: Holtmann, Thomas: Die Magier vom Osten und der Stern. Mt 2,1-12 im Kontext frühchristlicher Tradition, 2005. *vergriffen*

Band 86: Russische Religionsphilosophie und Theologie um 1900. Hrsg. von Karl Pinggéra, 2005.

Band 85: Patristica et Oecumenica. Festschrift für Wolfgang A. Bienert, Hrsg. von Peter Gemeinhardt und Uwe Kühneweg, 2004.

Band 84: Marburger Jahrbuch Theologie XVI. „Das Selbst in der Evolution“. Hrsg. von Wilfried Härle und Reiner Preul, 2004.

Band 83: Latzel, Thorsten: Theologische Grundzüge des Heidelberger Katechismus. Eine fundamentaltheologische Untersuchung seines Ansatzes zur Glaubenskommunikation, 2004.

Band 82: Kutting, Dirk: Gesinnungsbildung: Die humanistische Schul- und Bildungstheorie Hartmut von Hentings in theologischer Sicht, 2004.

Band 81: Volkmann, Stephan: Der Zorn Gottes. Studien zur Rede vom Zorn Gottes in der evangelischen Theologie, 2004.

Band 80: Systematisch praktisch. Festschrift für Reiner Preul. Hrsg. von Wilfried Härle, Bernd-Michael Haese, Kai Hansen und Eilert Herms, 2005.

Band 79: Janssen, Bernd Holger: Die Inkarnation und das Werden der Menschheit. Eine Interpretation der Weihnachtspredigten Friedrich Schleiermachers im Zusammenhang mit seinem philosophisch-theologischen System, 2003.

Band 78: Schwöbel, Marlene: Kirche auf dem Prüfstand: Eine Untersuchung zu den theologischen Orientierungen kirchlicher Strukturplanung, 2003.

Band 77: Charbonnier, Ralph: Technik und Theologie. Ein theologischer Beitrag zum interdisziplinären Technikdiskurs unter besonderer Berücksichtigung der Theologie F.D.E. Schleiermachers, 2003.

Band 76: Die bleibende Gegenwart des Evangeliums. Festschrift für Otto Merk. Hrsg. von Roland Gebauer und Martin Meiser, 2003.

Band 75: Theologie und Kirchenleitung. Festschrift für Peter Steinacker. Hrsg. von Hermann Deuser, Gesche Linde und Sigurd Rink, 2003.

Band 74: Marburger Jahrbuch Theologie XV. „Religion". Hrsg. von Wilfried Härle und Reiner Preul, 2003. *vergriffen*

Band 73: Harbeck-Pingel, Bernd: Gesellschaft und Reich Gottes. Studien zu Alterität, Kommunikation und Haltung, 2003.

Band 72: Reinhardt, Ursula: Religion und moderne Kunst in geistiger Verwandtschaft. Robert Musils Roman „Der Mann ohne Eigenschaften" im Spiegel christlicher Mystik, 2003.

Band 71: Marburger Jahrbuch Theologie XIV. „Ethik und Recht". Hrsg. von Wilfried Härle und Reiner Preul, 2002.

Band 70: Leben und Kirche. Festschrift für Wilfried Härle. Hrsg. von Uta Andrée, Frank Miege und Christoph Schwöbel, 2001.

Band 69: Gebhardt, Rüdiger: Heil als Kommunikationsgeschehen. Analysen zu dem in Luthers Rechtfertigungslehre implizierten Wirklichkeitsverständnis, 2002.

Band 68: Herms, Eilert: Von der Glaubenseinheit zur Kirchengemeinschaft II, 2003.

Band 67: Marburger Jahrbuch Theologie XIII. „Woran orientiert sich Ethik". Hrsg. von Wilfried Härle und Reiner Preul, 2001.

Band 66: Beiner, Melanie: Intentionalität und Geschöpflichkeit. Die Bedeutung von Martin Luthers Schrift „Vom unfreien Willen" für die theologische Anthropologie, 2000.

Band 65: Lippert, Stefan: Recht und Gerechtigkeit bei Thomas von Aquin. Eine rationale Rekonstruktion im Kontext der Summa Theologiae, 2000.

Band 64: Marburger Jahrbuch Theologie XII. „Ökumene". Hrsg. von Wilfried Härle und Reiner Preul, 2000. *vergriffen*

Band 63: Mohri, Erika: Maria Magdalena. Frauenbilder in Evangelientexten des 1. bis 3. Jahrhunderts, 2000.

Band 62: Das Wesen des Christentums: Hrsg. von Dietrich Korsch und Cornelia Richter, 2002.

Band 61: Schnuck, Martin: Staatstheorie und Wirklichkeitsverständnis. Studien zu den kategorialen Voraussetzungen des Staatsdenkens deutscher Juristen aus theologischer Sicht am Beispiel der Kulturstaatsdebatte, 2000.

Band 57: Wohlers, Michael: Heilige Krankheit. Epilepsie in antiker Medizin, Astrologie und Religion, 1999.

Band 56: Schlapkohl, Corinna: Persona est naturae rationabilis individua substantia. Boethius und die Debatte über den Personbegriff, 1999.

Band 55: Bienert, Wolfgang A.: Werden der Kirche – Wirken des Geistes. Beiträge zu den Kirchenvätern und ihrer Nachwirkung. Hrsg. von Uwe Kühneweg, 1999.

Band 54: Im Kontinuum: Annäherungen an eine relationale Erkenntnistheorie und Ontologie. Hrsg. von Wilfried Härle, 1999.

Band 53: Marburger Jahrbuch Theologie XI. „Reich Gottes". Hrsg. von Wilfried Härle und Reiner Preul, 1999. *vergriffen*

Band 52: Vetter, Martin: Zeichen deuten auf Gott. Der zeichentheoretische Beitrag von Charles S. Peirce zur Theologie der Sakramente, 1999.

Band 50: Text und Geschichte. Facetten theologischen Arbeitens aus dem Freundes- und Schülerkreis. Festschrift für Dieter Lührmann. Hrsg. von Stefan Maser und Egbert Schlarb, 1999.

Band 48: Braungart, Christiane: Mitteilung durch Darstellung. Schleiermachers Verständnis der Heilsvermittlung, 1998.

Band 27: Herms, Eilert: Von der Glaubenseinheit zur Kirchengemeinschaft. Plädoyer für eine realistische Ökumene, $(1989)^2$ 2004. *vergriffen*